Gütersloher Taschenbücher / Siebenstern 243

Dieses Buch widme ich

DEM ANDENKEN MEINES MANNES,
dessen tapferes Leben voll selbstloser Hingabe an
Liebe, Gerechtigkeit und Wahrheit ich teilen durfte
und in dem ich eine nicht zu ermessende Erfüllung fand,

und

UNSEREN VIER KINDERN
Yolanda, Martin III, Dexter und Bernice,
für die vielleicht
Unser Traum
Wirklichkeit werden wird.

Coretta Scott King

Mein Leben mit Martin Luther King

Gütersloher Verlagshaus
Gerd Mohn

CIP-Kurztitelaufnahme der Deutschen Bibliothek

King, Coretta Scott
Mein Leben mit Martin Luther King. – 1. Aufl. –
Gütersloh: Gütersloher Verlagshaus Mohn, 1977.
(Gütersloher Taschenbücher Siebenstern; 243)
Einheitssacht.: My life with Martin Luther King, junior ⟨dt.⟩
ISBN 3-579-03643-2

ISBN 3-579-03643-2
Lizenzausgabe mit freundlicher Genehmigung der
Deutschen Verlags-Anstalt, Stuttgart
Titel der amerikanischen Originalausgabe: My life with
Martin Luther King, Jr.
Ins Deutsche übertragen von Christa Wegen

Umschlagentwurf: Dieter Rehder, Aachen unter Verwendung
eines dpa-Bildes
Gesamtherstellung: Clausen & Bosse, Leck
Printed in Germany

I

Der Sommer 1964 war für meinen Mann Martin Luther King jr. sehr schwer. Die Anforderungen an ihn und die Belastungen, unter denen er stand, waren gewaltig. Er reiste viel, um sich dafür einzusetzen, daß die Neger als Wähler registriert und die öffentlichen Einrichtungen integriert würden, er besuchte Deutschland und war für die Präsidentschaftskampagne unterwegs sowie für viele andere schwierige und anstrengende Aufgaben.

Da ich mich um meinen Mann sorgte, bestärkte ich ihn im Oktober, kurz nachdem er aus Deutschland zurückgekehrt war, sich im St. Joseph's Hospital in Atlanta gründlich untersuchen zu lassen, und hoffte, er werde sich auf diese Weise ein paar Tage ausruhen können. Gegen neun Uhr früh am Tag, nachdem Martin zur Klinik gegangen war, läutete das Telefon; es läutete bei uns fast immer. Viele der Anrufe kamen von Martins Mitarbeitern oder von Leuten, welche die Freiheitsbewegung unterstützten oder ihn um Hilfe bitten wollten. Aber oft brachte das Telefon auch Drohungen, Beleidigungen und einen Schwall von Obszönitäten. Als ich mich diesmal meldete, sagte die Stimme in der Leitung: »Hier Associated Press. Könnte ich Dr. Martin Luther King sprechen?«

Ich erklärte, Dr. King sei nicht zu Hause, worauf der Reporter fragte: »Spreche ich mit Mrs. King?« Als ich bejahte, sagte er: »Soeben haben wir aus Norwegen erfahren, daß der Nobel-Friedenspreis für 1964 an Ihren Mann verliehen wurde.«

Zuerst konnte ich diese Nachricht nicht in ihrer ganzen Tragweite fassen, aber ich versuchte, gelassen zu bleiben. Er fragte mich, ob er Dr. King für eine Erklärung erreichen könne, und ich versprach, daß ich mit meinem Mann sprechen und er einen Anruf von ihm erhalten werde. Als er wissen wollte, wie mir zumute sei, erwiderte ich, es fiele mir noch schwer, etwas darüber zu sagen.

Natürlich hatte ich in der Zeitung gelesen, daß Martin im Zusammenhang mit dem Preis genannt worden war. Dann erfuhren wir, er gehöre zur Spitzengruppe der möglichen Gewinner; aber Martin und ich hielten diese Meldungen für reine Gerüchte, denn wir dachten, der Preis werde nur Menschen verliehen, die sich ausschließlich internationalen Friedensbestrebungen widmeten. Obwohl Martin oft von der Gewaltlosigkeit als Rettung einer gefährdeten Welt geschrieben und gesprochen hatte, schien es uns nicht, als sähen andere die weitreichenden Konsequenzen seiner Lehre.

»Dieses Jahr ist der Preis vierundfünfzigtausend Dollar wert«, sagte der

Reporter. »Was wird Ihrer Meinung nach Dr. King mit all dem Geld anfangen?«
»Wie ich ihn kenne, wird er es sicher der Freiheitsbewegung geben.«
»Was sagen Sie dazu?«
»Ich finde, dort gehört das Geld hin. Ich glaube von ganzem Herzen daran.« Sobald der Reporter aufgehängt hatte, rief ich Martin in der Klinik an. Als er sich mit schläfriger Stimme meldete, sagte ich fröhlich: »Wie geht's dem Nobel-Friedenspreisträger 1964 heute morgen?«
»Wie bitte?« fragte Martin.
»Martin, eben hat die Associated Press angerufen, die Wahl sei auf dich gefallen.« Nach einer langen Pause sagte er: »Ich überprüfe das lieber einmal, ob es auch stimmt.«
Später erzählte mir Martin, er sei gerade nach dem ersten Frühstück in der Klinik wieder eingeschlafen, als ich mit der Nachricht angerufen habe. Benommen wie er war, glaubte er zu träumen.
Ich brauchte selbst eine ganze Weile, um meine Empfindungen zu begreifen. Natürlich klingelte das Telefon dauernd, und ich dachte vor allem daran, daß Martin erst gestern in die Klinik gegangen war und daß er nun überhaupt keine Ruhe bekäme, da alle möglichen Leute versuchen würden, ihn zu erreichen. Es schien, als sollte jedesmal, wenn er endlich ausspannen wollte, etwas geschehen. Andererseits war dies die Art Aufmunterung, deren Martin dringend bedurfte. Dies wurde mir sehr schnell klar, und ich freute mich aufrichtig. Ruhig saß ich neben dem Telefon und betete: »Herr, ich danke dir. Ich danke dir für das, was es Martin, den Kindern und mir bedeutet. Hab Dank und hilf uns, dieser Gnade wert zu sein.«
Die Nachricht verbreitete sich rasch. Erzbischof Hallinan von der römisch-katholischen Erzdiözese besuchte Martin. Er gratulierte ihm und fragte dann: »Darf ich Ihnen meinen Segen geben?« »Natürlich«, erwiderte Martin, und der Erzbischof sprach einen Segen und machte das Kreuzeszeichen. Martin sprach die traditionelle Antwort, worauf zu seiner Überraschung der Erzbischof neben dem Bett niederkniete und ruhig sagte: »Darf ich Ihren Segen empfangen?« Später erzählte mir Martin, wie demütig er sich fühlte und wie schön es war, daß ein römisch-katholischer Erzbischof um den Segen eines Baptistenpredigers namens Martin Luther bat.
Wenig später rief mich das Büro der Southern Christian Leadership Conference (SCLC – Christliche Führungskonferenz des Südens) an, Martin habe auf elf Uhr eine Pressekonferenz in der Klinik angesetzt und bäte mich hinzukommen.

Ich machte mich sofort auf den Weg. In der Klinik-Kapelle drängten sich die Reporter und Fotografen mit ihren Blitzlichtern. Martin hatte eine Erklärung abgefaßt und beantwortete die Fragen mühelos und ruhig wie stets. Wie ich vorhergesehen hatte, sagte er, daß er den gesamten Geldpreis dem Nutzen unserer Sache widmen werde. Später wurde das Geld unter der Southern Christian Leadership Conference, dem Congress of Racial Equality (CORE – Kongreß für Gleichberechtigung der Rassen), dem Student Coordinating Committee (SNCC – Studentisches Koordinierungskomitee für gewaltlose Aktionen), der National Association for the Advancement of Colored People (NAACP – Nationalvereinigung für den Fortschritt der Farbigen), dem National Council of Negro Women (Nationalrat der Negerinnen) und der American Foundation on Nonviolence (Amerikanische Stiftung für Gewaltlosigkeit) aufgeteilt.
Als die Reporter schließlich gegangen waren, blieben Martin und ich allein und versuchten Ordnung in unsere Gedanken und Gefühle zu bringen.
So sehr ich mich freute, fragte ich doch auch nach dem Warum. Warum wurde Martins Beitrag internationale Bedeutung beigemessen? Was war der tiefere Sinn von alledem – ein Sinn, den wir noch nicht verstehen konnten? Denn dies war nicht nur ein Preis für Verdienste um die Bürgerrechte, sondern für einen Beitrag zum Weltfrieden. Obwohl wir sehr glücklich waren, erkannten wir beide die ungeheure Verantwortung, die Martin damit auferlegt wurde. Fraglos war dies die größte Anerkennung, die er je erhalten hatte, aber wir beide wußten, daß wir noch einen langen Weg gehen müßten, um das zu vollbringen, was der Preis wirklich von uns forderte. Es war eine große Ehrung, aber eine noch erschreckendere Last. Ich war stolz und glücklich, aber auch schmerzlich berührt, wenn ich an die zusätzliche Verantwortung dachte, die mein Mann zu tragen hatte und die auch auf mir lasten würde. Er drückte wohl unser beider Empfindung am besten aus, als er später in seiner Rede anläßlich der Verleihung sagte: »Ich habe das Gefühl, als sei mir dieser Preis für etwas verliehen worden, das in Wirklichkeit noch nicht erreicht ist. Er ist ein Auftrag, in die Welt hinauszugehen und noch härter für das zu arbeiten, woran wir glauben.«
Doch trotz unserer ernsten Gedanken waren wir auch fröhlich. Die Reisevorbereitungen für Norwegen machten uns großen Spaß. Als erstes fragten wir uns, wen wir mitnehmen könnten. Wir wollten so viele wie möglich dabei haben, denn Martin fand, daß der Preis nicht ihm allein zukäme, sondern auch all denjenigen, die ihm während unseres langen und gefährlichen Kampfes zur Seite gestanden hatten. Aber er sagte: »Ich

will keinen Penny von diesem Geld für etwas anderes als die Sache verwenden. Weder für Reisekosten noch sonst etwas.«
Einige von Martins geistlichen Freunden steuerten durch ihre Kirchen großzügig Gelder bei, so daß seine Mutter Alberta Williams King und sein Vater Reverend Martin Luther King sr. mitkommen konnten. Martins Vater, damals seit dreiunddreißig Jahren Pastor der Ebenezer Baptist Church an der Auburn Avenue in Atlanta, ist ein großer Mann – körperlich und geistig. Stark und breit steht er auf seiner Kanzel, fürchtet weder Schwarze noch Weiße, nennt die Dinge beim Namen, predigt seiner Gemeinde das Wort des Herrn und widmet sich ihr mit überströmender Liebe. Damals war Martin sein Ko-Pastor an der Ebenezer Church, und die beiden standen sich sehr nahe. Daddy King, wie wir ihn alle nennen, war ungeheuer stolz, daß sein Sohn den Nobel-Friedenspreis gewonnen hatte. Zugleich war er wahrhaft demütig, denn auch ihm wurde über der neuen Verantwortung bang, die Martin zugefallen war.
Als nächste standen der Reverend Ralph D. Abernathy und seine Frau Juanita auf unserer Liste. Ralph war der Pastor der West Hunter Street Baptist Church in Atlanta und seit Beginn des Busstreiks in Montgomery, Alabama, 1955, hing er meinem Mann freundschaftlich und entschieden an. Martins Bruder A. D. (Alfred Daniel) King, Martins Schwester Christine Farris sowie Mrs. Nina Miller, eine enge Freundin der Familie King, begleiteten uns ebenfalls. Außerdem viele andere Freunde und Verbündete: Andrew Young, Wyatt Tee Walker, Bernard Lee, Dorothy Cotton, Lillie Hunter, Septima Clark, Harry und Lucy Wachtel, Bayard Rustin, Martins Sekretärin Dora McDonald und etwa zehn weitere Personen. Die meisten zahlten ihre Reise selbst.
Ich wollte meine beiden ältesten Kinder mitnehmen. Yolanda, die wir Yorki rufen, war fast neun, und Martin Luther King III, Marty war sieben. Beide hatten vieles mit uns durchgemacht – Drohungen und versuchte Bombenattentate –, und sie wußten, daß ihr Vater ständig in Gefahr schwebte. Und wenn ihr Daddy im Gefängnis saß oder wenn er Lügner, Kommunist oder Onkel Tom geheißen wurde, hatte sie gelernt, den Kopf oben zu behalten und an ihn zu glauben. Ich hielt es für gut, wenn sie erleben würden, wie ihr Vater die höchste humanitäre Auszeichnung der Welt erhielt, aber das Nobel-Komitee riet uns ab, Kinder unter zwölf mitzubringen. Obwohl die Kinder die Gründe einsahen, waren sie sehr enttäuscht.

Anfang Dezember flog unsere Gruppe von etwa dreißig Personen mit zwei verschiedenen Maschinen von Atlanta nach New York – bis auf seltene Ausnahmen flogen Martin und ich zum Schutze der Kinder nie zusammen. In New York hatten Ralph Bunche und der Präsident der UN-Generalversammlung eine Reihe von Veranstaltungen für uns geplant. Wir trafen Vertreter Norwegens, Schwedens, Englands und einiger afrikanischer Länder. Uns schien, unsere Reise ins Ausland habe schon begonnen. Mein Mann flog zusammen mit den meisten Männern nach London voraus. Die Frauen flogen am nächsten Tag, und zu unserer Freude begleitete uns Daddy King. In London, wo Martin mehrere Reden zu halten hatte, trafen wir uns alle wieder.

Am Sonntag predigte er in der St. Paul's Cathedral. Von der Zeremonie der Nobel-Preisverleihung selbst abgesehen, war dies der Höhepunkt der Reise. Die Menschen, die gekommen waren, Martin zu hören, füllten die große anglikanische Kirche aus dem siebzehnten Jahrhundert.

Wir waren tief bewegt, nicht nur durch Martins Predigt, sondern auch durch das anglikanische Ritual, das wir nie zuvor erlebt hatten: die Priester in ihren Talaren, die feierliche Zeremonie des Gottesdienstes und der herrliche Chor, in dem sich die Männerstimmen mit den hellen, glockenreinen Sopranstimmen von Knaben mischten. Auch für Martin war es ein schönes und erhebendes Erlebnis.

Nachdem Martin die Kanzel erstiegen hatte, begann er zu predigen, und seine klare, volle Stimme füllte die Kathedrale. Sein Predigtstil wurzelte in der Tradition der Baptistenprediger des Südens, mit Kadenzen und Rhythmen, die er schon in frühester Jugend von seinem Vater und anderen Geistlichen vernommen hatte. Aber jeder, der ihn je gehört hat, weiß, daß Martins Predigten nicht durch die Rednergabe, mit der er so reich gesegnet war, unvergeßlich wurden, sondern durch die Botschaft seines Herzens, die unmittelbar den Weg zum Herzen seiner Hörer fand.

Er hielt an jenem Tag eine seiner Lieblingspredigten – »Die drei Dimensionen des vollkommenen Lebens«.. Für mich besaß sie eine besondere Bedeutung, denn es war das Thema der ersten Predigt, die ich vor langer Zeit, eines Sonntags in einer kleinen Kirche von Roxbury, Massachusetts, von ihm gehört hatte. Außerdem war es seine Antrittspredigt in der Dexter Avenue Baptist Church in Montgomery, Alabama, gewesen, wo er sein Pastorat begonnen hatte.

Aber die Predigt in der St. Paul's Cathedral war nicht einfach eine Wiederholung. Wie stets nahm Martin das Thema und paßte es seinen Hörern an, ergänzte aus neuer Einsicht, änderte entsprechend der Zeiten und fügte Exkurse aus dem Stegreif ein. Der Text stammte aus der Offenbarung 21, 16: »Die Länge und die Breite und die Höhe der Stadt sind gleich.« Martin beschrieb Johannis Vision eines neuen, heiligen Jerusalem, das aus dem Himmel von Gott herniederfuhr, und sagte, diese neue himmlische Stadt würde kein unausgewogenes Gebilde mit ragenden Tugenden auf der einen und niedrigen Lastern auf der anderen Seite sein. Das Schönste an der neuen Stadt würde ihre Vollkommenheit in allen drei Dimensionen – in Länge, Breite und Höhe – sein.

Die Schuld am Unheil der Welt trüge die Unvollkommenheit. Griechenland habe uns eine vortreffliche Philosophie und poetische Erkenntnisse geschenkt, aber seine herrlichen Städte seien auf der Sklaverei errichtet worden. Die westliche Welt mit ihren Kunst- und Kulturwerken und ihrer industriellen Revolution, durch die der materielle Wohlstand der Menschheit begonnen habe, gründe auf Ungerechtigkeit und Kolonialismus und dulde, daß ihr Materialismus ihre geistigen Ziele weit hinter sich lasse.

Amerika, sagte er, sei eine große Nation, die der Welt die Unabhängigkeitserklärung und enormen technologischen Fortschritt geschenkt habe, aber es sei nicht weniger unvollkommen in seinem Materialismus und der Unterdrückung von zweiundzwanzig Millionen Negern, denen es Leben, Freiheit und das Streben nach Glück verweigere.

Wie die großen Städte, Nationen und Zivilisationen, so seien auch viele unserer großen Männer unvollkommen. Jeder einzelne müsse nach innerer Vollkommenheit streben. Die erste Dimension eines vollkommenen Lebens sei die Entwicklung der inneren Kräfte. Jeder müsse unermüdlich daran arbeiten, auf seinem Gebiet, und sei es noch so bescheiden, Hervorragendes zu leisten. »Sucht ernsthaft herauszufinden, wozu ihr bestimmt seid, und widmet euch dann leidenschaftlich eurer Aufgabe. Dies klare Streben nach Selbsterfüllung ist die Länge des Lebens.«

Die zweite Dimension eines vollkommenen Lebens sei Anteilnahme, sei Solidarität mit unseren Mitmenschen. »Die Einheit der gesamten Menschheit anzuerkennen und an die Notwendigkeit tätiger brüderlicher Nächstenliebe zu glauben, das ist die Breite des Lebens.«

Bliebe noch die dritte Dimension, die Höhe, das Streben nach dem, was größer ist als der Mensch. Einige von uns seien durch und durch Atheisten, andere seien in der Praxis Atheisten, während sie Gott mit Worten dienten. Aber der Mensch müsse Gott tätig suchen. »Wo werdet ihr ihn finden? In einer Retorte? Nein! Wo anders als in Jesus Christus, dem Herrn unseres Lebens? ... Christus ist das fleischgewordene Wort. Er ist die Sprache der Ewigkeit übersetzt in die Worte der Zeit ... Wenn wir uns ganz für Christus und seine Lehre entscheiden, werden wir teilhaben am wunderbaren Akt des Glaubens, der uns zu wahrer Gotteserkenntnis verhilft.«

Und endlich sagte Martin: »Liebe dich selbst, sofern das gesunden Selbsterhaltungstrieb bedeutet . . . Das ist die Länge des Lebens. Liebe deinen Nächsten wie dich selbst; es ist dir aufgetragen. Das ist die Breite des Lebens. Aber vergiß nie, daß es ein noch größeres Gebot gibt: ›Du sollst lieben Gott, deinen Herrn, von ganzem Herzen, von ganzer Seele und von ganzem Gemüte.‹ Das ist die Höhe des Lebens . . .

Gebe Gott, daß wir die Vision Johannis verwirklichen und mit unerschütterlicher Leidenschaft jener Stadt des vollkommenen Lebens zustreben, in der Länge, Breite und Höhe gleich sind. Nur wenn wir diese Stadt erreichen, können wir unser wahres Wesen verwirklichen. Nur wenn wir diese Vollkommenheit erlangen, können wir wahre Kinder Gottes sein.«

Die große anspruchsvolle Gemeinde lauschte schweigend und gebannt Martins Worten. Später sagte er, daß er spürte, wie die Gläubigen ergriffen wurden, und daß seine eigene Bewegung mit der ihren wuchs. Unter ihnen saß völlig hingerissen sein Vater. Mitglieder unserer Gruppe neckten Daddy King später, er habe einen Lieblingssatz vor sich hingemurmelt, den er in unserer eigenen Baptistenkirche gewiß laut dazwischengerufen hätte: »Sag es deutlich, mein Sohn, sag es deutlich.«

Nach dem Gottesdienst nahm uns Kanonikus Collins zu einem kurzen Empfang mit zu sich heim. Dann hatten wir Zeit, London ein wenig zu besichtigen. Das Übliche: Westminster Abbey, den Tower. Wir fuhren vorbei an Whitehall mit seinen großen Regierungsgebäuden – der Admiralität und dem Außenministerium –, diesen Monumenten einstiger Größe; vorbei an den Parlamentsgebäuden mit der langen herrlichen gotischen Fassade und dem Big Ben, von dessen Turm zusammen mit dem Glockenspiel von Westminster die Viertelstunden schlugen. Aber Londons Schönheit und Pracht wurden für Martin von dem Gedanken getrübt, »daß es durch die Ausbeutung von Afrikanern, Indern und anderen unterdrückten Völkern erbaut worden war«.

Am achten Dezember flogen wir nach Oslo. Da der Flug kurz war und wir diesmal offiziell begrüßt werden sollten, nahmen wir alle dasselbe Flugzeug. So hatte ich ausnahmsweise das Vergnügen, zusammen mit meinem Mann zu fliegen und mit ihm die Vorfreude auf all das, was unserer in Oslo harrte, zu teilen. Doch als wir über das graue, stürmische Meer nach Norden flogen, schien mir, als entfernte ich mich weit vom Mittelpunkt meiner Welt.

Obwohl wir ziemlich früh am Nachmittag landeten, ging die Sonne schon unter. In jenem Monat der kürzesten Tage hatte Oslo nur vier oder fünf Stunden Tageslicht. Hieran wie auch an die beißende Kälte, die uns entgegenschlug, als wir aus dem Flugzeug stiegen, mußten wir uns erst gewöhnen.

Aber so kalt die Luft war, so warm wurden wir empfangen. Natürlich waren Vertreter des Nobel-Komitees gekommen; an der Spitze Gunnar Jahn. Dies hatten wir erwartet, doch nicht die Menschenmenge, die uns willkommen hieß, und vor allem nicht die Hunderten von jungen Leuten. Martin gab eine kurze Presseerklärung, in der er dem Nobel-Komitee und den Anwesenden für den herzlichen Empfang dankte. Kinder überreichten uns Blumensträuße. Dann gingen wir langsam durch eine Gasse, die man uns durch die Menge gebahnt hatte. Die Leute lächelten und winkten. Einigen wenigen konnten wir die Hand schütteln, den übrigen winkten wir zurück. Martin und ich waren von der echten Herzlichkeit beeindruckt. Sie gab uns ein Gefühl der Vertrautheit, und wir spürten, wie nur selten, die Spannung von uns abfallen.
Am ersten Abend hatten wir keine Verabredungen. Es war der Geburtstag von Marion Logan, einem Mitglied unserer Gruppe, und wir gaben eine Überraschungsparty für sie im Hotel. Eine Feier unserer Reise, unserer Hoffnungen und Erwartungen wurde daraus. Nie zuvor waren so viele von uns derart zwanglos versammelt gewesen. Stets hatte es sich sonst um Zusammenkünfte, Entscheidungen, Notfälle, Krisen und Nöte gehandelt. Martin und andere waren oft im Gefängnis gesessen. Manch einer war geprügelt worden. In Kirchen und Wohnhäuser waren Bomben geworfen worden. Nun hatten wir allen Ernst abgestreift und waren glücklich und vergnügt. Nach dem Abendessen bildeten Martin, Andy Young, Ralph Abernathy, Wyatt Walker und Bernard Lee in Quintett und sangen Freiheitslieder in wunderbarer Harmonie. Sie taten dies häufig, um den Ernst von Konferenzen und Besprechungen aufzulockern. In dieser Nacht aber klangen die Worte des vertrauten Liedes lauter denn je. Wir sangen »O Freedom«, »Ain't Gonna Let Nobody Turn Me Around«, »Were You There When They Crucified My Lord?« und »Balm in Gilead«, ein Lied, das mein Mann oft zitierte, wenn er einer Aufmunterung bedurfte:

»Sometimes I feel discouraged
And think my work's in vain
But then the Holy Spirit
Revives my soul again.

There is a Balm in Gilead
To make the wounded whole,
There is a Balm in Gilead
To heal the sinsick soul.«

»Manches Mal sinkt mir der Mut,
Scheint mein Tun vergebens,
Doch dann bringt der Heil'ge Geist
Neuen Hauch des Lebens.

Den Balsam gibt's in Gilead,
Der heilt der Wunde Schmerz,
Den Balsam gibt's in Gilead
Fürs sündenkranke Herz.«

Es währte in die Nacht hinein. Andere Hotelgäste versammelten sich um uns. Vermutlich hatten sie nie zuvor etwas Derartiges gehört. Sie waren sehr aufgeschlossen und freundlich, und wieder empfanden wir das Beglückende der Verbundenheit, die Wärme der Einigkeit.

Später wechselten wir vom Speisesaal in den Aufenthaltsraum, und Daddy King sprach davon, was er empfand. »Ich möchte euch allen etwas sagen«, begann er, »und ich möchte, daß ihr zuhört.« Er hob den Zeigefinger, um unsere Aufmerksamkeit zu sammeln, so wie er es auf der Kanzel der Ebenezer Church zu tun pflegt. »Ich möchte versuchen, euch zu sagen, wie mir zumute ist. Vermutlich wissen es die meisten, aber dennoch muß ich jetzt davon sprechen.« Er hielt inne, um tief Luft zu holen und dann langsam auszuatmen wie stets, wenn er seine Gedanken sammelt. »Ich kam aus dem Nichts. Mein Vater war ein *sharecropper*[1], und in meiner Jugend bot sich kaum Gelegenheit, viel zu lernen. Erst als ich die Farm verließ und nach Atlanta ging, war es mir möglich, eine wirkliche Ausbildung zu erhalten. Als ich das College beendete, war ich ein Mann, ein erwachsener Mann mit Frau und drei Kindern.

Meine Kinder sollten all das haben, was ich nicht gehabt hatte. Ich betete zu Gott, er möge sie das tun lassen, was mir verwehrt gewesen war. Dieser junge Mann hier wurde Geistlicher, und ich wollte, daß er die bestmögliche Ausbildung erhielte, damit er sein Ph. D. (Dr. phil.) machen könnte.«

Dann sprach Daddy King von dem jahrelangen Kampf und wie schwer es für ihn und Mama King gewesen sei, mit dem Wissen zu leben, daß das, was Martin tat, so gefährlich war. Er sprach von den Drohungen, die sie beide erhalten hatten, und sagte: »Ihr wißt nicht, was für ein Gefühl es ist, wenn euch irgendein Fremder anruft und sagt, er wolle euch oder euren Sohn umbringen.«

[1] Anm. d. Übers.: Kleiner Pächter, der seine Pacht mit einem Teil der Ernte entrichtet.

Mittlerweile weinten wir alle, und Daddy King, der groß und freundlich und gar nicht bitter vor uns stand, sagte: »Ich muß davon reden, denn obwohl ich so stolz bin auf das, was hier in Oslo stattfindet, muß ich auch demütig sein. Der Stolz soll mich nicht aufblähen; dies ist nicht meine Art. So muß ich weiter beten, damit der Herr meine Demut bewahrt. Der Teufel dort draußen kennt keine Rast, und wir müssen beten, daß Gott meinen Sohn beschütze.«

Wir weinten, weil wir alle einen so langen Weg hinter uns hatten und weil Martin zuletzt die Anerkennung erhielt, die man ihm bisher verweigert hatte.

Am folgenden Nachmittag wurden Martin und ich von König Olav V. von Norwegen unzeremoniös und herzlich empfangen. Er hatte in Amerika studiert und schien recht erpicht, mit Martin zu sprechen. Er erörterte mit ihm die Rassenfrage und zeigte durch seine Bemerkungen und Fragen, daß er über die Verhältnisse in den Vereinigten Staaten sehr gut unterrichtet war und den amerikanischen Negern warme Sympathie entgegenbrachte. Er war ein Mann guten Willens.

Am nächsten Tag, dem 10. Dezember 1964, erhielt Martin den Nobelpreis. Wir hatten ganz schön zu tun, bis er endlich fertig angezogen war, da er sich in Gala werfen mußte – gestreifte Hosen und grauen Frack. Während sich mehrere von uns mit der breiten Ascot-Krawatte abmühten, lief Martin auf und ab und scherzte darüber, daß er so ein lächerliches Ding tragen müsse. Schließlich erklärte er: »Ich gelobe, nie wieder so etwas zu tragen.«

Und so war es. – Aber ich muß gestehen, als er endlich fertig war, sah er gut aus – so jung und erregt, fast wie ein Schuljunge, der auf seine erste große Party geht.

Die Feier fand in der Aula der Universität Oslo statt, einem langen, schmalen Auditorium, das mit Hunderten und aber Hunderten kleiner weißer Blumen geschmückt war. Das Podium war nur wenig erhöht, aber erstreckte sich weit in den Hintergrund, in dem ein Orchester saß. Der Saal faßte etwa siebenhundert Menschen und war bis auf den letzten Platz besetzt. Wir saßen mit dem Nobel-Komitee in der ersten Reihe, und ich mußte an die vielen tausend Leute denken, die draußen standen und nicht einmal einen Blick auf Martin hatten werfen können, da er zu einem Hintereingang hineingeleitet worden war.

Dann erschien König Olaf mit Kronprinz Harald und einem Adjutanten. Alle erhoben sich, und das Orchester spielte die norwegische Nationalhymne. Die Gruppe des Königs nahm in besonderen Sesseln dicht hinter uns Platz, und die Feier begann.

Zuerst spielte das Orchester. Dann las Dr. Jahn die Laudatio, in der es unter anderem hieß: »Dr. King ist es gelungen, seine Anhänger auf den Grundsatz der Gewaltlosigkeit zu verpflichten ... ohne Dr. Kings erfolgreiche Bemühungen um dieses Prinzip hätten Demonstrationen und Märsche leicht zu Gewalttätigkeiten führen und mit Blutvergießen enden können.«

Nach der Ansprache überreichte Dr. Jahn Martin den Preis, eine Goldmedaille und die Urkunde. Dann betrat Martin die Rednertribüne, um seine Dankrede zu halten. Nach den einleitenden Worten der Begrüßung und des Dankes sagte er:

»Ich bin eingedenk, daß erst gestern in Birmingham, Alabama, unseren Kindern, die nach Brüderlichkeit schrien, mit Wasserwerfern, knurrenden Hunden, ja selbst mit Tod geantwortet wurde. Ich bin eingedenk, daß erst gestern in Philadelphia, Mississippi, junge Leute, die für das Wahlrecht der Neger eintraten, mißhandelt und ermordet wurden.

Darum muß ich fragen, weshalb dieser Preis einer Bewegung verliehen wird, die belagert ist und sich einem unerbittlichen Kampf verschrieben hat; einer Bewegung, die den Frieden und die Brüderlichkeit, welche den Sinn des Nobelpreises ausmachen, noch nicht gewonnen hat. Nach reiflicher Überlegung schließe ich, daß diese Auszeichnung, die ich im Namen der Bewegung erhalte, der tiefen Erkenntnis entspringt, daß Gewaltlosigkeit die Antwort auf die entscheidenden politischen und rassischen Fragen unserer Zeit ist – daß Unterdrückung gewaltlos überwunden werden muß. Ich nehme diese Auszeichnung mit dem beharrlichen Glauben an Amerika und einem kühnen Glauben an die Menschheit entgegen. Ich weigere mich zu glauben, der Mensch sei lediglich Treibgut im Strom des Lebens. Ich weigere mich zu glauben, der Mensch sei so tragisch der sternenlosen Finsternis des Rassismus und des Krieges verhaftet, daß das strahlende Tageslicht von Frieden und Brüderlichkeit nie Wirklichkeit werden könne.«

Während ich Martin zuhörte, versuchte ich daran zu denken, was Daddy King über Demut gesagt hatte. Doch ich konnte mir nicht helfen. Ich war stolz auf Martin und auf das, was er vertrat. Ich war stolz, daß seine und seiner Verbündeten Arbeit das Leben so vieler unserer Landsleute verbessert hatte. Ich war stolz, daß schwarze Menschen in der ganzen Welt neuen Mut und Hoffnung gefaßt hatten um dieses Mannes willen, der mein Mann war. »Vergib mir, Herr«, betete ich. »Vergib mir, wenn ich voller Stolz bin. Aber so fühle ich. Ich bin so stolz auf Martin und auf das, was er zu tun versucht hat, daß es mich fast sprengt. Herr, erbarme dich.«

Donnernder Applaus schreckte mich aus meiner Träumerei, als Martin endete. Das Orchester spielte Gershwin. Dann drängten viele Leute herauf, um Martin zu gratulieren und mir Liebenswürdiges zu sagen. Schließlich befanden wir uns wieder in der Stille unserer Suite.

Dort gab es eine Art privater Ehrung für Martin. Einer unserer Freunde erklärte: »Martin, du hast gesagt, dieser Preis gehöre in der Tat allen Leuten der Bürgerrechtsbewegung. Nun wollen wir dir sagen, wem er gehört. Er gehört wirklich dir, denn ohne deine Führung hätten wir es nicht so weit gebracht. Das sollst du wissen.«

Wir waren alle sehr bewegt, und jeden drängte es, etwas zu sagen. Dieser Tribut seiner Freunde bedeutete Martin ebensoviel wie die vorangegangene feierliche Würdigung. Als ich an die Reihe kam, redete ich davon, daß meine Rolle darin bestanden habe, Martin all die Jahre hindurch zu unterstützen. Ich sagte, welch großes Privileg, welch eine Gnade es gewesen sei, an der Seite eines Mannes zu leben, dessen Leben die Welt so nachhaltig beeinflussen sollte. Etwas Wichtigeres hätte ich nicht tun können. Ich sagte: »Dies große Erlebnis hat mir neue Zuversicht gegeben. Ich will weiterhin meinen Mann und unseren Kampf nach besten Kräften unterstützen.«

Irgend jemand überraschte uns mit Sekt und brachte einen Toast auf Martin aus. Wir waren alle ein wenig überdreht. Daddy King meinte lächelnd: »Nun möchte ich auf den trinken, dem wir alles verdanken. Ich möchte einen Toast auf Gott ausbringen.«

Daddy King ist Abstinenzler, und offensichtlich verstand er nicht, was es hieß, »einen Toast auf Gott« auszubringen. Es war so liebenswert und komisch, daß wir alle in Gelächter ausbrachen. Das Netz der Emotionen war zerrissen, und wir fanden in unseren gewöhnlichen Gesprächston zurück.

Am nächsten Tag hielt Martin in der Aula den Vortrag vor der Nobel-Stiftung. Dann fuhr er nach Stockholm zum großen Empfang für alle anderen Nobel-Preisträger, die ihre Preise in Schweden erhalten hatten.

Martin predigte sonntagnachmittags in der jahrhundertealten Kathedrale von Stockholm. Seine Eltern und ich teilten die Bank mit der betagten Königin, die sich an jenem Tag leider nicht wohl fühlte. Später predigte Daddy King in einer kleinen Baptistenkirche, mit einem Dolmetscher neben sich, der es fertigbrachte, Daddy Kings Intonation in der Übersetzung wiederzugeben. Alle waren sehr aufgeschlossen und herzlich. Sie nickten mit den Köpfen und respondierten die Predigt der Ebenezer Church in einer schwedischen Version. Am Ende der Predigt sangen alle »We Shall Overcame«.

Als wir noch in Oslo waren, besuchten Martin und ich mit einigen der anderen ein Baptistenseminar, wo wir gebeten wurden zu singen. Wieder sangen wir »We Shall Overcome«. In unserer Gruppe befanden sich keine Weißen, aber als wir zu der Strophe »Schwarz und Weiß zusammen« kamen, erhob sich ein Teil der Zuhörer zum Zeichen der Solidarität.
Übrigens gefiel den norwegischen Baptisten unser Lied so gut, daß sie es noch immer sangen, als wir das Seminar verließen.
In Schweden besuchten Martin und ich einen Ball, mit dem die afrikanischen Studenten Kenias Unabhängigkeit feierten. Die Afrikaner trugen ihre heimatlichen Trachten, so daß es ein farbenprächtiges Fest war.
Wir und andere Mitglieder unserer Gruppe wurden als Ehrengäste begrüßt, und das Komitee wünschte, Martin und ich sollten zusammen den Tanz eröffnen. Seit unseren College-Tagen in Boston hatten wir nicht mehr öffentlich getanzt. Martin hatte mir damals gesagt, sobald er Pastor einer Baptistenkirche wäre, könnten wir nicht mehr in der Öffentlichkeit tanzen, da die älteren Gemeindemitglieder daran Anstoß nehmen würden. So hatten wir es nie getan, und Martin wollte auch diesmal nicht.
Doch das Studentenkomitee bat und bat, bis wir schließlich einem Walzer zustimmten. Es machte mir großen Spaß, wieder mit Martin zu tanzen.
Am nächsten Tag jedoch war unser Bild auf der Titelseite der schwedischen Zeitung, und im *Jet*-Magazin erschien es als bestes Foto der Woche. Wir fühlten uns recht erleichtert, daß es daheim keinen Ärger gab.
Daddy King war an jenem Abend nicht dabei, aber ich glaube nicht, daß er etwas eingewendet hätte. Früher wohl hatten die Baptisten sich über junge Leute, die zusammen tanzten, sehr erregt. Aber Daddy King ist mit der Zeit gegangen, und er sagte sogar seiner Gemeinde, indem er mit der Faust auf die Kanzel schlug: »Ich weiß, was ihr davon haltet, aber ihr müßt euch damit abfinden. Es ist besser, ihr gebt ihnen hier einen Platz zum Tanzen, als daß sie woanders hingehen.«
Manchmal tanzte die Jugend bei Familientreffen in unserem Haus, und Martin und ich schlossen uns ihnen an. Einmal brachten wir sogar Mama King dazu. Wir spielten etwas Schnelles, als sie das Parkett betrat und ein paar lebhafte Schritte machte. Daddy King sah ziemlich überrascht drein, sagte jedoch nichts. Erst kürzlich hörte ich ihn davon sprechen: »Meine Frau«, sagte er, »war eine ausgezeichnete kleine Tänzerin, aber da Vater und Ehemann beide Baptistenprediger waren, hatte das arme Kind nie viel Gelegenheit dazu.«
Von Stockholm flog unsere kleine Reisegesellschaft nach Paris. Martin war völlig erschöpft. All die Aufregung, die vielen Reden, die er hatte

halten müssen, die Empfänge, die Pressekonferenzen und vor allem die Tatsache, daß er immer im Mittelpunkt des Interesses gestanden hatte, all das hatte ihn zermürbt. Er wollte sich zurückziehen und ausruhen, aber wie gewöhnlich vergebens. In Mississippi waren die Männer verhaftet worden, die des Mordes an den drei Bürgerrechtsarbeitern, James Chaney, Andrew Goodman und Michael Schwerner, angeklagt waren, und so strömten die Reporter zu unserem Hotel und wollten eine Stellungnahme. Martin brauchte so dringend Schlaf, daß er eine Schlaftablette geschluckt und sich ins Bett gelegt hatte; aber er mußte aufstehen und eine Erklärung abfassen. Es war eine schmerzliche Mahnung, daß trotz dem Ruhm der letzten Tage noch soviel zu tun blieb.

Für den nächsten Abend hatte Martin versprochen, uns allen die wundervolle Schau im Lido zu zeigen, die wir beide anläßlich einer früheren Reise nach Paris zusammen gesehen hatten. Damals glaubten wir, unbemerkt in den Club geschlüpft zu sein, aber kaum waren wir drin, da trafen wir John Wesley Dobbs, den Vater der Opernsängerin Mattiwilda Dobbs, und einen Nachbarn aus Atlanta. Wir alle lachten über den Ort unserer Begegnung.

Diesmal waren Reporter Martin den ganzen Tag gefolgt, und er wußte, daß sie ihn aufspüren würden. Mein Mann war sehr empfindlich für das Echo der Öffentlichkeit, nicht aus persönlichem Stolz, sondern aus Angst, irgendeiner seiner Schritte könne ein ungünstiges Licht auf die Bewegung werfen. So blieb er abends in unserem Hotel – obgleich ich mit den anderen die ausgezeichnete Vorstellung im Lido besuchte.

Unsere Heimreise war herrlich, der Druck vorbei, die Spannung gelöst; und vorübergehend vergaßen wir unsere ernsten Gedanken und genossen Feuerwerk, das New York zu Martins Empfang veranstaltete. Löschboote auf dem Hudson River spien Wasserströme. Bürgermeister Robert Wagner empfing Martin im Rathaus und überreichte ihm den Stadtschlüssel. Selbst diese ehrende Geste barg für uns eine gewisse Ironie. Wo ist der Schlüssel, der das Herz einer Stadt wie New York öffnen kann, einer Stadt, die ihre Minderheiten in Gettos sperrt, die Kindern einer bestimmten rassischen oder nationalen Herkunft die Türen zu anständigen Schulen verschließt, die Berufsschranken errichtet und die Tag für Tag, Jahr für Jahr, Jahrzehnt für Jahrzehnt die Freiheit des Denkens fesselt?

Gouverneur Rockefeller und seine Frau bewirteten am nächsten Tag Martin und seine Angehörigen im Namen der Staatsregierung in ihrer New Yorker Wohnung.

Am Abend zuvor hatte Martin auf einer großen Versammlung in einer

Turnhalle in Harlem gesprochen. Die Leute dort waren stolz und begeistert. Sie schenkten uns eine Skulptur, die den »Betenden Händen« Dürers nachgebildet war. In meinem Wohnzimmer bewahre ich sie an einem Ehrenplatz auf.
Martin erzählte den Leuten in Harlem, was er empfand, als er den Nobelpreis erhielt. Er sagte: »Die letzten Tage befand ich mich auf einem Berggipfel, und ich wünschte wirklich, ich könnte einfach auf dem Berg bleiben, aber ich muß wieder ins Tal zurück. Ich muß zurückkehren, weil meine Brüder und Schwestern drunten in Mississippi und Alabama in der Hitze der Ungerechtigkeit verschmachten. In jenem Tal gibt es Menschen, die verhungern, und Menschen, die keine Arbeit haben, und Menschen, die nicht wählen dürfen.«
Als wir auf dem Flugplatz von Atlanta eintrafen, erwarteten uns viele Leute, die zumeist der Gemeinde von Ebenezer angehörten. Man brachte uns zu unserer Kirche, wo ein Empfang in der Fellowship Hall mit großer Sorgfalt für uns vorbereitet worden war. Er besaß nicht den Glanz und die Pracht vorangegangener oder noch folgender Empfänge, aber ihn zeichneten die Aufrichtigkeit und Demut echter Liebe aus. Denn hier waren die Freunde dabei, die mit Martins Eltern die Ängste und Freuden seiner Kindheit, Jugend und Mannesjahre geteilt hatten. Sie hatten seine Entwicklung verfolgt – von der Auburn Avenue, in der er geboren wurde, zur Universität von Boston, wo er mit fünfundzwanzig seinen Ph. D. erhielt, und von dort nach Montgomery, wo er seine Laufbahn als Geistlicher begann. Sie hatten gesehen, wie ihn die Welt mit Ehrungen überhäufte, und zuletzt nahmen sie nun mit ihm, wie vielleicht niemand sonst es vermochte, an der krönenden Anerkennung durch den Nobel-Friedenspreis teil. Für sie war Martin ein echter Diener Gottes. Ich freute mich über all die hochherzigen Menschen, denen Gott diesen Tag vergönnt hatte. Neben dem Preis selbst war dies für meinen Mann die Ehrung, die ihm am meisten bedeutete.
Die wohl überraschendste Huldigung für Martin war das Bankett, das Atlanta ihm gab. Nicht nur, daß der Prophet im eigenen Lande meist nichts gilt, gab es natürlich auch das Rassenproblem. In der weißen Bevölkerung herrschten eigentümlich gemischte Gefühle. Manche waren sehr stolz, daß ein Bürger ihrer Stadt diese hohe Auszeichnung erhalten hatte, und solidarisierten sich mit ihm. Andere scheuten sich noch immer, ihn zu ehren, weil er eine so umstrittene Gestalt war.
Die Verhältnisse wurden dadurch noch verwickelter, daß Martin und die SCLC eine Kontroverse mit der Scripto Company hatten, der eine der größten Fabriken Atlantas gehörte. Die meist schwarzen Arbeiter – dar-

unter auch einige Mitglieder der Ebenezer Church – forderten eine Gewerkschaft und bessere Arbeitsbedingungen. Martin fand, die Arbeiter seien im Recht, und die SCLC unterstützte sie. Mehrere Geistliche marschierten in den Streikreihen mit, und auch Martin demonstrierte einige Tage vor den Scripto-Werken.

Infolgedessen waren die Weißen sich uneins, ob Atlanta die Verleihung des Preises an meinen Mann offiziell zur Kenntnis nehmen sollte. Gleich allen uns freundlich gesinnten Weißen waren die Liberalen entschieden dafür. Atlanta hatte sich immer gerühmt, die liberalste Stadt des Südens zu sein. Wie der ehemalige Bürgermeister William Hartsfield es ausdrückte: »Atlanta ist zu geschäftig, um zu hassen.« Viele Bürger der Stadt wurden gewahr, daß die Welt verfolgte, wie Atlanta seinen prominentesten Mitbürger behandeln würde. Sie wollten eine Ehrung, an der die gesamte Stadt, Schwarze und Weiße, teilnehmen würde. Dazu brauchten sie die Unterstützung der Stadtoberen und der Geschäftsleute. Es hieß, gewisse wichtige Geschäftsleute sträubten sich gegen eine solche Feier, und offensichtlich dauerte es eine Weile, sie umzustimmen. Zu einem bestimmten Zeitpunkt hatte das Festkomitee so viele Schwierigkeiten, daß Martin sagte, es sei ihm gleichgültig, ob das Ganze zustande käme oder nicht. Doch schließlich wurden Einladungen für Ende Januar 1965 zu einem Bankett im Dinkler Plaza Hotel verschickt.

Als wir an jenem Abend im Hotel ankamen, bot sich uns ein schöner Anblick. Im großen Ballsaal drängten sich fünfzehnhundert Personen, und mehrere hundert mußten abgewiesen werden. Neger und Weiße aller Schichten waren gekommen. Richter und führende Industrielle saßen am gleichen Tisch mit Köchen und Gepäckträgern, alle absichtlich gemischt. Das Publikum war etwa zu fünfundsechzig Prozent weiß und zu fünfunddreißig Prozent schwarz. Es schien, als sei ganz Atlanta da – und völlig integriert. Zehn Jahre, fünf Jahre, ja noch ein Jahr zuvor wäre solch ein Anblick in einer Stadt des Südens undenkbar gewesen.

Zu den Vorsitzenden des Festkomitees gehörten Rabbi Jacob Rothschild of the Temple, Don McEvoy, Direktor der Conference of Christians and Jews (Konferenz der Christen und Juden) und Dr. Benjamin E. Mays, der Präsident des Morehouse College.

Angeführt vom Bürgermeister Ivan Allen boten die Redner und Gäste auf dem Podium einen schönen Querschnitt durch die Bevölkerung Atlantas, in dem sich die energischen Anstrengungen der Stadt spiegelten, dies zu einer echten Ehrung für Atlantas prominentesten Bürger zu machen.

Meine drei ältesten Kinder waren dabei. Bunny, die noch ein Baby war, hatten wir natürlich daheim gelassen. Es war für die Kinder herrlich, dies

Fest – das erste seiner Art in den Südstaaten – zu erleben und so viele freundliche Dinge über ihren Vater zu hören. Als sie dem Publikum vorgestellt wurden, stand Yoki gelassen auf und winkte allen zu; Marty machte eine kleine Verbeugung; Dexter, der erst vier war, sollte auf seinen Stuhl klettern, damit alle ihn sehen könnten, aber statt dessen schlüpfte er – typisch für einen kleinen Jungen – *unter* den Stuhl.

Am Ende der Festlichkeiten, nach all den schönen Huldigungen, faßten wir uns bei den Händen und sangen »We Shall Overcome«. Es war sehr ergreifend. In einer Stadt des Südens hatten wir tatsächlich eine entscheidende Schranke überwunden, und wir spürten, daß zumindest an diesem Abend in Atlanta »Schwarz und Weiß zusammen«-standen.

Dann geschah das Überraschendste von allem. Nach dem Singen kam Mr. James Carmichael, der Präsident von Scripto, zu Daddy King hinauf und sagte: »Reverend King, ich weiß, wie Ihnen heute abend zumute ist. Ich bin selbst Vater und kann mitfühlen, wie stolz Sie in diesem Augenblick auf Ihren Sohn sind.«

Ich konnte die Tränen nicht zurückhalten. Bedeutsame Augenblicke wie dieser sollten bewahrt bleiben, und ich habe eine Tonbandaufzeichnung der Feier erbeten.

Von den vielen Huldigungen, die Martin an diesem Abend empfing, erstaunt diese wohl am meisten.

2

Wir sprachen in Oslo von dem langen Weg, der hinter uns lag; aber wer diesen Weg nicht selbst gegangen ist, kann nicht ermessen, wie endlos er wirklich war. Martin und ich wurzelten beide tief in der Erde der Südstaaten: dies war unser Erbe. Während Martin aus der Stadt kam, wuchs ich auf dem Land auf. Zwölf Meilen von Marion, Alabama, wurde ich in einem bescheidenen Haus auf der Farm meines Großvaters geboren.

Mein Vater Obadiah Scott, den alle Obie nennen, baute das Haus 1920, als er meine Mutter Bernice McMurry heiratete. Es war ein Holzhaus, außen ohne Anstrich, aber einst innen tapeziert, doch so weit ich zurückdenken kann, war davon nicht mehr viel zu sehen. Es bestand aus zwei großen Räumen – einer Küche und einem Schlafzimmer – sowie einer Veranda zur Straße hin. Das Schlafzimmer, das mit zwei Doppelbetten, einem Toilettentisch und einem Schrank möbliert war, wurde durch einen offenen Kamin geheizt. Eines unserer kostbarsten Stücke war ein Victrola-Plattenspieler, der auf dem Boden stand. Wir besaßen eine ungewöhnliche

Plattensammlung, darunter solche Kostbarkeiten wie Clara- und Bessie-Smith-Aufnahmen, Predigten, auch Jazz-Platten sowie Volks- und Kirchenlieder.

Die Küche war mit einfachen rohen Fichtenbrettern ausgelegt. Mutter kochte an einem großen holzgefeuerten Eisenherd mit Warmhaltefach und Heißwassertank, der zugleich die Küche heizte. Ein grober Tisch, mehrere Stühle mit geflochtenen Sitzen und im Hintergrund ein »Safe« – eine Kiste von der Art eines chinesischen Schränkchens – vervollständigten die Einrichtung. So einfach die Möbel waren, so waren sie doch für unser kleines Haus unverhältnismäßig groß. Es gehört zu den Familienscherzen, daß Dad von allem immer das Größte kaufte, was er finden konnte.

Zum Glück besaßen wir im Hinterhof einen Brunnen, der uns das ganze Jahr hindurch mit Wasser versorgte. Viele Leute mußten Wasser vom nächsten Bach oder von der nächsten Quelle schleppen, und während der Trockenzeit versiegten manchmal die Quellen, ja sogar die Brunnen. Ich erinnere mich, wie meine Vettern und Kusinen den steilen Hang zu ihrem Haus mit vollen Wassereimern für ihre große Familie hinaufkletterten und wie dankbar ich für unseren Brunnen war. Wenn wir waschen wollten, wurde das Wasser draußen in einem großen Eisenkessel über einem Feuer erhitzt und die Wäsche in zwei großen Blechwannen mit einem Scheuerbrett gewaschen.

Mein Großvater Jeff Scott wurde 1873 geboren. Er und meine Großmutter Cora Scott arbeiteten viele Stunden auf dem Feld und verkauften Fichtenholz, um genug Geld für die Farm zusammenzubringen, die sie beide erstrebten. Die Mühsal brachte Cora Scott früh ins Grab, aber zu der Zeit, da ich meinen Großvater kannte, gehörten ihm dreihundert Morgen Land, und er war ein einflußreicher Mann in der schwarzen Landgemeinde. Die Leute hörten auf Jeff Scott. Wenn immer unsere Gemeinde Fortschritte irgendwelcher Art machte, so spielte Jeff Scott eine wichtige Rolle dabei. Er war der Helfer des Predigers und Vorsitzender des Treuhänderrats unserer Kirche, der Mount Tabor African Methodist Episcopal Zion Church, außerdem Vorsteher der Sonntagsschule. Als Helfer des Predigers und Vorsitzender der Rising Star Burial Society mußte er häufig zu Kirchenkonferenzen und Zusammenkünften der Bestattungsunternehmen fahren. Alle Neger in Marion nannten ihn Mr. Scott. In der Familie hieß er natürlich Onkel Jeff oder Vetter Jeff, und schließlich war in Marion nahezu jeder mit jedem irgendwie verwandt.

Mein Vater war eines von dreizehn Kindern, und als meine Großmutter vierzigjährig starb, heiratete Großvater Fannie Burroughs, die ihm zwölf Kinder zur Welt brachte. Mit achtundsechzig wurde Großvater Scott bei

einem Autounfall getötet, und sein Tod hinterließ in unserer kleinen Gemeinde eine fühlbare Lücke.
Oft wünschte ich, ich hätte meine Großmutter Cora gekannt, besonders da ich einen Teil ihres Namens trage. Sie war eine Frau von ungewöhnlicher Stärke und Energie und galt als treibende Kraft hinter Jeff Scotts Erfolg. Meine Mutter sagte oft, ich erinnerte sie an Großmutter Cora.
Mein Großvater mütterlicherseits war schwerer zugänglich als Großvater Scott, aber ich glaube, daß auch Martin McMurry ein sehr interessanter Mann war. In seinen Adern floß indianisches Blut. Er war kurz vor der Sklavenbefreiung geboren worden. Von gedrungenem, kräftigem Wuchs, hellhäutig, mit glattem schwarzem Haar und markanten Zügen glich er, je älter er wurde, mehr und mehr einem Indianer.
Nach modernen Bildungsmaßstäben würde Großvater McMurry als halber Analphabet gelten. Er sagte, er sei etwa zwei Tage in seinem Leben zur Schule gegangen, aber er brachte sich selbst bei, die Bibel zu lesen; und das war alles, was er je las. Wenn er auch nie versuchte, Zeitung zu lesen, so besaß er doch eine stattliche Sammlung von Nachschlagewerken, die Bibelstellen auslegten. Er wurde für die Leute zu einer Autorität, und sie rieten einander: »Wenn du irgend etwas über die Bibel besser wissen willst oder eine Stelle der Heiligen Schrift suchst, frag Bruder McMurry.« Sein Wortschatz war phantastisch.
Ich erinnere mich gut an ihn. Selbst im Alter war er noch ein rüstiger Mann, und mit über siebzig lief er an einem Tag die zwölf Meilen von seiner Dreihundert-Morgen-Farm nach Marion und wieder zurück. Er war unnachgiebig und streng und fand wie viele Erwachsene damals, Kinder solle man sehen, aber nicht hören. Bei gelegentlichen Besuchen auf seiner Farm mußten wir sehr leise spielen, sobald er drinnen las oder meditierte. Bei Lärm kam er heraus und drohte uns eine Tracht Prügel an. Ich wünschte, ich hätte mehr mit ihm geredet, aber wir fürchteten uns vor ihm. Großvater McMurry war bei den Schwarzen wie bei den Weißen der Gemeinde wohl geachtet, sofern dies Wort dem Gefühl angemessen ist, das die Weißen damals für Neger hegten, denn selbstverständlich waren wir in ihren Augen nie vollwertige, ebenbürtige Menschen.
Meine Großmutter McMurry war eine freundliche Frau, das Muster einer liebevollen, nachsichtigen Großmutter. Sie war mittelgroß, hatte helle Haut und krauses Haar. Als gute Schneiderin nähte sie unsere meisten Kinderkleider. Sie liebte Blumen und hatte einen wundervollen Garten, auf den sie viel Zeit verwandte. Meine Mutter verband ein inniges Verhältnis mit ihr – Mutter war die Jüngste der Familie und wandte sich, wann immer sie Hilfe brauchte, an ihre eigene Mutter.

Auch mein Vater ist außergewöhnlich, und dies mußte man sein, wenn man es in jenen Tagen als Schwarzer zu irgend etwas bringen wollte. Mit seiner unternehmerischen Begabung war er eine glückliche Mischung seiner beiden Eltern. Oft wunderte ich mich, wie er und Daddy King es je schafften, denn alle Karten waren gegen sie.

Beide waren sie zu Beginn des Jahrhunderts geboren, welches im Süden seit den Tagen der Sklaverei die schlimmste Zeit der Negerunterdrückung war. Als nach dem Bürgerkrieg die Neger befreit wurden und durch den vierzehnten und fünfzehnten Verfassungszusatz Wahlrecht und Gleichheit vor dem Gesetz erhielten, hatte sich ihre Lage vorübergehend gebessert. Die Schwarzen wählten und genossen ein gewisses Maß an Freiheit. Dann wurden die Besatzungstruppen der Bundesstaaten abgezogen, und die weißen Südstaatler bauten allmählich die Rechte der Neger wieder ab. Zuerst waren sie noch vorsichtig, aber unter einer sehr konservativen republikanischen Bundesregierung der achtziger und neunziger Jahre zogen die lokalen Regierungen die Schraube kräftig an. Damals nahmen mehrere Südstaaten die »Großvaterklauseln« in ihre Verfassung auf, denen zufolge niemand das Wahlrecht hatte, dessen Großvater nicht schon gewählt hatte. Natürlich waren die meisten unserer Großväter Sklaven gewesen, so daß fast der gesamten schwarzen Bevölkerung faktisch das Wahlrecht entzogen war.

Ein anderer Trick, um die Neger am Wählen zu hindern, war die hohe Wahlsteuer. In Alabama kostete es zwei Dollar zu wählen, aber ging man zum Beispiel im Alter von dreißig Jahren zum erstenmal zur Wahl, dann hatte man alle zurückliegenden Steuern bis zum einundzwanzigsten Lebensjahr zu zahlen – in diesem Fall zwanzig Dollar, damals für viele ein beträchtlicher Teil des Jahreseinkommens. Dieser Trick war fast so wirksam wie die Großvaterklauseln, da die Wahl für die meisten Schwarzen unerschwinglich wurde. 1940 lebten in Marion und Umgebung annähernd tausend Weiße und zweitausend Neger. Aber noch 1955 waren erst etwa hundertundfünfzig Schwarze als Wähler registriert.

Das war jedoch nicht das Schlimmste. Nachdem das *People vs. Ferguson*-Urteil des Obersten Gerichtshofes 1896 die Segregation oder »getrennte aber gleiche Möglichkeiten« legalisiert hatte, nahmen die Jim-Crow[1]-Gesetze, welche von den gesetzgebenden Gewalten der Weißen verab-

[1] Anm. d. Übers.: Jim Crow, Bezeichnung für die amerikanischen Neger; dieser Name entstammt einem alten amerikanischen Volkslied, das um 1835 von den dunkelhäutigen Sklaven während der Arbeit gesungen wurde: »Spring around, turn around Jim Crow«.

schiedet worden waren, bei aller Lächerlichkeit schreckliche Ausmaße an. Es wurde verboten, daß Schwarze und Weiße in der Öffentlichkeit zusammen speisten; daß sie in Theatern, Bussen oder Zügen zusammensaßen; dieselben sanitären Einrichtungen oder Trinkbrunnen benutzten; ja selbst öffentliche Gebäude durch dieselbe Tür betraten. Es war, als hätten die Schwarzen eine ansteckende Krankheit.

Und doch arbeiteten wir in ihren Häusern, bereiteten ihr Essen, stillten ihre Kinder und waren im häuslichen Bereich engstens mit ihnen verbunden. Die Schwarzen sollten zu einer minderwertigen Rasse abgestempelt, sollten nicht nur zu Sklaven, sondern zu weniger als Menschen degradiert werden. Ungeachtet ihrer Stellung oder ihrer Erziehung wurden Neger nie mit »Mister« oder irgendeinem anderen Titel angeredet, sondern »boy« oder »girl« gerufen, selbst wenn sie alt und grau waren. Sie hatten »Yes, sir« und »Yes, ma'am« zu sagen – selbst zu weißen Teenagern. Alles zielte bewußt darauf ab, unserem Volk Unterwürfigkeit einzuflößen. Leider gelang es den Weißen viele Jahre lang nur allzu gut. Wie traurig stimmte es mich, wenn ich manche von uns sah, die so schlecht behandelt worden waren. Wenn sie mit einem Weißen sprachen, schien sich ihr Rückgrat zu krümmen, schienen sie zu schrumpfen. Seit wir der Bewegung dienten, pflegte Martin seinen unterdrückten Brüdern und Schwestern zu sagen: »Wir können jetzt unseren Rücken straffen und aufrecht gehen. Wir gehen der Freiheit in Würde entgegen.«

Während dieser frühen Jahre galt jeder Neger, der wie ein Mann auftrat, als »anmaßend«. Ging er den Weißen zu weit oder versuchte er lediglich, seine gesetzlich verbürgten Rechte geltend zu machen, war er ernstlich in Gefahr zu verschwinden. Die Behörden stellten nie Nachforschungen an, denn das Leben eines schwarzen Mannes war ihnen wertlos. Und bei jeder Tätlichkeit, an der ein Neger beteiligt war, oder wenn eine Weiße einen Neger beschuldigte, wurde der schwarze Mann fast ausnahmslos gelyncht. So auch einer meiner Großonkel. Eine »freundliche« Weiße berichtete seiner Frau, was geschehen war. Als diese draußen nachsah, fand sie seinen durchschossenen Leichnam von einem Baum hängen. Nachdem ihn der Lynchmob aufgeknüpft hatte, war er offensichtlich als Zielscheibe benutzt worden.

Sklaverei und Rassentrennung, wie sie in den Vereinigten Staaten geübt wurden, versündigten sich zutiefst an der gesamten Menschheit. Sie erzeugen beim Weißen ein falsches Überlegenheitsgefühl, während sie dem Schwarzen ein falsches Minderwertigkeitsgefühl einflößten. Der Rassismus, so wie er sich heute darstellt, ist tief in diesen inhumanen Bräuchen verwurzelt.

Wie durch ein Wunder endete mein eigener Vater trotz seiner offenkundigen Selbstachtung nicht in einem Sumpf. Was man ihm vor allem nicht verzieh, war die Tatsache, daß er hart arbeitete und vorankam – weiter als ein paar der armen Weißen. Als er meine Mutter heiratete, hatte er einen festen Arbeitsplatz in einer Sägemühle und verdiente drei Dollar täglich. Als ich geboren wurde, hatte er genug Geld gespart, um einen Lastwagen zu kaufen und für den Sägewerksunternehmer Baumstämme und Nutzholz zu transportieren. Außerdem hatte er das Barbierhandwerk gelernt, und abends und an den Wochenenden standen oft die Männer Schlange vor unserem Haus, um sich die Haare schneiden zu lassen. Mutter half, wenn mehr Kunden kamen, als mein Vater bewältigen konnte. In der Depression begann er das sogenannte »truck farming«. Auf unserem Stück Land zogen wir Mais, Erbsen, Kartoffeln und Gartengemüse. Wir hatten Schweine, Kühe und Hühner. Da Daddy den ganzen Tag zur Arbeit fort war, kümmerten sich Mutter, Edythe und ich um die Farmarbeit. Wir Kinder begannen damit, sobald wir groß genug waren, eine Hacke zu halten – ich war sechs oder sieben. Meine Schwester Edythe, mein Bruder Obie und ich bestellten den Garten. Mutter half uns, wenn es viel zu tun gab. Zum Pflügen der Felder mietete mein Vater jemanden, aber es war unsere Pflicht, den Mais zu säen, zu harken und zu ernten, die Hühner und Schweine zu füttern und die Kühe zu melken. Auch wenn wir es nicht für unseren eigenen Bedarf gebraucht hätten, wäre es undenkbar gewesen, auf einer Farm zu leben, ohne etwas anzubauen. Und für meine Eltern, die bis zum heutigen Tag Baumwolle und Mais anpflanzen, ist es so geblieben.

Später, als ich etwa zehn war, arbeitete ich mit den Taglöhnern in den Baumwollfeldern. Ich harkte und beschnitt die Baumwolle, das heißt, ich dünnte die Reihen aus, damit eine Harkenbreite von einem Stengel zum nächsten blieb. Im Herbst pflückten wir die Baumwolle. Wir verdingten uns, um Geld für unseren Schulbedarf zu verdienen. Wenn man in einer Saison vier oder fünf Dollar verdiente, so war das in den Tagen der Depression ein ganz schönes Stück Geld. Ich erinnere mich an ein Jahr, in dem ich mit Baumwollpflücken sieben Dollar verdiente. Ich war immer sehr kräftig und eine tüchtige Baumwollpflückerin. Jahre später neckte mich Martin gern, er habe mich deshalb geheiratet. »Wenn du mir nicht begegnet wärst«, sagte er, »dann würdest du noch immer dort drunten Baumwolle pflücken!«

Alle arbeiteten wir, aber Daddy um einiges härter als alle anderen im Umkreis von vielen Meilen. Während meine Eltern fanden, wir müßten arbeiten lernen, schien für meinen Vater Betriebsamkeit eine wahre Leidenschaft. Er pflegte uns zu schelten, daß wir nicht früh genug aufstanden. »In meiner Jugend«, sagte er, »da frühstückten wir jeden Morgen bei Lampenlicht. Wenn ihr nichts zu tun habt, dann steht einfach auf und setzt euch an den Tisch. Ich will keine faulen Leute in meinem Haus haben.«

Wie die meisten, die Schulden hatten, als die Depression über sie hereinbrach, wurde mein Vater schwer getroffen. Er zahlte noch immer an seinem Lastwagen und konnte nicht genug verdienen, um die Raten aufzubringen. Ein Weißer, den wir John Thomas nennen wollen, übernahm seine Zahlungen, aber damit auch die Hypothek auf den Lastwagen. Er war *der Mann* meiner Kindheit, ein Negerausbeuter. Man stelle sich vor, im zwanzigsten Jahrhundert lebten auf der Plantage dieses Mannes Hunderte von Leuten, die für ihn arbeiteten. Ihm gehörte der Krämerladen, wo sie auf Kredit ihre Lebensmittel, Gartengeräte und all ihren anderen Bedarf kauften. Wenn sie am Ende der Saison ihren Lohn erhielten, schuldeten sie ihm das meiste, wenn nicht gar alles, was sie verdient hatten. Außerdem besaß er einen Anteil an der Holzgesellschaft, für die mein Vater arbeitete.

Da Mr. Thomas meinen Vater als guten, zuverlässigen Arbeiter kannte, leistete er die Zahlungen für den Lastwagen. Dann arbeitete Daddy für ihn: nicht als *sharecropper*, sondern indem er Stämme und Bretter für ihn transportierte. Mr. Thomas zahlte zwar nie ganz, was er ihm schuldete, aber mein Vater wußte, es war nutzlos, sich zu beschweren. Außerdem verkaufte Thomas uns Benzin und Öl für den Laster, Lebensmittel und andere unentbehrliche Dinge zu hohen Preisen. Durch Darlehenszinsen und andere Schulden war Daddy restlos an ihn gebunden.

Meines Vaters Lohn von der Sägemühle wurde Mr. Thomas geschickt, der dann abzog, was er davon wollte – nämlich alles. Und weil Daddy noch verschuldet war, bekam er es in den schlimmsten Jahren der Depression auch.

Obwohl er von seiner regulären Arbeit kein Geld mit nach Hause brachte, verdiente mein Vater etwas damit, daß er am Wochenende und manchmal nachts für andere Leute Holz fuhr. Aber selbst das brachte ihn in Schwierigkeiten. Er war der einzige Neger, der einen Lastwagen besaß und damit den armen Weißen Konkurrenz machte, die ihm das verübelten. Manchmal hielten sie ihn auf einer einsamen Straße an, verwünschten ihn und drohten, ihn umzubringen – und es bestand die Gefahr, daß sie es wahr machten. Er war kein großer Mann, nur etwa einsachtundsechzig, aber er war mutig. Nie rannte er weg, und ich bin sicher, daß er deshalb überlebte. Ruhig und höflich nahm er es mit ihnen auf. Mein Vater

pflegte zu sagen: »Wenn man einem Weißen in die Augen sieht, kann er einem nichts tun.«
Daddy wußte, wie gefährlich es war. Nachdem er so viele offene Drohungen erhalten hatte, kaufte er eine Pistole und legte sie ins Handschuhfach seines Lastwagens, aber ich glaube nicht, daß er auf jemanden geschossen hätte. Es wäre gegen all seine Prinzipien gegangen. Wenn er von zu Hause wegging, um tief in den Wäldern Holz zu holen, sagte er damals oft zu Mutter: »Vielleicht komme ich nicht zurück.«
Schon sehr früh lernte ich, mit der Angst um die zu leben, die ich liebte, und es war eine gute Schule, denn die meiste Zeit meines Lebens habe ich so gelebt. Mein Mann war denn auch in seiner Unerschrockenheit und seinem Willen, sich nicht kleinkriegen zu lassen, vom gleichen Schlag wie mein Vater.
Die Geschicke meines Vaters und John Thomas' waren seltsam verflochten. Eines Tages gegen 1937 saß mein Vater am Steuer seines Lasters, als er mit Mr. Thomas' Wagen zusammenstieß. Ich weiß nicht, wessen Schuld es war, aber der Personenwagen war völlig zertrümmert und Mr. Thomas bewußtlos. Obwohl zwei seiner Helfer leicht verwundet waren, blieb Daddy gänzlich unverletzt, doch sorgte er sich sehr, denn wäre Thomas gestorben, hätte man ihn – ob zu Recht oder zu Unrecht – wegen Totschlag ins Gefängnis gesperrt, und er hätte wenig Aussicht auf einen fairen Prozeß gehabt.
Aber Thomas wurde wieder gesund. Er kümmerte sich darum, daß mein Vater nicht ins Gefängnis mußte. Obie war einer seiner schwer arbeitenden »guten Nigger« – ein zuverlässiger Arbeiter, der weder trank noch stahl –, und so nahm er sich seiner auf herablassende, paternalistische Art an. Aber mein Vater mußte für das Auto bezahlen. Obwohl er sich relativ gut stand und stetig seine Schulden abzahlte, warf ihn diese neue Schuld mehrere Jahre zurück. Schließlich kam der Tag, an dem er seine letzte Rate zahlen wollte. Mr. Thomas sah seine Bücher durch und lobte Obie, daß er so fleißig arbeitete. Dann sagte er: »Wollen wir mal sehen. Oh, hier sind noch hundert Dollar, die du mir schuldest.«
Mein Vater wußte, daß dies nicht stimmte; er hatte sorgfältig Buch geführt. Aber um Ärger zu vermeiden, willigte er ein zu zahlen. Das bedeutete zwei weitere Wochen Arbeit, ehe er schuldenfrei war. Eines Abends kam er mit vierzig Dollar in der Tasche heim. Mein kleiner Bruder Obie und ich erwarteten ihn sehnsüchtig. Edythe war in der Schule. Wir wollten nach Marion fahren, und bald würden die Läden schließen. Mutter hatte sich hingelegt. Endlich kam Daddy herein und sagte: »Bernice, wach auf! Ich fahre mit euch in die Stadt und kaufe euch, was ihr wollt!«

Es war ein großer Augenblick, denn solange wir verschuldet waren, mußten wir alles in John Thomas' Laden kaufen. Nun stiegen wir in den Lastwagen, und Vater fuhr uns zur Stadt. Wir fühlten uns großartig, doch was muß erst mein Vater empfunden haben, als er endlich wieder ein freier, unabhängiger Mann war. Seit damals im Jahre 1939 hat er seine eigenen Geschäfte betrieben und seine Rechnungen selbst bezahlt; und wenn er Geld brauchte, ging er zur Bank und lieh auf seinen eigenen Namen und Besitz.

In meiner Kindheit blieb ich vor den extremen Härten der Segregation bewahrt, obwohl ich merkte, daß mir Rechte vorenthalten wurden, auf die ich einen Anspruch besaß. Wir lebten auf unserer großen Farm, und droben auf dem Hügel wohnten unsere Spielkameraden: meine Vettern und Kusinen der Scott-Linie sowie all unsere Halbonkel und -tanten aus Großvater Scotts zweiter Ehe. Hinzu kam mein Vetter Willie und meine Kusine Ruth McMurry, beide etwa in unserem Alter. Unsere ausschließlich schwarze Gemeinschaft bestand aus Landbesitzern in der dritten Generation. Dies trug vielleicht mehr als alles andere dazu bei, daß wir Stolz auf unsere Rasse, Würde und Selbstachtung fühlten.

Meine ersten Erfahrungen mit der Gesellschaft waren ebenfalls glücklich; ihren Mittelpunkt bildete die Mount Tabor A. M. E. Zion Church. Die meisten Gemeindemitglieder waren Verwandte, so daß es sich fast um eine Familienangelegenheit handelte. Der Kirchgang am Sonntag war das große Ereignis der Woche. Die Leute kamen von weit her, in Fuhrwerken oder zu Fuß; nur sehr wenige hatten ein Auto. Alle zogen ihre besten Kleider an. Wenn ein richtiger Gottesdienst stattfand, trugen die Männer Anzüge und die Frauen Hüte. Ich hatte Zöpfe, und ich erinnere mich, wie sich meine Mutter und meine Schwester sonntagmorgens damit zu schaffen machten. Die kleinen Mädchen trugen nur selten Haarschleifen, aber bei besonderen Anlässen wie Ostern, wenn wir neue Kleider bekommen hatten, gab es manchmal auch passende Schleifen dazu.

Wenn wir nicht im Lastwagen meines Vaters mitfahren konnten, machten wir Kinder uns früh auf den Weg, um pünktlich zur Sonntagsschule dazusein. Wir wohnten damals etwa vier Meilen von Mount Tabor, aber wir waren gewohnt, zu Fuß zu gehen. Nicht wir, aber die anderen trugen oft ihre Schuhe in der Hand, damit sie von den ungepflasterten Straßen nicht schmutzig würden. Außerdem nahmen sie einen Lappen mit, um die Füße abzuwischen, ehe sie die Schuhe vor der Kirche wieder anzogen. Wieder andere trugen alte Schuhe auf der Straße und wechselten sie, ehe sie die Kirche betraten.

Großvater Scott eröffnete die Sonntagsschule mit einem Kirchenlied. In einer großen Gruppe von etwa fünfunddreißig Personen sprachen wir ein Gebet, dann gingen wir in unsere Klassen, wo wir biblische Geschichten erzählt bekamen und den Katechismus lernten: *Wer hat dich erschaffen? Gott. Wer ist Gott? Gott ist Geist. Wo ist Gott? Gott ist allgegenwärtig. Was kann Gott tun? Gott kann alles. Weiß Gott alles? Er weiß alles, was wir denken, sagen oder wollen . . .*

In der Pause nach der Sonntagsschule trafen die Erwachsenen zum Gottesdienst ein. Damals schien mir die Kirche ziemlich groß. Sie war ein Holzbau, dessen weiße Farbe abblätterte, da er nur etwa alle zehn Jahre gestrichen wurde. Um die erhöhte Kanzel lief ein Geländer, und dort knieten die Gläubigen, das Abendmahl zu empfangen. Das Kirchengestühl waren grobe, selbstgefertigte, doch lackierte Bänke. Ein großer, dickbäuchiger Ofen heizte die Kirche, und an sehr kalten Tagen drängten sich die Leute darum, um sich zu wärmen. Kerosinlampen, die ganz ähnlich aussahen, wie die elektrische Beleuchtung, wodurch sie ein paar Jahre später ersetzt wurden, hingen an langen Schnüren von der Decke. Gewöhnlich saßen Männer und Frauen in verschiedenen Reihen und dazwischen die Kinder. Obwohl ich mich nicht entsinnen kann, daß irgend jemand darüber sprach, kam es nur selten vor, daß ein Mann neben seiner Frau saß. Selbst getrennte Warteräume gab es rechts und links des Vorraums.

Mount Tabor war eine Zwei-Sonntage-Kirche. Da sie sich keinen voll bestallten Geistlichen leisten konnte, stellte sie einen Prediger an, der zweimal monatlich kam. Zwei-Sonntage-Kirchen sind im Süden noch immer ziemlich gebräuchlich. An den anderen Sonntagen leitete mein Großvater Scott die Sonntagsschule mit Gebeten, Bibellesungen und natürlich Kirchenliedern. Im Gottesdienst nach der Sonntagsschule leitete Großvater McMurry, der eine schöne hohe Baritonstimme hatte, den Gesang. Das heißt, er begann allein in einer ganz hohen Lage, gab das Tempo an, worauf Chor und Gemeinde einfielen. Großvater Scott sprach ein Gebet und forderte vielleicht einen der Brüder auf, aus der Bibel vorzulesen. Manchmal hielt er darauf eine kleine Ansprache. Wieder wurden aus dem Gesangbuch der Methodisten Kirchenlieder gesungen – »Amazing Grace« und »Holy, Holy, Holy«. Und selbstverständlich fand eine Kollekte statt.

Unsere Kirche gehörte zu den drei führenden Kirchen unseres Distrikts, der drei Kreise des Schwarzen Gürtels umfaßte. Weil Mount Tabor als starke Kirche galt, wurden einige der besseren Prediger zu uns gesandt. Trotz vielen guten Willens waren die Geistlichen oft ungebildet und schlecht gerüstet, ihrem Volk in seinen politischen und wirtschaftlichen Nöten zu raten. Dennoch bereitete ihre Arbeit psychologisch und sozial

den Grund für kommende Generationen. Die Kirchen, die sie erbauten, waren oft die einzigen Einrichtungen, die den Schwarzen gehörten. Ohne sie wären unsere modernen Bewegungen um vieles schwieriger gewesen.
An den Sonntagen, an denen der Geistliche kam, hielt er einen ordentlichen A.M.E.Z.-Gottesdienst und dann eine Predigt. Wenn er langweilte, schlief ein Teil der Gemeinde ein. Gelegentlich kam einer, der mitreißend predigte. In ihrer Ergriffenheit riefen die Gläubigen »Amen!« oder »Yeh!« oder »Preach!« Dennoch waren die Methodisten nicht so gefühlvoll wie die Baptisten, ja unsere Mitglieder scherzten über deren Überschwang. Diese Kirchenatmosphäre war die kulturelle Freistätte, die den heute so populären Begriff des *soul* hervorbrachte. *Soul music* war vor nahezu einem Jahrhundert die Musik der schwarzen Kirche – eine Mischung aus afrikanischer und amerikanischer Folklore im christlichen Geist.
Höchst selten nur befaßten sich die Prediger jener Zeit unmittelbar mit der schlimmen Lage ihres Volkes. Wenn ein Schwarzer von Weißen geschlagen oder sonstwie mißhandelt worden war, bezogen sie sich wohl einmal in der Predigt darauf. Der Prediger mühte sich, die Hoffnung in nahezu hoffnungsloser Situation wachzuhalten. »Gott liebt uns alle, und die Menschen werden ernten, was sie säen«, pflegten sie zu sagen. »Betet darum unverdrossen weiter, vor allem für unsere weniger glücklichen Brüder. Das lehrt die Bibel. Sorgt euch nicht, eines Tages wird Gott alles in Ordnung bringen.«
Nie predigten sie, was wir heute »das soziale Evangelium« nennen, noch setzten sie sich auf ihren Kanzeln mit den Negerrechten oder Segregationsfragen auseinander, denn es war zu gefährlich.
Ähnlich verhielten sich auch die Männer, die sich in unserem Haus zum Haarschneiden trafen oder im Kramladen beisammenstanden, um eine Ungerechtigkeit zu bereden, die einem der ihren widerfahren war. Sie redeten davon, wie ungerecht Neger behandelt würden, einige sagten, was sie tun würden, wenn ihnen dasselbe passierte, aber dabei blieb es. Zu jener Zeit erschien ihnen Protest aussichtslos. Doch hofften sie, daß sich die Lage einmal bessern würde.
Aber für mich als Kind war die Kirche eine beglückende Erfahrung: in ihr versammelte sich meine ganze Familie, meine Großväter standen an der Spitze der Gemeinde, und so bildete sie den größten und wichtigsten Teil meiner Welt.
Noch ehe meine Schwester und ich zur Schule kamen, weckten meine Eltern schon in uns den Wunsch, etwas zu lernen. Wir hatten einige wenige Bücher im Haus, die wieder und wieder gelesen wurden. Ich erinnere mich, daß Mutter uns daraus die Geschichten von »Rumpelstilz-

chen« und der »Kleinen Streichholzverkäuferin« vorlas. Wir lernten »Mary hatte ein kleines Lamm«, »Humpty-Dumpty« und andere Kinderreime.

Mutter war nur bis zur vierten Klasse gekommen, da sie drei Monate im Jahr zur Schule ging und die übrige Zeit Kühe hüten und auf dem Feld arbeiten mußte. Mit sechzehn heiratete sie, und danach kamen wir. »Ich war nie ein Kind«, pflegte sie zu sagen, »mein Leben lang war ich eine Frau.« Zu der Zeit, da meine ersten Erinnerungen einsetzen, muß sie noch Anfang Zwanzig gewesen sein. Wenn sie das Haar in Zöpfe flocht, sah auch sie wie eine Indianerin aus. Anders als mein offenherziger, freigebiger Vater ist meine Mutter Fremden, vor allem Weißen, gegenüber zurückhaltend und vorsichtig. »Ihr könnt keinem von ihnen trauen«, sagte sie, obwohl sie heute gute weiße Freunde hat. Aber sobald sie jemanden als Freund angenommen hatte, öffnete sie ihr Herz. Trotz ihrer mangelhaften Bildung war sie intelligent und lebensklug. Das Unrecht an den Negern schien sie mehr zu kränken als meinen Vater, der sagt, die Menschen seien schlecht, weil die Umstände sie dazu machten. Er zieht es vor, das Beste von den Leuten zu denken. Meine Eltern wußten, wieviel ihnen entgangen war, und um so mehr war meine Mutter dazu entschlossen, ihren Kindern eine gründliche Ausbildung zu ermöglichen.

Meine frühen Schuljahre standen im Zeichen der Rassentrennung. Diese bildsamen Jahre sind so wichtig, um eine solide Grundlage zu schaffen. Unsere Elementarschule befand sich in Heiberger, einem Dorf am Schnittpunkt zweier Straßen, nahe Marion, aber noch immer drei Meilen von unserer Farm entfernt. Bei Regen und Sonne liefen wir jeden Tag hin und wieder zurück, und ich erinnere mich, wie die Busse, welche die weißen Kinder zu ihrer Schule brachten, in einer Staubwolke oder Dreckkaskade an uns vorbeiratterten und wie es mich erbitterte. – Unsere Schule war ein ungestrichenes Holzhaus mit einem großen Raum, in dem hundert oder mehr Kinder von der ersten bis zur sechsten Klasse unterrichtet wurden. Später wurde sie in zwei Räume unterteilt und innen und außen gestrichen. Ein Zimmermann aus der Umgebung hatte Schulbänke geschreinert. Teile der Wand waren schwarz gestrichen und dienten als Tafeln. Die Toiletten befanden sich draußen, und der Raum wurde durch den üblichen Holzofen geheizt.

Wir hatten zwei schwarze Lehrerinnen, die ihren Beruf selbstlos und hingebungsvoll ausübten. Sie besaßen vermutlich eine *junior-college-Bildung*, obwohl man früher lediglich eine einfache Prüfung ablegen mußte, um – in schwarzen Schulen – unterrichten zu können. Einige Lehrer hatten daher nur acht Klassen absolviert. Als eine besonders engagierte Lehrerin

habe ich Mrs. Mattie Bennett in Erinnerung, die meine Schwester und mich besonders anspornte, weil sie sah, wie lernbegierig wir beide waren. Ich glaube, sie gab sich ein wenig mehr mit uns ab als mit den anderen Kindern – obwohl es vielleicht zu ihrer besonderen pädagogischen Begabung gehörte, allen dieses Gefühl zu vermitteln.
Gelegentlich kam die Kreisinspektorin, eine Negerin, und um sie zu beeindrucken, betrugen wir uns vorbildlich. Unsere Lehrerin brannte darauf, mit ihren Schülern vor ihr zu glänzen. Stets bewarb ich mich als Vorsängerin, und manchmal sang ich Soli oder sagte Gedichte auf.

Trotz aller Anstrengungen der Negereltern, ihre Kinder vor dem schrecklichen Schock der diskriminierenden Rassentrennung zu bewahren, verlieren alle Negerkinder früher oder später ihre Rassenunschuld. Irgendein Ereignis öffnet ihnen plötzlich die Augen, daß sie als minderwertig gelten. Weiße Kinder weigern sich etwa plötzlich, mit ihnen zu spielen, oder sie entdecken, daß sie im Kino auf den harten Holzsitzen des heißen, überfüllten Balkons sitzen müssen, statt im bequemen Orchester. Und ich muß immer ein bißchen lächeln, wenn ich Weiße wehmütig vom *drugstore* an der Ecke reden höre. Ich entsinne mich, wie ich als kleines Mädchen mit den anderen Negerkindern zum Seiteneingang des *drugstore* gehen mußte, um ein Eis zu kaufen. Ich mußte warten, bis alle weißen Kinder bedient waren, und dann, gleichgültig, welchen Geschmack ich verlangte, gab mir der Mann von dem, wovon er zuviel hatte. Natürlich zahlen wir genau dasselbe wie die weißen Kinder.
Schwarze Kinder lernen sehr früh, daß es Orte gibt, die ihnen versperrt sind. Wenn dieser Augenblick kommt, gehen sie zu ihren Müttern und fragen: »Warum?« Und jede Negermutter sagt: »Du bist genauso gut wie alle anderen. Es ist eben so.« Das tiefverletzte Kind begreift, daß seine Mutter zu erklären versucht, ohne erklären zu können, und daß sie ihm das nicht zu sagen brauchte, wenn es da nicht ein Problem gäbe. Und es ist schwer für ein Kind, seiner Mutter zu glauben, wenn alles darauf abzielt, das Gegenteil zu beweisen.
Als ich mit dieser ewigen Frage schwarzer Kinder zu meiner Mutter kam, sagte auch sie: »Du bist genauso gut wie alle anderen.« Und dann fügte sie sehr eindringlich hinzu: »Du gehst zur Schule und versuchst etwas zu werden. Dann brauchst du dich von niemandem herumstoßen zu lassen und hängst von niemandem ab – nicht einmal von einem Mann.«
Meine Eltern lehrten uns, Bildung als den ersten Schritt auf dem Weg zur Freiheit zu werten. Dies galt besonders für die Jahre der Entwicklung. Mutter sagte zu mir: »Du wünschst dir jetzt Kleider und andere Dinge,

aber wenn du erst etwas gelernt hast und diese Dinge immer noch willst, dann kannst du sie bekommen. Das Wichtigste ist jetzt, daß du etwas lernst.«

Es kam die Zeit, da ich mir klar wurde, wie sehr sich unsere Schule von jener der weißen Kinder unterschied. Die Gebäude waren natürlich getrennt und sehr ungleich. Die Weißen hatten ein schönes Backsteingebäude, und obwohl ich es nie betreten hatte, war ich sicher, daß jede Klasse ein eigenes Zimmer und die Schule alle möglichen Einrichtungen besaß, die wir nicht hatten. Ich weiß, es gab eine Bibliothek. Wir hatten keine Bibliothek, nur sehr wenige Bücher. Wir mußten unsere Schulbücher kaufen, die weißen Kinder erhielten die ihren frei. Sie gingen neun Monate im Jahr zur Schule; wir sieben Monate – zu Mutters Zeiten waren es nur drei. Wie sollten unter diesen Bedingungen schwarze Kinder dasselbe leisten wie die Kinder der Weißen?

Dennoch ging es uns in verschiedener Hinsicht besser als den angeblich integrierten Kindern der Gettoschulen droben im Norden. In vielen Fällen war das, was man uns lehrte, zumindest von unseren eigenen Leuten für uns geplant, *von* Schwarzen *für* Schwarze. In vielen unserer Schulen stand sogar die Geschichte der Neger auf dem Stundenplan. Die Kinder aus den Slums des Nordens wurden in ein System gepreßt, das für die weißen Schüler entworfen war und mit ihren eigenen Erfahrungen nicht in Einklang stand, ein System, mit dem sie sich nicht identifizieren, dem sie sich auch nicht anpassen konnten; und niemanden kümmerte es, ob sie es taten oder nicht. Hier liegt die Wurzel vieler Unruhen unter den Negerstudenten der weißen Colleges.

Ende 1937 sah es für die Familie Scott etwas rosiger aus. Daddy mietete ein größeres Haus, und wir zogen um. Das Haus besaß sechs Räume, die wir anfänglich mit Verwandten teilen mußten. Zwar wohnten sie in einem Teil für sich, doch benutzten sie die gleiche Küche. Das klappte nicht sehr gut, und anderthalb Jahre später zogen sie aus. Als Edythes erste Verehrer aufkreuzten, kaufte mein Vater eine neue Möbelgarnitur fürs Wohnzimmer, auf die wir sehr stolz waren. Es war unser erstes Wohnzimmer, und das erste Mal, daß meine Schwester und ich jede ein eigenes Zimmer hatten.

Aber die Segregation war stark genug, um auch in unser schönes neues Haus einzudringen. Ich entsinne mich, wie mein Vater eines Tages einen Weißen zum Essen einlud, einen Geschäftsfreund, mit dem er auch persönlich befreundet war. Wir stritten uns, ob Daddy mit diesem Mann essen sollte oder nicht. Mein Vater war dagegen, aber Mutter sagte: »Obie, dies ist dein Haus. Er kommt als dein Gast. Du solltest dich zu ihm setzen und mit ihm essen.« Edythe und ich unterstützten sie kräftig. »Nein«, sagte mein Vater. »Nein, ich hätte das Gefühl, es wäre nicht recht.«

Der weiße Mann aß allein.

Ich besuchte die ersten sechs Klassen der Grundschule. Dann brachte meine Mutter Edythe und mich zehn Meilen von Marion auf einer wesentlich besseren Schule unter, einer Schule, die es mit jeder weißen oder schwarzen Schule der Gegend aufnehmen konnte. Die Lincoln High School war zu unserer Zeit halb privat, hatte jedoch als reine Privatschule begonnen. Die Amerikanische Missionarsgesellschaft gründete sich kurz nach dem Bürgerkrieg, als es im Süden keine Schulen für Neger gab. Sie sandte weiße Missionslehrer hinunter, um die einstigen Sklavenkinder zu unterrichten. Als ich Lincoln besuchte, war der Lehrkörper integriert – etwa halb weiß, halb schwarz –, die Schüler natürlich sämtliche schwarz. Alle weißen Lehrer stammten aus dem Norden, bis auf eine Frau aus den Südstaaten. Es waren engagierte Leute, denen unser Schicksal am Herzen lag. Schwarze und weiße Lehrer lebten brüderlich im Wohnheim der Schule zusammen.

Im allgemeinen verachteten die Weißen Marions unsere Lehrer aus dem Norden, die sie Radikale und »nigger lover« schimpften. Sie fanden die integrierten Wohnverhältnisse der Schule skandalös, und die Lehrer waren in der Gemeinde ziemlich isoliert. Natürlich freundeten sich einzelne Bürger der Stadt mit ihnen an – wie immer und überall gab es ein paar gute Menschen.

Der Lehrkörper war tapfer und aufopferungsvoll, und der Dienst am Menschen gehörte zum Geist dieser Schule, den sie auch ihren Schülern vermittelte. Die Möglichkeit, eine solche Schule besuchen zu dürfen, hat mein Leben entscheidend beeinflußt. Wenn ich heute zurückblicke, scheint mich so vieles auf mein Leben mit Martin vorbereitet zu haben und am meisten gewiß die Zeit auf der Lincoln School.

Für meine Eltern bedeutete es ein nicht geringes Opfer, Edythe, mich und später meinen Bruder Obie dorthin zu schicken. Das Schulgeld betrug für jeden von uns vier Dollar und fünfzig Cent jährlich, und für sie war das sehr viel. Außerdem mußten wir bei einer Negerfamilie in Marion essen und wohnen, weil der Fußweg zu weit war. Ein Farmer verlor nicht nur einen Helfer, wenn er sein Kind zur Schule schickte, sondern mußte auch noch das Geld für Kost und Logis aufbringen. Aber es gab keine Alternative. Die nächste *high school* für Neger war zwanzig Meilen entfernt, und man mußte selbst sehen, wie man dorthin kam, während die weißen

Kinder der Gegend mit dem Bus zur Marion High School gebracht wurden.
Zwar hatte mein Vater Lincoln in seiner Jugend ein Jahr lang besucht, doch zu meiner Zeit war meine Schwester das erste Kind unserer näheren Umgebung, das zur *high school* ging. Als ich in der Unterstufe von Lincoln war, erklärte sich der Kreis bereit, finanziell zu helfen, um schwarze Landkinder zur Schule zu bringen. Auch die Eltern steuerten dazu bei. Mein Vater baute einen seiner Lastwagen zu einem Bus um, so daß meine Mutter die Kinder unserer Gegend täglich zur Schule bringen und wieder abholen konnte. Von da an wohnte ich daheim.
Lincoln erschloß mir die Welt, vor allem die Welt der Musik. Miss Olive J. Williams von Harrisburg, Pennsylvania, eine Absolventin der Howard University, die Musik unterrichtete, wurde mein Vorbild. Sie spielte Klavier und sang; ab der siebten Klasse lehrte sie Theorie und ab der zehnten erteilte sie Privatunterricht in Gesang. Außerdem gab sie denjenigen, die das geringe Honorar aufbringen konnten, private Klavierstunden und leitete unsere drei Chöre. Dies letzte tat sie so erfolgreich, daß wir Werke wie »Ballad for Americans« und den »Messias« aufführten.
Wir alle mußten Notenlesen lernen, und wer besonders interessiert war, konnte sich darüber hinaus noch andere Kenntnisse aneignen. Ich lernte Blockflöte und spielte dies Instrument auch bei Schulaufführungen. Natürlich sang ich – ich sang immer. Miss Williams erteilte mir meine ersten richtigen Gesangsstunden, und ich sang Vokalsoli sowie Solopartien in Chorwerken. Ich lernte die elementaren Etüden der Pianisten. Später brachte ich mir selbst bei, Kirchenlieder, Gospel Songs und Spirituals zu spielen. Als ich etwa fünfzehn war, bat mich unsere Gemeinde, den Chor zu leiten und Klavier zu spielen – wir hatten mittlerweile ein Instrument. So übte ich mit dem Junior Choir. Die jungen Leute meines Alters arbeiteten gut zusammen, und einige unter ihnen sangen ausgezeichnet. Wir entwarfen besondere Programme, und eines davon nahm ich leicht verändert viele Jahre später in meinen Freiheits-Konzerten wieder auf. Ich wählte ein Lied wie »Does Jesus Care« und schrieb einen Text dazu. Dann erzählte ich von den Problemen, die uns als Christen betrafen, und fragte, ob unser Los irgend jemand kümmerte. »Aber Jesus kümmert es. Ihn kümmert es, wenn wir von allen anderen verlassen scheinen und unsere Herzen verzweifeln.« Dann sang ich das Lied und alle anderen nahmen den Refrain auf.
In der Lincoln High School lehrte mich Frances Thomas auf ihrem eigenen Instrument unentgeltlich Trompete spielen.

Frances Thomas, die Sekretärin unseres Direktors und Frau von Cecil Thomas, unseres Lehrers für Gemeinschaftskunde und Sport, beeinflußte mein Leben nachhaltig. Sie und Cecil standen uns später tatkräftig in der Bürgerrechtsbewegung bei. Zwei der Lieder des später von mir entworfenen Freiheitskonzerts stammen von ihr.

Meine Mutter, die schon früher Klavier gespielt hatte, nahm damals wieder Stunden bei mir. Auch Tante Zimmie, die jüngere Schwester meines Vaters, unterrichtete ich. Die Musik erschloß ihr eine neue Welt in ihrem schweren Leben. Als ich aufs College ging, übernahmen die beiden – Mutter und Tante Zimmie – im Wechsel das Amt der Kirchenpianistin, das sie noch heute innehaben.

In Marion begegnete ich mehr rassischen Ressentiments als ich bislang persönlich erfahren hatte. Wenn wir zur Schule gingen, kamen die weißen Teenager untergehakt die Straße entlang und versuchten uns vom Gehweg zu stoßen. Wenn wir ihnen standhielten, nannten sie uns »dreckige Nigger«, und wir nannten sie »weißen Dreck«. Manchmal drohte eine Schlägerei, und ich fürchtete mich ein wenig, aber als Gruppe waren wir mutiger und behaupteten uns. Nie kam es zu einem ernstlichen Zwischenfall.

Damals arbeitete ich in Marion bei einer Weißen im Haushalt. Sie erwartete von mir, daß jedes zweite Wort »Yes, ma'am« sei und daß ich den Hintereingang benützte. Ich tat weder das eine noch das andere. Da ich nicht hinreichend unterwürfig war, dauerte meine Anstellung nicht lange.

Auch mein Vater hatte Schwierigkeiten. Inzwischen gehörten ihm drei Lastwagen, aber mit zunehmendem Wohlstand betrachteten ihn die armen Weißen immer feindseliger. Sie belästigten ihn und beschwerten sich wiederholt bei der Polizei, er sei ein rücksichtsloser Fahrer. Alles war ihnen recht, um ihm Schwierigkeiten zu bereiten.

1942 rief am Abend des Erntedankfestes einer unserer Leichenbestatter, Hampton D. Lee, Edythe und mich in Marion an, unser Haus sei abgebrannt. Die Behörden stellten keine Nachforschungen an, angeblich weil wir außerhalb der Stadtgrenzen lebten. In Wirklichkeit kümmerte es jedoch einfach niemanden, was den Schwarzen zustieß. Wir fanden nie hundertprozentig heraus, wie das Feuer ausgebrochen war, aber es war höchst verdächtig. All unser schönes Mobiliar war verloren, und wir mußten zu Großvater McMurry ziehen. Meine Großmutter war kurz zuvor gestorben, und Mutter, die sich sehr verlassen fühlte, klagte: »Jetzt, da Mama tot ist, habe ich keinen Platz, wo ich hingehöre.«

Doch mein Vater hatte den Mut nicht verloren. Am nächsten Tag ging er wie gewöhnlich zur Arbeit, und im Frühjahr hatte er genug Geld gespart, eine Sägemühle zu kaufen. Der Holzschneider, der in der Mühle arbeitete, war weiß, und nachdem die Mühle meinem Vater vierzehn Tage gehört hatte, kam er zu ihm und sagte, er wolle sie kaufen. Mein Vater erwiderte, daß er nicht verkaufen wolle.

»Du wirst keine Freude daran haben«, antwortete der Mann.

Als mein Vater am nächsten Montag zu seiner Sägemühle im Wald kam, fand er nichts als Asche. Ein paar Weiße, die meinen Vater mochten, bedauerten ihn sehr und rieten ihm, er solle eine Untersuchung verlangen. Aber Daddy wußte, daß es vergeblich wäre. Er arbeitete weiter, fuhr mit seinem Lastwagen Holz für andere Leute und wandte seine Gedanken neuen Unternehmungen zu.

Mein Vater ist ein erstaunlicher Mensch. Nie wurde er bitter, trotz all dieser Ereignisse, trotz aller Demütigungen und Quälereien durch die Weißen, die ihn unten halten wollten, weil sie um ihre eigenen Interessen bangten und weil sich kein Schwarzer über den »ihm zukommenden Platz« erheben sollte.

Doch mein Vater pflegte zu sagen, auch unter den Weißen gäbe es gute Menschen. Viele Jahre später konnte er als geachteter Mann sagen: »Niemand haßt mich. Ich habe all meine Schulden bezahlt. Mein Name ist gut. Das kommt von meiner Lebensführung. Ich habe keinen Feind in der Welt.« Und das stimmte. Ich weiß, daß mir sein Vorbild half, nicht zu hassen – sein Vorbild und mein eigener tiefer Glauben an die christliche Lehre.

In Lincoln sang Edythe als Alt im Lincoln School Little Chorus, einem Musikensemble, das in Marion sehr geschätzt wurde. Frances und Cecil Thomas waren gerade als Lehrer nach Lincoln gekommen und hatten Beziehungen zu verschiedenen Colleges des Mittelwestens. Sie organisierten eine Tour für den Little Chorus. Eines der Colleges, in denen der Chor sang, war Antioch in Yellow Springs, Ohio. Für Edythe und mich brachte dies eine entscheidende Wende.

Zwei Jahre nach dieser Konzertreise hielt Edythe als Klassenbeste die Abschiedsrede bei der Schlußfeier ihrer Klasse. Etwa zu jener Zeit beschloß Antioch College, schwarze Studenten zuzulassen und einer begrenzten Zahl, die den Ansprüchen genügen würde, Stipendien zu gewähren. Man entsann sich der netten Schüler aus Alabama, die vor zwei Jahren im College gesungen hatten, und unserem Direktor wurde ein Stipendium zur Verfügung gestellt. Edythe, die sich mit einigen anderen darum bewarb, wurde das Jahresstipendium für Antioch einschließlich Studiengebühren, Kost und Logis zuerkannt. So ging sie im Sommer 1943 als

erste schwarze Studentin nach Antioch, wo sie unter gleichen Bedingungen mit den Weißen lebte.
Daß es so weit weg war, lockte Edythe ganz besonders. Wir beide wollten fort vom Süden, weil wir uns im Norden größere Freiheit versprachen. Naiv wie wir waren, ahnten wir nicht, daß uns auch dort Probleme erwarteten.
Edythes Briefe nach Hause waren im allgemeinen ermunternd. Antioch und das generelle Studienprogramm begeisterten sie sehr. Sie schrieb eine Menge über akademische Freiheit und welchen Wert Antioch darauf legte, den Studenten freie Wahl zu lassen und sie zur Verantwortung zu erziehen. Es gab keine Hausmütter oder Vorschriften darüber, wann die Studenten zu Bett mußten. In einigen Prüfungen ließen die Lehrer sie sogar ohne Aufsicht arbeiten.
Edythe schrieb, wie herzlich und freundlich die weißen Studenten seien, und meinte: »Du würdest es hier herrlich finden, Coretta.«
Ich glaube, sie ließ alles Negative weg, weil sie mich nicht entmutigen wollte und wohl im übrigen das Gute in Antioch überwog. Später entdeckte ich, wie schwer es für sie war, die erste Vertreterin ihrer Rasse im College zu sein. Die anderen Studenten meinten, sie müsse alle Fragen über Rassenbeziehungen beantworten können. Beständig redeten sie mit ihr über dieses Thema. Später gestand sie, daß sie es entsetzlich leid wurde, die Probleme der Neger beim Frühstück, Mittagessen und Abendbrot zu diskutieren. Es gab noch andere Schwierigkeiten. Meine Schwester ist groß und attraktiv; sie hat ein wenig von dem auffallenden indianischen Äußeren der Familie meiner Mutter. Einige der jungen Männer in Antioch unterhielten sich gern mit ihr, da sie intelligent und anregend war. Sie aßen mit ihr Lunch, fühlten sich zu ihr hingezogen, hatten jedoch nicht den Mut, sie zum Ausgehen aufzufordern. Während ihrer ganzen Zeit in Antioch war Edythe nur mit einem einzigen weißen Jungen zweimal richtig verabredet.
Von all diesen Problemen ahnte ich nichts und konnte es kaum abwarten, nach Antioch zu kommen. Als ich in der zwölften Klasse war, wurde mir ein Teilstipendium bewilligt. Es betrug vierhundertfünfzig Dollar, und meine Eltern mußten noch zweihundert Dollar Gebühren sowie meine Reisekosten bezahlen, aber mittlerweile konnten sie das Geld zusammenkratzen.
Ich war ungeheuer gespannt. Mein erstes Jahr in Antioch wurde mir dadurch leichter, daß Edythe noch dort war. Immer hatte ich zu ihr aufgesehen. Wir verstehen uns ausgezeichnet, und seit ich mich erinnern kann, aber vor allem als wir zusammen auf dem College waren, übte

sie einen starken Einfluß auf mich aus. Sie hat einen raschen, brillanten Verstand und die Gabe, ihre Gedanken überzeugend auszudrücken. Damals gewöhnte ich mir an, sie für mich reden zu lassen, da ich in der neuen Umgebung noch scheu und unerfahren war. Wenn eine Frage gestellt wurde, so wartete ich, daß Edythe sie beantwortete. Erst als meine Schwester fur ihr *senior year* an die Ohio State University gegangen war, wurde ich selbständig.

Trotz Edythes glühender Briefe wußte ich nicht, was mich in Antioch wirklich erwartete. Als ich dort ankam, fiel mir als erstes auf, wie freundlich alle waren. Man spürte es sofort. Jeder sprach mit jedem; wenn man zu Antioch gehörte, wurde man auf der Stelle akzeptiert, und jeder versuchte einem gleich das Gefühl zu geben, daß man dazu gehörte. Erst später, als ich mehr Erfahrung besaß, erkannte ich, daß selbst dort eine Farbgrenze bestand. Die Leute waren nett zu mir, versuchten freundlich zu sein, aber ich spürte, daß sie das Gefühl der Rassenüberlegenheit, das Generationen lang durch all die Mythen über die Schwarzen in ihnen genährt worden war, bloß verbargen. Damals wurde mir klar, daß auch die Studenten Antiochs das Produkt einer von Rassismus verseuchten Gesellschaft waren. Doch muß ich zugeben, daß sie sich im großen und ganzen bemühten, ihre Vorurteile zu überwinden.

Oft sagten sie naive Dinge, die stets begannen: »Natürlich bist du verschieden, Corrie.« Aber dann stellten sie mir Fragen, die ich ihnen einfach verargte. Warum schnitten Neger auf? Warum waren sie unmoralisch? Warum genügten nicht mehr Neger den Anforderungen von Antioch?

Sie konnten nicht verstehen, daß nicht jeder ein Pionier sein will. Manche schwarze Studenten erfüllten die Aufnahmebedingungen und konnten sich Antioch leisten, aber sie *wollten* es nicht, weil sie fürchteten, isoliert zu sein oder anders behandelt zu werden als die weißen Studenten. Auch hofften viele Negereltern, ihre Söhne und Töchter würden auf dem College passende Frauen und Männer finden. Auf einem nur symbolisch integrierten College wie Antioch war das Mitte der vierziger Jahre höchst unwahrscheinlich.

Die Studentenschaft bot, obgleich vorwiegend weiß, einen Querschnitt des Landes; eine beträchtliche Anzahl junger New Yorker Juden schien allerdings darunter. In meiner Klasse gab es drei schwarze Studenten – mich, noch ein Mädchen und einen jungen Mann. Zusammen mit den Negern in Edythes Klasse waren wir sechs. Die unausgesprochene Erwartung, ich werde mit dem Negerkommilitonen die Bälle und gesellschaftlichen Veranstaltungen besuchen, störte mich, denn ich wollte entschieden nicht auf diese Weise »gesellschaftlich segregiert« werden. Mit Bedacht lehnte ich ab, mit ihm auszugehen. Es war wohl ein bißchen sehr selbstbewußt von mir, aber während all der Jahre dort ging ich nie mit ihm aus, weil ich die stillschweigende Annahme nicht bestätigen wollte.

Erst in meinem *junior*-Jahr bat mich ein weißer Student um ein *date*. Er war Jude, ein guter Musiker und ein kluger Kopf. Uns verband vieles, und bis zu seiner Abschlußprüfung waren wir ein Jahr fest befreundet.

Ich teilte das Zimmer mit zwei weißen Mädchen. Wir waren uns nicht unsympathisch, sondern mußten uns einfach an die Situation gewöhnen, und schließlich klappte es ausgezeichnet.

Zuerst fiel mir mein Studium sehr schwer. Obwohl ich als Klassenbeste abgegangen war und in meinem *senior*-Jahr einen »A«-Durchschnitt gehabt hatte, waren meine Kenntnisse wie die der meisten Studenten aus den Südstaaten ungenügend; selbst Lincoln hatte mich nicht ausreichend vorbereitet. Ich mußte büffeln. Ich studierte verbissen und hatte zuerst wenig oder überhaupt keine Zeit zu selbständiger Lektüre, die im intellektuellen Leben von Antioch soviel bedeutete; später allerdings, als sich mein Stundenplan änderte, las ich sehr viel. Im zweiten Semester belegte ich einen Lektürekurs zur Ergänzung. Da ich so viel aufzuholen hatte, machte ich in gewisser Hinsicht größere Fortschritte als einige der Studenten mit besseren Voraussetzungen.

Dann geschah etwas Bedauerliches. Ich war die erste Negerin, die den *major degree* als Grundschullehrerin erwarb. Dazu gehörte, daß ich ein Jahr in der privaten Grundschule von Antioch und ein weiteres Jahr in den staatlichen Grundschulen von Ohio unterrichtete. Ich interessierte mich zunehmend für Musik, und so erteilte ich das erste Jahr an der Schule von Antioch Musikunterricht. Das zweite Jahr sollte ich an der staatlichen Grundschule unterrichten. Doch die Schulbehörde von Yellow Springs war sehr reaktionär, und als ich abgewiesen wurde, erlaubte mir die Inspektorin für Referendare nicht, auf der Sache zu beharren. Sie gehörte zu dem Typ, der offen sagte: »Gott hat nicht gewollt, daß sich die Rassen vermischen.« Die Schulen von Yellow Springs waren integriert, aber der Lehrkörper war weiß, und sie sagte mir, wenn ich darauf bestünde, würde dies das ganze Referendarprogramm von Antioch gefährden.

Ich wandte mich an den Präsidenten von Antioch. Er war ziemlich neu an der Schule und kein Pionier der Rassenbeziehungen. Man sagte sogar, er habe einen schwarzen Hund namens »Nigger«. Nachdem ich ihm meine Geschichte vorgetragen hatte, sagte er nichts als: »Ja, Corrie, was sollen wir denn tun?«

»Sie könnten sich an die Schulbehörde wenden«, schlug ich vor. Aber auf Anraten der Inspektorin lehnte er es ab, etwas zu unternehmen.

So blieben mir zwei Möglichkeiten. Entweder ging ich nach Xenia, Ohio, und unterrichtete dort an einer segregierten Negerschule, oder ich unterrichtete ein weiteres Jahr an der Schule von Antioch. »Ich gehe nicht nach Xenia«, sagte ich, »denn ich bin von Alabama hierhergekommen, um der Segregation zu entrinnen.« Ich lehrte an der Schule von Antioch, aber ich war schrecklich ernüchtert und aufgebracht. Mein Studienberater Walter Anderson und Mrs. Jessie Treichler, mit denen ich eng befreundet war, unterstützte mich. Jessie Treichler gehörte dem Kollegium an, das sich dafür einsetzte, schwarze Studenten nach Antioch zu bringen. Meine Studienfreundin Sally Plotkin teilte meine Empörung und Niedergeschlagenheit und ermutigte mich zum Protest. Andere Lehrer und Studenten sympathisierten mit mir, und einige von ihnen wollten gezielte Maßnahmen ergreifen. Doch vergeblich.

Schließlich riß ich mich zusammen. Ich sagte mir: »Ich werde immer eine Negerin sein und muß mit solchen Problemen rechnen. Darum werde ich mich von diesem hier nicht unterkriegen lassen. Ich muß jetzt einen Kompromiß schließen, aber ich betrachtete ihn nicht als richtig. Entschiedener denn je werde ich mich bemühen, etwas an dieser Situation zu ändern. Jene, die nach mir kommen, sollen nicht das gleiche Schicksal erleiden wie ich.«

Dieser Zwischenfall gab mir neuen Antrieb. Antioch hatte eine Zweigstelle der NAACP und ein Komitee für Rassenbeziehungen sowie ein Komitee für bürgerliche Freiheiten. Ich war in allen aktiv. Von Anfang an wollte ich etwas erreichen, und zwar nicht nur für mich, sondern für mein Volk und für alle Völker.

Ich beherzigte die Worte von Horace Mann, dem Gründer von Antioch. In seiner Ansprache an den ersten Examensjahrgang hatte er gesagt: »Schämt euch zu sterben, ehe ihr einen Sieg für die Menschheit errungen habt.«

Manchmal werde ich gefragt, was Antioch mir gegeben hat. Über die gute Ausbildung hinaus lehrte es mich unter anderem, in einer weißen Gemeinschaft zurechtzukommen. Selbst aus der Heuchelei, wie dem Mangel an Unterstützung gegen die Schulbehörde von Yellow Springs lernte ich etwas, nämlich, nicht zuviel zu erwarten und die eingewurzelten Vorurteile, die den Weißen zu schaffen machen, zwar nicht zu billigen, doch in Betracht zu ziehen. Antioch bestärkte mich auch darin, materielle Dinge wie etwa Kleider nicht zu hoch zu veranschlagen. Auf einer anderen

Schule, selbst auf manchen Neger-Colleges, wäre ich mit meinem Geld vielleicht nicht ausgekommen, da ich viel mehr für Kleider gebraucht hätte.

Alle Studenten in Antioch arbeiteten abwechselnd praktisch und fürs Studium. Es wird verlangt, daß man jedes zweite Semester eine richtige Arbeit annimmt und einen Bericht über seine Erfahrungen als Teil des Studienprogramms schreibt. Ich arbeitete als Kellnerin in einem Speisesaal und als Camp-Beraterin im Karamu-Camp, das zu einem in Kunsterziehung spezialisierten *settlement house*[1] gehörte. Fünf Monate arbeitete ich im Friendly Inn Settlement House, in einem der schlimmsten Slums von Cleveland; außerdem an verschiedenen anderen Stellen, einschließlich der naturwissenschaftlichen Bibliothek, der Musikbibliothek von Antioch, der Kindergärten von Antioch und Yellow Springs und der Riverside-Abteilung der New York Public Library.

Einer meiner Jobs bestand darin, daß ich heimfuhr und meinem Vater in der Gemischtwarenhandlung half, die er 1946 eröffnet hatte. Ich entwarf ihm ein Buchhaltungssystem, bestellte Waren und bediente Kunden, und Antioch rechnete mir auch diese Arbeit an. Bei all diesen Stellen lernte ich nicht nur praktische Dinge, sondern auch mit und unter anderen arbeiten. Ich habe die »Arbeitsberichte«, die ich jeweils schrieb, aufgehoben, und wenn ich sie heute lese, sehe ich ein eifriges, verletzliches junges Mädchen vor mir, das ich fast vergessen habe.

In Antioch begann ich ernsthaft Musik zu studieren. Walter F. Anderson kam in jenem Herbst als Leiter der Musikabteilung dorthin und wurde einer der beliebtesten Professoren. Er bereitete mich dann auf mein erstes öffentliches Konzert – 1948 in Springfield, Ohio – vor. Es wurde gut aufgenommen, und während meines Studiums gab ich noch eine ganze Reihe anderer Konzerte.

Die Summe meiner Erfahrungen in Antioch bestätigte und vertiefte das, was mir mein Elternhaus und die Lincoln High School mitgegeben hatten. Obwohl meine Eltern aus ärmsten Verhältnissen stammten, erstrebten sie stets das Beste. Mein Vater betonte, er sei immer Klassenbester gewesen, und bestärkte uns, gleichgültig worum es sich handelte, vor allem jedoch im Studium, Hervorragendes zu leisten.

Der Nachdruck, den Antiochs Programm auf die volle Entfaltung der Persönlichkeit legte, half mir dabei. Vorzügliches leisten zu wollen, ging mir in Fleisch und Blut über. Die bahnbrechenden Experimente, mit denen

[1] Anm. d. Übers.: Wohlfahrtseinrichtung zur Betreuung der Bevölkerung in Armenvierteln; eine Art Innere Mission.

man in Antioch Erziehungsfragen anging, bestätigten mich in meinem Glauben, daß sich der einzelne wie auch die Gesellschaft dem demokratischen Ideal der Brüderlichkeit nähern könnte.

Weil Antioch großen Wert auf den Dienst am Mitmenschen legte, wurde ich in der christlichen Gesinnung des Gebens und Teilens bestärkt, die mich meine Eltern und mein Vater vor allem gelehrt hatten. Auch beeinflußte uns das Engagement unserer Lehrer.

Antioch bot viele Chancen. Noch als Studentin durfte ich mit dem damals weltberühmten Bariton Paul Robeson in einem Programm auftreten. Robeson lobte meine Stimme und ermutigte mich, mein Gesangsstudium fortzusetzen. Als ich Antioch verließ, war ich entschlossen, meine Stimme voll ausbilden zu lassen, das hieß, ich mußte an einem Musikkonservatorium aufgenommen werden.

Was mir Antioch gegeben hat? Nun, durch Antioch wurde ich mir meines eigenen Wertes bewußt. Ich wurde nicht länger von einem Gefühl der Unzulänglichkeit gequält, nur weil ich eine Negerin war. Ich genoß eine neue Selbstsicherheit, die mir den Mut gab, mich mit Menschen aller rassischen, ethnischen und kulturellen Herkommen zu messen. Antioch – alles in allem – bereitete mich wesentlich auf die Rolle vor, die mir als Frau von Martin Luther King jr. und innerhalb der von ihm geleiteten Bewegung zufallen sollte.

3

1951 verließ ich Antioch mit dem Gefühl, daß mich die Zeit dort auf jede Laufbahn vorbereitet hatte, die ich einschlagen würde. Das Wissen, das Handwerkszeug, die Methoden und Einsichten, die ich in diesem intellektuell anregenden Klima erworben hatte, glichen die Lücken meiner früheren Erziehung reichlich aus, und ich glaubte, hierauf ein Musikstudium aufbauen zu können. Irgendwie hatte ich immer lebhaft gewünscht, alle meine Anlagen zu entwickeln, um soviel wie möglich der Gesellschaft zu nutzen. Ich glaubte, daß jedem gemäß seinem Können und seinen Möglichkeiten eine bestimmte Rolle zufiele, die er vor sich, seinen Mitmenschen und seinem Schöpfer zu verantworten habe.

Walter Anderson und Jessie Treichler, zwei Fakultätsmitglieder, für die ich die größte Achtung hegte, ermutigten mich, an einem Musikkonservatorium weiterzustudieren, wovon ich schon immer geträumt hatte.

Dr. Anderson, damals einziger Neger im Lehrkörper von Antioch, war ein außergewöhnlicher, vielseitig begabter Mensch und hervorragender

Musiker. Er war mit Bach ebenso wie mit *bop* vertraut. Nach meiner Musiklehrerin auf der Lincoln High School wurde er mein zweites Idol. Als ehemaliger Student des Oberlin Conservatory riet er mir, mich bei einer Reihe von Konservatorien zu bewerben, die er für die fünf ersten des Landes hielt.

Zuletzt hatte ich die Wahl zwischen Juillard in New York und dem New England Conservatory in Boston. Ich zweifelte, ob es mir möglich wäre, mich dem New Yorker Leben anzupassen. Meinen letzten Job hatte ich in New York City übernommen, und als Studentin fand ich es schwierig, dort zu leben. Zweifellos verkörperte New York City für Amerika ein Mekka an Kultur und Vollendung, aber ich fürchtete, als hilflose Studentin könne mich die unpersönliche, vom Wettbewerb bestimmte Atmosphäre des New Yorker Lebens zermalmen. Boston hatte kulturell ebensoviel zu bieten wie New York City, aber dort würde ich mich leichter zurechtfinden. Als meine Überlegungen so weit gediehen waren, erhielt ich die Nachricht, ich sei am New England Conservatory angenommen, und ich beschloß hinzugehen.

Mrs. Jessie Treichler half mir bei der Bewerbung um ein Stipendium. Sie schrieb mindestens ein Dutzend Empfehlungsbriefe an Stiftungen und Personen, in denen sie bat, man möge mich finanziell unterstützen, damit ich mein Musikstudium fortsetzen könne. Einer ihrer Briefe war an die Jessie Smith Noyes Foundation gerichtet.

Die Stiftung antwortete mir, ihre Studienhilfen seien fürs nächste Jahr schon vergeben, aber sollte einer der Stipendiaten doch noch darauf verzichten, würde die Beihilfe mir gewährt. Auf diese ungewisse Nachricht hin fuhr ich heim nach Alabama, um meine Eltern zu besuchen und mich auf den Unterricht vorzubereiten. Obwohl mein Vater es sich hätte leisten können, mich aufs Konservatorium zu schicken, wollte ich ihn nicht darum bitten. Lange genug war ich abhängig gewesen. Ich würde nach Boston gehen, mit oder ohne Stipendium.

Als ich abfuhr, fragte mein Vater: »Was machst du, wenn du das Stipendium nicht erhältst?«

»Dann suche ich mir eine Arbeit und gehe halbtags aufs Konservatorium, bis ich es ganztags besuchen kann.«

Ich verließ Alabama mit dem Geld für die Fahrkarte und einer kleinen Summe für unterwegs. Als ich auf dem Weg nach Boston durch New York kam, rief ich daheim an und erfuhr, die Jessie Smith Foundation habe geschrieben und mir ein Stipendium von sechshundertfünfzig Dollar gewährt, um am New England Conservatory of Music zu studieren. Meine Gebete waren erhört worden!

Unterdessen hatte Jessie Treichler nach Boston geschrieben, an Mrs. Bartol, eine Gönnerin von Antioch, die in einem großen alten Haus auf Bacon Hill lebte.
Als ich in Boston eintraf, war Mrs. Bartol sehr freundlich zu mir. Sie bot mir für sieben Dollar die Woche ein Zimmer mit Frühstück bei sich an. Gewiß war das angemessen, doch mehr, als ich zahlen konnte. Das Stipendium deckte gerade meinen Unterricht und die Gebühren am Konservatorium. Ich würde für meinen Lebensunterhalt arbeiten müssen. Dennoch beschloß ich, mich als reguläre Studentin im Konservatorium einzuschreiben.
Meine ersten Tage in Boston waren sehr schwierig. Die fünfzehn Dollar, die ich besaß, als ich ankam, waren nahezu verbraucht. Obwohl ich von meinen Eltern keine regelmäßige Unterstützung nehmen wollte, hatte meine Mutter versprochen, von Zeit zu Zeit Geld zu schicken, aber bis jetzt war nichts gekommen. Ich war beinahe pleite, aber fest entschlossen, fünfundzwanzig Cent für den Bus zum Konservatorium aufzusparen. So kaufte ich ein paar Cracker, Erdnußbutter und Obst zum Abendessen.
Am nächsten Morgen frühstückte ich wie üblich bei Mrs. Bartol. Danach wurde ich ein wenig ängstlich und wußte nicht, wie es weitergehen sollte. Da telefonierte wie gerufen Mrs. Bertha Wormley. Ich hatte Mrs. Wormley durch Anne Tanneyhill von der National Urban League in New York City kennengelernt.
Sie waren zusammen aufs College gegangen und noch immer befreundet.
Nun erkundigte sich Mrs. Wormley, wie es mir ginge und ob ich irgend etwas brauche. Die Post war schon gekommen, ohne einen Brief von zu Hause, und ich wußte, daß ich in der Klemme steckte. Trotzdem kostete es mich noch immer große Überwindung, Mrs. Wormley um Geld zu bitten. Ich war stolz, und es war mir sehr peinlich. Doch blieb mir nichts anderes übrig.
Bertha Wormley zögerte nicht eine Minute. Sie arbeitete im Parlamentsgebäude nicht weit von meiner Wohnung und sagte: »Kommen Sie einfach auf dem Weg ins Konservatorium hier vorbei, und ich halte etwas für Sie bereit.« Als ich ihr versicherte, ich würde es sobald ich könnte zurückzahlen, meinte sie: »Oh, darüber sollen sich unsere Enkel die Köpfe zerbrechen.«
Nachdem ich sie verlassen hatte, öffnete ich in der Untergrundbahn den Umschlag, den sie mir gegeben hatte. Fünfzehn Dollar waren darin. Tränen liefen mir übers Gesicht, und ich dachte: »Was für gute Menschen es auf der Welt gibt! Wenn man verzweifelt ist, kommt jemand wie Mrs. Wormley daher und erneuert den Glauben an die Menschheit.«

Bis zum heutigen Tag hat sie die fünfzehn Dollar, die ich an jenem Morgen in dem Umschlag fand, nicht zurückgenommen, und ich werde nie die Freundlichkeit einer Frau vergessen, die mich kaum kannte, aber die einem jungen, strebsamen Mädchen helfen wollte.

Mrs. Wormley teilte die Gesinnung vieler Neger, die es zu etwas gebracht haben und eine Kette bilden, um jüngeren Leuten ihrer Rasse zu helfen. Man denke, wie kompliziert – doch wie stark – die Kette war, die mich zu ihr führte.

Nach diesem Vorfall redeten Mrs. Jean Demos, meine Studienberaterin vom Konservatorium, und ich mit Mrs. Bartol, ob ich für sie arbeiten könnte. Sie war einverstanden, daß ich mein Zimmer, die beiden anderen Zimmer im fünften Stock, den Flur und die beiden Treppen, die von dieser Etage hinunterführten, putzte. Es war ein Doppelhaus, dessen Hälften ein Gang verband. In den anderen Zimmern wohnten zwei weiße Studentinnen. Mrs. Bartol hatte eine Köchin und zwei irische Dienstmädchen, die mir zeigten, wie sie auf Händen und Knien mit Schwämmen und Tüchern die Böden schrubbten – eine wirklich harte Arbeit.

Damit waren mein Zimmer und Frühstück bezahlt, aber noch immer brauchte ich Geld für die anderen Mahlzeiten und Nebenausgaben. So überredete ich Mrs. Bartol, mir ein bißchen Geld dafür zu zahlen, daß ich samstags Kissenüberzüge und Handtücher wusch. Glücklicherweise mußte ich das nicht sehr lange machen, denn im November vermittelte mir die Städtische Liga eine Nebenbeschäftigung bei einem Versandhaus.

Natürlich interessieren all diese Einzelheiten meiner wirtschaftlichen Probleme nur insofern, als sie – selbst heute noch – typisch sind für den beschwerlichen Weg junger Neger.

Im zweiten Semester erhielt ich ironischerweise ein Stipendium vom Staate Alabama. Um die Rassentrennung in seinen Schulen beizubehalten, verteilte Alabama Stipendien an Neger, die ein Fach studieren wollten, das an den Neger-Colleges nicht gelehrt wurde.

Das Wichtigste war mir damals, meine Stimme auszubilden, und selbst heute noch bedeutet es mir sehr viel. Ich war entschlossen, den bestmöglichen Unterricht zu nehmen, aber Gesangsstunden waren schrecklich teuer. Zum Glück bewährte ich mich am Konservatorium und bekam eine zusätzliche Beihilfe von hundert Dollar, mit der ich meine Gebühren bezahlte.

Ich war dem Beruf meiner Sehnsucht näher gekommen.

Ich glaube fest, daß ich nach Boston *gesandt*, daß ich dorthin geleitet wurde, denn in Boston begegnete ich Martin Luther King jr. Weder

Martin noch ich glaubten an das Schicksal im Sinne einer Prädestination, die man nicht ändern kann. Aber wir beide waren überzeugt, daß Gott unser Leben lenkte, damit wir Instrumente seines schöpferischen Willens würden.

Von frühester Jugend an hoffte ich zuversichtlich nicht nur auf persönlichen Erfolg, sondern auch der Menschheit dienen zu können, und diese Hoffnung sollte sich für die Frau Martin Luther Kings jr. erfüllen. Obwohl wir beide in Boston sehr jung und unsere Zeit vor der Ehe nicht allzu verschieden von der tausend anderer war, führte uns doch alles unserer Bestimmung entgegen.

Natürlich ahnte ich damals nichts davon; ganz im Gegenteil. Ich hatte vor, noch lange nicht zu heiraten. Die Entwicklung meiner Stimme und meiner musikalischen Begabung fesselte mich voll und ganz, und nun durfte ich mit Grund annehmen, mein Talent reiche aus, etwas zu erreichen. Ich wollte es versuchen, und zumindest hätte ich die Befriedigung, meine Begabung voll ausgebildet zu haben. Ob ich sie je beruflich nutzen würde oder nicht, so wäre ich jedenfalls ein glücklicherer Mensch. All die Jahre hatte ich gewartet, und nun war ich hier in Boston in einer Umgebung, in der ich die Musik in mich aufsog.

Martin Luther King, der all das änderte, begegnete mir in meinem zweiten Semester. Wir lernten uns durch Mary Powell, eine gemeinsame Freundin am Konservatorium, kennen. Sie war ein wenig älter als ich und mit einem Neffen von Benjamin Mays, dem Präsidenten des Morehouse College in Atlanta, verheiratet. Ihre Intelligenz und Reife zog mich an, überdies waren wir beide in den Südstaaten aufgewachsen. Die meisten Studenten des Konservatoriums waren jünger als wir – und hatten gerade erst die *high school* beendet.

Es gab nur sehr wenig Neger am Konservatorium, und dies war ein anderer Grund, enger zusammenzurücken. Als ich von Antioch abging, studierten dort etwa dreißig Schwarze, aber am Konservatorium gab es nur fünfzehn oder zwanzig, einschließlich der Gasthörer.

Man denke, welch eine Verschwendung an Talenten getrieben wurde! Die Weißen wundern sich immer über die Menge der schwarzen Jazz-Musiker und *folksingers*, und dann sagen sie mit erstaunter Stimme: »Aber ich wette, Soundso ist fast gut genug, um in einem Sinfonieorchester zu spielen!«

Wie naiv und gedankenlos ist doch Amerikas weiße Bevölkerung und wie unbewußt grausam, denn hochbegabte schwarze Künstler konnten entweder keine Ausbildung an den führenden Schulen bekommen, oder wenn sie ausgebildet wurden, fanden sie keine Anstellung. Man überlege einmal, in wie vielen Sinfonieorchestern etwa 1951, als ich studierte, überhaupt Neger spielten?

Eines der schlimmsten Übel der Rassentrennung war die Vergeudung dieser schöpferischen Kraft, durch die das Leben begabter Männer und Frauen ruiniert wurde, nur weil sie zufällig schwarz waren.

Und wie im Konservatorium, so war es fast überall. In ganz Boston lebte nur eine begrenzte Zahl schwarzer Studenten. Obgleich es keine Verbotsschilder wie im Süden gab, fühlten wir uns in vielen weißen Restaurants und Nachtclubs von Boston und Umgebung gewiß nicht immer willkommen. Darum spielte sich unser geselliges Leben hauptsächlich in einigen wenigen südlich gefärbten Restaurants oder auf Parties in Privatwohnungen ab. Aus diesen Gründen waren die schwarzen Studenten natürlich sehr aufeinander angewiesen, und ebenso natürlich wurden in ihrer Gruppe viele Ehen gestiftet.

So war auch Mary Powell für mich eine Art Heiratsvermittlerin, obgleich, wie ich später erfuhr, Martin sie in die Rolle gedrängt hatte. Eines Tages, Ende Januar 1952, fragte sie mich: »Hast du von M. L. King gehört? (Damals nannten ihn alle M. L., und in seiner eigenen Familie war dies von jeher sein Name.)

Als ich verneinte, begann Mary von ihm zu erzählen. »Dr. Mays hält ihn für einen vielversprechenden jungen Mann. Er macht an der Universität Boston sein Doktorat, ist Baptistengeistlicher und wurde in der Kirche seines Vaters, der Ebenezer Baptist Church von Atlanta, ordiniert. Er hat in verschiedenen Kirchen um Boston gepredigt und ist sehr brillant. Ich möchte, daß du ihn kennenlernst.« Von dem Augenblick an, da Mary mir sagte, der junge Mann sei ein Geistlicher, verlor ich das Interesse, denn ich dachte an die typischen Geistlichen, die ich kannte – Fundamentalisten im Denken, sehr kleinlich und übertrieben fromm. Echte Frömmigkeit ist mitreißend, aber viele Geistliche, denen ich begegnet war, liefen mit einem Ausdruck der Heiligkeit herum, den sie wie ihre schwarzen Gewänder anzulegen schienen. Daß der junge King überdies Baptist war, nahm mich ebenfalls gegen ihn ein. In der African Methodist Episcopal Zion Church fanden wir die Taufe durch Besprengen angemessen. Ich erinnere mich, wie meine Eltern mit ihren Baptistenfreunden darüber diskutierten, ob es für die Erlösung nötig sei, untergetaucht zu werden. Ich hielt damals das Untertauchen für überflüssig und hätte nicht Baptistin werden wollen.

Jedoch war das nicht der eigentliche Einwand, sondern einfach eines jener kleinen Vorurteile, die an die Oberfläche kamen. Vielmehr hielt ich die Baptistenkirchen – auch meine eigene – für zu gefühlsbetont. Obgleich

ich tief religiös war, entfernte ich mich vom Fundamentalismus. Nachdem ich Antioch verlassen hatte, suchte ich nach einer Kirche oder religiösen Gemeinschaft, die liberaler wäre als jene, in der ich aufgewachsen war. Ich plante, mich über die Quaker und den Unitarismus zu unterrichten. Tatsächlich war ich mit der organisierten Religion, so wie ich sie kannte, unzufrieden und strebte nach einer neuen Glaubensform, von der ich völlig überzeugt wäre.

Aus diesen und anderen Gründen ging ich anfänglich in Boston nicht regelmäßig zur Kirche. Ich war die einzige Negerin, die im Beacon-Hill-Viertel wohnte, und fühlte mich nicht wohl, wenn ich die Kirchen dieser Gegend besuchte. »Ich kann meine Andacht auch daheim verrichten«, sagte ich mir.

Nun werde ich Dinge über Martin erzählen, die ich erst sehr viel später erfuhr. Mary Powell kannte Martin Luther King jr. noch von Atlanta, als er Morehouse und sie das Spelman College besuchte. In Boston begegneten sie sich wieder. Sie aßen im gleichen Restaurant, der Western Lunch Box, ganz in der Nähe des Konservatoriums, wo sich die Negerstudenten der verschiedenen Fakultäten trafen und wo nach Art der Südstaaten gekocht wurde – das, was wir jetzt *soul food* nennen würden. Ich ging selten dorthin, weil ich weit weg auf Beacon Hill wohnte.

Eines Tages sagte Martin zu ihr: »Mary, ich werde langsam zynisch. Ich habe eine ganze Reihe Mädchen hier kennengelernt, aber keines, das ich besonders gemocht hätte. Kennst du irgendwelche nette, attraktive junge Damen?«

Sie erwähnte zwei Mädchen, von denen Martin eines schon kannte, und dann fragte er: »Wer ist die andere?«

»Coretta Scott«, erwiderte Mary und beschrieb mich darauf. Nach Martins Worten stellte sie mir ein gutes Zeugnis aus: ein sehr nettes Mädchen, intelligent, hübsch – all das. Aber sie warnte ihn, ich sei wohl nicht sehr religiös, ich ginge nicht oft zur Kirche. Später sagte er mir, das habe ihn nicht gestört, da er keine allzu orthodoxe, allzu buchstabengläubige Frau wollte. Er bat Mary um meine Telefonnummer, und nachdem Martin seine mächtige Überredungsgabe eingesetzt hatte, erhielt er sie auch.

Als er mich anrief und sagte: »Hier spricht M. L. King jr.«, entsann ich mich nicht, wer er war. Rasch sagte er: »Eine gemeinsame Freundin von uns hat mir von Ihnen erzählt und mir Ihre Telefonnummer gegeben. Sie hat wundervolle Dinge über Sie gesagt, und ich würde Sie sehr gern kennenlernen und mich mit Ihnen unterhalten.«

Da dämmerte es mir, und ich sagte: »Ja, auch ich habe ein paar sehr nette Dinge über Sie gehört.« Das war alles, was Martin brauchte, um leicht und flüssig drauflloszuplaudern. Nie in meinem ganzen Leben hatte ich jemanden so reden hören. Er sagte: »Sie wissen, jeder Napoleon hat sein Waterloo. Ich bin wie Napoleon. Ich bin bei meinem Waterloo angelangt und liege auf den Knien.«

Ich muß gestehen, es machte mir Spaß. Wir führten ein langes Gespräch, in dem er mich über meine Studien fragte und mir ein wenig über seine Arbeit unter Professor Edgar S. Brightman erzählte.

Schließlich sagte er: »Ich würde Sie gern näher kennenlernen und mehr mit Ihnen reden. Vielleicht könnten wir uns morgen zum Lunch treffen?«

Ich war am nächsten Tag von zwölf bis eins zwischen den Vorlesungen frei, und Martin sagte fröhlich: »Ich hole Sie ab. Ich habe einen grünen Chevy, der gewöhnlich zehn Minuten für die Fahrt von der Universität braucht, aber morgen schaffe ich es in sieben.«

Am nächsten Tag erwartete ich ihn in der Huntington Avenue auf der Treppe vor dem Konservatorium. Ich trug ein Kopftuch und hatte den Mantel fest zugeknöpft, denn ein kalter feiner Januarregen fiel vom Himmel. Der grüne Wagen hielt am Randstein, und als ich die Stufen hinunterging, sah ich den jungen Mann im Auto sitzen. Mein erster Gedanke war: »Wie klein er scheint« und der zweite: »Wie eindrucksvoll er aussieht.«

Martin fuhr mich zu Sharaf's Restaurant, einem Selbstbedienungslokal auf der Massachusetts Avenue, wo wir zusammen Lunch aßen. Er nahm mir Mantel und Kopftuch ab. Ich erinnere mich noch an alles, was ich an jenem Tag trug. Ich erinnere mich an die Schuhe, die ich anhatte, an das hellblaue Kostüm und den schwarzen Mantel. Martin betrachtete mich sehr genau. Damals trug ich Ponys, die natürlich gewellt waren, und mein Haar war ziemlich lang. Es gefiel ihm, und er sagte mir das auch. Ich war ziemlich befangen, versuchte jedoch, mir nichts anmerken zu lassen und gefaßt zu bleiben.

Es fiel mir nicht leicht, denn in diesen wenigen Minuten hatte ich vergessen, daß Martin klein war, und hatte meinen ersten Eindruck vollständig revidiert. Er strahlte Charme aus. Wenn er redete, wuchs er. Selbst als er noch so jung war, zog er die Menschen durch seine Beredsamkeit, seine Aufrichtigkeit und seine moralische Statur an. Ich wußte sofort, daß er außergewöhnlich war.

Wir holten unser Essen und setzten uns an einen Tisch. Dieser junge Mann sah zunehmend besser aus, je mehr er redete – so stark und überzeugend. Mit sehr männlicher Selbstsicherheit schien er genau zu wissen, was er wollte und wie er es bekommen würde. In unserer Unterhaltung muß ich ein paar verhältnismäßig intelligente Bemerkungen gemacht

haben, denn er sagte: »Wie ich sehe, verstehen Sie außer Musik auch von anderen Dingen etwas.«
Dann mußten wir zum Konservatorium zurück. Im Auto wurde Martin plötzlich sehr still und sagte: »Wissen Sie was?«
»Was denn?« fragte ich.
Sehr ruhig, aber eindringlich sagte er: »Sie besitzen alles, was ich mir seit je von der Frau meiner Wahl erwarte. Es sind nur vier Dinge, und Sie besitzen sie alle.«
Etwas verwirrt erwiderte ich: »Ich weiß nicht, wie Sie das sagen können. Sie kennen mich doch gar nicht.«
»Doch, ich weiß es«, erwiderte er. »Die vier Eigenschaften, die ich bei einer Frau suche, sind Charakter, Intelligenz, Persönlichkeit und Schönheit, und bei Ihnen habe ich alle gefunden. Wann kann ich Sie wiedersehen?«
Ich bemühte mich noch immer, gelassen zu bleiben, und sagte: »Ich weiß nicht. Ich muß in meinem Stundenplan nachsehen. Rufen Sie mich später an.«
Ich weiß, es klingt seltsam, daß Martin so bald von Heirat sprach. Doch Martin war bereit zu heiraten und suchte ganz bewußt nach einer Frau. Er wußte schon genau, was er in seinem Leben erstrebte, und hatte eine ziemlich klare Vorstellung von der Frau, die in dies Leben passen würde. Ich will damit nicht sagen, er sei kalt und berechnend gewesen, ohne irgendwelche romantische Ideen. Gewiß nicht. Aber für sein Alter war er bemerkenswert reif. Er kannte sich und wußte, welche Art Frau er brauchte. Es war, als habe er keine Zeit für Fehler, als müsse er sich rasch und richtig entscheiden und dann seinen Weg weitergehen. Unsere Zeit vor der Ehe war davon geprägt, ebenso wie Martins restliches Leben bis zu seinem Ende. Man denke, was er mit neununddreißig schon alles geleistet hatte!

Als ich nach unserer ersten Begegnung heimkam, hoffte ich, Martin habe das, was er übers Heiraten gesagt hatte, nicht so gemeint. Denn ich wollte nicht, daß irgend etwas mich und meine Karriere aufhielte. Doch mein Gefühl sagte mir, daß dies durchaus möglich wäre. Ich war kein junges Mädchen mehr. Ich hatte schon früher geglaubt, verliebt zu sein, aber dann wurde nichts daraus, und ich hatte beschlossen, mich in keine Gefühlsverstrickungen mehr einzulassen, ehe ich nicht völlig sicher wäre. »Der nächste, dem ich mein Bild gebe, wird mein Mann sein«, sagte ich mir.
Bei Martin war ich sehr auf der Hut, aber in meinem Herzen fühlte ich, daß mein Widerstand nicht allzu stark war. Ich wußte nicht, was ich

von ihm halten sollte. Er schien so ernst, so völlig aufrichtig in allem, was er sagte. Ich hielt mir vor, Männer schmeichelten immer und behaupten, verliebt zu sein, wenn sie auch nur ein Spiel spielten. Obgleich ich merkte, daß die Karriere, die ich mir gewünscht und für die ich so hart gearbeitet hatte, dadurch gefährdet werden könnte, wollte ich ihn doch wiedersehen. Ich begründete es vor mir damit, er sei so ein netter junger Mann, daß ich abwarten und weitersehen wolle.

Martin rief mich am nächsten Tag an, und ich schlug den Samstagabend vor. Ich erklärte ihm, daß Freunde von mir samstagabends eine Party in Watertown geben würden, mein Begleiter jedoch nicht genau wisse, ob er frei sei. Wenn nicht, könne er mitkommen. Martin war bereit abzuwarten.

Wir fuhren in seinem Wagen zur Party. Auf dem Weg dorthin hielten wir am Konservatorium, um Mary Powell zu besuchen. Martin sagte zu ihr: »Mary, ich schulde dir tausend Dollar dafür, daß du mich mit diesem Mädchen bekannt gemacht hast.« Obwohl mein Verstand sich noch immer sträubte, hörte ich das doch sehr gern.

Unsere Ankunft auf der Party verursachte beträchtliches Aufsehen unter den Mädchen. Sie sagten: »Oh, Sie sind also M. L. King jr. Oh! Wir haben soviel über Sie gehört.«

Martin schien sich über die Aufmerksamkeit, die er erregte, zu freuen, vor allem wohl, weil er mich beeindrucken wollte. Er war stets sehr beliebt bei Mädchen und dabei völlig ungezwungen und gelöst. »Frauen sind eben Heldenverehrer«, erklärte er seine Beliebtheit. Zweifellos war er damals der begehrenswerteste junge Neger von ganz Boston.

Er hatte mich auf die Party begleitet, und ich war seine Freundin. Er behandelte mich höflich und aufmerksam, genoß jedoch seinen Erfolg von Herzen – das Schmachten und all das. Ich war sehr ruhig und ließ mir nicht anmerken, daß es mir auch nur das geringste ausmachte; denn natürlich hatte ich kein Anrecht auf ihn. Ich sagte nichts. Ich beobachtete nur und war unwillkürlich beeindruckt.

Als er mich in derselben Nacht heimbrachte, sah ich, wie sich der Kreis enger und enger zusammenzog.

Am folgenden Tag, einem Sonntag, brachte Martin seinen Freund und Zimmergenossen Philip Lenud mit. Philip war aus Birmingham, Alabama, und hatte zusammen mit Martin das Morehouse College in Atlanta besucht. Wie Martin war er der Sohn eines Baptistenpredigers und selbst Geistlicher, damals Pastor der Kirche in Everett. Philip machte eine Menge Aufhebens von mir, und ich spürte, daß er Martins neue Freundin billigte. Beide baten mich, mit ihnen nach Everett hinauszufahren, um Philip predigen zu hören, aber ich lehnte ab, da eines der Mädchen in Mrs. Bartols Haus unter heftiger Migräne litt und ich es nicht allein lassen mochte. Von diesem Tag an verfolgte mich Martin – doch ich bemühte mich nicht sehr, ihm zu entrinnen. Wir erlebten wundervolle Stunden und Gespräche miteinander, darunter einige recht ernste. Martin war sehr gebildet, und als er mir davon erzählte, wie gründlich er sich mit Philosophie befaßte, begriff ich das Ausmaß seines Wissens. Er hatte die großen deutschen Philosophen studiert, darunter Kant, Hegel und Nietzsche. Hegel hatte ihn beeinflußt, und er haßte Nitzsche, dessen »Wille zur Macht« ihn fast an seiner Hoffnung verzweifeln ließ, die Welt durch die Kraft der Liebe zu ändern, obwohl dies Werk ein Gegengewicht zu Hegels leichtem Idealismus bildete.

Von den modernen Denkern interessierte ihn vor allem Reinhold Niebuhr; und Walter Rauschenbuschs »Christianity and the Social Crisis« hatte ihn nachhaltig beeindruckt, obwohl er Rauschenbusch für »ein Opfer der Fortschrittsgläubigkeit des neunzehnten Jahrhunderts« hielt.

Natürlich hatte Martin Karl Marx gelesen, und wie er sagte, hatte ihn die Lektüre überzeugt, daß weder der Marxismus noch der herkömmliche Kapitalismus die ganze Wahrheit besäßen, sondern jeder eine Teilwahrheit. »Ich könnte nie Kommunist sein«, sagte er. »Mein Vater ist durch und durch Kapitalist, aber das wäre mir ebenso unmöglich. Eine Gesellschaft, die darauf beruht, soviel Geld wie möglich zu scheffeln und die Bedürfnisse des Volkes zu ignorieren, halte ich für falsch. Ich möchte nicht viel besitzen.«

Martins Ansichten darüber, wie der christliche Pazifismus mit der Verwirklichung seiner Ziele zu vereinbaren sei, erreichten ihren Wendepunkt, als er Dr. Mordecai Johnson von der Howard University in einem Vortrag über Gandhi in der Friendship Hall von Philadelphia hörte. Er war so fasziniert, daß er sich sofort sämtliche Bücher, die er über Gandhi und über Gewaltlosigkeit finden konnte, kaufte und sie im Crozer Theological Seminary las. Er las auch Thoreaus »Essay über den zivilen Ungehorsam«. Obwohl ich nicht glaube, daß er sich schon bewußt war, wie Gandhis Methode der Gewaltlosigkeit in der Negerbewegung anzuwenden sei, keimte bereits die Idee in ihm. Später schrieb er: »Von Christus stammte der Geist; Gandhi zeigte, wie er sich in der Welt realisieren ließ.«

Selbst in der Zeit, da er mir den Hof machte, war Martin tief besorgt – und empört – über die Lage der Neger in den Vereinigten Staaten. Er sprach davon, daß die Schwarzen von der Unterdrückung befreit werden müßten – doch nie in Worten der Gewalt. Er glaubte an einen Feldzug der Gewaltlosigkeit und an erlösende Liebe. Er glaubte inbrünstig an das

Wort Christi, daß man seine Feinde lieben solle. »Selbst wenn du geschlagen wirst, ohne dich zu verteidigen«, sagte er, »trägt dein Leiden irgendwie dazu bei, den anderen zu erlösen und deinen Haß gegen diesen Menschen zu läutern.« Und: »Die Kette des Hasses muß gesprengt werden. Erst wenn sie zerrissen ist, wird es Brüderlichkeit geben.« In diesem Buch wird häufig die Rede von Liebe sein, darum ist es Zeit, jene Liebe zu beschreiben, die Martin meinte und die er später selbst definierte. Es ist seltsam, daß eine so reiche Sprache wie das Englische nur ein Wort für all die verschiedenen Arten der Liebe besitzt. Martin sagte oft, daß die Griechen drei Wörter dafür hätten. Erstens das Wort *eros*, welches in Platos Philosophie das Verlangen der Seele nach dem Göttlichen bedeute, während wir heute darunter eine ästhetische oder romantische Liebe verstünden. *Philia* bedeute gegenseitige Liebe, wie etwa zwischen Freunden. »Niemand«, sagte Martin, »kann solch ein Narr sein, von einem anderen zu erwarten, daß er diese Art Liebe für seinen Unterdrücker empfinde.«

Die dritte Art der Liebe heiße *agape*, und dies meine erlösenden guten Willen und Verständnis für alle Menschen. Es sei eine selbstlose Liebe, in welcher der einzelne nicht sein eigenes Wohl suche, sondern das Wohl des Nächsten. Es sei keine schwache oder passive, sondern tätige Liebe. Und jene Liebe wollte Martin seinen Feinden widmen. Wenn durch den Mangel der englischen Sprache manchmal seine Rede mild klang, dann erinnere man sich nur, daß sein Leben und seine Liebe kämpferisch waren.

Wir redeten viel über Religion, und auch hier war ich durch sein großzügiges Denken beeindruckt. Als wir uns über die herkömmlichen Vorstellungen eines Lebens nach dem Tode unterhielten, sagte er: »Ich mache mir keine Gedanken über die Temperatur in der Hölle oder die Einrichtungen des Himmels, sondern über das, was die Menschen hier auf Erden tun.«

Eines Sonntags besuchte ich die Twelfth Street Baptist Church von Roxbury, um Martin predigen zu hören. Der Pastor, der unterdessen verstorbene Reverend William H. Hester, war sehr entgegenkommend und ließ junge Männer auf seiner Kanzel die ersten Erfahrungen sammeln. Er und seine Frau waren alte Freunde von Martins Eltern, und Martin predigte dort häufig. Als ich ihn das erste Mal hörte, wählte er die »Drei Dimensionen des vollkommenen Lebens«, die Predigt, die er später in St. Paul's in London hielt. Natürlich unterschied sie sich etwas von der Londoner Predigt, war weder so ausgefeilt, noch auf das britische Verständnis zugeschnitten. Doch selbst in ihrer ursprünglichen Form waren die »Drei Dimensionen« eine ungeheuer ergreifende Botschaft. Ich war tief beeindruckt.

Martin änderte auch seinen Predigtstil entsprechend seinen Hörern. In der nüchternen intellektuellen Atmosphäre Neu Englands sprach er ruhig, mit wohldurchdachten Folgerungen und wenig Emotion. Als junger Geistlicher war dies im allgemeinen sein Stil. Später, als er im Süden vor leichter erregbaren Gemeinden predigte, ging er mehr aus sich heraus. Er entsprach ihren Erwartungen durch mitreißende Beredsamkeit; und in dem Maße, in dem sie gepackt wurden, reagierte er auf ihre Erregung, und ihre wachsende Ergriffenheit steigerte seine eigene. Das erste donnernde »Amen« der Gemeinde löste bei ihm den altmodischen Predigtstil aus. Wir nannten es »whooping«. Nachdem wir geheiratet hatten, neckte ich ihn manchmal: *»Martin, you were whooping today.«* Er wurde dann ein wenig verlegen. Aber es war sehr aufregend, Martins *whooping*.

Ein anderer Aspekt seiner liberalen Gesinnung war sein Verhältnis zu den Einzelheiten des Rituals. Als ich erwähnte, ich würde nicht gern Baptistin, weil ich das Untertauchen für unnötig hielte, sagte er: »Du müßtest nicht untertauchen. Wasser besitzt keine erlösende Kraft.«

Das war in einem Gespräch übers Heiraten, und er sprach vom ersten Tag an oft darüber. Ganz offensichtlich suchte er in Boston eine Frau; und doch befand er sich in einer mißlichen Lage, da er, wie ich von Mary Powell wußte, mit einem Mädchen in Atlanta verlobt war. Bald schon erzählte mir Martin selbst von ihr.

Er sagte, sie sei ein nettes Mädchen und ihre Eltern seine eng mit den seinen befreundet. Ihre »Verlobung« sei weniger offiziell abgesprochen, als daß ihre Eltern und sie selbst einfach damit rechneten, sie würden eines Tages heiraten. Sein Vater sei »sehr erpicht darauf«, sagte Martin. »Mein Vater möchte, daß ich heirate, und wird mir helfen, meine Frau zu ernähren, solange ich in der Ausbildung stehe. Aber ich werde meine eigene Entscheidung treffen; ich werde meine Frau selbst wählen.«

Er gab unmißverständlich zu verstehen, daß seine Wahl auf mich gefallen sei, obgleich ihn meine Einstellung zu meinem zukünftigen Beruf beunruhigte. Martin war sein Leben lang geteilter Meinung über die Rolle der Frau. Einerseits hielt er Frauen für ebenso intelligent und fähig wie Männer und fand, sie sollten wichtige, einflußreiche Positionen übernehmen. Aber seine eigene Frau stellte er sich als Hausfrau und Mutter seiner Kinder vor. Er erklärte deutlich, er wünsche, daß ihn seine zukünftige Frau daheim erwarte.

Zugleich sagte Martin schon damals: »Ich will keine Frau, mit der ich mich nicht unterhalten kann.« Von Anfang an ermunterte er mich, außer-

halb des Hauses tätig zu sein, und freute sich sehr, wenn ich eigene Ideen hatte oder gar für ihn einspringen konnte. Doch am meisten lag ihm daran, daß ich ihm eine richtige Frau war.
Auch andere Fragen hatte er gedacht. »Ich brauche eine Frau, die so einsatzbereit ist wie ich«, pflegte er zu sagen. »Ich will Pastor einer großen Negerkirche im Süden werden. Dort möchte ich leben und arbeiten. Und meine Frau muß sich in ein solches Leben einfügen. Kannst du dich auf *Aunt Jane* einstellen?«
Mit *Aunt Jane* meinte Martin das gute, aber ungebildete Pfarrkind, das den Unterschied zwischen »du tun« und »du tust« nicht kennt. Schon immer liebte er das Volk und fühlte lebhaft mit den Benachteiligten, den einfachen Leuten, wie er gesagt hätte. Ich war unter Frauen wie *Aunt Jane* aufgewachsen, und so zweifelte ich nicht, daß ich mich auf sie einstellen könnte. Denn wie weit ich es auch gebracht hatte oder noch bringen sollte, ich würde meine Herkunft nie vergessen oder auf Menschen herabsehen, zu denen ich selbst gehörte. Ich versuchte Martin zu beruhigen.
Martin sah in mir die Musikstudentin mit starkem Sinn für Kultur, die von Antioch geprägte junge Dame. Er war besorgt, dies könne mich so weit vom einfachen Volk entfernt haben, daß ich zu der notwendigen Anpassung nicht mehr fähig wäre. Tatsächlich ist es für Neger mit solchen Erfahrungen zuweilen schwierig, in eine ausschließlich schwarze Gemeinschaft zurückzukehren und innerlich ausgeglichen zu bleiben. Unvermeidlich nimmt man die Maßstäbe der Weißen an, und statt sich selbst treu zu sein, beginnt man sich unbewußt so zu verhalten, wie die Weißen es von einem erwarten.
Martin sorgte sich, denn er wußte damals nicht, was ich alles durchgemacht hatte. Er wußte noch nicht, daß ich aus kulturell derart armen Verhältnissen stammte. Ich hingegen spürte, daß ich durch eine solche Herkunft mit dem einfachen Volk verbunden geblieben war. Ich hatte mein Erbe nicht vergessen.
Und das bestätigte sich. Martin und ich hatten nie ernste Meinungsverschiedenheiten, weder über Rassen- oder Wirtschaftsfragen, noch über die schwierigen, schrecklichen und doch herrlichen Dinge, die so unerwartet über uns hereinbrachen.
Aber ich brauchte lange, um mich zu entschließen. Ich plante meine Zukunft so ganz anders, und wie ich schon sagte, wollte ich keinen Geistlichen heiraten. Aber er wich derart von dem Klischee ab, das ich vor Augen gehabt hatte. Er war gut – ja ein außerordentlich guter Mensch. Sein Gewissen leitete ihn großartig den rechten Weg. Wenn er einen

kleinen Fehler begangen oder etwas Eigennütziges getan hatte, verzehrte ihn sein Gewissen fast. Sein ganzes Leben hindurch litt er vor allem dann, wenn er das Gefühl hatte, er habe jemandem Unrecht getan oder gedankenlos gehandelt. Wenn ihm dies wirklich einmal unterlief, dann entschuldigte er sich stets und bat um Verzeihung. Er hielt es für ein unverdientes Privileg, in einer Negerfamilie der Mittelklasse geboren zu sein, und fand, die vielen Ehrungen, mit denen er in späteren Jahren bedacht wurde, kämen ihm nicht allein zu. Er prüfte sich beständig, ob er korrupt würde, ob er die Ehrungen nicht zu leicht annehme. Er war sehr empfindlich, wenn etwas seiner Stellung wegen für ihn getan wurde, aber für jede Hilfe, die er erhielt, dankte er mit überströmender Herzlichkeit. Er war wahrhaft bescheiden und glaubte nie, seinen Aufgaben gerecht zu werden. Darum sorgte er sich soviel, arbeitete so hart, studierte noch lange beharrlich, nachdem er schon zu den Großen der Welt zählte. Diese Eigenschaften befähigten ihn, weiterzuwachsen.

Aber zugleich konnte er so lebhaft und lustig sein. Er hatte eine Schwäche für Neckereien; wie gern neckte er mich, als wir noch nicht verheiratet waren, indem er vorgab, ein anderes Mädchen zu mögen, bis ich anbiß und meine Augen Feuer sprühten. Wie er mich dann auslachte!

Er tanzte gern und gut. Er mochte Menschen und Parties und vor allem ein gutes Gespräch. Auch Musik mochte er. Ich erinnere mich an das erste Konzert in der Symphony Hall in Boston, in das er mich einlud. Ich war gerührt, daß Martin, der wußte, wieviel mir Musik bedeutete, an so etwas gedacht hatte. Zum erstenmal hörte ich Artur Rubinstein spielen. Trotz meiner Liebe zur Musik hatte ich keine Konzerte mit berühmten Künstlern besucht – bevor ich nach Antioch ging.

Als Martin Bemerkungen über die verschiedenen Stücke machte, dachte ich zuerst, er wolle mir zeigen, daß er sich auch in Musik auskenne. Aber bald merkte ich, daß ich nicht fair war. In so aufrichtiger Freude hatte er mich zu diesem Konzert eingeladen, das ich mir sonst nicht hätte leisten können, und war nun so glücklich über meine Begeisterung, daß ich aufhörte zu beobachten und das Konzert gemeinsam mit ihm genoß.

Auch in meiner Kleidung begann Martin mich auf meine Rolle als Frau eines Baptistengeistlichen vorzubereiten. Damals widmete er seiner Erscheinung große Aufmerksamkeit; mir hingegen hatten erst meine Eltern und später Antioch eingeprägt, Kleider seien unwesentlich. Ich besaß einen guten Mantel und ein paar hübsche Kleider, aber ich verwandte keine große Mühe auf mein Äußeres. So kämmte ich mein Haar morgens und kümmerte mich meist den ganzen Tag hindurch nicht wieder darum, noch benutzte ich zwischendurch den Lippenstift.

Sehr behutsam schlug Martin vor: »Vielleicht möchtest du auf die Toilette gehen und dich kämmen« oder »Du siehst mit Lippenstift so hübsch aus.« »Warum kaufst du dir nicht den hübschen roten Mantel, den wir in der Auslage bei Filene's gesehen haben?« und dergleichen mehr. Schließlich merkte ich, worauf er hinaus wollte, und kümmerte mich mehr um mein Äußeres.

Aber trotz allem gemeinsamen Spaß, trotz seinem Charme und seiner wachsenden Liebe zu mir war ich noch immer nicht sicher. Als wir ernsthafter von Heirat sprachen, fragte ich mich wieder und wieder: »Will ich das wirklich?«

Schließlich dachte ich: »Wenn ich es ernst meine mit dem Dienst an der Menschheit, wie könnte ich da besser dienen denn als Frau eines Geistlichen?« Aber noch immer mußte ich mich selbst überzeugen.

Ich betete: »Herr, hilf mir, die richtige Entscheidung treffen.« Es war die wichtigste Entscheidung meines Lebens, und sie mußte richtig sein. Etwa zwei, drei Monate überlegte ich gründlich und unter Gebeten.

Etwas beunruhigte mich. Ich wußte, daß Martin bei der Wahl seiner Frau nicht über die große Liebe und Achtung, die er für seinen Vater empfand, hinweggehen konnte. Was er auch sagen mochte, so war mir klar, daß der Vater durch den starken Einfluß auf den Sohn vielleicht den Ausschlag geben könnte. Ich fragte mich, ob Martin nachgeben würde, falls sein Vater nein sagte. Mary Powell hatte mir gesagt, Rev. King sr. wünsche wohl, daß sein Sohn das Mädchen in Atlanta heirate, und sie bezweifle, daß die endgültige Entscheidung bei Martin läge. Als ich mich mehr und mehr in ihn verliebte, beunruhigte mich dies beträchtlich. Es scheint seltsam, aber ein Traum kam mir zu Hilfe.

Im Traum sah ich Martins Vater und das Mädchen von Atlanta. Martins Vater lächelte mich an, und irgendwie wußte ich, daß er mich billigte. Mit einem Gefühl großer Erleichterung wachte ich auf.

Den ganzen April und Mai hindurch rang ich mit mir. Ich erkannte, daß ich heiraten und eine Familie haben wollte, daß mein Leben sonst nicht erfüllt wäre. Erst im Herbst entschloß ich mich endlich. Ich würde heiraten, weil ich Martin wirklich liebte, und die Frage meiner Karriere der Zukunft überlassen. Jedoch wollte ich auf jeden Fall weiterstudieren, um einen akademischen Grad zu erhalten.

Ich würde wenigstens das Gefühl eines Abschlusses haben, wenn auch nicht die Karriere, die ich erstrebt hatte.

Es mag ungewöhnlich scheinen, daß ein verliebtes Mädchen die Dinge so gründlich zu Ende denkt. Dies aber war und ist noch immer meine Art, mit schwierigen Situationen fertig zu werden. Ich habe meinen Problemen stets ins Auge gesehen und mich mit ihnen auseinandergesetzt. Außerdem betraf mich meine Entscheidung nicht allein. Ich fürchtete, Martins vielversprechende Karriere könne darunter leiden, wenn ich später unzufrieden würde.

In jenem Sommer kam Edythe nach Boston, und dies half mir unter anderem, mich zu entscheiden. Nachdem sie einen akademischen Grad an der Ohio State University erworben hatte, hatte sie an der Columbia University ihr *master's degree* als Englischlehrerin gemacht. Obgleich ich Edythe nicht anvertraute, wie ernst ich es mit Martin meinte, sprach es für ihn, daß sie ihn sehr mochte.

Ich teilte Martin meinen Entschluß nicht gleich mit. Statt dessen beschloß ich, nicht heimzufahren, sondern in Boston zu bleiben und den größten Teil des Sommers zu studieren. Wir sahen einander ständig. Im Juli fuhr er nach Hause und bat mich, ihn dort zu besuchen. Der Weg nach Alabama führte über Atlanta, und so war ein Besuch ohne Umstände möglich. Aber um ihn zu prüfen, um zu sehen, ob er mich wirklich wollte oder nicht, erwiderte ich: »Nein, ich glaube nicht.« Er war sehr bestürzt und sagte: »Wenn du nicht kommen willst – dann vergiß alles andere. Vergiß es. Vergiß das Ganze.« Später pflegten wir über dies Ultimatum zu lachen. Sollten wir uns schlüssig werden; dann müßte ich seine Familie und seine Kirche kennenlernen. Außerdem wollte ich selbst urteilen, ob ich mich den Verhältnissen anpassen und in ihnen glücklich sein könnte und ob ich wohl in Martins Leben etwas leisten könnte.

Martin fuhr mit seinem Wagen heim. Ich mußte mir die Mandeln entfernen lassen und wartete daher bis zu meiner letzten Kontrolluntersuchung am ersten August, ehe ich den Zug nahm. Als ich nach Atlanta kam, war ich sehr auf der Hut. Obwohl ich ein gemeinsames Leben bei mir nicht mehr ausschloß, weigerte ich mich dem Anschein nach noch immer. Ich hatte nichts versprochen.

Mein erster Besuch in Atlanta war kein uneingeschränkter Erfolg. Ich sollte bei Mary Powell wohnen, die den Sommer über daheim war. Als ich aus dem Zug stieg, empfingen mich Martin und Mary. Wir verließen den Bahnhof und fuhren in den dichten Verkehr der Peachtree Street. Ein paar Häuserblocks weiter bogen wir um mehrere Ecken und hielten. Martins Mutter stieg zu uns. Ich hatte nicht erwartet, ihr so bald zu begegnen, und geriet ein wenig aus dem Gleichgewicht. Mrs. King ist eine kleine, sorgfältig gekleidete Frau, die – nicht unähnlich meiner eigenen Mutter – anfänglich ein wenig verschlossen wirkt. Jedenfalls war ich nervös. Als Martin mich vorstellte, begrüßte sie mich höflich, aber gleichgültig.

Wir fuhren zuerst zu dem großen gelben Backsteinhaus der Kings. Es war ein schönes Haus, das mir ein neues Bild von Martins Welt gab, gleichzeitig aber auch neue Probleme bedeutete. Damals begriff ich nicht, daß die Kings völlig in der Ebenezer Church und ihrer Gemeinde aufgingen. Als ich ihr wohlhabendes Haus sah, mußte ich allein an das bekannte, weitgehend geschlossene Gesellschaftsleben von Atlantas schwarzem Mittelstand denken. Ich hatte von den Clubs, den gesellschaftlichen Aktivitäten und der »Exklusivität« gehört und sorgte mich einerseits, wie die Familie auf die Außenseiterin reagieren würde, und andererseits, wie mir die Atmosphäre gefallen würde.

Später erkannte ich, daß die Kings vorurteilslos waren und andere nach deren Verdiensten beurteilten und daß meine anfänglichen Befürchtungen unnötig gewesen waren. An diesem Tag sah ich Martins Vater das erste Mal. Er war ein großer Mann, größer, als ich erwartet hatte. Man konnte seine Charakterstärke wie seine physische Kraft spüren. Er war freundlich und höflich, aber ebenfalls gleichgültig. Wie er viel später sagte: »Ich achtete zuerst nicht sehr auf Coretta. Martin sollte ein anderes Mädchen heiraten, und ich wollte, daß er bald heiratete. Es gab so viele Mädchen, die ihn mochten. Sie drängten ihn. Und ich fürchtete, er könne sich an eine binden, die uns nicht gefallen würde.«

Ich verbrachte die Nacht in Mary Powells Haus, und am nächsten Morgen, einem Sonntag, gingen wir alle in die Ebenezer Church, einen schönen, nicht sehr großen Bau an der Auburn Avenue. Das bescheidene Innere war grauweiß verputzt und mit poliertem, goldbraun schimmerndem Holz verkleidet. Es besaß schöne bunte Glasfenster. Hinter der Kanzel saß in mehreren Reihen der weißgekleidete Chor. Er sang herrlich. Auf den unteren Bänken und auf dem Balkon, der ein Drittel des Hauptteils überdeckte, fanden achthundert Personen Platz. Man erzählte mir, Reverend King habe die Gemeinde der Ebenezer Church von wenigen hundert Mitgliedern zu Beginn seines Pastorats auf nahezu viertausend gebracht.

Um seinen Vater zu entlasten, übernahm Martin im Sommer die Seelsorge und Predigt, und er predigte an jenem Sonntag, als ich da war. Wie stets war seine Predigt interessant und bewegend. Nach der Kirche trafen wir uns alle im Hause der Kings. Ich lernte Martins Bruder A. D. kennen, dessen Frau Naomi und ihre kleine Tochter Alveda, ein reizendes Kind, das mich Coco nannte und große Zuneigung zu mir faßte.

A. D., der ebenfalls Geistlicher war, hatte auf Morehouse und dem Interdenominational Theological Center von Alabama studiert. Während seines Pastorats in Birmingham war er sehr aktiv im Birmingham Movement. Später übernahm er ein Pastorat in Louisville, Kentucky, wo er die Kentucky Leadership Conference organisierte und großartig leitete.

Naomi, A. D.'s hübsche Frau, stammte ebenfalls aus Alabama. Viele sagten damals, wir ähnelten uns auffallend. Als ich sie das erste Mal sah, schien Naomi freundlich und sanft. Später sollte ich erfahren, daß sie alle Eigenschaften einer starken, liebevollen Gattin und Mutter in sich vereinte: Güte, Anteilnahme und selbstlose Hingabe an ihre Lieben.

Ich hatte Martins Schwester Christine kennengelernt, als sie ihn während der Frühjahrsferien in Boston besuchte. Sie begrüßte mich sehr herzlich. (Christine, die ihre akademischen Grade auf dem Spelman College und der Columbia University erwarb, unterrichtet nun in Spelman.)

Abends gingen wir wieder zur Kirche. Ich bemerkte, wie selbstverständlich und liebevoll Martin die Pfarrkinder behandelte und wie sie ihn trotz seiner Jugend anerkannten. Wenn man ihn in Ebenezer beobachtete, mußte man einfach stolz auf ihn sein.

Dann besuchte Martin ein paar Gemeindemitglieder, und ich kehrte zu Marys Haus zurück. Ich blieb noch ein, zwei Tage bei ihrer Familie und fuhr dann weiter nach Marion zu meinen Eltern.

Martin versprach, mich in Marion zu besuchen, aber etwas kam dazwischen, und er erschien nicht. Doch bat er Mary Powell und mich, mit ihm nach Boston zurückzufahren. Meiner Mutter gefiel die Idee nicht. »Wenn ich du wäre«, sagte sie, »würde ich genauso zurückfahren, wie es geplant war. Du hast deine Karte. Fahr mit dem Zug zurück, ohne in Atlanta zu halten.« Wir diskutierten es freundlich, aber zuletzt beschloß ich doch, den Zug nach Atlanta zu nehmen und von dort mit Mary und Martin weiterzufahren.

Mutter war nicht allzu glücklich darüber. Sie hatte Martin ja noch nicht gesehen und konnte daher nicht begreifen, daß ich so viele Umstände machte, um mit ihm nach Boston zurückzufahren.

Martin und Philip Lenud hatten zusammen ein kleines Apartment an der Massachusetts Avenue gemietet, in einem vorwiegend schwarzen Viertel Bostons. Es lag nahe beim Konservatorium, und fast jeden Nachmittag schaute ich bei ihnen herein. Einmal, während des Sommers, als Edythe da war, hatte Martin sich halb ernst erkundigt: »Coretta, kannst du eigentlich gut kochen?«

Eines Sonntagnachmittags gingen Edythe und ich in sein Apartment, und ich kochte meine Spezialität – Bananenpudding – und Martins Lieblingsgericht – in Speck gedämpftes Kraut –; meine Schwester machte kreolische Schweinekoteletts. Natürlich gab es Maisbrot und Salat. Martin und Philip ließen es sich schmecken. Als wir fertig waren, neckte mich Martin, ich hätte die Probe bestanden. Obwohl mir die Vorstellung einer »Probe« nicht gefiel, fühlte ich mich recht gehoben.

Im November kamen Martins Eltern zu Besuch nach Boston. Das brachte die Entscheidung. Auf Martins Vorschlag schaute ich fast jeden Nachmittag herein, während sie da waren. Daddy King begriff allmählich, daß es keine anderen Mädchen gab. Er fragte nach den Mädchen, die Martin vor mir gekannt hatte, und entdeckte, daß sie, was Martin anbelangte, einfach nicht mehr existierten.

Eines Nachmittags redete er in Anwesenheit von Martin mit mir darüber. »Coretta, nehmen Sie meinen Sohn ernst?« fragte er.

»Nein«, erwiderte ich, glaubte jedoch, er beziehe sich auf etwas, was Martin gerade gesagt hatte.

»Das höre ich gern. Wissen Sie, ich verstehe diesen jungen Mann nicht. Er ist mit einigen der besten Mädchen ausgegangen – schönen, intelligenten Mädchen aus guten Familien. Wir sind gesellig und möchten zu allen nett sein, aber wir wissen nicht, wie wir uns verhalten sollen. Er verwickelt uns in etwas, und dann scheint er einfach das Interesse zu verlieren. Diese Mädchen haben eine Menge zu bieten.«

Ich wurde langsam gereizt und bemerkte ziemlich scharf: »Auch ich habe etwas zu bieten.«

Reverend King schien nicht darauf zu achten, aber er merkte es sich. Wenn ich seither irgendeinen Erfolg hatte, etwa ein Konzert, das gefiel, oder wenn ich Martin in einer schwierigen Situation helfen konnte, hat Daddy mich stets geneckt: »Coretta, auch ich habe etwas zu bieten« und zärtlich hinzugesetzt: »Du weißt, es stimmt. Gewiß hast du etwas zu bieten!« Es wurde ein Familienscherz.

Aber dort in Martins kleinem Apartment schien er nicht darauf zu achten. Er fuhr fort, mir von dem Mädchen in Atlanta zu erzählen. »Eine gute Familie ... eine sehr begabte ... wundervolle Persönlichkeit. Wir mögen das Mädchen sehr. Ich weiß nicht, was M. L. beschließen wird. Aber ich freue mich zu hören, daß Sie ihn nicht ernst nehmen, denn falls Sie meinen Sohn nicht besser kennen als ich, dann würde ich Ihnen raten, es nicht zu tun.«

»Ich glaube, ich kenne ihn wirklich besser als Sie«, dachte ich bei mir.

Die ganze Zeit über hatte Martin kein Wort gesagt. Er saß nur da und grinste wie ein verlegener Schuljunge. Er wollte die Gefühle seines Vaters durch Widerspruch nicht verletzen. Er war außerordentlich aufmerksam und rücksichtsvoll gegenüber Daddy Kings Gefühlen, dabei jedoch völlig unabhängig. Er traf seine Entscheidungen, und sein Vater hörte ihn an und ließ sich überzeugen.

Aber ich saß da und dachte: »Warum sagst du nicht etwas?«
Schließlich stand Martin auf und ging in das andere Zimmer zu seiner Mutter. Er erzählte ihr von mir und erklärte: »Ich werde Coretta heiraten.« Aber seinem Vater sagte er nichts.
Als mich Martin heimfuhr, war er unzufrieden mit mir, denn er zweifelte, daß ich einen guten Eindruck auf seinen Vater gemacht hätte.
»Es war nicht einfach anzuhören, welch großartigen Charakter deine anderen Freundinnen hatten. Ich konnte nicht so tun, als gefiele mir das. Ich kann nicht heucheln«, entgegnete ich.
Daddy King ließ sich früher als erwartet umstimmen. Schon zwei Tage später schlug er plötzlich mit seiner großen Hand auf den Tisch und sagte: »Ihr seid viel zu sehr miteinander beschäftigt. Wie bekommt das eurem Studium?«
Martin sagte: »Ich arbeite weiter an meinem Doktorat, und dann werde ich Coretta heiraten.«
Reverend King wandte sich an mich: »Und wie steht's mit dir, Coretta? Wie kommst du am Konservatorium voran?«
»Gut«, sagte ich, »aber es ist tatsächlich schwierig.«
»Das dachte ich mir«, und wieder schlug er mit der Hand auf den Tisch. »Ihr beide solltet heiraten.«
Erst in den letzten Monaten hat Daddy King mir verraten, was er damals über mich dachte. Er erzählte mir, wie er sich sorgte, Martin habe die falsche Wahl getroffen, und daß Christine sagte: »Sie ist ein patentes Mädchen. Du mußt dich damit abfinden, denn Martin wird sie heiraten.«
Daddy King sagte auch, es habe ihn beeinflußt, daß seine kleine Enkelin Alveda »Coco« so gern mochte und immer wieder nach ihr fragte. »Wenn dich die Kleine liebte, dann mußtest du ein nettes Mädchen sein, dachte ich, und in Boston lernte ich dich dann wirklich kennen und merkte, daß sie recht hatte.«
Und erst kürzlich sagte Daddy King in meiner Gegenwart zu anderen: »Ich glaube, kein Mädchen hätte so in Martins Leben gepaßt wie Coretta. Keine andere hätte das ausgehalten, was sie an seiner Seite und nach seinem Tod durchgemacht hat. Sie ist für mich – für die ganze Familie – ein Quell der Kraft gewesen. Nie werde ich vergessen, was sie all die Jahre hindurch zu mir sagte: ›Dad, du mußt verstehen, wieviel das alles bedeutet, es wird gut werden.‹«

Nachdem Martins Eltern Boston verlassen hatten, faßten wir ins Auge, Ostern unsere Verlobung in der Negerzeitung *Atlanta Daily World* anzuzeigen; im Juni, nach Abschluß des Studienjahres, wollten wir heiraten.

Martin fuhr Weihnachten allein nach Hause – ich konnte es mir nicht leisten. Noch einmal mußte er seinen Vater überzeugen, daß ich die Richtige sei. Schließlich gab sein Vater nach. »Ich sehe, du hast deine Wahl getroffen, und weil ich deine Meinung und deine Wahl respektiere, bin ich einverstanden.«

Unterdessen schrieb ich Edythe, daß ich Martin wahrscheinlich heiraten würde, und fragte sie, ob sie meinen Entschluß richtig fände. Als ihre Antwort kam, hatte ich mich schon entschieden, aber sie bestärkte mich noch. Obwohl ich ihren Brief nicht mehr habe, erinnere ich mich sehr gut: »Hab keine albernen Zweifel, Coretta. Du weißt, wie schwer es ist, einen zuverlässigen, intelligenten und entschlossenen Mann zu finden. Martin besitzt diese Eigenschaften in ungewöhnlichem Maße. Wenn du ihn liebst, dann heirate ihn. Du wirst zwar nicht die Karriere machen, die du dir erträumt hast, aber eine Karriere wirst du dennoch machen. Du wirst keinen gewöhnlichen jungen Geistlichen heiraten.«

Danach beschloß ich, meinen *major* nicht als Solistin zu machen, sondern als Musikpädagogin mit Gesang als Hauptfach, damit ich an unserem jeweiligen Wohnort unterrichten könnte, statt auf Konzertreisen gehen zu müssen. »Wenn ich heimkomme«, hatte Martin gesagt, »möchte ich, daß meine Frau da ist.« Und ich nahm mir vor: »Was nach unserer Heirat auch geschehen mag, ich werde mich den Umständen anpassen. Wo immer Martin lebt, werde ich auch leben. Was immer er tut, ich werde daran teilhaben.«

Alles übrige folgte wohl aus diesem Entschluß. Die erstaunlichen, wundervollen und schrecklichen Ereignisse unseres Lebens trennten uns nie. Ich hatte beschlossen, die Frau von Martin Luther King jr. zu sein, und obwohl ich nicht die Zukunft vorhersehen konnte – seine Führerrolle in der Bürgerrechtsbewegung, die Arbeit und die Belastung, die Gefahren, den Ruhm und die Tragödie –, blieben wir in jedem Augenblick in treuer Liebe vereint, und ich wollte nie etwas anderes sein als die Frau Martin Luther Kings.

4

Martin und ich wurden am 18. Juni 1953 von Daddy King auf dem Rasen meines Elternhauses getraut. Es war nicht das Haus, in dem ich aufgewachsen war, sondern eines, das mein Vater kurz zuvor in Marion neben seiner Gemischtwarenhandlung gebaut hatte. Ich wollte keine typische Hochzeit mit förmlichem weißen Kleid und all dem übrigen, sondern eine kleine private Feier, auf der ich ein pastellfarbenes, knöchellanges Kleid tragen würde.

Mit der Verachtung für alles Materielle, wie sie Schülern von Antioch eigen ist, wählte ich nicht einmal ein Muster für mein Silber und Porzellan, obwohl ich im Laufe der Jahre einsah, daß ich diese Dinge brauchte und kaufen mußte.

Als wir endlich Listen aufstellten, kamen wir auf drei- bis vierhundert Personen, und so wurde es statt der kleinen Hochzeit, die ich geplant hatte, die größte, die in der Gemeinde je stattgefunden hatte. Die ganze Familie King kam aus Atlanta, außerdem einige der Dekane und Treuhänder von Ebenezer sowie ein paar der dortigen Freunde. Edythe und ich fuhren nach Marion hinein, um sie abzuholen. Mein Vater war ein wenig überrascht und erwähnte den alten Brauch, daß Braut und Bräutigam sich nicht vor der Trauung sehen sollen. Obwohl ich lachte und versicherte, mir aus solchen Konventionen nichts zu machen, rührte auch mich leise der Aberglauben an, und ich fürchtete, man könne mich für pietätlos halten. Bald traf die »Wagenkolonne« aus Atlanta ein, angeführt von Martin. Wir beide gingen gleich zum Rathaus, um die Heiratserlaubnis zu holen, und dann fuhren wir zusammen mit den anderen die neun Meilen zu unserem Haus.

Niemand von den Kings hatte je meine Eltern gesehen, und ich war unnötig besorgt, ob unser ländliches Zuhause einen guten Eindruck auf sie machen würde. Alles was ich in Lincoln und Antioch gelernt hatte und was ich von Martin und seiner Familie wußte, hätte mich vor solchen Gefühlen bewahren sollen, aber dennoch nagte unwillkürlich der Zweifel, ob nicht die Vorstellungen ihrer Welt sie so geprägt hätten, daß derartige Äußerlichkeiten für sie zählten. Auch wollte ich, daß die Kings mich und die Verhältnisse, aus denen ich stammte, annähmen, wie sie waren.

Ich wollte nicht den Anschein erwecken, als versuchte ich die Kings zu »beeindrucken«. Andererseits wünschte ich inständig, daß sich die Familien gut verstünden und gut miteinander auskämen. Gewiß hatten meine zukünftigen Schwiegereltern nicht erwartet, in einer ländlichen Umgebung ein so behagliches, schönes Haus zu finden, wie es das unsere damals war, und dann waren meine Eltern so charaktervolle, integre Menschen, daß man sie einfach anerkennen mußte.

Meine Sorgen waren dumm gewesen. Die Begegnung der beiden Familien verlief ausgezeichnet. Martin eilte ins Haus, rief »Hello, Mother« und küßte meine Mutter. Damit hatte er schon gewonnen. Dann trat Reverend King ein und sah so groß und würdig aus, daß meine Mutter eingeschüchtert schien. Aber er zeigte sich so liebenswürdig und freundlich, daß sie dies Gefühl bald überwand. Die beiden Mütter hatten eine Menge gemeinsam.

Wir aßen das übliche ländliche Mittagessen, bei dessen Zubereitung ich geholfen hatte, darunter viele südliche Gerichte mit ihrem herzhaften Geschmack. Ich tat ein Dutzend Dinge zugleich. Christine und meine Schwester Edythe pflückten draußen Weinranken und Blumen, um den Hochzeitsbogen zu schmücken, und obwohl ich alles selbst in die Hand nehmen wollte, überließ ich ihnen doch wenigstens dieses Geschäft. Dann nahm Daddy King Martin und mich auf eine kleine Ansprache beiseite, die er allen jungen Paaren vor dem Trauungsakt immer hält. Wir saßen auf Stühlen vor dem Laden meines Vaters. Ich erinnere mich nicht an allzuviel, da ich so vielerlei im Kopf hatte, aber ich entsinne mich, daß er sagte: »Coretta, wenn ich du wäre, würde ich M. L. nicht heiraten, außer ich könnte nicht anders. M. L., ich würde Coretta nicht heiraten, außer ich könnte nicht anders. Ich predige, weil ich nicht anders kann, und eure Ehe solltet ihr als etwas betrachten, wozu es euch getrieben hat. Denkt ein paar Sekunden darüber nach und entscheidet, ob ihr so fühlt.«

Martin und ich hatten das schon lange entschieden, und so war es leicht, Daddy King zu beruhigen.

Wir waren beide sehr müde. Martin war fast ohne Unterbrechung von Boston hierhergefahren, und mich hatten die Vorbereitungen so in Atem gehalten, daß ich nervös und reizbar war. Wir hatten eine Grasmatte bestellt, und als sie nicht rechtzeitig für die Trauung um sieben Uhr abgeliefert wurde, regte ich mich auf und machte meinem Vater ungerechte Vorwürfe. Es lag mir soviel daran, daß alles klappte.

Mein Vater meinte: »Warum schiebst du die Trauung nicht einfach ein wenig hinaus?«

Ich ging hoch und entgegnete ärgerlich: »Daddy, ich werde nicht warten. Die Hochzeit wird genauso ablaufen wie geplant.«

Daddy King sah mich streng an. Später sagte er mir, es sei ihm neu gewesen, daß ich auch launisch sein konnte.

Dann trafen die ersten Gäste ein, und ich ging auf mein Zimmer, um das Brautkleid anzuziehen, das ich in Boston gekauft hatte. Es war aus hellblauer Spitze und Tüll, und ich trug Handschuhe und Schuhe der gleichen Farbe. Christine hatte meinen Schleier mit einer Blumenkrone entworfen.

Trotz all meiner Befürchtungen war es eine wundervolle Hochzeit – Edythe war meine Brautjungfer und A. D. Martins Brautführer. Wir standen unter einem kleinen Bogen, den wir im Garten errichtet hatten, und Daddy King hielt eine kurze, schlichte Trauungsfeier. Auf unsere Bitte ließ er das Gehorsamsgelöbnis der Braut aus. Er wandte nichts gegen diese Abweichung vom Herkömmlichen ein, denn damals hatte er eingesehen, daß die jungen Leute in einigen Fragen anders dachten als er.

Nach der Trauung gab es einen Empfang. Martin, der gewöhnlich so liebenswürdig war, schlief bei der Gratulation vor Müdigkeit fast ein. Dann fuhren wir nach Marion, und ich bat ihn, mich fahren zu lassen, da ich fürchtete, er würde am Steuer einschlafen. Tatsächlich schlief er den ganzen Weg zur Stadt. Wir verbrachten die Nacht im Haus eines befreundeten Ehepaares. Mr. Robert E. Tubbs war der Leichenbestatter der Familie meiner Mutter. In späteren Jahren scherzte Martin oft: »Weißt du, daß wir unsere Hochzeitsnacht in einem Beerdigungsinstitut verbracht haben?«

Es klingt wohl komisch, aber man muß bedenken, daß es in jenem Teil des Landes für Neger keine besseren Hotels mit Zimmern für Hochzeitsreisende gab. Zudem spielte der Leichenbestatter im Leben der schwarzen Landbevölkerung eine besondere Rolle, die sich etwa der freundlichen Sorge eines älteren Landarztes vergleichen ließ. Wenn wir Stühle für ein Fest brauchten oder eine Familie ohne Telefon anrufen wollten oder ein Auto benötigten, dann wandten wir uns an den Leichenbestatter.

Am Freitag fuhren wir nach Atlanta. Abends gaben die Kings einen Empfang für uns, damit Martins Freunde mich kennenlernen könnten. Alle mochten Martin sehr, und natürlich interessierte es sie, was für ein Mädchen er geheiratet hatte. Ich wurde herzlich willkommen geheißen. Da Martin und ich ausgeruht waren, genossen wir diesen Empfang mehr als unsere Hochzeit. – Sonntags predigte Martin in der Ebenezer Church, und ich trat der Baptistenkirche bei. Ich hatte zuvor mit Daddy King darüber gesprochen. »Es ist nicht unerläßlich, daß du dich untertauchen läßt, um Baptistin zu werden. Meinetwegen mußt du es nicht. Aber da Martin Pastor sein wird, könnten einige Kirchenmitglieder Anstoß daran nehmen; ich denke, vielleicht solltest du es doch tun.«

Zu diesem Zeitpunkt beunruhigte mich die Frage Besprengen oder Untertauchen schon lange nicht mehr, und ich war bereit, mich diesem Ritual zu unterziehen. Beim Sonntagabendgottesdienst legte ich das traditionelle weiße Taufgewand an und wurde zum Taufbecken hinter dem Chor geführt, wo Daddy King bis zum Gürtel im Wasser stand. Er trug Stiefel und einen Gummianzug, der bis zur Brust reichte, darüber einen schwarzen Talar und lange Gummihandschuhe. Ich stieg in das Becken und ging auf ihn zu. Behutsam tauchte Daddy King meinen Kopf in der Taufzeremonie unter und sprach: »Ich taufe dich im Namen des Vaters und des Sohnes und des Heiligen Geistes.«

Martin und mich hatte schon zuvor ein tief religiöses Gefühl verbunden, und diese symbolische Zeremonie brachte uns einander noch näher.

Am nächsten Morgen ging ich als kaufmännische Angestellte in der Atlanta Citizens' Trust Company (Treuhandgesellschaft der Bürger von Atlanta) arbeiten, von der Daddy King einer der Direktoren war. Den ganzen Sommer über wohnten wir in dem großen Haus der Kings, da wir im Herbst wieder zum Unterricht nach Boston zurückkehren wollten.

In Atlanta erfuhr ich über Martins Familie und seine Jugend mehr, als er mir je erzählt hatte. Sein Vater stammte von Stockbridge, einer kleinen Stadt bei Atlanta, denn Martins Großvater James Albert King war dort *sharecropper* auf einer Plantage gewesen. Nie hatte er eine Chance gehabt voranzukommen. Er war das Opfer eines Landwirtschaftssystems gewesen, das ebenso unerbittlich war wie die Jahreszeiten und weit weniger lohnend. Damals – und leider in vielen Gebieten des Südens noch heute – kauften die *sharecroppers*, darunter auch Martins Großvater, ihr Saatgut auf Kredit vom Plantagenbesitzer. Ebenso kauften sie bei ihm alles andere, was sie benötigten: Haushaltsvorräte, Lebensmittel, Kleider – alles auf Kredit. Zur Erntezeit, ehe die Erträge zu gleichen Teilen aufgeteilt wurden, mußte die Jahresschuld bezahlt werden. Aber das Geld reichte nie, um aus der Klemme herauszukommen. So hart King das ganze Jahr arbeiten mochte, schuldete er dem Besitzer am Ende immer noch vierhundert Dollar. Im nächsten Jahr war es das gleiche; er schuftete, erntete und grub, und jeder Spatenstich begrub ihn immer tiefer. Gemäß dem unfairen System trägt der *sharecropper* alle Unkosten, muß die Gewinne jedoch mit dem Plantagenbesitzer teilen. Der Landeigentümer streckt dem *sharecropper* vor, was immer dieser braucht, und rechnet dann in seiner eigenen Buchhaltung ab, was er von den Gewinnen einbehält.
Als kleiner Junge erlebte Daddy King einmal die Jahresabrechnung zwischen seinem Vater und dem Plantagenbesitzer. Die Berechnungen waren rasch und verblüffend. »Soundso viele Ballen Baumwolle zu hundert Dollar pro 500-Pfund-Ballen entspricht einer Summe, die geteilt durch zwei einer anderen Summe entspricht. Hier ist deine Rechnung; du schuldest mir also fünfzig Dollar.«
Daddy King sagte mit dem ihm eigenen wachen Geschäftssinn zu seinem Vater: »Papa, vergiß nicht, die Baumwollsaat zu berechnen.« Die Saat hatte genug eingebracht, um die Schuld zu decken. Der Weiße schnauzte seinen Vater an: »Ich rate dir, kümmere dich um den Jungen. Sonst übernehme ich das.« James King erwiderte ruhig: »Dazu wird es nicht kommen« und schickte seinen Sohn weg. Aber im Gehen rief Daddy King über die Schulter zurück: »Denk an die Saat, Papa.«
Die Leute fragten sich oft, ob Martin den Geist der Gewaltlosigkeit von

seinen Eltern und Großeltern geerbt habe. Daddy King erzählte dazu folgende Geschichte aus seiner Kinderzeit: Eines Tages gab ihm seine Mutter einen Eimer und schickte ihn Wasser holen. Er hatte den Eimer gefüllt und machte sich gerade auf den Heimweg, als ihn ein Weißer anhielt: »He, Junge, gib mir das Wasser.«

»Ich kann nicht«, erwiderte Daddy King. »Meine Mama hat gesagt, ich soll es ihr bringen.«

Der weiße Mann beharrte: »Junge, ich habe gesagt, du sollst mir den Eimer geben.« »Das tue ich nicht.«

Der Weiße zog ihn zu sich, riß ihm die Kleider vom Leib, bis er nackt war, und verprügelte ihn. Als Daddy King heimkam und seiner Mutter erzählte, was vorgefallen war, sagte sie sofort: »Du mußt mir schwören, daß du deinem Papa nichts davon erzählst, er bringt den weißen Mann sonst um.«

Dann nahm sie einen Knüttel, ging hinaus und verprügelte den Mann eigenhändig. Offenbar schämte sich dieser so darüber, daß er nichts erzählte, und die Sache schien erledigt. In der Gemeinde sprach sich die Geschichte jedoch herum, und als Martins Großvater davon erfuhr, besorgte er sich ein Gewehr und verfolgte den Weißen. Zeitweilig vertrieb man die Kings von ihrem Grund, sie wurden verfolgt und lebten wochenlang in den Wäldern, bis sich die Lage beruhigte. Offensichtlich also lag der Geist der Gewaltlosigkeit nicht in Martins Familie, und Martins Vater war noch erstaunlich jung, als er für seine Rechte einzutreten lernte.

James King hatte zehn Kinder, von denen Martin Luther das zweite war. Daddy Kings Jugend war trostlos, denn seine Familie lebte in äußerster Armut, und sein Vater suchte sein hoffnungsloses Leben im Alkohol zu vergessen. Darum wurde Daddy King wohl auch ein so überzeugter Abstinenzler.

Solange er jung war, mußte Daddy King vor allem Maultiere striegeln. In der Schule von Stockbridge sagten die anderen Kinder, er rieche wie ein Maultier, und höchst wahrscheinlich stimmte es, aber er gab zurück: »Ich rieche vielleicht wie ein Maultier, aber ich denke nicht wie eines.« Doch dieser Geruch ehrlicher Arbeit machte ihn Mädchen gegenüber scheu und sehr befangen.

Später pflegte er zu sagen: »Ihr wißt, ich habe einen Maultierkomplex. Als ich das Land verließ, gelobte ich mir, kein Sklave zu werden und nie wieder ein Maultier zu striegeln.«

Mit sechzehn ging Daddy King von daheim weg und machte sich mit seinem einzigen Paar Schuhen über der Schulter auf den Weg nach Atlanta. Als er am Backsteinhaus des Plantagenbesitzers vorbeikam, sagte er sich: »Eines Tages werde ich ein ebenso großes Backsteinhaus besitzen – ja, ein größeres. Eines Tages werde ich sogar Bankdirektor sein wie dieser Mann.« Beides erreichte mein erstaunlicher Schwiegervater schließlich und außerdem noch eine Menge mehr.

Damals schienen seine Aussichten gering. Er hatte nur sechs Klassen der kleinen Plantagenschule von Stockbridge besucht, aber er war athletisch gebaut, intelligent, und die Zähigkeit seines Willens stand der seines Körpers nicht nach. Tagsüber arbeitete er hart – als Hilfsmechaniker, als Feuerwehrmann, was immer er eben als Arbeit fand. Abends ging er zur Schule. Glühende Religiosität erfüllte ihn, und er begann zu predigen – »weil ich nicht anders konnte«. Seine Beredsamkeit auf der Kanzel war von einem starken Glauben und tiefer Menschenliebe getragen.

Martins Vater betreute zwei kleine Kirchen bei Atlanta, als er Alberta Christine Williams kennenlernte. Ihr Vater, der Reverend Adam Daniel Williams, war der bekannte Pastor der Ebenezer Baptist Church an der Auburn Avenue, ein Amt, das er damals seit über dreißig Jahren bekleidete. Alberta selbst unterrichtete als zierliche junge Frau an der Schule, nachdem sie am Spelman College in Atlanta studiert hatte. Spelman galt als das beste Neger-College für Mädchen und ist noch immer eine gute Schule mit vielseitigem Lehrplan und ausgezeichneten Lehrern. Übrigens sollte die Integration nicht einseitig versucht werden, sondern bei dem heutigen Mangel an Studienplätzen in den Colleges sollten mehr weiße Familien auch an gute Negerschulen wie Spelman und Morehouse denken.

Nachdem sie ihr Diplom in Spelman gemacht hatte und darauf am Hampton Institute in Virginia studiert hatte, war meine Schwiegermutter nach Atlanta zurückgekehrt, um zu unterrichten. Sie und der junge Martin Luther King verliebten sich und heirateten mit dem Segen von Reverend Williams. Das junge Paar zog in das große viktorianische Holzhaus der Williams' an der Auburn Avenue, welche die Citizens' Trust Company, die Lebensversicherungsgesellschaft Atlantas, die Maklerfirmen und andere Geschäfte – alle im Besitz von Negern – zur Hauptgeschäftsstraße von Atlantas schwarzer Bevölkerung machten. Ein wenig später forderte Reverend Williams seinen Schwiegersohn auf, als Hilfspastor zu ihm zu kommen. 1931 hielt Reverend Williams die Predigt zum siebenunddreißigsten Jahrestag seines Amtsantritts. In derselben Woche erlag er einem Herzanfall, und Reverend King wurde Pastor von Ebenezer.

Reverend Williams' Frau Jennie, Martins Großmutter, blieb bei den Kings wohnen, als ihre drei Kinder geboren wurden – Christine, Martin Luther jr. und Alfred Daniel. Martin erzählte mir von dem festen Charakter und dem weichen Herzen seiner Großmutter. Wenn Martin etwas angestellt hatte und Daddy King ihn dafür züchtigte, dann ertrug Martin diese Strafe ohne einen Laut, denn er war schon in jungen Jahren entschlossen, nicht zu klagen. Aber im Hintergrund liefen seiner Großmutter Williams die Tränen übers Gesicht.

Trotz Familie und Gemeindepflichten studierte Martins Vater weiter. Er bestand das Abschlußexamen an der *high school* und besuchte anschließend das Morehouse College. Als seine Kinder schon nicht mehr klein waren, machte er dort sein Diplom. Reverend Kings Religiosität stand seinem Ehrgeiz nicht nach, etwas aus sich zu machen, und so verfolgte er neben der Gemeindearbeit seine Geschäftsinteressen weiter. Unter anderem wurde er einer der Direktoren der Citizens' Trust Company. Stets sagte er: »Wenn ich das Predigen sein lassen könnte, so wäre ich ein besserer Geschäftsmann als Geistlicher.« In städtischen wie in kirchlichen Angelegenheiten war er angesehen, wurde Treuhänder des Morehouse College, der Atlanta University und des Morris Brown College.

Daddy King drehte jeden Penny stets zweimal um. Selbst noch nachdem Martin und ich geheiratet hatten, trieb er die Sparsamkeit so weit, daß wir oft darüber scherzten. Wenn irgendwo in Atlanta billige Hühner angeboten wurden, dann fuhr er quer durch die ganze Stadt, um zehn Cent zu sparen, und übersah aus Freude am günstigen Geschäft die Benzinkosten. Er klagte darüber, daß wir Geld fürs Wagenwaschen ausgaben und meinte: »Ihr solltet ihn selbst waschen.«

Martin, der Soziologe, antwortete darauf: »Daddy, darüber habe ich eine Theorie. Du weißt, daß die Gesellschaft auf der Arbeitsteilung beruht, und wenn ich selbst meinen Wagen wasche, heißt dies, daß ein anderer keinen Job hat.«

Sein Vater lächelte darauf und sagte: »Nur zu, Junge. Gib dein Geld ruhig aus! Wenn du pleite bist, werde ich wohl immer zehn Cent für dich in der Tasche haben.« Und das meinte er im Ernst, denn so sparsam er auch war, so erwies er sich, besonders wenn es um seine Familie ging, immer sehr großzügig.

Martins Mutter ist eine elegante, gutgekleidete Frau mit ausgeprägtem Sinn für Humor, den Martin wohl von ihr erbte. Sie weiß viele herrliche Geschichten, darunter eine, die mir am liebsten ist und die aus der Zeit stammt, als sie und Daddy King über Land fuhren und nach einer kleinen Kirche suchten, wo man ihn zum Predigen auffordern würde.

Eines Sonntagmorgens hielten sie einen alten Neger an, der die Straße entlangkam, und fragten nach dem Weg. Er sagte: »Moment mal. Zu dieser Kirche folgen Sie der Straße etwa zwei Meilen weit, biegen dann rechts ab . . . Nein, das stimmt nicht. Sie machen vielmehr kehrt und fah-

ren bis zur nächsten Kreuzung, biegen dann links ab ... Nein, das stimmt auch nicht. Mal sehen ...« Er kratzte sich am Kopf und sagte: »Ja, ich glaube, ich weiß nicht, wo diese Kirche ist.«
Die Kings dankten ihm für seine Mühe und fuhren an. Plötzlich hörten sie jemanden rufen, und als sie zurückblickten, sahen sie, wie der Alte schnaufend und keuchend hinter ihnen herrannte.
Sie hielten, fuhren im Rückwärtsgang zurück und warteten gespannt, während er nach Luft rang.
Schließlich stieß er hervor: »Ich wollte nur ... Ich wollte Ihnen nur sagen ... ich habe gerade meinen Bruder getroffen und ihn gefragt ... und er weiß auch nicht, wo diese Kirche ist.«
Mama King widmete sich der Gemeinde mit großer Tatkraft. All die Jahre hindurch, während die übrige Familie mit anderen Dingen beschäftigt war, konnte es geschehen, daß Mama King um ein Uhr oder um sechs Uhr früh anrief, weil sie eine wundervolle Idee für eine Jugendgruppe oder für ein Kirchenprogramm besprechen wollte. Durch das Beispiel ihrer ruhigen Kraft, ihres Temperaments und ihrer hohen moralischen Maßstäbe beeinflußte sie Martin außerordentlich, und überdies war ihre Musikalität ein Segen für die ganze Familie und für Ebenezer.
Daddy King liebte natürlich all seine Kinder – aber Martin betete er an. Erst kürzlich sprach er zum erstenmal nach dem Unglück davon. »Mit M. L. war es immer schon etwas Besonderes«, sagte er. »Schon ehe er lesen konnte, umgab er sich mit Büchern; er hatte sie einfach gern um sich. Als er noch keine fünf war, Jahre ehe er die Bibel lesen konnte, zitierte er schon aus der Heiligen Schrift. Die Religiosität seiner Großmutter Williams war ein gutes Vorbild für das Kind. Schon mit sechs Jahren – als er für sein Alter noch sehr klein war – sang er auswendig Kirchenlieder.
Etwa zu jener Zeit nahmen wir ihn auf eine Baptisten-Versammlung mit. Seine Mutter spielte Klavier, und M. L. sang sein Lieblingslied: ›I Want To Be More And More Like Jesus‹. Als er endete, jubelten und schrien die Leute. Aber dem Jungen stieg das nicht zu Kopf, ruhig und bescheiden setzte er sich wieder hin.
M. L. hörte gern gute Prediger, schon ehe er alt genug war, sie zu verstehen. Wenn er erfuhr, daß ein hervorragender Mann sprechen würde, bat er mich, ihn mitzunehmen. Ich entsinne mich, wie er als etwa Zehnjähriger nach einem solchen Ereignis sagte: ›Dieser Mann hatte kräftige Worte, Daddy. Wenn ich groß bin, werde ich auch kräftige Worte finden.‹ Sobald er lesen konnte, lebte er mit Wörterbüchern und machte diesen Ausspruch wahr.«

Wenn Daddy King diese Geschichten erzählt, dann klingen sie zu gut, um wahr zu sein, oder als sei Martin ziemlich frühreif gewesen. Doch im Gegenteil – er war immer übermütig und zu Streichen aufgelegt. Als Kind war er klein, aber kräftig und schnell. Später wurde er *quarterback* in der Fußballmannschaft des Morehouse College, denn trotz seines leichten Gewichts war er gedrungen und kraftvoll und nur schwer aufzuhalten. Auch Basketball spielte er gern und war ein guter Schwimmer. Tennis mochte er ebenfalls, fand jedoch nur selten Gelgenheit dazu, denn als er dazu noch Zeit hatte, waren die meisten Tennisplätze segregiert. Selbst nachdem er zu den Führern der Bewegung gehörte, spielte er mit der Mannschaft der SCLC Basketball, und es bereitete ihm großes Vergnügen – manchmal zu meiner Verzweiflung –, unseren Söhnen diesen Sport beizubringen. Gelegentlich, an regnerischen Tagen, wenn Martin ausnahmsweise daheim war, konnte man mich wieder und wieder sagen hören: »Martin, bitte spielt im Haus nicht Ball.«

Die Buben und er sahen mich dann kläglich an, und mein Mann fragte ganz logisch: »Wo sollen wir denn sonst spielen?« Eine befriedigende Antwort auf diese Frage fiel mir nie ein.

Martin arbeitete immer gern. Schon als Kind lernte er den Kohleofen, der im Haus installiert war, zu besorgen, abends das Feuer einzudämmen und frühmorgens die Klappe zu öffnen, Kohle nachzulegen und die Asche auszuräumen.

Mit der Rassentrennung wurde er früh bekannt. Einige weiße Kinder, mit denen er zu spielen pflegte, wohnten in der Nähe des Kingschen Hauses in Atlanta. Im Alter von sechs Jahren kam Martin auf die Grundschule der Neger, und seine Freunde auf die Schule der Weißen. Damals beschlossen deren Eltern, den Trennungsstrich zu ziehen. Unvermittelt sagten sie Martin, er könne nicht mehr zum Spielen kommen, »weil wir weiß sind und du farbig bist«. Weinend rannte er heim zu seiner Mutter. Sie nahm ihn auf den Schoß, und weil er so intelligent war, erzählte sie ihm die Geschichte seines Volkes. Sie erklärte ihm die Sklaverei und wie auch nach der Befreiung die Weißen sich noch immer für überlegen hielten und von den Negern absonderten, und wie sie die Segregationsgesetze machten, damit die Neger sich noch immer wie Sklaven fühlten. Sie sagte ihm, daß dies unserem Volk täglich widerfuhr. Mama King schloß mit dem alten Refrain der Negermütter: »Du bist ebenso gut wie die anderen.«

Ein anderer Zwischenfall früher Diskriminierung, an den Martin sich erinnerte, stammte aus seiner Knabenzeit, als eine schwarze Organisation, die sogenannten »Elks«, einen Rednerwettbewerb in Valdosta, Georgia, ziemlich weit von Atlanta, veranstalteten. Martin fuhr mit seinem Lehrer zu dem Wettbewerb und gewann den Preis als zweitbester Redner. Natürlich fühlten er und sein Lehrer sich recht gehoben, als sie den Heimweg antraten, aber ihr Glück währte nicht lang. Zwar gab es unbesetzte Plätze im Bus, aber nicht im Negerabteil, und beide mußten während der langen Fahrt nach Atlanta stehen. Martin sagte, damals wäre ihm die Ironie aufgegangen – daß sein Preis den Weißen nichts bedeutete, daß er stehen mußte, nur weil er schwarz war.

Jedoch war Martin vor vielen anderen Negerkindern vom Schicksal begünstigt. Seine Lebensumstände bewahrten ihn vor den schlimmsten Auswüchsen der Segregation, und vor allem hatte er das Vorbild seines Vaters vor Augen. Daddy King hatte *Jim Crow* seit seiner Jugend bekämpft. Er war sich seiner Würde voll bewußt. »Wenn ich aufstehe«, sagte er, »dann soll jeder wissen, daß ein *Mann* vor ihm steht.« Selten fuhr er Bus, weil Neger gezwungen wurden, die hinteren Plätze zu benutzen; aber selbst ehe er sich diesen Luxus erlauben konnte, sagte er: »Mag mich das Gesetz auch zwingen, hinten zu fahren, meine Gedanken sind immer ganz vorn.«

Daddy King zählte zu den führenden Persönlichkeiten der Ortsgruppe der NAACP und der Atlanta Negro Voters League (Wählerliga von Atlantas Negern); außerdem war er Mitglied des Interracial Council for Atlanta, der sich energisch für den Frieden zwischen den Rassen einsetzte und einige der schlimmsten Mißstände der Segregation linderte. Er kämpfte dafür, daß die Aufzüge im Gerichtsgebäude integriert würden, lange bevor sein Sohn alt genug war, sich dem Kampf anzuschließen. Eine seiner großen Leistungen war sein Kampf um gleiche Gehälter für schwarze Lehrer, den er gewann. Als Martin sich später in der nationalen Bewegung engagierte, war Daddy King im Bezirk von Atlanta höchst aktiv.

Als kleiner Junge erlebte Martin häufig, wie sich sein Vater zur Wehr setzte. Einmal betraten sie ein leeres Schuhgeschäft und setzten sich auf die vorderen Sitze. Der Verkäufer sagte höflich: »Wenn Sie nach hinten gehen, bediene ich Sie gern.«

Daddy King wurde ärgerlich. »Entweder Sie bedienen uns hier, oder wir kaufen keine Schuhe.«

»Das darf ich nicht«, erwiderte der Verkäufer.

Daddy King nahm Martin bei der Hand und verließ das Geschäft. Als sie die Straße hinuntergingen, grollte er in seiner tiefen Stimme: »Egal wie lange ich damit zu leben habe, ich werde mich nie damit abfinden. Ich werde dagegen kämpfen bis zu meinem Tod. Niemand kann dich zum Sklaven machen, wenn du nicht wie ein Sklave denkst.«

Ein andermal, als Martin bei seinem Vater im Auto saß, hielt sie ein Polizist an und sagte zu Daddy King: »*Boy*, zeig mir deinen Führerschein.«
Indem er auf Martin wies, sagte Daddy King mit seiner mächtigen Stimme: »Sehen Sie das Kind hier? Das ist ein *boy*. Ich bin ein Mann.«
Der Polizist war so fassungslos, daß seine Hand zitterte, als er den Strafzettel schrieb.

Martin war nur kurz auf der benachbarten Grundschule, denn schon bald wurde er auf die private Experimentalschule der Universität Atlanta geschickt. Beide waren natürlich segregiert. In der achten Klasse trat er in die Booker T. Washington High School ein, die mit fünftausend Schülern damals Atlantas einzige *high school* für Neger war. Dort übersprang er die neunte Klasse und bestand nach der elften Klasse die Aufnahmeprüfung zum Morehouse College. Dennoch versäumte Martin nie, auf den mangelhaften Unterricht hinzuweisen, den er in Atlantas segregierten Schulen erhalten hatte. Trotz überdurchschnittlicher Begabung und trotz geordneter häuslicher Verhältnisse hatte er nicht mehr gelesen als ein Achtkläßler, als er in Morehouse eintrat. Man stelle sich vor, was aus vielen anderen ohne seine Vorteile wurde.
Morehouse gehört zu den führenden Neger-Colleges der Vereinigten Staaten, das Harvard der Neger. Die Aufnahmebedingungen sind streng, und der Studienaufbau ist vorzüglich. So hervorragende Männer wie Mordecai Johnson, ehemaliger Präsident der Howard University, Benjamin Mays, George Kelsey, Professor für christliche Ethik an der Drew University, Howard Thurman, ehemaliger Dekan der Marsh Chapel an der Boston University, und Robert Johnson, Herausgeber von *Ebony* und *Jet*, hatten in Morehouse akademische Grade erworben oder dort als Lehrbeauftragte gewirkt. Lerone Bennett, Julian Bond und andere haben die Tradition fortgesetzt. Martin immatrikulierte sich dort 1944 im Alter von fünfzehn Jahren. Später sprach er oft davon, wie wichtig das College in seinem Leben gewesen sei. Er legte großen Wert darauf, daß unsere Söhne Marty und Dexter beide später am Morehouse College studieren sollten. Zunächst wollte Martin Arzt oder Rechtsanwalt werden. Seine intellektuelle Neugier und sein ausgeprägtes soziales Bewußtsein sowie jugendliche Auflehnung gegen das Überkommene hielten ihn vom geistlichen Amt ab. Er war tief religiös, aber er lehnte das Emotionale seiner Kirche ab und glaubte eher an ein soziales Evangelium, das damals nur wenige Geistliche predigten. Schon früh wollte Martin sich ganz dem Ziel widmen, die Lebensbedingungen der schwarzen Bevölkerung zu ver-

bessern, aber er glaubte, ein nichtgeistlicher Beruf böte dafür größere Chancen.

Auf dem College erkannte Martin, daß er viel beschützter aufgewachsen war als die meisten Kinder. Die Kings hatten ein wundervolles Familienleben, und während seiner ganzen Kindheit wußte Martin, daß ihn seine Eltern stets unterstützen würden. Sooft er in der Schule etwas vortrug oder im Chor sang oder Fußball spielte, Mama und Daddy King waren gewiß da, ihn anzufeuern. Daddy King hielt es immer für seine Pflicht, dabeizusein, wenn eines seiner Kinder etwas Besonderes tat. War er verhindert, dann erschien Mama King.

Mit wachsendem sozialen Bewußtsein wollte Martin aus erster Hand erfahren, wie das Leben für die wirklich Unterprivilegierten aussah – »um ihre Probleme kennenzulernen und ihre Gefühle zu teilen«. Auch drängte er darauf, einen Teil seiner Ausgaben selbst zu bestreiten, da er seinem Vater nicht immer auf der Tasche liegen mochte. Statt sich einen Job in einem der *white-collar*-Geschäfte der Neger zu suchen, entschied er sich für harte körperliche Arbeit. Er verlud Gepäck für die Railway Express Agency und übernahm einen Job bei der Southern Bedspring Mattress Company. Die Arbeit strengte ihn körperlich sehr an, und Daddy King bat ihn aufzuhören, aber Martin hielt durch. Auf diese Weise lernte er nicht nur seine Arbeitskameraden gründlich kennen, sondern erfuhr auch, was es hieß, unter weißen Vorgesetzten zu arbeiten. Der Vorarbeiter der Railway Express Agency redete die schwarzen Arbeiter oft mit »Nigger« an, und in der Matratzengesellschaft wurde Martin selbst fast täglich gedemütigt.

Im Sommer 1945 ging Martin mit mehreren anderen Studenten von Morehouse nach Connecticut, um dort in den Tabakfeldern zu arbeiten. Obwohl es kaum ein glanzvoller Job war, sprach mein Mann später von dem beglückenden Gefühl der Freiheit, das er empfand, weil er in jedem Restaurant essen und im Orchester von Connecticuts Kinos sitzen konnte. Als der Zug auf der Heimfahrt die Südstaaten erreichte und er im Speisewagen etwas essen wollte, winkte ihn der Kellner auf einen der hinteren Plätze und ließ einen Vorhang vor ihm herunter. »Mir war, als sei der Vorhang über mein innerstes Selbst gefallen«, sagte Martin. In Connecticut wurde Martin von seinen Freunden gebeten, ihre Andachten zu leiten. Wohl seit dieser Erfahrung drängte es ihn zum geistlichen Amt. Doch den entscheidenden Anstoß verdankte er wesentlich dem Vorbild von Dr. Benjamin E. Mays, dem Präsidenten des Morehouse College. In späteren Jahren nannte Martin Dr. Mays oft »meinen geistigen Mentor«. Er hatte am Bates College studiert, war Mitglied von Phi Beta Kappa und zum

Doktor promoviert und Präsident des Morehouse College geworden – die angesehenste Position, die ein Neger in der akademischen Welt erreichen konnte.

Daddy King war ein Treuhänder des College und eng mit Dr. Mays befreundet. Vom ersten bis zum letzten Tag nahm Dr. Mays lebhaften Anteil an Martin, den er vor allem durch sein eigenes Vorbild beeinflußte. Trotz der glänzenden Karriere hatte Dr. Mays den Kontakt zum einfachen Volk nicht verloren. Auf der Kanzel sprach er häufig von sozialer Gerechtigkeit; man könnte sagen, er predigte ein soziales Evangelium. Dies entsprach genau Martins Vorstellungen, und als er später selbst Pastor war, hielt er es für ebenso wichtig, den Leuten bei ihren täglichen Problemen zu helfen wie ihre Seele zu retten.

Als Martin Dr. Mays und Dr. George D. Kelsey, den fähigen Vorsitzenden der theologischen Fakultät in Morehouse, predigen hörte, wurde ihm klar, daß das geistliche Amt zugleich Verstand und Herz befriedigte, und dies öffnete ihm den Weg zur Kirche. Er erstrebte sein Leben lang ein Gleichgewicht zwischen Geist und Seele, zwischen Intellekt und Emotion. Zwar betonte er zu Anfang seiner Laufbahn noch vor allem den theologischen Aspekt, denn er war sehr kritisch gegen Gefühlsüberschwang, aber später lernte er, seiner Beredsamkeit freien Lauf zu lassen, Hochstimmung auszudrücken und dadurch seine Hörer zu ergreifen und zu begeistern.

Martin war siebzehn und beendete sein drittes Jahr am College, als er seinem Vater sagte, er fühle sich zum Geistlichen berufen. Daddy King verhehlte seine Freude hinter einer skeptischen Miene und schlug vor, Martin solle eine Probepredigt in einem der kleineren Säle von Ebenezer halten. Aber als sich herumsprach, daß der junge M. L. predigen würde, kamen so viele, daß sie in die Hauptkirche umziehen mußten.

Die Szene ist mir oft geschildert worden, und ich sehe Martin fast vor mir, wie er so jung, unschuldig und ernst aussah, daß man nur schwer glauben konnte, er habe irgend etwas Gewichtiges zu sagen. Aber wie Dr. Mays später sagte: »Der Junge war reifer als seine Jahre; er sprach wie ein Mann, der zehn Jahre mehr Erfahrung haben mochte. Er besaß eine Ausgeglichenheit und Reife ... ein Verständnis für das Leben und seine Probleme, die selbst darüber hinaus gingen.«

Die Predigt war ein großer Erfolg. Martin hatte die Begabung seines Vaters geerbt, wenn er auch einen viel gedämpfteren Ton anschlug. Seine spürbar gezügelte Bemühung zu zeigen, was er konnte, wurde durch seine jugendliche Aufrichtigkeit wettgemacht. Daddy King platzte vor Stolz, aber zugleich war er demütig und dankbar. Er erzählt, wie er an jenem Abend auf die Knie fiel und dem Herrn für einen solchen Sohn dankte.

Martin nahm die Berufung sehr ernst. Sein Charakter scheint sich damals gewandelt zu haben. Eine ganze Weile ging er nicht mehr mit Mädchen aus und besuchte keine Tanzveranstaltungen. Er blieb meist in seinem Zimmer, betete und las in der Bibel. Er hatte wohl das Gefühl, er müsse sich läutern. Als normaler junger Mann hatte er versucht, dem Auftrag auszuweichen; wenige Menschen, welche die Folgen absehen, würden gern aus freien Stücken ein Leben führen, das ihnen soviel abfordert. Doch wen es zum geistlichen Amt treibt, de- handelt aus einem inneren Drang, der Menschheit zu dienen, der sich selbst belohnt und für die Opfer reichlich entschädigt.

Ein Geistlicher hat stets auf seine Moral zu achten, denn alle Blicke sind auf ihn gerichtet und er wird ständig beurteilt; dies schränkt ihn ein. Martin fand, wer Menschen führe, müsse selbst vorbildlich leben. Darüber hinaus ist die Disziplin der Baptisten besonders streng. Als Martin, nicht lange nach seiner ersten Predigt, eine Tanzveranstaltung besuchte, ließ ihn Daddy King vor der versammelten Gemeinde aufstehen und sich dafür entschuldigen. Zur Zeit, da ich ihn jedoch kennenlernte, merkte man Martin nichts mehr von solchem Zwang an. Er war herzlich, übermütig und liebte seine Mitmenschen völlig unbefangen. Die Hemmungen, die er gehabt haben mochte, als er sein geistliches Amt antrat, hatte er zuvor abgelegt.

1947 wurde mein Mann im Alter von achtzehn Jahren geweiht und Hilfspastor an der Ebenezer Church.

Ein Jahr darauf bestand er das Abschlußexamen am Morehouse College. Keiner zweifelte daran, daß er Theologie studieren und den Ph. D. machen sollte. Er wurde vom Chicago Theological Seminary, von Colgate, Andover Newton und dem Crozer Theological Seminary in Chester, Pennsylvania, angenommen. Martin wählte Crozer. Als er es seinem Vater mitteilte, sagte Daddy King: »Du bist mächtig jung für Crozer.«

Aber Martin war, wie sein Vater wohl wußte, dafür nicht zu unreif; Daddy King sorgte sich vielmehr, der Wettbewerb könne zu scharf sein. Und wieder zeigt sich die wundervolle Beziehung zwischen Vater und Sohn, die tiefe Liebe, Achtung und Bewunderung, die sie füreinander empfanden, und auch dies, daß Martin, obwohl er nie etwas hart durchsetzte, auf seine Weise kämpfte und zuletzt immer die meisten davon überzeugte, daß sein Weg der richtige sei. Auch Daddy King konnte seiner Kunst der Überzeugung nicht widerstehen. So ging Martin auf Crozer.

Da er nun wußte, was er mit seinem Leben anfangen wollte, studierte er konzentriert. In Morehouse hatte er nicht den glatten »A«-Durchschnitt gehabt, den er in den drei Jahren auf Crozer erreichen sollte. Vielleicht hatte ihn der Zweifel an seiner Bestimmung daran gehindert, doch da er gefunden, was er suchte, konnte er zielstrebig arbeiten.

Er wollte die besten Voraussetzungen für das geistliche Amt erwerben, und dies spornte ihn an, sich im Studium auszuzeichnen. Außerdem besaß er die Energie und das Interesse, Philosophievorlesungen an der University of Pennsylvania zu besuchen und viel nebenher zu lesen; damals lernte er zum erstenmal auch das Leben und Werk von Mahatma Gandhi kennen. Auch blieb ihm Zeit, an geselligen Veranstaltungen junger Neger in Philadelphia teilzunehmen. Wie sehr er bei seinen Kommilitonen beliebt war, läßt sich daran ermessen, daß sie ihn – als ersten schwarzen Studenten, dem diese Ehre zuteil wurde – zum Präsidenten der *senior class* in Crozer wählten.

Als Martin im Juni 1951 sein Diplom machte, gewann er als bester Student den Pearl-Plafker-Preis und erhielt das J.-Lewis-Crozer-Stipendium für weitere Studien. Martin und sein Vater waren sich einig, daß ein Doktorat seinem geistlichen Amt unbedingt zugute käme.

Er bewarb sich zum *graduate*-Studium, und Yale und Boston nahmen ihn beide an. Da er unter Professor Edgar S. Brightman und L. Harold DeWolf, den Verfechtern des Personalismus, studieren wollte, entschied er sich für Boston.

So kam es, daß Martin im Herbst 1951, als ich an die Ostküste ging, um am New England Conservatory of Music zu studieren, gleichfalls in Boston war.

Als Paar kehrten Martin und ich im September 1953 nach Boston zurück, wo er seine Doktorarbeit schreiben und ich mein Musikstudium am Konservatorium beenden wollte. Wir mieteten ein Apartment in einem sehr alten Haus unmittelbar um die Ecke von Martins ehemaligem Apartment. Es besaß vier Räume – Küche, Schlafzimmer, kleine Studierstube und Wohnzimmer. Martin arbeitete in der Studierstube, während ich im Schlafzimmer lernte; aber um Martin und die Nachbarn nicht zu stören, sang ich nie daheim, sondern in den Übungsräumen im Konservatorium.

Ich hatte einen sehr gedrängten Stundenplan. Ich stand vor dem Abschluß und hatte dreizehn Übungen und Vorlesungen belegt, um die Voraussetzungen für die Prüfung zu erfüllen. Ich wollte Musikerzieherin mit dem Hauptfach Gesang werden. Mein zweites Fach war Geige, aber um mich für den Musikunterricht zu qualifizieren, muß ich die ganze Skala durchmachen: Gesang, Klavier, Chorleitung, Orchesterarrangements und Dirigieren, außerdem vier Instrumentenklassen – Schlagzeug, Saiteninstrumente, Holzblasinstrumente und Blech. Zwar wurde nicht die Fertigkeit eines Virtuosen auf jedem dieser Instrumente verlangt, aber man sollte mit ihnen genügend vertraut werden, um das Spiel auf jedem einzelnen theoretisch erklären und lehren zu können.

So wurde mein letztes Jahr in Boston sehr anstrengend. Im letzten Semester unterrichtete ich an einer *high school* und zwei Grundschulen. Meine Schüler waren weiß, aber obwohl ich die erste Negerin in dieser Stellung war, nahmen mich die Kinder bereitwillig an. Ich freute mich sehr, als die Direktorin dem Schulrat, der für mich verantwortlich war, sagte, wie gut es mir gelungen sei, die Kinder für das Musikprogramm der Schule zu gewinnen.

Außerdem sang ich in mehreren Liederabenden, und im Frühjahr trat ich als Solistin mit dem Orchester des Konservatoriums auf: in der Uraufführung von *Motivos de Son* des kubanischen Komponisten Amadeo Roldán. Das Werk, in dem das Schlagzeug vorherrschte, war sehr modern, das heißt, schwierig zu singen. Ich freute mich über diese Rolle sehr, aber für eine jungverheiratete Frau war es ein anstrengender Stundenplan. Ich tröstete mich damit, daß wir nach unserer Ausbildung ein weniger hektisches Leben führen würden. Dachte ich!

Auch Martin arbeitete schwer. Neben Studium und Dissertation predigte er häufig in den Kirchen in und um Boston. Er muß damals seine Rednergabe beträchtlich entwickelt haben, denn sein Ruf als »bemerkenswerter junger Mann« ist in Boston und Umgebung noch immer lebendig. Häufiger als in der Universitätsbibliothek studierte er zu Hause, und weil ich so beschäftigt war, half mir Martin sehr im Haushalt. Er übernahm die grobe Putzarbeit und selbst die Wäsche. Wir hatten eine Wanne in der Küche, in der ich die Kleider einweichte. Dann wusch sie mein Mann, wenn er sich von den Büchern erholte. Martin tat sein Bestes, aber ohne Erfolg, denn wenn wir die Sachen zum Trocknen auf die Küchenleine hingen, sahen sie, obwohl ich es nie sagte, wie das »davor« in der Fernsehwerbung aus. Ich wußte seine Hilfe zu schätzen, wünschte aber insgeheim, er überließe mir diese Arbeit.

Samstags kauften wir gemeinsam die Wochenvorräte ein, und donnerstags war Martins Kochabend, weil ich um sechs eine Stunde hatte. Er hatte kochen gelernt, als er das Apartment mit Philip Lenud teilte, und war auf sein Können ziemlich stolz. Außer gedämpftem Kraut konnte er Schweinekoteletts, Brathühnchen, Schweinsfüße, -schnauze und -ohren zubereiten. Schweinsohren mochte ich nicht, aber Martin schmeckten sie, weil er – ganz der Sohn seines Vaters – fand: »Sie sind gut und billig.«

Auch kochte er Rübenkraut nach Art des Südens, mit Schweinshaxe und ausgelassenem Speck, und natürlich gab es bei uns Maisbrot, wobei wir ein bißchen mogelten und eine fertige Mischung kauften. Wir mochten *soul food* – diese köstlichen Gerichte des Südens, die stark gewürzt und sehr weich gekocht wurden. Als wir im Lauf der Jahre mehr reisten, bereicherten wir unseren Speisezettel zwar mit anderen Speisen, doch Martin zog immer die Küche des Südens vor. So mochte ein zufälliger Besucher im Arbeitszimmer der Ebenezer Church meinen Mann finden, wie er an einem Schweinsfuß nagte, während das erfreute Pfarrkind, das ihm einen Topf seiner Spezialität gebracht hatte, daneben saß und zusah, wie es ihm schmeckte. Zwar klagte er immer darüber, unsere Küche mache zu dick, doch genau das mochte er, und mit einem Teller Rübenkraut vor sich, vergaß er unweigerlich seine Absicht, maßzuhalten.
Trotz der tätigen Hilfe im Haushalt während des ersten Jahres unserer Ehe bekam er keine Komplexe. Er war seiner Männlichkeit zu sicher. Unter anderem müssen die schwarzen Amerikaner auch damit fertig werden, daß sie unter dem sozialen System mehr zu leiden haben als ihre Frauen. Selbst heute ist es für sie immer noch schwieriger als für ihre Frauen, gute Stellen zu finden. Die Männer werden von den Weißen mißtrauischer und ängstlicher betrachtet. Damals aber erschien jeder Schwarze, der seine Männlichkeit geltend machte, der herrschenden Klasse als gefährlich und wurde schnell zum Schweigen gebracht, manchmal – zumindest im Süden – durch einen Strick um den Hals. Unter diesen Verhältnissen war es bis in die jüngste Zeit für die Männer schwierig, ihren natürlichen Platz als Haushaltungsvorstand und Beschützer ihrer Familie zu behaupten. Wenn Schwarze sich dieser Verantwortung entzogen, so lag es nicht an einem angeborenen Charakterfehler, sondern am gnadenlosen Druck einer feindlichen Gesellschaft.
Martin hatte keine dieser Hemmungen noch irgendwelche Minderwertigkeitsgefühle, die so viele Männer im weißen Amerika zu quälen schienen. Er ließ mich eine richtige Frau sein, da er in jeder Hinsicht ein richtiger Mann war. Nachdem wir geheiratet hatten, sagte er: »Ich möchte, daß mich meine Frau als Familienvorstand anerkennt. Ich *bin* der Familienvorstand.«
Wir lachten über diese etwas pompöse Rede, und er steckte zurück. »Natürlich meine ich das nicht im Ernst. Schließlich sollte die Ehe auf Gegenseitigkeit beruhen.«
Aber er meinte es im Ernst. Ich mußte mich anpassen, und es gelang mir wohl sehr gut. Einerseits ermutigte er mich, meine Meinung zu sagen, andererseits mißfiel ihm der Gedanke, daß ich arbeitete. Er wollte die

Hauptverantwortung tragen. »Von mir wird erwartet, daß ich genug Geld verdiene, um für dich und die Familie zu sorgen.« Doch er billigte, daß ich unterrichtete oder Konzerte gab, um unabhängig zu sein. Tatsächlich arbeitete ich all die Jahre hindurch, und als er sich später in der Bewegung engagierte, war das Geld, das ich verdiente, eine große Hilfe. Ich sagte immer, daß ich »die Hosen angehabt« hätte, wenn ich nicht einen starken Mann geheiratet hätte. Doch von ihm ging so viel Kraft aus, daß er sie nicht nur mir, sondern auch anderen mitteilte.

Zusätzlich zu der Vorlesung an der Universität Boston hörte Martin in Harvard eine Vorlesung von Dr. Raphael Demos über Plato und studierte die moderne Existentialphilosophie Jean-Paul Sartres, Karl Jaspers' und Martin Heideggers. Obwohl er deren verzweifelnde Gottlosigkeit ablehnte, schrieb er später, der größte Beitrag des Existentialismus sei »die Erkenntnis der Angst und der Konflikte, welche die gefährliche und ungewisse Struktur der Existenz im persönlichen und sozialen Leben des Menschen erzeuge.«

Doch diese Studien lagen am Rande, denn mein Mann hatte sich mit ganzem Herzen der Philosophie des Personalismus verschrieben, deren Mittelpunkt Dr. Brightman in Boston bildete. Als Dr. Brightman 1953 starb, wurde Dr. L. Harold DeWolf Martins Mentor. Der Personalismus sprach Martin an, weil er das Individuum betont. Er lehrt, wie Martin es ausdrückte, »daß der Schlüssel zum Sinn der letzten Realität in der Persönlichkeit liegt«. Viele Jahre, nachdem Martin Boston verlassen hatte, schrieb er: »Dieser personale Idealismus bleibt auch heute meine philosophische Grundhaltung. Der Nachdruck, den der Personalismus darauf legt, daß nur die Persönlichkeit – endlich und unendlich – Wirklichkeit hat, bestärkte mich in zweierlei Hinsicht: er gab mir die metaphysische und philosophische Grundlage für die Vorstellung eines persönlichen Gottes, und er gab mir eine metaphysische Basis für meinen Glauben an die Würde und den Wert der menschlichen Persönlichkeit.«

Seine Doktorarbeit schrieb Martin über »Ein Vergleich des Gottesbegriffs im Denken Paul Tillichs und Henry Nelson Wiemans.« Es war eine interessante Aufgabe, denn Martin stimmte weder mit der einen noch der anderen Auffassung überein. Martin glaubte sein Leben lang an einen zugleich unendlichen und personalen Gott, einen liebenden Vater, der den Sieg des Guten über das Böse im Universum erstrebt. Er glaubte – wie auch ich –, daß wir, die wir uns Gott weihen, ihm als Instrumente in diesem großartigen Kampf dienen.

Trotz der harten Arbeit und unserer ernsten Gedanken war das erste Jahr unserer Ehe alles andere als düster. Zwar hatten wir nicht viel Freiheit,

doch machten wir das Beste aus jeder kostbaren Sekunde. Ich erinnere mich, wie im Frühsommer 1954 meine Mutter nach Boston kam, um mit mir meine Prüfung zu feiern. Wir fuhren zu einem Vergnügungspark an der Küste mit seinen haarsträubenden Berg- und Talbahnen, mit seinem Riesenrad und seiner Rollschuhbahn. Martin und Philip Lenud probierten alles aus und liefen auf den Rollschuhen lachend und stürmisch so lange Phantasiefiguren und Pirouetten, bis sie nicht mehr konnten.
Mein Mann hatte an diesem Sonntagmorgen gepredigt, und Mutter war von seiner Predigt tief beeindruckt gewesen. Nun trieb er so viel Unfug, daß sie daran zweifelte, ob dies der gleiche ernsthafte junge Mann war, der wenige Stunden zuvor so weise und gut gesprochen hatte. »Weißt du«, sagte sie zu ihm, »du benimmst dich wie ein Vierjähriger.«
Aber so war er sein ganzes Leben – zum Scherzen aufgelegt bis zum letzten Tag. In den ernstesten Zeiten brachte Martin Frohsinn in unser Leben und sah noch in der schwierigsten Lage das Erheiternde.

Wie auch vor unserer Ehe spielte sich unser geselliges Leben in Boston noch immer meist unter anderen Südstaatennegern ab, die an den verschiedenen Colleges und Universitäten studierten. Die »Integration« in Boston war oberflächlich: die Neger blieben isoliert. Das Viertel, in dem wir schon zuvor gewohnt hatten, war fast ausnahmslos schwarz, und die zumindest dem Wort nach integrierten Colleges und Universitäten waren so groß und unpersönlich, daß keine besonderen Anstrengungen unternommen wurden, Neger am Campus-Leben zu beteiligen.
Zum Teil lag diese Isolierung daran, daß in Boston eine Frostigkeit und Förmlichkeit herrscht, die sich sehr von der Art des Südens unterscheidet. Nicht daß wir zu weißen Südstaatlern Beziehungen gehabt hätten, aber zumindest untereinander schienen sie aufgeschlossener und gastfreundlicher. Martin und ich hätten mit Weißen verkehren können, wenn wir uns darum bemüht hätten. Aber schwierig wäre es gewesen, denn damals war das gesellschaftliche Klima nicht tolerant genug, als daß Schwarze und Weiße selbstverständlich und ungezwungen zusammen sein konnten.
Zu den interessantesten Einrichtungen unserer Bostoner Tage gehörte der Philosophie-Club, der sich regelmäßig freitags traf. Ein Mitglied hielt bei jeder Zusammenkunft ein Referat, das anschließend diskutiert wurde. Die These des Referenten wurde kritisiert, und er verteidigte sie. Martin hatte mich dort eingeführt. Zuerst war der Club ganz schwarz, aber als sich das Niveau der Diskussionen herumsprach, erschienen auch ein paar weiße Teilnehmer.
Im Winter 1954 hatte Martin fast die Residenzpflicht für sein *degree* er-

füllt und steckte mitten in seiner Doktorarbeit, als er sich nach einem Pastorat umzusehen begann, das ihn nicht nur persönlich befriedigen, sondern ihm auch Gelegenheit bieten würde, für bessere Lebensbedingungen der schwarzen Bevölkerung zu arbeiten. Er erhielt mehrere gute Angebote. Zwei Kirchen des Nordens und zwei des Südens zeigten Interesse und wollten ihn kennenlernen. Außerdem wurde ihm ein Dekanat in einem kleinen College und Lehrstellen in zwei anderen angeboten. Martin und ich hätten gern in einer akademischen Atmosphäre gelebt, aber dies deckte sich nicht mit Martins innerer Verpflichtung, für sein Volk zu arbeiten. Eines Tages wollte er gern nebenberuflich in einem College lehren und predigen. Und all die Jahre hindurch träumte Martin gelegentlich laut davon, wöchentlich ein paar Stunden an einer ruhigen Universität zu unterrichten, wo er Zeit hätte, nachzudenken, statt von einer Aktion zur anderen hasten zu müssen.
Doch vorerst zog ihn alles zum geistlichen Amt, und es galt zu entscheiden, welche Angebote Martin ernstlich erwägen sollte. Hier waren wir verschiedener Meinung. Ich wollte *eines* Tages in den Süden zurück – er war unsere Heimat und wir liebten ihn – aber nicht jetzt. Selbstsüchtig vielleicht wollte ich die freiere Atmosphäre und das reichere Kulturleben des Nordens noch eine Weile länger genießen und die größeren Möglichkeiten nutzen, die eine Stadt im Norden meinem Fach bieten würde. Aber unser Leben erlaubte diesen Luxus nicht. Martin schien es zu drängen, seinen vorgezeichneten Weg weiterzugehen. Er wollte sofort in den Süden. Sein großes Engagement drängte ihn eher zur schwereren als zur leichteren Lösung. Schon lange ehe wir heirateten, hatte er mich davor gewarnt, und nun sagte er: »Ich kehre zum Süden zurück. Ich werde im Süden leben, denn dort werde ich gebraucht.«
Obwohl Martin sich für alle Unterdrückten ungeachtet ihrer Rasse einsetzte, verstand er sich doch vor allem als Pastor einer Negerkirche in den Südstaaten und suchte ganz bewußt den engen Kontakt zu den Menschen, denen er sein Leben widmen wollte. Mehrere Tage gingen wir mit uns zu Rate und beteten um die rechte Entscheidung, und schließlich beugte ich mich ohne großes Widerstreben seinem Wunsch, denn als wir heirateten, hatte ich mich entschlossen, ihm zu folgen, wo immer er auch hinginge.
Martin wurde durch die Vermittlung von T. M. Alexander sr. aus Atlanta – einem Freund der Kings – von der Dexter Avenue Baptist Church in Montgomery, Alabama, die damals einen Nachfolger für Dr. Vernon Johns suchte, zu einer Predigt eingeladen.
Der inzwischen verstorbene Dr. Johns war damals ein Mann über fünfzig.

Martin und Ralph Abernathy konnten stundenlang Geschichten über diesen freimütigen Geistlichen erzählen, der seiner gutbürgerlichen Gemeinde stets hart zusetzte, um die Selbstgefälligkeit der vornehmen Mitglieder der Dexter Avenue Baptist Church mit allen Mitteln zu erschüttern.

Eines Tages zelebrierte Dr. Johns sehr ruhig und vornehm eine Trauung für eine der ersten Negerfamilien Montgomerys. Die Zeremonie war eine ganze Weile im Gange, als unmittelbar vor dem Höhepunkt der Pastor innehielt. Er blickte auf und sagte: »Ich möchte ankündigen, daß nach der Trauung Wassermelonen im Untergeschoß der Kirche aufgeschnitten werden. Die Scheibe zu fünfundzwanzig Cent, und für all die sparsamen Leute, die eine halbe Melone bestellen, beträgt der Preis einen Dollar fünfzig.« Dann, ohne die geringste Pause, fuhr Dr. Johns fort: »Hiermit erkläre ich euch zu Mann und Frau.« (Martin war ein wundervoller Mime, und wenn er diese Geschichte erzählte, hörte man förmlich Dr. Johns' schweren, schleppenden Virginia-Akzent.)

Obwohl die Gemeinde Dr. Johns' Intelligenz und seinen Mut in Bürgerrechtsfragen bewunderte, trennten sich zuletzt ihre Wege.

Im Januar wurde Martin von der Dexter Avenue Baptist Church eingeladen, eine Probepredigt zu halten. Trotz der Erfahrung von drei Sommern in Ebenezer gestand Martin, er sei ziemlich nervös gewesen. Aber dann dachte er mit einem Anflug von Humor: »Halte dich im Hintergrund, Martin Luther King, und Gott im Vordergrund, dann wird alles gutgehen. Denk daran, du bist ein Kanal des Evangeliums, nicht die Quelle.«

Martin predigte, und die Gemeinde von Dexter war begeistert, bei einem so jungen Mann soviel Weisheit zu finden, und wollte ihn haben.

Martin entschied sich nicht sofort. Er predigte in Detroit und in Chattanooga, aber er neigte stark zur Dexter Church, deren Gemeinde intelligent und nicht an den blumigen Gefühlsüberschwang vieler Baptisten gewöhnt war; auch das Alter und die Würde der Kirche selbst beeindruckten ihn.

Ich muß gestehen, daß ich zuerst nicht begeistert war. Nachdem ich aus einer Stadt Alabamas kam, die nur etwa achtzig Meilen von Montgomery entfernt war, kannte ich die Verhältnisse dort nur allzu gut. Ich wußte aus eigener Erfahrung, daß sich in dieser Stadt, die von ihrem Ruhm als erste Hauptstadt der Konföderation zehrte, bald die erstickende Decke der Segregation über uns legen würde. Auch schien mir, daß ich in Montgomery wenig Gelegenheit oder Anregung finden würde, um meine musikalischen Interessen zu pflegen.

Für Martin gab es nur einen ernsten Einwand gegen Dexter. Er hatte gehört, Walter McCall, mit dem er in Morehouse studiert hatte und der auf Crozer sein bester Freund gewesen war, habe dort ebenfalls eine Predigt gehalten. Obwohl Martin die Stelle wollte, verbot ihm seine Loyalität, eine Stelle anzunehmen, um die Mac sich vielleicht bewarb. Doch als er Mac anrief, versicherte ihm dieser, er wolle vorerst noch lehren und bemühe sich daher nicht um den Posten. Mac wurde später Pastor einer Kirche in Atlanta und schloß sich dem Freiheitskampf an. Im April kehrte Martin nach Montgomery zurück, um die letzten Einzelheiten mit den Dekanen von Dexter zu regeln. Als er nach Boston zurückkam, war er begeistert. So stand nun fest, daß er am ersten Sonntag des September 1954 Pastor der Dexter Avenue Baptist Church werden würde. Doch da die Kirche vorübergehend ohne Geistlichen war, versprach mein Mann, dort ab Mai häufig zu predigen. Tatsächlich fuhr er den ganzen Sommer zwischen Boston und Montgomery hin und her.

Obwohl ich nicht nach Montgomery gewollt hatte, begreife ich heute, daß es eine unerläßliche Station auf dem vorgezeichneten Weg unseres Lebens war. Schon 1954 fühlte ich, daß mein Mann – und auch ich – auf eine besondere Rolle vorbereitet wurden, über die wir erst später mehr erfahren sollten. In Montgomery zu sein, glich der Exposition eines Schauspiels. Martin, ich und die Leute dieser kleinen Südstaatenstadt waren die Darsteller in einem Stück, dessen Schluß sie noch nicht gelesen hatten. Doch wir fühlten eine schicksalhafte Bestimmung, die uns in die richtige Richtung vorwärtstrieb. Wir fühlten uns als Werkzeuge des göttlichen Schöpferwillens.

Während Martin darauf vorbereitet wurde, Führer und Symbol der Negerbewegung zu werden, sammelte ich Erfahrungen, um den Platz an seiner Seite auszufüllen. In Montgomery erkannte ich, was ich beitragen konnte, um meinen Mann bei seiner zukünftigen Aufgabe zu unterstützen.

5

Am ersten Sonntag des Juli 1954 sah ich die Dexter Avenue Baptist Church zum erstenmal. Nachdem ich meine Prüfungen am Konservatorium bestanden hatte, war ich zu Mama und Daddy King nach Atlanta gefahren, während Martin in Boston seine Dissertation beenden wollte. An jenem Juli-Wochenende nahm er mich nach Montgomery mit, um mir seine neue Gemeinde vorzuführen.

Dexter war eine schöne solide viktorianische Backsteinkirche, die sich am zentralen Platz von Montgomery erhob. Vis-à-vis stand das Gebäude des Obersten Gerichtshofes und schräg gegenüber Alabamas Regierungsgebäude mit seiner klassizistischen Kuppel und der Säulenhalle, in der Jefferson Davis den Amtseid als Präsident der konföderierten Staaten von Amerika geschworen hatte.

Der *offizielle* weiße Platz dieser südlichen Stadt war ein ungewöhnlicher Ort für eine Negerkirche, aber Dexter stammte aus der Epoche des »Wiederaufbaus«, als die Neger ihre kurze Freiheit nach dem Bürgerkrieg genossen. Damals gehörte den Schwarzen noch mehr im Stadtkern von Montgomery, aber nach und nach waren sie wieder verdrängt worden. Nur Dexter blieb als Symbol für die Bestrebungen der Neger erhalten, die nun alle weit weg in rassisch segregierten Gegegenden wohnten. Die meisten kamen mit dem Auto zur Kirche, ein paar in den segregierten Bussen. Das war recht umständlich, aber sie waren stolz auf ihre Kirche und nahmen diese Unbequemlichkeit in Kauf.

Dexter war nicht so groß wie Ebenezer. Die Kirche bot nur für vierhundert Personen Platz, während sich in Ebenezer siebenhundert versammeln konnten. Die Gemeinde war klein, aber wohlhabend. Die meisten hatten ein College besucht oder gar höhere akademische Grade erworben, und es gab unter ihnen Ärzte, Lehrer, College-Professoren und erfolgreiche Geschäftsleute. Ärmere Neger in Montgomery sprachen von der »Kirche der feinen Leute«.

Obwohl Dr. Johns ihnen ins Gewissen geredet hatte, wollten sie im Gottesdienst unter sich bleiben und versuchten nicht, die Leute »von der Straße« zu gewinnen. Natürlich fand mein Mann, die Kirche solle allen offenstehen, denn es sei das Ideal des christlichen Gottesdienstes, daß Menschen verschiedenster Herkunft daran teilnähmen. Bald nachdem er Dexter übernommen hatte, war er bei allen Schwarzen als der »freundliche Pastor« bekannt.

An jenem ersten Sonntag kündigte mir Martin an, daß er mich bitten werde, ein paar Worte zu sagen. Ich bereitete eine Rede vor, schrieb sie jedoch nicht nieder, da ich spontan wirken wollte. Bei der Begrüßung wurden einige andere Neulinge vorgestellt. Dann sagte Martin: »Ich werde jetzt Mrs. King bitten, ein paar Worte an die Gemeinde zu richten.«

Ich erinnere mich nicht genau, was ich sagte, aber ich versuchte den Gläubigen zu sagen, wie ich mich freute, daß sie meinen Mann zu ihrem Pastor gewählt hatten und daß ich mit ihnen leben und arbeiten würde. Ich sagte ihnen, dies würde eine neue Erfahrung für mich sein, und bat sie, mich in ihre Gebete einzuschließen, damit ich eine gute Pastorenfrau würde. Ich hatte anscheinend einen guten Eindruck gemacht, und nach der Kirche sagten mir viele, wie glücklich sie darüber seien, daß wir im September für ganz nach Montgomery kämen. Einige bemerkten, wie jung ich aussehe.

In der Tat wirkte Martin, der erst fünfundzwanzig Jahre alt war, durch seine Persönlichkeit und den Geist seiner Worte derart, daß jeder, der ihn hörte, seine Jugend vergaß. Sagte jemand: »Doktor King hat eine so junge Frau«, dann entgegnete ich: »Nun, mein Mann ist selbst jung.« Ein wenig später kamen Frau Professor Mary Fair Burks vom Alabama State College und Jo Ann Robinson vom gleichen College nach Dexter. Als Frau Burks Martin sah, meinte sie: »Dieser kleine Junge soll mein Pastor sein? Er sieht aus, als gehöre er heim zu seiner Mama.« Sie glaubte nicht, daß er ihr irgend etwas zu sagen hätte, aber nachdem sie ihn gehört hatte, war sie tief beeindruckt. Im Laufe der Jahre entwickelte mein Mann seine Rednergabe, und wer ihn in seinen besten Stunden hörte, der änderte sein Leben.

An jenem ersten Sonntag zeigten uns die Leute von Dexter das Pfarrhaus in der South Jackson Street 309, sechzehn Häuserquadrate von der Kirche entfernt – in einem segregierten Viertel. Das weiße Holzhaus – an sich hübsch, aber verkommen – bestand aus sieben großen Räumen und einer Veranda, die später ziemlich berühmt werden sollte. Man versprach uns, es nach unserem Geschmack herzurichten und zu möblieren, aber natürlich wollten wir nichts Besonderes. Die Möbel waren bunt zusammengewürfelt, aber bequem, und wir erhielten alles, was wir brauchten. Freilich versuchten wir unsere Wünsche zu zügeln.

Nachdem ich die Gemeinde, die Kirche und das Haus kennengelernt hatte, fühlte ich mich sehr erleichtert. Ich spürte, daß Dexter eine Kirche war, in der ich mich wohlfühlen und nützlich machen könnte. Ich hatte befürchtet, ich würde nicht viel für die Gemeinde tun können – nicht daß ich eine führende Rolle erstrebt hätte, aber ich wollte teilnehmen. Daß mir dies gelingen würde, davon war ich nun überzeugt, als ich nach Atlanta zurückkehrte, obwohl ich noch nicht wußte, wie ich mich nützlich erweisen könnte.

Martin hatte mir nach seinen ersten Besuchen gesagt: »Mir gefällt diese Kirche. Dort möchte ich beginnen.« Nun, da ich Dexter gesehen hatte, war es an mir zu sagen: »Wenn du diese Gemeinde willst, ich werde in Montgomery glücklich sein. Du wirst dich im Predigen vervollkommnen und Erfahrungen als Pastor sammeln, und ich werde lernen, eine gute Pastorenfrau zu sein.«

Auch ich scheine damals gewußt zu haben, daß die Zeit an der Dexter Avenue Baptist Church für Martin zwar sehr wichtig war, doch daß ihn seine besonderen Gaben und Kenntnisse darüber hinaus führen und Dexter – für uns beide – ein weiterer Schritt auf unserem vorgezeichneten Weg sein würde.

Die nächsten fünfzehn Monate sollten die heitersten und unkompliziertesten sein, die wir je erlebten. Im September 1954 trat Martin offiziell seine Stelle an, und wir zogen ins Pfarrhaus. Wir waren auf uns selbst gestellt und sehr beschäftigt. Im Oktober nahmen wir zwei Wochen frei und fuhren nach Boston, damit Martin die erste Fassung seiner Dissertation beenden und der Bostoner Universität vorlegen konnte. Ich entsinne mich, wie Martin der Gemeinde sehr zu meiner Verlegenheit erklärte, wir müßten den Zug nehmen, da sich seine Frau vor dem Fliegen fürchte – bald schon mußte ich diese Angst überwinden. Es lockte mich sehr, all unsere alten Freunde in Boston zu besuchen, aber statt dessen saß ich den ganzen Tag und die halbe Nacht im Hotelzimmer und tippte Martins Dissertation. Es waren fast dreihundertfünfzig Seiten.
In Montgomery war Martins Tagesplan von Anfang an sehr gedrängt. Er stand jeden Morgen um fünf Uhr dreißig auf, um drei Stunden an seiner Dissertation zu arbeiten, und nach dem Abendessen arbeitete er drei weitere Stunden daran. Während des Tages war er mit Gemeindepflichten beschäftigt – seelsorgerische Gespräche, Trauungen, Beerdigungen –, er hatte kranke Pfarrkinder zu trösten und die Runde bei den dreihundert Mitgliedern von Dexter zu machen. Außerdem besuchte er fünf bis zehn Komitee-Sitzungen die Woche.
Auch ich war sehr beschäftigt. Ich half Martin als Sekretärin und trat verschiedenen Ausschüssen bei. Außerdem sang ich im Chor. Da ich als einziges Gemeindemitglied eine gründliche Musikausbildung besaß, half ich nach Kräften, unseren Chor zum besten von Montgomery zu machen, obwohl mir dies nicht ausdrücklich aufgetragen war. Manchmal sang ich den Solopart der Kirchenlieder oder Oratorien, und natürlich mußte ich dafür üben. Zudem probte ich für zwei oder drei Konzerte, die ich in anderen Städten geben sollte, und dann hatte ich meine vornehmste Pflicht – Martin den Haushalt zu führen.
Als wir nach Dexter kamen, erwies sich die Gemeinde für Martins Geschmack viel zu wenig aktiv. Es gab nur die Sonntagsschule, die Baptist Training Union, die eine christliche Führerschaft heranbilden sollte, und die Missionsgesellschaft. Im ersten Herbst arbeitete Martin eine Reihe neuer Programme aus, die er dem Kollegium der Dekane auf der Januar-

sitzung vorlegen wollte. In seinem ersten Jahresbericht empfahl er ein Komitee für religiöse Erziehung, ein soziales und politisches Aktionskomitee, das den Kampf für Negerrechte unterstützen sollte, ein Komitee, das Mittel für Studienstipendien aufbringen und verwalten sollte, und ein Kulturkomitee zur Unterstützung begabter junger Negerkünstler Außerdem schlug er vor, die Kirchenfinanzen nach dem erfolgreichen Muster von Ebenezer zu reformieren. Aufgrund dieses Planes verdreifachte sich das Gemeindeeinkommen im ersten Jahr. Martin wollte auch versuchen, Gemeindemitglieder unter den ärmeren Negern zu gewinnen, die in der Vergangenheit durch den anspruchsvollen Ruf von Dexter abgeschreckt worden waren.

Dies war ein ehrgeiziges Programm für einen neuen und sehr jungen Geistlichen in einer alten, fest gegründeten Kirche. Die Dekane von Dexter waren bekannt dafür, die Kirche selbst zu leiten und ihre Geistlichen ziemlich grob zu behandeln. Ein alter Freund seines Vaters hatte Martin gewarnt. Er kannte Dexter, da er früher Pastor einer anderen Kirche von Montgomery gewesen war. »Mike«, sagte er, »im Kollegium von Dexter sitzt ein Mann, vor dem du dich hüten mußt. Vielleicht ist er inzwischen tot, aber wenn er noch lebt, geh nicht dorthin, denn er wird dir die Hölle heiß machen.«

Eben dieser Mann war nun Vorsitzender des Dekankollegiums, und als mein Mann nach Montgomery kam, war er auf Schwierigkeiten mit ihm und den älteren Dekanen gefaßt. Dennoch war er fest entschlossen, Dexter zu übernehmen.

Aber es gab keine Probleme. Als die Dekane sahen, wie gut Martin durch seine Studien und durch seine Erfahrung in Ebenezer für seine Aufgabe gerüstet war, stimmten sie seinem ehrgeizigen Programm begeistert zu. Sie und die Gemeinde unterstützten ihn in jeder Hinsicht, und solange er da war, ließen sie ihm freie Hand. Sie zeigten sich uns gegenüber stets großzügiger und verständnisvoller, als wir erwarteten.

Vielleicht der wichtigste Teil von Martins ausgefülltem Tagesplan waren die fünfzehn Stunden, die er damals wöchentlich auf seine Predigten verwandte. Er begann dienstags und arbeitete mit Unterbrechungen bis Samstagabend daran, indem er die Predigt zuerst ganz niederschrieb und sie dann auswendig lernte. Sonntagmorgens stand er dann in der Kanzel und predigte ohne Manuskript. Die Gemeinde staunte immer, daß er anscheinend aus dem Stegreif fünfunddreißig oder vierzig Minuten sprechen konnte.

Als er später den Bus-Boykott anführte und die ungeheure Belastung ihm keine Zeit ließ, seine Predigten auszuschreiben, hielt er sie wirklich aus dem Stegreif. Gemeinsam besprachen wir seine Einfälle. »Ich denke für nächsten Sonntag an folgendes«, sagte er etwa und umriß mir dann seine Gedanken. Manchmal arbeitete er meine Vorschläge in die Predigt ein, und ich freute mich, daß er sie für wichtig genug hielt. Er skizzierte sich dann die drei oder vier Hauptgedanken und sprach frei darüber.

In der Kirche hörte ich aufmerksam zu, und wenn ich fand, etwas sei nicht ganz klar oder treffend gesagt, machte ich ihn darauf aufmerksam. Auch beschrieb ich ihm die Reaktion der Gemeinde. Ich war stolz auf Martin, wenn er in der Kanzel stand, doch versuchte ich objektiv genug zu sein, um ihm zu helfen. Martin nannte mich seinen besten Kritiker.

Einige seiner mitreißendsten Predigten hielt Martin in der Dexter Church. Gewöhnlich enthielten sie außer der religiösen auch eine soziale Botschaft, da Martin fand, ein Geistlicher solle sich für den sozialen Fortschritt einsetzen. Ich erinnere mich, wie er einige Jahre später zu mir sagte: »Am Sonntag werde ich darüber predigen, wie man der Furcht begegnen kann.« Dies war im Süden eines unserer größten Probleme. Rassisten und Gruppen wie der Ku-Klux-Klan, ja selbst die Polizei, gebrauchten die Furcht als Waffe, um die Neger zu unterdrücken. Wir redeten darüber, und er verfaßte einen Entwurf. Diese Predigt, die »Mittel gegen die Furcht« hieß, galt später als eine seiner besten Predigten.

Martin wählte das Bibelwort I. Joh. 4, 18: »Furcht ist nicht in der Liebe, sondern die völlige Liebe treibt die Furcht aus, denn die Furcht muß vor der Strafe zittern. Wer sich aber fürchtet, der ist nicht völlig in der Liebe.«

Zuerst sprach Martin von den vielen Arten der Furcht, die Männer und Frauen in dieser Zeit des Umschwungs und der »verhängnisvollen Ungewißheit« quälen – die Furcht vor Krankheit, wirtschaftlichem Ruin oder vor persönlicher Unzulänglichkeit in unserer Wettbewerbswirtschaft. Noch schrecklicher sei die Furcht vor dem Tode, ja der Vernichtung der menschlichen Rasse im Atomzeitalter, da die ganze Welt in einem »Gleichgewicht des Schreckens« balanciere ... immer in der Angst, ein diplomatischer Fehltritt könne eine »fürchterliche Massenvernichtung auslösen.«

»Manche Ängste sind normal und notwendig«, sagte er, »wie die Angst vor Schlangen im Urwald, aber wenn sie neurotisch und unkontrolliert werden, lähmen sie den Willen und treiben die Menschen in Apathie und Verzweiflung.« Er zitierte Emerson: »Der hat die Lehren des Lebens nicht begriffen, der nicht täglich eine Angst überwindet.«

»Wie aber kann die Furcht beherrscht werden? Erstens müssen wir unseren Ängsten unerschrocken begegnen ... dies wird uns ein gewisses Maß an Kraft geben ... Zweitens können wir die Furcht durch eine der höchsten menschlichen Tugenden bezwingen – den Mut. Mut ist die Stärke des Geistes, die Furcht zu überwinden. Drittens wird Furcht durch Liebe bezwungen ... Die Liebe, die Jesus zum Kreuz führte und die Paulus inmitten aller Verfolgung nicht bitter werden ließ, ist keine sanfte, blutarme, sentimentale Liebe. Eine solche Liebe schaudert vor dem Bösen nicht zurück.«

Dann zeigte Martin, wie der Haß zwischen Rassen und Nationen in der Furcht wurzelt; daß die meisten Kriege nicht durch Haß, sondern durch Furcht verursacht werden. Die Rassendiskriminierung in Amerika sei durch die Furcht der Weißen vor dem steigenden Status der Neger verursacht. Und er sagte: »Wollen unsere weißen Brüder ihre Furcht wirklich überwinden, so brauchen sie nicht nur selbst christliche Nächstenliebe, sondern können auch auf unsere christliche Bruderliebe vertrauen, die wir ihnen entgegenbringen ... Der Neger muß den Weißen überzeugen, daß er Gerechtigkeit nicht nur für sich, sondern auch für den Weißen erstrebt.«

Schließlich sagte Martin: »Die Furcht wird durch den Glauben bezwungen. Ohne Glauben sind wir Waisen, die ausgestoßen sind in den schrecklichen, unermeßlichen Raum eines Universums ohne Sinn und Zweck.

Und obgleich der Tod unvermeidlich ist, fürchten wir ihn nicht. Der Gott, der unseren kreisenden Planeten aus den Nebeln des Anfangs schuf und der den irdischen Pilgerzug so viele Jahrhunderte leitete, kann uns gewiß durch die dunkle Nacht des Todes zum hellen Morgen des ewigen Lebens führen. Sein Wille ist zu vollkommen und seine Ziele sind zu umfassend, als daß sie das begrenzte Gefäß der Zeit und die engen Mauern der Erde enthalten könnten. Der Tod ist nicht das größte Übel; viel schwerer wiegt es, außerhalb der Liebe Gottes zu stehen. Wir brauchen nicht an dem wilden Wettlauf um den Schutz eines irdischen Atombunkers teilzunehmen. Unser ewiger Schutz ist Gott ...«

Diese Predigt, die Martin nach einem kurzen Entwurf hielt, zeugte von seinem Mut, seiner Liebe und seinem Glauben, deren er während der kurzen ihm verbleibenden Jahre in großem Maße bedurfte.

In Montgomery standen uns die Abernathys besonders nahe. Ralph Abernathy war Pastor der First Baptist Church und ein junger Mann, dem die Sozialreform ebenso am Herzen lag wie Martin. Ehe mein Mann den Ruf nach Dexter annahm, hatte er Ralph besucht, um zu erfahren, wie es einen anderen jungen Geistlichen in Montgomery erging. Ralph hatte Martin ermuntert anzunehmen, obwohl ich manchmal glaube, es lag daran, daß beide sich augenblicklich anfreundeten und Ralph Martin in seine Nähe wünschte.

Für einen jungen Geistlichen gibt es in einer kleinen Stadt der Südstaaten sehr wenig Abwechslung, und die Abende, die wir mit Juanita und Ralph Abernathy verbrachten, waren Stunden glücklicher Entspannung. Später wurde Ralph der nächste Freund und engste Mitarbeiter meines Mannes in der Bürgerrechtsbewegung.

Zu den vielen Gemeindemitgliedern, mit denen wir ebenfalls Freundschaft schlossen, gehörten auch Mr. und Mrs. Joseph T. Books, langjährige Freunde der Kings. Er war Organist von Dexter, und seine Musikliebe verband uns innig. Joe hatte sein Heim mit erlesenem Geschmack eingerichtet; er war ein Aristokrat im besten Sinn des Wortes. Später lächelten wir darüber, daß dieser höchst kultivierte Mann auf Massenveranstaltungen spielte, in einer Umgebung, die ihm früher gewiß nicht in den Sinn gekommen wäre. Ehe wir ins Pfarrhaus einzogen, verbrachten wir unsere erste Nacht in Montgomery bei den Brooks. In einer Nacht des Terrors sollten wir wieder bei ihnen wohnen.

Das Frühjahr 1955 war für uns besonders erfreulich. Martin wurde in systematischer Theologie zum Doktor der Philosophie promoviert. Einundzwanzig Jahre intensiven Lernens hatten ihren Höhepunkt erreicht – doch nicht ihr Ende, da Martin sein ganzes Leben weiterstudierte.

In diesem Frühling bemerkte ich, daß ich schwanger war. Martin war darüber womöglich noch glücklicher als über seinen Titel. Schon in jungen Jahren hatte er davon gesprochen, daß er heiraten und eine Familie haben wolle. Wir waren beide erregt und glücklich, vor allem, da es zeitweilig fraglich gewesen war, ob wir Kinder haben könnten. Martin redete oft davon, wie sehr er Kinder liebte, und wollte adoptieren, wenn uns eigene versagt geblieben wären. Nun war unsere Ehe vollkommen. Aufgeregt sagte er, er wünschte sich acht Kinder. Damit war ich nicht einverstanden und schlug statt dessen vor: »Wir schließen einen Kompromiß und einigen uns auf vier« – und so kam es.

Während meiner Schwangerschaft zeigte sich Martin sehr aufmerksam und besorgt. Wir beide waren ein bißchen ängstlich, irgend etwas könne schiefgehen, aber das ist wohl immer so beim ersten Kind, vor allem, wenn es so sehnlich erwartet wird. Martin wünschte sich einen Jungen. Immer sprach er von seinem Sohn. »Mein Sohn«, sagte er, »soll Martin Luther III heißen.«

Im November ging ich zur Entbindung ins St. Jude's Hospital. Natürlich war es katholisch und insofern außergewöhnlich, als es das einzige Krankenhaus Montgomerys war, in dem Neger anständig behandelt wurden. Und obwohl St. Jude's Weiße und Schwarze normalerweise trennte, wurden sie bei Überfüllung vor allem auf der Entbindungsstation zusammengelegt.

Unser Baby kam am 17. November 1955 zur Welt. Es war ein großes, gesundes Mädchen von acht Pfund, und Martin bedauerte es überhaupt nicht, keinen Sohn zu haben. Das Kind war so liebenswert, daß er es gleich ins Herz schloß.

Es war groß und schien von Anfang an in jeder Hinsicht recht entwickelt. Acht oder neun Tage nach meiner Entlassung sagte ich zu Martin: »Wir müssen mit diesem Kind vorsichtig sein. Ich glaube, es wird einmal ein sehr feinfühliger Mensch.« Und feinfühlig und intelligent ist unsere Tochter auch geworden.

Ich wählte den Namen Yolanda Denise, aber mein Mann hatte Vorbehalte. Er fragte sich, ob man sie auch wirklich Yolanda rufen würde, und er hatte recht, denn ihr Name wird zu ihrem Ärger oft falsch ausgesprochen. Neger der Mittelklasse neigen dazu, ihren Kindern ausgefallene Namen zu geben. Vielleicht sehnen sie sich nach Eleganz oder suchen Identifikation mit irgendeinem Ideal. Auch ich erlag dieser Sitte, statt dem vernünftigen Brauch zu folgen und das Kind nach einem Familienmitglied zu nennen. Später sagte Martin: »Sollten wir noch ein Mädchen bekommen, dann erhält es einen einfachen Namen wie Mary Jane.«

So tauften wir unsere zweite Tochter Bernice Albertine nach ihren beiden Großmüttern. Nicht ganz Mary Jane, aber zumindest Namen der Familie. Gerufen werden sie jedenfalls Bunny und Yoki.

Martin sagte immer, Yoki sei zu einem Zeitpunkt seines Lebens geboren worden, als er etwas brauchte, das ihm von seiner ungeheuren Belastung ablenkte. Wenn er aus den Spannungen und dem Wirbel heimkam, in die er so plötzlich hineingestoßen worden war, dann krähte ihn das Baby vertrauensvoll und zärtlich an. Von einem kleinen Kind geht etwas Erneuerndes aus, und Martin bedurfte der Erneuerung dringender denn je, denn drei Wochen nach Yokis Geburt weigerte sich eine Näherin namens Rosa Parks, ihren Platz in einem Bus von Montgomery abzutreten, und die Bewegung entstand.

6

Eine Gesinnung, eine Notwendigkeit und ein Mann stehen am Anfang jedes Fortschritts. Alle müssen für diesen geschichtlichen Augenblick richtig zusammenstimmen, oder es geschieht nichts. In Montgomery war das, was Martin den *Zeitgeist* nannte, unter der anscheinenden Passivität der

Neger vorhanden; die Stunde hatte geschlagen, und der Mann war gefunden. Doch was dort vollbracht wurde, hätte nicht geschehen können ohne eine Sammlung der Kräfte und all das aufgestaute Leid.
Man könnte sagen, die moderne Bewegung für Freiheit und Gleichheit der Schwarzen habe schon unmittelbar nach dem Zweiten Weltkrieg begonnen. Lange Jahre hatte »das langsame Feuer der Unzufriedenheit« – wie Martin es ausdrückte – fast unbemerkt unter der dünnen Oberfläche eines Scheinfriedens geschwelt, den eine überwiegend weiße Gesellschaft nicht nur Amerika, sondern der ganzen Welt aufgezwungen hatte; nicht nur den Negern, sondern auch den Asiaten und anderen ausgebeuteten Rassen der Menschheit. Die Belastungen und Umwälzungen eines weltweiten Krieges zerbrachen die gewaltsam aufgezwungene, glatte Oberfläche der Gesellschaft; in der ganzen Welt begann der Dampf durch die Risse zu entweichen; und das Gewissen der Menschheit regte sich allmählich.
In Amerika wurde am 5. Dezember 1946 einer der ersten Schritte zur Rassengerechtigkeit getan, als Präsident Harry S. Truman eine Gruppe angesehener Staatsbürger zu Mitgliedern des Präsidentenkomitees ernannte. Fast ein Jahr später legte das Komitee nach vielen Untersuchungen und statistischen Auswertungen einen Bericht vor: »Worin und inwieweit wir heute dem amerikanischen Ideal nicht gerecht werden«; der Bericht trug eine Reihe weitreichender Empfehlungen vor, was zu tun sei, um jeden Amerikaner diese Rechte zu garantieren. Bis heute ist weniger als die Hälfte dieser Vorschläge noch nicht verwirklicht.
Doch gerieten die Dinge immerhin in Bewegung, wenngleich quälend langsam. So wurden die amerikanischen Streitkräfte integriert, und es gab andere kleinere Fortschritte – und viel Gerede. Die Öffentlichkeit erwachte. Unterdessen zerbrachen in anderen Teilen der Welt unterworfene Völker das Kolonialjoch. In Indien, Afrika, Südostasien und Ostindien erlangten farbige Menschen die Unabhängigkeit. Die amerikanischen Neger verfolgten und bejubelten diese Ereignisse.
Der nächste große Durchbruch in den Vereinigten Staaten ereignete sich am 17. Mai 1954. Martin arbeitete in Boston an seiner Doktorarbeit, als der Oberste Gerichtshof seine frühere Entscheidung verwarf, daß getrennte, aber gleiche Schulen die Bedingungen des vierzehnten Verfassungszusatzes erfüllten. In einem Fall, den die Anwälte des Legal Defense Fund der NAACP anhängig machten (*Brown gegen Schulbehörde von Topeka, Kansas*), erklärte das Gericht unmißverständlich: »Getrennte Schulen sind ihrem Wesen nach ungleich.« Jeder Neger hätte ihm das schon lange sagen können!

1955 folgte ein weiteres Urteil des Obersten Gerichtshofes, in dem dieser rechtsverbindlich befahl, daß Rassentrennung an den Schulen der Vereinigten Staaten »mit aller gebotenen Eile« aufzuheben sei – eine unglückliche Formulierung, welche die Realisierung verlangsamte. Ein weiteres Urteil desselben Gerichts bestätigte das »Pupil Placement Law«[1] und erlaubte damit den Schulbehörden der Südstaaten, die Entscheidung des Obersten Gerichtshofes zu manipulieren.

Natürlich reagierte der Süden heftig. Bürgerräte entstanden, um die Entscheidung des Obersten Gerichtshofes unwirksam zu machen, und der Ku-Klux-Klan holte seine Gewänder und Kapuzen hervor, zog durch die Straßen und setzte Kreuze in Brand. Wir scherzten damals, welcher der freundlichen Kolonialwarenhändler oder Reinigungsbesitzer unseres Viertels wohl zum Klan oder zum White Citizens gehörte. Übrigens erfuhren wir, daß einige dieser Händler tatsächlich damit zu tun hatten.

Von Anfang an arbeitete Martin getreu seiner Übersetzung in Montgomery gegen alle Formen der Rassentrennung. Das politische Aktionskomitee, das er in Dexter gründete, war eines seiner Instrumente. Außerdem wurde er sehr aktiv in der Ortsgruppe der NAACP und trat dem Alabama Council on Human Relations (Rat zur Förderung zwischenmenschlicher Beziehungen) bei, der einzig integrierten Gruppe Montgomerys, deren Präsident ein junger weißer Geistlicher, der Reverend Ray Wadley war.

Martins Bemühungen, die Neger von Montgomery zu aktivieren, wurde nicht allein durch den Widerstand der Weißen ernstlich behindert, sondern durch die Verhältnisse in der schwarzen Bevölkerung selbst, die durch Stand, Erziehung und Organisation scharf geschieden war. Außer der NAACP und dem Rat zur Förderung zwischenmenschlicher Beziehungen gab es drei weitere Bürgerrechtsausschüsse, die alle aufeinander eifersüchtig waren. Außerdem wollten viele der führenden schwarzen Intellektuellen aus Angst, ihre Stellen zu verlieren, nichts unternehmen, viele Geistliche zögerten, Theologie und Politik zu vermischen, und die Mehrzahl der Neger hatte noch keine Mittel gefunden, ihre Unzufriedenheit wirksam auszudrücken. Obwohl nach den Urteilen des Obersten Gerichtshofes eine Weile nichts Aufsehenerregendes geschah, schöpften die Schwarzen – allein deswegen, weil sie ergangen waren – Hoffnung.

[1] Anm. d. Übers.: Dieses Gesetz gewährte den Staaten das Recht, zu bestimmen, wo Schulkinder aufgrund ihrer Herkunft, ihrer besonderen Begabung und anderer durchaus subjektiver Faktoren unterzubringen seien.

Im November 1955 wurde Martin gebeten, den Vorsitz der lokalen NAACP zu übernehmen. Es lockte ihn sehr. Mama King war damals bei uns, um mir bei unserem zweiten Kind beizustehen, und wir beide rieten Martin davon ab. Nachdem er soviel Zeit auf seine Dissertation verwandt hatte, schien es mir nun das Wichtigste, daß er sein ehrgeiziges Gemeindeprogramm durchführte. Nach vielem Diskutieren und ernstem Gebet stimmte er mir zu und lehnte das Angebot ab, obwohl er eines Abends behauptete, er habe den Posten angenommen. Mama King und ich wurden sehr ärgerlich, aber zuletzt lachten wir alle über den Spaß.

Nicht lange danach sagte Martin zu mir: »Wie klug du warst, und welches Glück für mich, denn als Präsident der NAACP hätte ich die Führung des Bus-Boykotts nicht annehmen können, ohne die Unterstellung der Weißen zu erhärten, das Ganze sei von der NAACP angezettelt worden.« Außerdem wurde die NAACP bald darauf durch die Bemühungen der White Citizens Councils in Alabama für illegal erklärt. Obwohl diese lächerliche Entscheidung schließlich selbst für illegal erklärt wurde, wäre Martin als einer der leitenden Männer in seiner Bewegungsfreiheit ernstlich behindert gewesen. So war es eine glückliche Fügung, daß er die Stelle ausgeschlagen hatte.

Von allen Aspekten der Segregation in Montgomery waren die Vorschriften der Montgomery City Bus Lines die entwürdigsten. Diese Aktiengesellschaft, die Nordstaatlern gehörte, übertraf selbst noch den Süden. Obwohl siebzig Prozent der Fahrgäste Schwarze waren, wurden diese wie Vieh behandelt – schlimmer noch, denn wer beleidigt schon eine Kuh. Die vorderen Plätze aller Busse waren für die Weißen reserviert. Selbst wenn sie nicht besetzt und hinten alles überfüllt war, mußten die Neger hinten stehen für den Fall, daß Weiße zusteigen könnten; und waren die Vordersitze besetzt und es stiegen noch Weiße zu, dann wurden die Schwarzen im hinteren Teil gezwungen, ihnen ihre Plätze abzutreten. Außerdem – und ich glaube, den Nordstaatlern war dies nicht einmal bewußt – mußten Neger ihr Fahrgeld vorn im Bus entrichten, aussteigen, zur hinteren Tür gehen und wieder einsteigen. Manchmal fuhr der Bus ohne sie fort, nachdem sie schon bezahlt hatten. Dies widerfuhr älteren Leuten oder schwangeren Frauen, bei schlechtem und bei gutem Wetter, und galt unter den Fahrern als großer Spaß. Häufig beschimpften die weißen Busfahrer ihre Fahrgäste, nannten sie Nigger, schwarze Kühe oder schwarze Affen. Man stelle sich vor, wie etwa einem Schwarzen zumute war, der mit seinem Sohn Bus fuhr und derart behandelt wurde.

Im März 1955 war es zu einem Zwischenfall gekommen, als sich die fünfzehnjährige Claudette Colvin weigerte, einem weißen Fahrgast ihren

Platz abzutreten. Das Mädchen, das die *high school* besuchte, wurde mit Handschellen gefesselt auf die Wache gebracht. Damals gehörte Martin einem Komitee an, das bei den Vertretern der Stadt und der Busgesellschaften protestierte. Sie wurden höflich empfangen – und nichts geschah. Der Tropfen, der das Faß zum Überlaufen brachte, war fast ein Routinezwischenfall. Am 1. Dezember 1955 stieg Mrs. Rosa Parks, eine zweiundvierzigjährige Näherin, die mein Mann treffend als »eine reizende Frau mit strahlendem Wesen« beschrieb, in einen Bus, um nach einem langen Arbeits- und Einkaufstag heimzufahren. Der Bus war voll und Mrs. Parks fand einen Platz am Anfang des Negerabteils. An der nächsten Haltestelle stiegen noch mehr Weiße zu. Der Fahrer befahl Mrs. Parks, ihren Platz einem weißen Mann abzutreten, der eben einstieg; das hieß, sie hätte den ganzen Heimweg stehen müssen. Rosa Parks war nicht revolutionär gesinnt. Sie hatte nicht geplant, was sie tat. Ihr Geduldsfaden war gerissen. Wie sie später sagte: »Ich war einfach müde, und meine Füße schmerzten.« So blieb sie sitzen und weigerte sich aufzustehen. Der Fahrer rief einen Polizisten, der sie festnahm und zum Gerichtsgebäude brachte. Von dort rief Mrs. Parks E. D. Nixon an, der sofort kam und für sie bürgte.

Mr. Nixon war ein temperamentvoller Mann. Er arbeitete als Pullman-Gepäckträger und hatte sich schon aktiv für die A. Philip Randolph's Brotherhod of Sleeping Car Porters (Bruderschaft der Schlafwagenbediensteten) und für Bürgerrechtsfragen eingesetzt. Plötzlich hatte auch er genug; plötzlich schien fast jeder Neger Montgomerys genug zu haben. Es war Selbstentzündung. Telefone begannen im ganzen Negerviertel der Stadt zu läuten. Der Women's Political Council (Politische Frauenrat) schlug vor, die Busse aus Protest einen Tag lang zu boykottieren. E. D. Nixon erklärte sich in seiner beherzten Art bereit, die Organisation zu übernehmen.

Wir erfuhren davon erstmals, als Mr. Nixon meinen Mann frühmorgens am Freitag, dem 2. Dezember, anrief. Er hatte schon mit Ralph Abernathy gesprochen. Nachdem er den Vorfall beschrieben hatte, sagte Mr. Nixon: »Wir haben uns das alles schon viel zu lange bieten lassen. Ich glaube, die Zeit ist reif, daß wir die Busse boykottieren. Nur so können wir den Weißen klarmachen, daß wir uns eine solche Behandlung nicht länger gefallen lassen.«

Martin stimmte ihm zu und bot die Dexter Avenue Church als Versammlungsort an. Nach vielen Telefongesprächen wurde eine Versammlung der schwarzen Geistlichen und einflußreichen Bürger für den Abend einberufen. Martin sagte später, daß er sich an jenem Freitagabend auf dem

Weg zu seiner Kirche besorgt fragte, wie viele der führenden Persönlichkeiten wirklich erscheinen würden. Zu seiner Freude fand er über vierzig Personen aus allen Schichten der Neger in dem großen Versammlungsraum von Dexter: Ärzte, Rechtsanwälte, Kaufleute, Angestellte der Bundesregierung, Gewerkschaftsführer und viele Geistliche. Letztere waren besonders willkommen, nicht nur weil sie einflußreich waren, sondern weil es bedeutete, daß sie sich Martins Auffassung langsam anschlossen. »Die Religion«, sagte er, »hat mit dem Himmel und der Erde zu tun ... Jede Religion, die sich um die Seelen der Menschen, aber nicht um die Slums und ihre verelendende Wirkung, um die erstickenden wirtschaftlichen Verhältnisse und die lähmenden sozialen Bedingungen sorgt, ist trocken und unfruchtbar wie Staub.« Seit jenem ersten Schritt übernahmen die Geistlichen die Führung in unserem Kampf, der christliche Ideale verwirklichen wollte.

Die Versammlung begann mit einer kurzen Andacht, und da E. D. Nixon im Dienst war, wurde der Reverend L. Roy Bennett, Präsident der Interdenominal Ministerial Alliance (Überkonfessioneller Pfarrerverband), zum Vorsitzenden gewählt. Nachdem er beschrieben hatte, was Mrs. Parks widerfahren war, sagte Reverend Bennett: »Jetzt ist es Zeit, sich zu rühren. Wir haben keine Zeit mehr zum Reden, wir müssen handeln.«
Als Martin heimkam, erzählte er mir, die Versammlung sei beinahe gescheitert, da die Vorschläge oder Fragen aus dem Sitzungssaal unberücksichtigt blieben. Doch nach einer stürmischen Sitzung war eines klar: »Trotz der im einzelnen auseinandergehenden Meinungen waren alle einhellig für den Boykott. Er wurde auf Montag, den 5. Dezember, festgesetzt. Komitees wurden organisiert; alle anwesenden Pfarrer versprachen, ihre Gemeinden eindringlich zu ermahnen, daran teilzunehmen. Mehrere tausend Handzettel wurden auf dem Vervielfältigungsapparat der Kirche abgezogen; sie erklärten die Gründe für den Boykott und ermahnten alle Neger, am Montag, dem 5. Dezember, nicht Bus zu fahren, »weder zur Arbeit noch in die Stadt, weder zur Schule noch sonstwohin.«

Alle wurden aufgefordert, am Montagabend zu einer Massenversammlung in die Holt Street Baptist Church zu kommen, um sich weitere Anweisungen zu holen.

Der Reverend A. W. Wilson hatte seine Kirche angeboten, denn sie war größer als Dexter und praktischer, da sie mitten im Negerdistrikt lag.

Samstag war ein anstrengender Tag für Martin und die anderen Mitglieder des Komitees. Sie fuhren kreuz und quer durch die Stadt, redeten mit wichtigen Leuten, vereinbarten mit den Neger-Taxigesellschaften Mengentarife und mit den Besitzern von Privatwagen, daß die Leute zur Arbeit und wieder heim gebracht würden. Yoki war erst zwei Wochen alt, und mein Arzt, Dr. W. D. Pettus, der sehr vorsichtig war, riet mir, einen Monat lang daheim zu bleiben. Doch hielt mich das Telefon in Atem, und ich war vollauf damit beschäftigt, von diesem zentralen Punkt die vielen Botschaften und Vereinbarungen zu koordinieren.

Am meisten sorgten wir uns, wie wir die fünfzigtausend Schwarzen Montgomerys trotz aller Anstrengung erreichen sollten. Doch dann verbreitete die weiße Presse in einem empörten Artikel die Nachricht auf eine Weise, wie sie uns mit unseren eigenen Mitteln unmöglich gewesen wäre. Zufällig hatte eine Weiße einen unserer Handzettel gefunden, den ihr schwarzes Dienstmädchen in der Küche vergessen hatte. Die aufgebrachte Frau rief sofort die Zeitungen an, um die Weißen Montgomerys von dem Vorhaben der Neger zu verständigen. Wir lachten viel darüber, und Martin sagte später, wir schuldeten ihnen großen Dank.

Als Martin am Sonntag spätabends heimkam, las er die Morgenzeitung. Die langen Artikel über den geplanten Boykott bezichtigten die NAACP, sie habe Mrs. Parks – die als freiwillige Sekretärin für die Ortsgruppe Montgomery gearbeitet hatte – vorgeschickt, und verglichen den Boykott mit den Methoden der Weißen Bürgerräte. Dies beunruhigte Martin heftig. Sein schreckliches Gewissen begann ihn zu quälen, und er fragte sich, ob er das Richtige tue. Er zog sich in sein Arbeitszimmer zurück und rang mit der Frage, ob die Methode des Boykotts grundsätzlich mit christlichem Geist zu vereinbaren sei. Gewiß konnte sie zu unethischen Zwecken mißbraucht werden. Aber er sagte: »Wir benutzten sie, um die Freiheit zu schaffen ... und die Menschen anzuhalten, das Gesetz des Landes zu befolgen. Wir wollten die Busgesellschaft nicht um ihr Geschäft bringen, sondern Gerechtigkeit in ihr Geschäft hineinbringen.« Er erinnerte an Thoreaus Worte: »Wir können mit einem schlechten System nicht länger zusammenarbeiten«, und meinte: »Wer das Böse widerspruchslos hinnimmt, unterstützt es in Wirklichkeit.« Später schrieb Martin: »Von diesem Augenblick an betrachtete ich unsere Bewegung als einen Akt entschiedener Nicht-Kooperation und gebrauchte nur noch selten das Wort Boykott.«

Martin ging aus seinem inneren Kampf gefestigt hervor. Er kam zu mir ins Wohnzimmer, und wir wollten bald zu Bett gehen, aber Yoki weinte, und das Telefon läutete noch immer. Zwischen Unterbrechungen besprachen wir die Erfolgsaussichten des Protests. Beide waren wir skeptisch. Boykottversuche in Montgomery und anderen Städten waren bisher gescheitert. Zeiten und Stimmung hatten sich zwar geändert, so daß jetzt bessere Aussichten bestanden, aber die Hoffnung war doch gering. Schließlich kamen wir überein, daß wir zufrieden sein wollten, wenn sich sechzig Prozent aller Neger daran beteiligten.

Kurz nach Mitternacht gingen wir endlich zu Bett, aber um fünf Uhr dreißig am nächsten Morgen waren wir schon wieder angezogen. Der erste Bus mußte um sechs Uhr an der Haltestelle direkt vor unserem Haus halten. Wir frühstückten mit Kaffee und Toast in der Küche; dann ging ich ins Wohnzimmer, um aufzupassen. Pünktlich erschien der Bus, seine Scheinwerfer strahlten durch die Dezemberdunkelheit, und innen war er hell erleuchtet. »Martin, Martin, komm schnell!« rief ich. Er stürzte herbei und stellte sich neben mich. Sein Gesicht leuchtete vor Erregung. Kein einziger Fahrgast saß in dem gewöhnlich überfüllten Bus!

Wir warteten auf den nächsten. Auch er war leer, und dabei war dies die befahrenste Strecke der ganzen Stadt. Ein Bus nach dem anderen fuhr nach kurzem Halt weiter. Wir waren so aufgeregt, daß wir kaum zusammenhängend sprechen konnten. Schließlich sagte Martin: »Ich fahre in die Stadt und schaue, wie es anderswo aussieht.«

Er holte Ralph Abernathy ab, und zusammen fuhren sie kreuz und quer durch Montgomery. Überall war es das gleiche. Ein paar Weiße und vielleicht ein oder zwei Schwarze in sonst leeren Bussen. Martin und Ralph bot sich ein erstaunliches Bild – die Trottoirs wimmelten von Männern und Frauen auf dem Weg zur Arbeit; die Studenten des Alabama State College gingen zu Fuß oder fuhren per Anhalter; in den Taxen drängten sich die Menschen. Manche ritten auf Maultieren; andere fuhren in Einspännern. Aber die meisten gingen zu Fuß, wobei einige auf dem Weg zur Arbeit und wieder nach Hause bis zu zwölf Meilen zurücklegten. Martin schrieb später: »Als ich sie sah, wußte ich, daß es nichts Majestätischeres gibt als den entschlossenen Mut derer, die bereit sind, für Freiheit und Würde zu leiden und Opfer zu bringen.«

Um neun Uhr früh fuhr Martin dann zur Verhandlung gegen Mrs. Parks. Sie wurde wegen Zuwiderhandlung gegen die Segregationsverordnung der Stadt zu zehn Dollar Strafe und den Gerichtskosten verurteilt. Ihr junger Anwalt, Fred D. Gray, legte Berufung ein. Es war einer der ersten ganz klaren Fälle, daß ein Neger wegen Zuwiderhandlung gegen das Segregationsgesetz verurteilt wurde – früher lautete die Anklage gewöhnlich auf ordnungswidriges Verhalten oder dergleichen. Um drei Uhr nachmittag trafen sich die Verantwortlichen der Bewegung, um die Massenversammlung für den gleichen Abend vorzubereiten. Martin kam etwas zu spät, und als er den Saal betrat, empfing man ihn: »Martin, wir haben dich zu unserem Präsidenten gewählt. Nimmst du an?«

Anscheinend hatte Rufus A. Lewis, ein Kaufmann Montgomerys, Martin vorgeschlagen, worauf er einstimmig gewählt worden war. Alle – und wahrscheinlich auch Martin – wußten, daß der Posten gefährlich war und daß, wer immer ihn übernahm, zur Zielscheibe von Zorn und Rachsucht der Weißen werden würde. Martin sagte: »Es kümmert mich nicht. Einer muß es machen, und wenn ihr es mir zutraut, dann bin ich bereit.«
Dann wurden die übrigen Vertrauensleute gewählt. Rev. L. Roy Bennett wurde Vizepräsident; Rev. E. N. French Schriftführer; Mrs. Erna A. Dungee Finanzsekretärin und E. D. Nixon Schatzmeister. Danach beratschlagten sie, wie die Organisation heißen solle. Jemand meinte Negro Citizens/ Commitee (Bürgerkomitee der Neger). Doch Martin war nicht einverstanden, da es nach einer Organisation im Geistes des White Citizens' Council klang. Schließlich schlug Ralph Abernathy vor, die Organisation Montgomery Improvement Association (MIA – Bürgerausschuß zur Verbesserung der rassischen Beziehungen) zu nennen, und dieser Name wurde einmütig gebilligt.
Neben Mut und Hoffnung war die Angst bei dieser Versammlung unsichtbar zugegen. Vorschläge wurden laut, die MIA zu einer Art Geheimbund zu machen, weil es sicherer für die Führer wäre, wenn keine Namen genannt würden. E. D. Nixon wandte sich dagegen: »Wir benehmen uns wie kleine Jungen. Irgendein Name wird bekannt werden, und wenn wir Angst haben, dann können wir gleich Schluß machen. Die Weißen werden es doch irgendwie herausfinden. Besser wir entscheiden uns gleich, ob wir furchtlose Männer sein wollen oder ängstliche kleine Jungen.«
Damit war die Frage erledigt. Im übrigen wurde beschlossen, der Protest solle so lange weitergehen, bis gewisse Forderungen erfüllt wären, die ein Komitee unter dem Vorsitz von Ralph Abernathy aufstellen sollte.
Um sechs Uhr kam Martin heim. Er war nervös, was ich dazu sagen würde, daß er den Vorsitz der Protestbewegung angenommen hatte, aber er hätte sich nicht sorgen brauchen, weil ich aufrichtig meinte, was ich ihm sagte: »Du weißt, was immer du tust, ich stehe hinter dir.«
Beruhigt ging Martin in sein Arbeitszimmer. Er sollte abends die Hauptansprache auf der Massenversammlung halten. Es war sechs Uhr dreißig, und er hatte – wie es von nun an gewöhnlich sein sollte – nur zwanzig Minuten, um die vielleicht entscheidendste Rede seines Lebens vorzubereiten. Als er an die Verantwortung, die Reporter und Fernsehkameras dachte, drehte er beinahe durch. In diesem Zustand vergeudete er fünf der zwanzig Minuten. Da wandte er sich an Gott und bat ihn, sein inneres Gleichgewicht wiederherzustellen und ihm jetzt beizustehen, da er seiner Führung mehr denn je bedürfe.

Wie konnte er seine Ansprache kämpferisch genug gestalten, um die Menschen aufzurütteln, daß sie mutig und entschieden, doch ohne Haß und Rachsucht handelten. Zu beidem war er entschlossen.
Zusammen fuhren Martin und Ralph zur Versammlung. Vier Häuserblocks von der Holt Street Baptist Church stockte der Verkehr. Fünftausend Leute standen vor der Kirche, lauschten den Lautsprecherübertragungen und sangen Kirchenlieder. Die Kirche selbst war so überfüllt, daß man Ralph und Martin über die Köpfe der Menge hinweg von Hand zu Hand weiterreichen und an der Kanzel absetzen mußte. Die gewaltige Versammlung und ihr Gesang inspirierten Martin, und sein Gebet wurde erhört. Später sagte er: »An jenem Abend verstand ich, was die alten Prediger meinten, wenn sie sagten: ›Tue deinen Mund auf, und Gott wird für dich sprechen.‹«
Zuerst sangen die Leute in einem gewaltigen Chor von fünftausend Stimmen »Vorwärts, Christi Streiter«. Es folgte ein Gebet, und ein Schriftwort wurde verlesen. Dann wurde Martin vorgestellt. Die Menge applaudierte, und die Scheinwerfer des Fernsehens richteten sich auf ihn. Er sprach ohne irgendwelche Notizen. Noch einmal berichtete er von dem, was Mrs. Parks zugestoßen war, und sprach von dem Unrecht, das den Schwarzen zugefügt wurde. Dann sagte er: »Aber es kommt ein Augenblick, da man das satt hat. Wir sind heute abend hier, um denen, die uns so lange mißhandelt haben, zu sagen, daß wir es satt haben. Wir sind es müde, segregiert und gedemütigt zu werden. Wir sind es müde, ständig unterdrückt und brutal mit Füßen getreten zu werden.«
Die Zuhörer brachen in stürmischen Beifall aus, und Martin sagte: »Es bleibt uns keine andere Möglichkeit als zu protestieren. Wir waren erstaunlich geduldig ... aber heute abend haben wir uns hier versammelt, um uns von einer Geduld frei zu machen, die uns mit etwas Geringerem als Freiheit und Gerechtigkeit zufrieden sein läßt.«
Indem er den herausfordernden Vergleich mit den Weißen Bürgerräten und dem Ku-Klux-Klan aus der Zeitung aufnahm, sagte Martin: »Sie protestieren, um die Ungerechtigkeit zu verewigen; wir protestieren, um Gerechtigkeit zu schaffen ... Ihre Methoden führen zu Gewalt und Gesetzlosigkeit. Aber bei unserem Protest wird es keine brennenden Kreuze geben, kein Weißer wird von einem mit Kapuzen verhüllten Negermob aus seinem Haus gezerrt und brutal ermordet werden ... Die hohen Prinzipien des Rechts und der Ordnung werden uns leiten.«
Nachdem er den Kampfgeist seiner Zuhörer geweckt hatte, setzte Martin ihm nun Grenzen. Gewaltlosigkeit und christliche Liebe prägten seine Worte. Er sagte: »Wir wollen niemanden einschüchtern, um ihn vom Bus-

fahren abzuhalten. Wir wollen überzeugen, keinen Zwang ausüben. Wir wollen den Leuten nur sagen: ›Laßt euch von eurem Gewissen leiten.‹ Unser Handeln soll von den Grundsätzen des christlichen Glaubens bestimmt sein ... Wieder sollen wir die Worte Jesu vernehmen: ›Liebet eure Feinde, segnet, die euch fluchen, bittet für die, so euch beleidigen und verfolgen.‹ Tun wir das nicht, so wird unser Protest wie ein sinnloses Drama auf der Bühne der Weltgeschichte enden, und die Erinnerung daran wird in das häßliche Gewand der Schande gehüllt sein ... Wir dürfen nicht bitter werden und zuletzt unsere weißen Brüder hassen. Wie Booker T. Washington einmal sagte: ›Laßt euch von niemandem so tief hinabziehen, daß ihr ihn haßt.‹«
Martin schloß: »Wenn ihr mutig und doch mit Würde und christlicher Liebe kämpft, werden künftige Geschichtsschreiber sagen: ›Es lebte einmal ein großes Volk, ein schwarzes Volk, das der zivilisierten Welt ein neues Bewußtsein und ein neues Gefühl der Würde einflößte‹. Das ist unser Auftrag und unsere große Verantwortung.«
Als Martin geendet hatte, erhoben sich die Zuhörer und applaudierten stürmisch. Und mit jener Rede gab mein Mann Ton und Tempo der Bewegung an, die er von Montgomery aus führen sollte.
Wenn wir später darüber sprachen, fragten wir uns, warum ausgerechnet von Montgomery eine Bewegung mit solch ungeheurem Widerhall ausging; warum es den Negern hier und in diesem bestimmten Augenblick gelang, sich friedlich für die Sache der Freiheit zu vereinigen. Zwar hatten die Entscheidungen des Obersten Bundesgerichts und das besonders ungerechte Vorgehen der städtischen Busgesellschaft teilweise den Anstoß gegeben, aber dies erklärte nicht alles. Andere Schwarze hatten anderswo gleiches oder selbst größeres Unrecht erlitten und es kleinlaut hingenommen. Daß es an seiner Führung und an seinen ergebenen Mitarbeitern läge, verneinte Martin. Rational war es nicht ausreichend zu begründen, und so mußte etwas anderes hereinspielen. Die Geburt der Bewegung ließ sich nicht »ohne eine göttliche Dimension« erklären. Mein Mann glaubte inbrünstig an »eine schöpferische Kraft, welche die Berge des Bösen einreißt und die Gipfel der Ungerechtigkeit abträgt«. Martin betrachtete sich als ein Werkzeug dieser Kraft, und er sagte: »Gott bedient sich noch immer der Geschichte, um seine Wunder zu vollbringen. Anscheinend hat Gott beschlossen, Montgomery als Übungsplatz für Kampf und Sieg von Freiheit und Gerechtigkeit in Amerika zu gebrauchen.« Sein ausgeprägtes Geschichtsbewußtsein frohlockte über die innere Konsequenz, daß »Montgomery, die Wiege der Konföderation, zu Montgomery, der Wiege von Freiheit und Gerechtigkeit« wurde.

An jenem Abend des 5. Dezember 1955 war allerdings der Sieg noch weit, und der Kampf begann gerade erst. Nach Martins Rede billigte die Massenversammlung einstimmig die Forderungen, die Ralph Abernathy aufgestellt hatte und die erfüllt werden mußten, ehe wir wieder mit den Bussen fahren würden. Sie waren bescheiden:

1. Die Busunternehmer garantieren höfliche Behandlung,
2. die Fahrgäste setzen sich in der Reihenfolge, in der sie kommen – die Neger von hinten nach vorn, die Weißen von vorn nach hinten; und
3. auf den Linien, die vornehmlich Neger benutzen, werden schwarze Busfahrer eingesetzt.

Am Mittwoch, dem 7. Dezember, leitete Martin ein Komitee, das Bürgermeister W. A. Gayle, die Stadtkommissare und die Vertreter der Busgesellschaft treffen sollte, um die Bedingungen einer möglichen Beilegung zu diskutieren. Er war sehr hoffnungsvoll. Die Kommissare hörten höflich zu und schienen geneigt, unsere Vorschläge zur Sitzordnung anzunehmen, die übrigens denen anderer Südstaatenstädte wie Mobile, Alabama und Nashville, Tennessee, entsprachen. Es ist wichtig, sich klarzumachen, daß wir zuerst nicht dieselben Plätze für Schwarze und Weiße forderten. Doch der Anwalt der Busgesellschaft, Jack Crenshaw, erklärte, der Plan widerspräche Montgomerys Segrationsgesetzen. Nach der Zusammenkunft nannte er seinen wahren Grund: »Hätten wir den Negern diese Forderung gewährt, dann würden sie sich rühmen, sie hätten einen Sieg über die Weißen davongetragen; und das werden wir nicht dulden.«
Trotz dem freundlichen Klima, in dem die Begegnung stattgefunden hatte, kam nichts dabei heraus, und wir wußten, daß uns ein langer Kampf erwartete. Die Weißen rechneten damit, der Boykott werde am ersten Regentag zusammenbrechen, aber Martin erkannte, daß sich dies durch eine geschickte Organisation verhindern ließ. Das wichtigste Problem bestand darin, unsere Leute mit so wenig Unannehmlichkeiten wie möglich zur Arbeit und wieder heim zu bringen. Am Freitag, dem 9. Dezember, teilten städtische Beamte den schwarzen Taxigesellschaften mit, Mengentarife seien illegal, und sie würden ihre Konzession verlieren, wenn sie diese Praktik fortsetzten. Doch zu diesem Zeitpunkt hatte sich ein Auto-Pool aus freiwilligen Fahrern gebildet, und an Haltestellen in der ganzen Stadt sorgten »Fahrdienstleiter« dafür, daß die Leute in die richtigen Wagen stiegen. Hunderte von Freiwilligen übernahmen Fahrten. Auf dem Höhepunkt des Boykotts beteiligten sich über dreihundert Autos daran. Viele denkwürdige und erfreuliche Dinge ereigneten sich während dieser

Zeit. Eine unserer Fahrerinnen war zum Beispiel Mrs. A. W. West, vom Aufsichtsrat der MIA. Mit ihrem grünen Cadillac fuhr diese wohlhabende, ältere elegante Witwe jeden Vor- und Nachmittag die Leute aus ihren schwarzen Vierteln zur Arbeit und wieder nach Hause.

Schließlich half die MIA zehn Negerkirchen, Kombiwagen zur Unterstützung des Auto-Pools zu kaufen. Die Namen der Kirchen waren jeweils auf die Autotüren gemalt, und während sie berstend voll durch die Stadt fuhren, sangen die Leute Kirchenlieder.

Aber trotz allem mußten noch immer Tausende laufen. Sie liefen aufrecht und stolz. Als jemand eine alte Großmutter fragte, ob sie nicht müde sei, antwortete sie: »Früher war meine Seele müde und meine Füße ausgeruht; nun sind meine Füße müde, aber meine Seele ist ausgeruht.«

Unbeabsichtigt halfen uns einige Weiße, die nicht auf ihre schwarzen Hausgehilfinnen verzichten wollten und sie daher in den Negervierteln abholten. Zweimal wöchentlich wurden Massenversammlungen in Kirchen der Innenstadt abgehalten, um die Moral aufrechtzuerhalten. Die Leute kamen zu Tausenden und einige schon Stunden vorher, um sich einen Sitzplatz zu sichern. Martin achtete streng darauf, daß das delikate Gleichgewicht zwischen Inspiration und Demagogie von den Rednern gewahrt wurde. Inzwischen ahmte er Gandhis Methode bewußt nach, und viele Leute außerhalb des Südens begriffen allmählich, daß in Montgomery etwas Neues stattfand: Schwarze schufen aus eigenem Antrieb ein neues Instrument der sozialen Veränderung.

Die Organisation, die ganz von Freiwilligen getragen wurde, war bemerkenswert. Die verschiedenen Komitees – Transport, Verhandlungen, Programme, Beschaffung von Mitteln – funktionierten überraschend gut. Alles, was wir taten, kostet eine Menge Geld, und anfänglich kam es allein von den Negern Montgomerys. Dann, als sich unsere Bewegung herumsprach, trafen Beiträge aus allen Teilen Amerikas und des Auslandes ein, ja noch aus so fernen Städten und Ländern wie Tokio und der Schweiz.

Die Stimmung der Schwarzen war großartig, und die Begeisterung wirkte irgendwie ansteckend. Alle Schichten wurden davon ergriffen. Dies war höchst ungewöhnlich in Montgomery, wo die Neger zuvor in Cliquen und Klassen zerfallen waren und sich in nichts hatten einigen können. Ich bin überzeugt, daß diese herrliche Demonstration der Einheit weitgehend Martins Führung zu verdanken war. Die Leute glaubten an ihn und achteten ihn als Führer. Um seiner Ausbildung und seiner Herkunft willen respektierten ihn die Intellektuellen, und die Ärmeren spürten seine aufrichtige Liebe und daß er ihre Sache ganz zur seinen machte. Er wurde ein Symbol der schwarzen Einheit, ein Mittler zwischen den auseinanderstrebenden Gruppen.

Wenn die Auseinandersetzung auch vor allem den Negern half, so duldete mein Mann doch nicht, daß sie sich allein auf die Bedürfnisse der Schwarzen beschränkte. Er sagte: »Was wir tun, tun wir nicht allein für die Schwarzen, sondern auch für die Weißen. Das System, das die Persönlichkeit des Negers unterdrückt und seine Seele mit Narben bedeckt, hat auch der Persönlichkeit des weißen Mannes geschadet, indem es ihm ein falsches Überlegenheitsgefühl gab, so wie es den Negern ein falsches Gefühl der Minderwertigkeit gegeben hat. Segregation ist für den einen so schlecht wie für den anderen. Indem wir den Neger befreien, befreien wir auch den Weißen von seinen falschen Anschauungen und unbewußten Schuldgefühlen gegenüber jenen, denen er Unrecht tut.«

Zwangsläufig und besonders wenn sie über die Schwarzen berichtet, neigt die Presse dazu, Themen und Situation übermäßig zu vereinfachen. Bei der Berichterstattung über die MIA stand Martin im Mittelpunkt des Interesses, obwohl er dies zu vermeiden trachtete. Und da andere ebenfalls hart arbeiteten und die Gefahren teilten, verursachte dies natürlich Probleme. Zu einem bestimmten Zeitpunkt war er durch all die selbstzerstörerischen Rivalitäten so niedergeschlagen und entmutigt, daß er sagte: »Ich bin willens abzunehmen, damit andere wachsen können.«

Martins Vorschlag zurückzutreten, wirkte einigend auf die Vorstandsmitglieder der MIA, von denen die meisten seine Aufrichtigkeit begriffen und auch, daß ihm seine eigene Stellung nichts bedeutete. Allein die Bewegung interessierte ihn. Martin sorgte sich immer, ob irgend etwas an seiner Führung Uneinigkeit erzeugen könne. Sein Leben lang fragte er sich, ob ein anderer in irgendeinem Augenblick der Geschichte der Bewegung nützlicher sein würde.

Obwohl ich nur eine kleine Rolle in dem Boykott spielte, so fand ich sie doch wichtig. Es war eine aufregende Zeit für mich. Zuerst war unser Haus das Büro der MIA. Das Telefon läutete von fünf Uhr früh bis Mitternacht; und den ganzen Tag hindurch trafen sich Leute bei uns. Es war unmöglich, Yoki an regelmäßige Zeiten zu gewöhnen, und sie lernte mit uns anderen, sich anzupassen. Nie wußte ich, wieviel Leute Martin zum Essen einladen würde, aber irgendwie gelang es mir, sie satt zu bekommen. Manchmal schien es wie die Speisung der Fünftausend.

Als sich die Dezembertage dahinschleppten und die weiße Gemeinde sah, daß wir nicht aufgeben würden, wurde die Lage wirklich schwierig. Alle Verhandlungsversuche brachen zusammen. Um uns eine »Lehre zu erteilen«, traten der Bürgermeister und die Kommissare dem White Citizens

Council bei. Wir erhielten immer mehr häßliche Anrufe. Zu allen Tages- und Nachtstunden läutete das Telefon, und irgendeine männliche oder weibliche Stimme überschüttete uns mit einer Flut obszöner Beschimpfungen, von denen »nigger son of a bitch« noch die mildeste war. Weibliche Anrufer phantasierten oft von Sex und bezichtigten Martin und mich der unglaublichsten Abartigkeiten. Und häufig drohte man, uns umzubringen, wenn wir die Stadt nicht verließen. Wie Martin vorausgesehen hatte, als er die Rolle annahm, war er als Führer und gewählter Sprecher des Protests die Zielscheibe für den Haß und die Enttäuschung der Weißen. Aber trotz Arbeit, Verwirrung und Gefahr, trotz dem Chaos unseres Privatlebens fühlte ich mich beflügelt und fast gehoben. Im Januar waren Martin und ich überzeugt, daß die Bewegung von überlokaler Bedeutung war, daß sich etwas Wichtiges für den gemeinsamen Kampf aller unterdrückten Völker daraus entwickelte. Es war ein erregendes Gefühl, an einer Bewegung teilzuhaben, die sich über die ganze Nation ausbreitete und vor unseren Augen zum Leben erwachte. Später erkannten wir, daß es sich nicht nur um eine nationale, sondern um eine internationale Erscheinung handelte, die Teil einer weltweiten Revolution der Menschlichkeit war, welche das Recht des einzelnen auf Freiheit und Selbstachtung geltend machte.

Eines Januarabends, als mir einfiel, daß ich nicht gern nach Montgomery gekommen war, sagte ich: »Oh, Martin, wie glücklich ich bin, mit dir in diesem historischen Augenblick in Montgomery zu leben.«

Aber wir konnten diese Hochstimmung nicht dauernd bewahren. Die Drohungen und die wirkliche Gefahr waren manchmal sehr niederdrückend. Eines Abends sagte Martin auf einer Massenversammlung unvermittelt: »Wenn ihr mich eines Tages tot auffindet, sollt ihr dies mit keiner einzigen Gewalttat vergelten. Ich bitte euch inständig, den Protest mit unverminderter Würde und Disziplin weiterzuführen.«

Ein andermal kam Martin sehr abgespannt nach Hause. Später erzählte er mir, daß er mich und das Kind angesehen und gedacht habe: »Jederzeit können sie mir oder ich ihnen entrissen werden.« Und mitten in der Nacht läutete dann das Telefon. Eine wütende Stimme rief: »Hör, Nigger, unsere Geduld ist am Ende. Noch in dieser Woche wirst du es bereuen, daß du je nach Montgomery gekommen bist.«

Es war nur einer unter vielen beleidigenden Anrufen, aber Martin war am Ende. Er ging in die Küche, machte sich eine Tasse Kaffee und dachte ruhig über unsere Lage und die Alternative nach. Dann stützte er den Kopf in die Hände, beugte sich über den Tisch und betete: »Herr, ich glaube, daß ich für eine gerechte Sache kämpfe. Die Leute sehen auf mich als ihren Führer, und wenn ich so ohne Kraft und Mut vor ihnen stehe, werden sie wankend werden. Ich kann nicht mehr weiter. Ich habe den Punkt erreicht, wo ich es allein nicht mehr schaffe.«

»In diesem Augenblick«, berichtete Martin, »erlebte ich die Gegenwart Gottes wie nie zuvor. Mir war, als hörte ich eine innere Stimme, die mir Mut zusprach: ›Steh auf für die Gerechtigkeit; steh auf für die Wahrheit, und Gott wird immer an deiner Seite sein.‹«

Nach diesem Erlebnis hatte Martin seine Selbstsicherheit wiedergefunden und war bereit, allem entgegenzutreten.

Als sich zeigte, daß der Boykott nicht zusammenbrechen würde, entschloß sich die Stadtregierung zu einer Politik der harten Hand. An einem trübseligen Januarnachmittag saßen Martin und ich beim Essen. Bob Williams war bei uns, ein lieber Freund, der zusammen mit Martin Morehouse besucht hatte und am Alabama State College Musik lehrte; als eine Art Beschützer hielt er sich viel in unserem Haus auf. Martin sagte zu Bob und mir: »Wie ich höre, plant die Polizei, mich unter einem fadenscheinigen Vorwand festzunehmen.«

»Das wäre gut«, sagte ich. »Unsere Leute würden zornig werden und sich noch enger zusammenschließen. Die Polizei würde einen großen Fehler machen, aber wahrscheinlich wird sie ihn begehen.«

Beide Männer stimmten mir zu, und Martin beschloß, sich der Verhaftung nicht zu entziehen. Er und Bob fuhren in die Innenstadt, um die Gemeindesekretärin, Mrs. Lillie Thomas (jetzige Mrs. Lillie Hunter, Büroleiterin der SCLC), abzuholen und anschließend zu einem der Parkplätze weiterzufahren, der eine Haltestelle des Auto-Pool war. Martin nahm drei Fahrgäste mit. Am Rande des Parkplatzes hielt ihn ein Polizist an und wollte seinen Führerschein sehen. Als Martin ihn vorwies, hörte er einen anderen Polizisten sagen: »Das ist der verdammte King.«

Danach folgte ihm ein Polizist auf einem Motorrad. Natürlich fuhr Martin sehr vorsichtig und beachtete alle Verkehrsregeln. Als er seine Fahrgäste aussteigen ließ, hielt der Polizist neben ihm an und sagte: »Aussteigen, King! Sie sind verhaftet. Sie sind dreißig Meilen die Stunde gefahren, erlaubt sind hier nur fünfundzwanzig.«

Ein Streifenwagen hielt und brachte Martin zum Stadtgefängnis. Man stieß ihn in eine schmutzige, stinkende segregierte Zelle. Unter den Gefangenen erkannte er einen Lehrer, der im Zusammenhang mit dem Protest verhaftet worden war. Andere drängten sich um Martin und baten, er möge ihnen heraushelfen. Er erwiderte: »Freunde, ehe ich euch helfen kann, muß ich doch selbst erst wieder hier heraus.«

Inzwischen verbreitete sich die Nachricht von seiner Verhaftung wie ein Lauffeuer. An jenem Abend fanden fünf Massenversammlungen statt, und die Verhaftung wurde auf allen bekanntgegeben. Eines unserer treuen Gemeindemitglieder, Miss Viola Webb, rannte mit der Nachricht zu mir. »Mrs. King, Mrs. King«, rief sie, »man hat ihn geschnappt. Man hat Dr. King verhaftet. Mrs. King, bitte holen sie ihn heraus. Bitte tun sie etwas.«
Ich blieb gelassen, denn ich hatte mit dieser Möglichkeit gerechnet, aber ich fürchte, Miss Webb hielt mich für gleichgültig.
Als erster erreichte Ralph Abernathy das Gefängnis. Er wollte für Martin bürgen, doch der zuständige Beamte erklärte: »Da müssen Sie bis morgen warten.«
»Ich bin Pastor der First Baptist Church von Montgomery. Soll das heißen, daß ich keine Bürgschaft leisten kann?«
»Nein, das können Sie nicht.«
»Kann ich Dr. King sehen?«
»Nein.«
Schon bald versammelten sich die Dekane der Kirche und viele andere Leute vor dem Gefängnis. Es muß auf die Polizei bedrohlich gewirkt haben. Nervös holte der Gefängniswärter Martin aus seiner Zelle, während die Mitgefangenen im Chor riefen: »Vergessen Sie uns nicht, Dr. King!«
Martins Fingerabdrücke wurden abgenommen, und dann hieß es: »In Ordnung, King. Sie werden auf Ihr Wort hin freigelassen.«
Später erzählte mir Martin, er habe sich dies erste Mal im Gefängnis etwas gefürchtet. Er hatte zuvor nicht einmal gewußt, wo das Gefängnis lag, und dachte, man wolle ihn vielleicht lynchen. Doch als er all seine Anhänger draußen warten sah, faßte er wieder Mut. Einer der Dekane fuhr ihn und Ralph zu all den Versammlungen, wo die Leute laut zu Gott beteten, er möge das Herz des Gefängnisaufsehers erweichen und ihren Führer freilassen.
Am folgenden Samstag erhielten wir dreißig oder vierzig Anrufe, in denen man uns drohte oder schmähte. Um halb drei nahm ich endlich den Hörer ab, damit wir etwas schlafen könnten. Als ich ihn gegen sieben Uhr früh wieder auflegte, läutete es sofort, und eine Stimme sagte: »Meine Jungen haben mir gesagt, Sie hätten letzte Nacht den Hörer neben das Telefon gelegt.«
Zornig erwiderte ich: »Es ist mein Telefon, und ich mache damit, was ich will.«
Im Hintergrund sagte Martin: »Oh, Liebes, sprich nicht so.«
Immer mahnte er: »Sei nett. Sei freundlich. Sei gewaltlos.« Aber ich war

einfach zu müde und abgespannt, um bei so wenig Schlaf und so vielen Provokationen sanft zu bleiben.

Am Sonntag sagte Martin von der Kanzel: »Wir erhalten so viele unangenehme Anrufe, daß wir nachts den Hörer vom Telefon nehmen, weil wir nur so etwas schlafen können. Sollte mich jemand zu erreichen suchen, dann wißt ihr, warum es nicht geht.« Unsere Gemeinde sorgte sich sehr um mich und fand, jemand solle zu mir kommen, wenn Martin Versammlungen besuchte. Aber ich fürchtete mich nicht und blieb gern allein.

Wir hatten daran gedacht, daß jemand eine Bombe in das Haus werfen könnte. Doch wenn die Vorderseite auch unmittelbar auf die Straße ging, so lag es doch in einer dicht besiedelten Gegend, und ich dachte, keiner werde es riskieren, von dorther anzugreifen. Auf der Rückseite war ein tiefer Hof mit einem Zaun darum, so daß niemand wirklich nahe kommen konnte. Das Baby und ich schliefen hinten, und ich war ziemlich sicher, daß uns nichts geschehen würde. Obwohl in abgelegenen Landstädtchen vereinzelt Bomben geworfen worden waren, glaubte ich nicht, man werde es in einem dichtbesiedelten Viertel der Stadt versuchen. Doch Martin schien so besorgt, daß ich einwilligte, unsere gute Freundin Mary Lucy Williams anzurufen und zu bitten, mir am folgenden Abend Gesellschaft zu leisten.

Das war Montag, den 30. Januar 1956. Gegen halbzehn abends hatte ich einen Morgenrock angezogen, und Mary Lucy und ich plauderten im Wohnzimmer. Da hörte ich einen schweren Aufprall draußen auf der Betonveranda. Hätte ich nicht schon mit einem Angriff gerechnet, wäre ich vielleicht nachsehen gegangen. Statt dessen sagte ich: »Es klingt, als hätte jemand eine Bombe geworfen. Besser wir gehen nach hinten.«

Wir eilten nicht durch die Diele, die uns der Geräuschequelle nähergebracht hätte, sondern direkt nach hinten ins Gastzimmer. Als wir bis zur Zimmermitte gekommen waren, erschütterte eine Detonation das Haus. Dann Rauch und das Geräusch von splitterndem Glas.

Mary Lucy packte mich und begann zu schreien. Ich war durch die Erschütterung und den Lärm mitgenommen, und ihr Schreien vermehrte meinen Schrecken, als ich ins Schlafzimmer rannte, zwei Räume weiter hinten, wo Yolanda in ihrem Kinderwagen lag. Es fehlte ihr nichts, und automatisch griff ich nach dem Telefon. Doch wen sollte ich anrufen? An die Polizei wollte ich mich jedenfalls nicht wenden.

Dann läutete die Haustürklingel. Mein erster Gedanke war, es sei der Attentäter. Ich überlegte, was ich mit dem Kind machen sollte, und für den Bruchteil einer Sekunde drehte ich durch. Dann rief ich: »Wer ist da?« und eine Stimme fragte: »Ist irgendwer verletzt?«

Ich ließ meine Nachbarn ein. Sie waren erschreckt und besorgt. In unserem ganzen Stadtteil hatten die Leute die Detonation gehört und eilten nun herbei. Die Fenster waren zerbrochen, und der Wohnzimmerboden mit Glassplittern übersät. Die Veranda war aufgerissen und im Betonboden ein kleines Loch. Alle Lichter in den vorderen Zimmern waren erloschen, und ich holte eine Birne und schraubte sie in eine Fassung, damit wir etwas sehen könnten.

Dann rief ich Ralph Abernathys First Baptist Church an, wo die Massenversammlung abgehalten wurde, auf der auch mein Mann sprach. Mrs. Irene Grant, ein mir bekanntes Gemeindemitglied, meldete sich, und ich sagte ihr, daß unser Haus bombardiert worden war.

Ich dachte nicht daran zu erwähnen, daß Yoki und ich unverletzt waren, sondern bat sie nur, schnell ein paar Leute zu schicken. Sie sollten uns beschützen, nicht die Polizei, bei der ich nicht sicher sein konnte, daß sie nicht schon vor mir von dem Anschlag gewußt hatte.

Ich rief ein paar Freunde an und erreichte schließlich Mrs. Euretta Adair, die fragte, ob sie uns holen solle.

Als sie ankam, blickte sie in den Kinderwagen und redete mit Yoki, die nicht einmal weinte. Das Haus war inzwischen voller Menschen – weiße Reporter, Nachbarn, alle möglichen Leute –, die wissen wollten, was geschehen war.

Von der First Baptist Church kam ein Anruf, ob wir unverletzt wären. Als ich bejahte, beschloß man dort, Martin nichts zu sagen, ehe er seine Ansprache beendet hätte. Aber mein Mann, der die Leute besorgt hin und her eilen sah, spürte, daß etwas vorgefallen war. Er rief Ralph Abernathy zu: »Ralph, was ist geschehen?«

Ralph konnte nicht sprechen, aber Martin beharrte: »Ralph, du mußt es mir sagen.«

»Dein Haus wurde bombardiert.«

»Ist Coretta und dem Kind etwas zugestoßen?«

»Wir erkundigen uns gerade. Aber wir glauben, nicht.«

In seinem Bericht über diese schreckliche Nacht schrieb Martin: »Seltsamerweise blieb ich bei der Nachricht ganz ruhig. Mein religiöses Erlebnis einige Nächte zuvor hatte mir die Kraft dazu gegeben.«

Er unterbrach seine Rede, um die Leute davon zu unterrichten, was vorgefallen war, und sie zu ermahnen, sofort nach Hause zu gehen. »Geratet nicht in Panik und verliert den Kopf«, sagte er. »Wir wollen weiterkämpfen in dem festen Glauben, daß wir das Rechte tun, und in dem noch größeren Glauben, daß Gott mit uns ist in unserem Kampf.«

Dann eilte Martin heim.
Als er ankam, umringte eine aufgebrachte Menschenmenge das Haus. Die Polizei hielt die Leute nervös zurück. Bürgermeister Gayle und Polizeikommissar Clyde Sellers waren soeben eingetroffen. Martin stürzte ins Haus. Es war so voll, daß er kaum hineingelangte. Er sah mich und Yoki, und ich glaube, er war erleichtert, daß ich es so ruhig aufgenommen hatte. »Gott sei Dank, daß dir und dem Kind nichts passiert ist!« sagte er.
Ich versicherte ihm, alles sei in Ordnung, und Martin küßte mich. »Warum ziehst du dich nicht an, Liebling?«
Plötzlich fiel mir ein, daß ich mich ja ausgeruht hatte, als es geschah, und ich bemerkte, daß ich trotz der vielen Leute noch immer meinen Morgenrock trug.
Die Lage draußen vor dem Haus war gespannt und gefährlich. Obwohl die Leute sangen, waren sie zornig und aufgebracht. Ich erinnere mich, daß ich »My Country, Tis of Thee« hörte, aber man spürte die Hitze ihres Zorns. Viele waren bewaffnet; selbst die kleinen Jungen hatten zerbrochene Flaschen. Ein Polizist hielt einen Schwarzen zurück, der sagte: »Du hast deine 38er und ich hab meine. Nun kann's losgehen.«
Später sagte jemand, die Spannung sei so stark gewesen, daß es den schrecklichsten Rassenkrawall unserer Geschichte hätte auslösen können, wenn ein Weißer zufällig über einen Neger gestolpert wäre. Die Menge war so aufgebracht, daß sich die weißen Reporter nicht aus dem Haus getrauten, um ihre Berichte der Presse weiterzugeben. Totenblaß im Gesicht gingen Bürgermeister Gayle und Kommissar Sellers auf Martin zu und drückten ihr Bedauern aus, daß sich dieser »bedauerliche Vorfall in unserer Stadt« ereignet habe.
C. T. Smiley, Vorsitzender von Dexters Treuhänderkörperschaft und Rektor der Booker T. Washington High School, der größten Neger-*highschool* der Stadt, sagte zornig: »Daß Sie ihr Bedauern ausdrücken, ist gut und schön, aber Sie sind verantwortlich. Sie haben das Klima für so etwas geschaffen.«
Mit jeder Minute wuchs die wogende, raunende Menge, aus der Flüche gegen die Polizei ertönten. Da trat Martin auf die Veranda hinaus. In gewisser Hinsicht war es die wichtigste Stunde seines Lebens. Sein eigenes Haus war soeben bombardiert worden, seine Frau und sein Kind hätten getötet werden können. Zum erstenmal wurden damit seine christlichen Prinzipien und seine Theorie der Gewaltlosigkeit ernstlich auf Probe gestellt. Ernst und gefaßt stand er vor den wütenden Menschen, und er beherrschte sie. Er hob die Hand, und sie verstummten schlagartig – die zornigen Männer und Frauen, die aufgeregten Kinder und die finsteren,

erschreckten Polizisten, die sich um die Stufen drängten – alle waren vollkommen still. Mit ruhiger Stimme sagte Martin: »Meiner Frau und meinem Kind ist nichts passiert. Bitte geht nach Hause und legt eure Waffen weg. Wir können dies Problem nicht durch Vergeltung lösen. Wir müssen der Gewalt mit Gewaltlosigkeit begegnen. Denkt an die Worte Jesu: ›Wer das Schwert nimmt, soll durch das Schwert umkommen.‹ Wir müssen unsere weißen Brüder lieben, gleichgültig, was sie uns antun. Wir müssen ihnen zeigen, daß wir sie lieben. Jesus ruft uns auch heute über die Jahrhunderte hinweg zu: ›Liebet eure Feinde.‹ Dies müssen wir leben. Wir müssen Haß mit Liebe vergelten.«
Dann nahm seine Stimme ihren vollen, tiefen Klang an und entfaltete ihre bezwingende Kraft: »Denkt daran, selbst wenn ich den Kampf nicht weiterführen kann, wird doch die Bewegung weitergehen, weil Gott mit ihr ist. Geht nach Hause mit diesem sieghaften Glauben, mit dieser strahlenden Gewißheit.«
Viele weinten. Ich konnte im Licht der Scheinwerfer die Tränen auf den Gesichtern glänzen sehen. Sie waren bewegt wie durch eine heilige Verzückung. Sie riefen »Amen« und »Gott segne dich. Wir halten zu dir, Reverend.«
Jemand fragte, was nun aus uns werden würde, und Martin antwortete, man habe ihm Schutz zugesichert.
Bürgermeister Gayle und der Kommissar traten vor. Wieder begann die Menge zu buhen und zu drohen. Die Polizei verschlimmerte es noch, indem sie rief: »Ruhe, der Kommissar will sprechen!« Wütendes Geschrei antwortete. Martin trat an den Rand der Veranda, hob die Hand, und plötzlich verstummte der Lärm, wie wenn ein Dirigent den Taktstock hebt. »Denkt daran, was ich euch eben gesagt habe. Wir wollen den Kommissar anhören.«
Kommissar Sellers sagte: »Wir werden alles in unserer Macht Stehende tun, um herauszufinden, wer diese schreckliche Tat begangen hat, und um ihn vor Gericht zu bringen.«
Und Bürgermeister Gayle fügte hinzu: »Wir bieten fünftausend Dollar Belohnung für einen Hinweis, der zur Ergreifung führt.«
Danach zerstreuten sich die Menschen. In der Menge vernahm man die Stimme eines weißen Polizisten: »Ohne den Nigger-Prediger wären wir jetzt alle tot.«

7

Als alle gegangen waren, fuhren Martin, Yoki und ich zum Haus von Mr. und Mrs. Brooks, wo wir unsere erste Nacht in Montgomery verbracht hatten. Im ruhigen vorderen Schlafzimmer, auf dessen Wände eine ferne Straßenlaterne Schatten warf, gingen wir zu Bett.

Wir hatten zwei Stunden geschlafen, als ich jemanden an der Vordertür stetig klopfen hörte. Ich weckte Martin. Wir sahen den Umriß einer Gestalt hinter der Schnappjalousie und das Baby, das beim Fenster in seinem Kinderwagen lag.

Martin und ich waren erschreckt, da wir nicht wußten, was uns diesmal erwartete. Einen Augenblick lagen wir erstarrt da. Wir kannten das Haus nicht sehr gut, aber es schien uns, daß wir, um herauszukommen, in die Diele und an der Vordertür vorbei müßten. Wir wußten nicht, was tun, und als Martin aus dem Fenster sah, war der Unbekannte verschwunden.

Wenig später läutete das Telefon im Schlafzimmer der Brooks'. Daddy King rief an, er habe an der Vordertür geklopft, doch keine Antwort erhalten. Christine, Daddy King und A. D. waren bald zurück, und etwas später erschien auch mein Vater.

Einige Stunden zuvor hatte ich befürchtet, meine Familie würde von dem Anschlag hören und denken, wir seien verletzt. Darum hatte ich Mr. Hampton D. Lee, einen der beiden Leichenbestatter in Marion angerufen, er möge meinem Vater bitte ausrichten, es sei uns nichts passiert. Nun trat mein Vater ein, und das erste, was er sagte, war: »Ich bin gekommen, dich und das Kind nach Marion zu holen.«

Ich hörte ihn aufmerksam und ehrerbietig an, doch dann erwiderte ich: »Nein, Vater, ich werde bei Martin bleiben.«

Daddy King hatte gleich nach seiner Ankunft gesagt: »Nun, M. L., ihr kommt einfach nach Atlanta zurück.«

Als Martin protestierte, meinte Daddy King: »Besser ein lebendiger Hund als ein toter Löwe.«

Auch mein Vater versuchte ihn zu überzeugen. »Sie sind hinter dir her, Martin. Ich finde, du solltest in den Hintergrund treten und die Führung vorübergehend einem anderen überlassen; und Coretta, dich und das Kind möchte ich für ein paar Wochen heimholen, bis sich die Lage abgekühlt hat.«

»Ich denke, ich werde hierbleiben«, wiederholte ich. »Ich wäre unzufrieden mit mir, wenn ich heimginge. Ich möchte hier bei Martin bleiben.«

Natürlich versuchte Daddy King, uns zu überreden. Er drängte sehr darauf, Martin solle eine Weile heimkommen und Abstand gewinnen. Er wünschte aufrichtig, er möge ganz aus der Bewegung aussteigen. Obwohl ich so tapfer gesprochen hatte, war ich innerlich zerrissen. Martin und mir war klar, daß uns etwas zustoßen konnte. Das Haus konnte wieder bombardiert werden; das Kind und ich konnten das nächste Mal getötet werden.

Schließlich sagte Christine beim Frühstück: »Daddy, M. L. muß sich allein entscheiden, und du mußt es ihm überlassen, was er für richtig hält.«

Natürlich beschlossen wir zu bleiben.

Später sagte Martin zu mir: »Coretta, du warst ein richtiger Soldat. Ich weiß nicht, was ich ohne dich getan hätte.«

Ehe Martin dies sagte, hatte ich nicht über mein Verhalten in jener Nacht nachgedacht, sondern so gehandelt, wie es mir am natürlichsten war. Ich war immer stark gewesen, aber ich hatte nicht gewußt, daß Martin, der selbst so stark war, mich tatsächlich brauchte, und dies bewegte mich sehr.

Sobald unser Haus repariert war, zogen wir wieder ein, aber wir trafen einige Vorsichtsmaßnahmen. Bob Williams kam jeden Abend, um bei uns zu schlafen – doch schlief er kaum. Ohne daß Martin es wußte, schmuggelte er sein Gewehr ins Haus und hielt den größten Teil der Nacht damit Wache. Als Martin dahinterkam, bat er Bob eindringlich, es fortzuschaffen. Übrigens hatte ein Gemeindemitglied zu Beginn der Auseinandersetzung eine Pistole gebracht, aber Martin konnte den Gebrauch einer Waffe nicht mit seinen Prinzipien der Gewaltlosigkeit vereinbaren. Er entledigte sich der Pistole, und von da an hatten wir keine Waffen mehr im Haus. Selbst draußen, wenn Martin hörte, Mitglieder der Bewegung seien bewaffnet, beschwor er sie, sich von ihren Waffen zu trennen. Er erinnerte sie: »So jemand mit dem Schwert tötet, der muß mit dem Schwert getötet werden.« Hätte mein Mann diese Haltung nicht von Anfang an vertreten, die Bewegung wäre anders verlaufen, wir hätten nicht erreicht, was wir erreicht haben, und ein Meer von Blut wäre vergossen worden.

Wir brachten Scheinwerfer vor unserem Haus an, und die Gemeinde von Dexter bestand darauf, uns einen unbewaffneten Mann zu bezahlen, der draußen die ganze Nacht Wache hielt. Sie bezahlten mir auch einen Babysitter, und Martin versprach, nachts nicht allein herumzufahren; Bob Williams oder einer der anderen Männer begleitete ihn stets.

Wenige Nächte nach dem Angriff auf unser Haus wurde E. D. Nixons Haus bombardiert. Danach beruhigte sich die Lage vorübergehend, und

Mitte Februar fuhr ich mit Yoki für einige Tage zu meiner Familie und anschließend zu Mama und Daddy King in Atlanta. Martin hielt unterdessen eine Reihe von Vorträgen in der Fisk University von Nashville. Während unserer Abwesenheit grub ein Rechtsanwalt von Montgomery ein altes Staatsgesetz gegen Boykott aus. Das Schwurgericht von Montgomery wurde um eine Entscheidung angerufen und brachte eine Anklage gegen Martin und etwa neunzig andere wichtige Leute der Bewegung vor. Die Polizei begann sofort mit Verhaftungen. Sowie Martin davon erfuhr, sagte er die restlichen Vorlesungen ab und holte mich in Atlanta, um mit mir nach Montgomery heimzufahren. Er kehrte zurück, obwohl er genau wußte, daß man ihn verhaften würde.

Daddy King wollte dies unbedingt verhindern. So unerschrocken er für sich selbst war, so sehr ängstigte er sich um seinen Sohn. Er bat eine Gruppe von Freunden, die bedeutendsten Neger Atlantas, Martin zu überzeugen. Unter denen, die damals ins Haus kamen, befand sich A. T. Walden, ein geachteter Anwalt; bekannte Geschäftsleute wie C. R. Yates und T. M. Alexander; Bankpräsident L. D. Milton; C. A. Scott, Schriftleiter der *Atlanta Daily World;* Bischof Sherman L. Green von der African Methodist Evangelical Church; Rufus E. Clement, der Präsident der Atlanta University; und Martins alter Freund und Gönner Benjamin E. Mays, der Präsident des Morehouse College.

Daddy King hielt eine kleine Ansprache. Er berichtete von den Drohungen und Bombenanschlägen und daß er glaube, die Weißen seien hinter Martin her. Dann ergriffen andere das Wort und sagten Martin, warum er nicht zurückgehen dürfe. Dr. Mays, der Martin so gut kannte, schwieg.

Martin hörte sich alles aufmerksam an, dann erklärte er seinen Standpunkt: »Ich muß zurück nach Montgomery. Ich wäre ein Feigling, wenn ich nicht ginge. Ich könnte nicht mit mir selbst leben, wenn ich mich hier versteckte, während meine Brüder und Schwestern in Montgomery verhaftet werden. Lieber will ich zehn Jahre im Gefängnis sitzen, als jetzt mein Volk im Stich lassen. Ich habe den Kampf begonnen, und ich kann nicht mehr zurück. Ich habe den Punkt erreicht, wo es kein Zurück mehr gibt.«

Es herrschte Totenstille; alle wußten, daß er recht hatte. Daddy King schluchzte. Auch er wußte, daß Martin recht hatte, und hatte sich ergeben. Er sagte: »Mein Sohn, was du auch beschließt, du kannst auf deinen Vater zählen.«

Alle versicherten nun Daddy King, die Dinge wären nicht so schlimm, wie es den Anschein habe.

Dr. Mays versprach, falls eine hohe Strafe zu zahlen sei, werde er sie

übernehmen. Martins Worte hatten ihn sehr ergriffen, und er riet meinem Mann, das zu tun, was er für richtig erachte.
Am Abend zuvor hatten Daddy und Mama King versucht, Martin von Montgomery abzubringen. Sie waren alle sehr aufgeregt gewesen, und während der Auseinandersetzung war ich leise hinausgeschlüpft, um Yoki nach oben zu tragen. Allein mit meinem Kind dachte ich darüber nach, was dies für Martin und die gesamte Familie bedeuten konnte. Mir war klar, daß Martin und ich – stets dachte ich an uns beide – getötet werden könnten. In Marion und Atlanta war ich niedergeschlagen und nervös gewesen, doch nun wußte ich, daß auch ich mich entscheiden mußte. Um meinen Mann zu unterstützen, mußte ich ebenso überzeugt sein wie er.
Martin kam herauf und sagte halb scherzend: »Coretta, du hast mich drunten im Stich gelassen!«
Ich erklärte, daß ich nur Yoki die Auseinandersetzung und Spannung ersparen wollte. Dann sagte ich: »Martin, in jedem Leben kommt ein Augenblick, da man sich ganz allein entscheiden muß. Dies ist ein solcher Augenblick in deinem Leben. Du bist überzeugt, das Rechte zu tun, und du sollst wissen, daß ich immer hinter dir stehe, was du auch beschließen magst.«
Ich nahm mir vor, mich nicht länger zu sorgen. Seltsamerweise bekam ich dies bange Gefühl nur, wenn ich von Montgomery weg war – wenn die Leute etwa mahnten: »Sei vorsichtig!« Aber in Montgomery gaben mir die wundervoll starken Menschen, mit denen wir Umgang hatten, Kraft. Diese unentbehrliche Unterstützung verdankten wir Menschen aus allen Kreisen der Bewegung. Und obwohl wir uns nicht unnötiger Gefahr aussetzen wollten, kehrten wir gemeinsam nach Montgomery zurück, um unser Werk weiterzuführen.

Nachdem die Entscheidung gefallen war, beschloß Daddy King, uns zu begleiten. In seinem Wagen verließen wir anderntags um sechs Uhr früh Atlanta und erreichten Montgomery gegen neun. Daheim erwarteten uns Reporter und Fernsehkameras – wie sie unsere Ankunft herausgefunden hatten, weiß ich nicht.
Ralph Abernathy, der verhaftet und auf Bürgschaft freigelassen worden war, kam sofort herüber. Martin fuhr mit ihm und Daddy King zum Gerichtsgebäude, um sich zu stellen. Die Polizei registrierte meinen Mann, nahm seine Fingerabdrücke ab und fotografierte ihn mit einer Nummer auf der Brust wie einen Verbrecher. Dann wurde er auf Kaution freigelassen.
Die Verhandlung war auf den 19. März unter Richter Eugene Carter an-

beraumt. Natürlich war ich zusammen mit Daddy King, Christine, A. D. und vielen unserer Freunde dabei. Vor dem Gerichtsgebäude wurde demonstriert; einige trugen schwarze Kreuze auf der Brust mit den Worten: »Vater, vergib ihnen.«

Staatsanwalt William F. Thetford leitete die Verhandlung. Martin wurde als Hauptangeklagter bezeichnet. Eine Reihe sehr tüchtiger Anwälte verteidigte ihn – Arthur Shores, Peter Hall, Orzell Billingsley, Robert Carter und natürlich Fred Gray, der Anwalt der MIA. Vier Tage lang saß Martin auf der Anklagebank, während der Staatsanwalt Zeugen vernahm, um zu beweisen, daß er einen in Alabama rechtswidrigen Boykott organisiert habe; unsere Anwälte stellten dagegen Zeugen, um unter anderem die für Neger unerträglichen Zustände in den Bussen darzulegen.

Am Donnerstag, dem 22. März, hatten beide Parteien nichts mehr vorzutragen. Fast unmittelbar darauf – ohne eine Pause der Überlegung – verkündete Richter Carter das unvermeidliche Urteil: »Schuldig.« Er verurteilte Martin zu einer Strafe von fünfhundert Dollar oder 386 Tagen Zwangsarbeit. Der Richter sagte, er verhänge eine »Mindeststrafe«, weil Martin Gewalttätigkeiten verhindert habe.

Viele Leute im Gerichtssaal hatten Tränen in den Augen, andere saßen gesenkten Kopfes da. Unsere Verteidiger erklärten sofort, sie würden Berufung einlegen, obwohl sie wußten, daß es nicht viel nutzen würde; Martin wurde Kaution bewilligt. Als Martin und ich den Gerichtssaal verließen, folgten uns Dutzende von Freunden. Draußen rief eine große Menschenmenge: »Gott segne dich!« Dann sangen alle: »Wir fahren niemals wieder Bus.«

In »Stride Toward Freedom«[1] schrieb Martin: »Mich befiel am Schluß der Verhandlung ein Gefühl des Mitleids für Carter. Er befand sich in einem Dilemma: erklärte er mich für schuldig, mußte er damit rechnen, daß Amerika und die ganze Welt ihn verurteilen würden; sprach er mich aber frei, hatte er die Stadtgemeinde und die Wähler gegen sich, denen er seine Stellung verdankte. Während des ganzen Prozesses hatte er mich ausgesucht höflich behandelt, und sein Urteil hielt er wahrscheinlich für den besten Ausweg.«

Unsere Anwälte fochten nicht nur das Urteil gegen Martin an, sondern stellten auch beim Bundes-Distriksgericht einen Antrag, die Rassentrennung in den Bussen für verfassungswidrig zu erklären. Der Fall wurde

[1] Anm. d. Übers.: Deutsch erschienen als »Freiheit – Aufbruch der Neger Nordamerikas. Bericht über den Busstreik in Montgomery«, Kassel 1964.

am 6. Mai 1956 vor einem mit drei Richtern besetzten Bundesgericht gehört. Martin sagte, wie erleichtert wir uns fühlten, vor einem Bundesgericht zu stehen, dessen Atmosphäre nicht so vom Denken der Südstaaten beengt sei.

Zwei Wochen später erklärte dieses Bundesgericht mit zwei gegen eine Stimme die Bus-Segregation für verfassungwidrig. Die Anwälte von Montgomery legten sofort beim Obersten Bundesgericht Berufung ein. Dies hieß, daß Monate bis zu einer Entscheidung vergehen würden.

Unterdessen ging der Boykott mit neuer Begeisterung weiter. Der Versuch, die Bewegung dadurch zu zerbrechen, daß man ihre Führer einsperrte, erwies sich als Bumerang. Er hob die Stimmung unseres Volkes und schloß es noch enger zusammen.

Martin war damals erst siebenundzwanzig, aber schon von nationaler Bedeutung. Ich wünschte, ich hätte damals und auch später ein Gästebuch geführt. Aus ganz Amerika und aus der ganzen Welt besuchten uns Menschen, die mit meinem Mann sprechen und ihm ihre Hilfe und Unterstützung anbieten wollten. Einige, die Gandhis Einfluß auf unseren gewaltlosen Protest beeindruckt hatte, reisten selbst aus Indien an. Viele amerikanische Negerführer kamen – Leute wie Ralph Bunche; James Farmer vom CORE; Roy Wilkins, Direktor der NAACP; Ruby Hurley von der NAACP und Kenneth Clark, der bedeutende Psychologe. Eines Tages läutete Bayard Rustin, der Führer der War Resisters' League (Liga für Kriegsdienstverweigerer) an der Tür. Als ich öffnete, sagte er: »Ich habe ein Empfehlungsschreiben von Ruth Neuendorfer, einer ehemaligen Lehrerin von Ihnen an der Lincoln High School.«

Als er mir den Brief reichen wollte, sagte ich: »Ich kenne Sie, Mr. Rustin. Ich habe Sie gehört, als ich in der achten Klasse der Lincoln School in Marion war und später in Antioch.«

Bayard sprach von seiner Bewunderung für meinen Mann und sagte, wie sehr ihn unsere Arbeit und die Möglichkeit beeindrucke, daß eine gewaltlose Bewegung die ganze Nation erfassen könne. Als Martin heimkam, unterhielten sie sich ausgezeichnet, obwohl sie sich nie zuvor begegnet waren, und Bayard bot an, uns zu unterstützen, wo immer er könne. Später waren wir eng mit ihm befreundet, und er half meinem Mann außerordentlich.

Auch viele weiße Liberale besuchten Martin: unter ihnen Allen Knight Chalmers und Reverend Glenn Smiley aus den Südstaaten, der der Fellowship of Reconciliation angehörte. Sehr wichtig für uns war damals Stanley Levison, ein New Yorker Anwalt, den wir durch Bayard Rustin kennengelernt hatten. Beide gehörten einer Organisation an, die In

Friendship hieß und sich zum Ziel gesetzt hatte, Mittel für jene aufzubringen, die in den Südstaaten unter wirtschaftlicher Repression litten. Stanley wie auch andere der Gruppe unterstützten die Bewegung finanziell und dienten später der SCLC dadurch, daß sie Geld für sie auftrieben. Am wertvollsten jedoch war für meinen Mann Stanleys Rat.

Ein paar unserer weißen Freunde in Montgomery zahlten teuer dafür, daß sie zu uns hielten. Da war das Schicksal von Juliette Morgan, einer weißen Bibliothekarin, die dem Human Relations Council angehörte. In einem Brief an die Zeitung hatte sie unsere Bewegung mit den Vorgängen in Indien verglichen und gepriesen. Von diesem Augenblick an wurde sie von der weißen Gemeinschaft geächtet. Die Belastung und Isolierung wurde schließlich so stark, daß sie mit einer Überdosis Schlaftabletten Selbstmord beging. Es läßt sich kaum sagen, wie traurig wir darüber waren. Oder Aubrey Williams und seine Frau – er war Vorsitzender der National Youth Organization (Nationale Jugendorganisation) unter Präsident Franklin D. Roosevelt gewesen – und Clifford und Virginia Durr. Die Durrs litten sehr darunter, daß sie die Bewegung unterstützten und mit uns befreundet waren. Mr. Durrs Anwaltspraxis ging merklich zurück, aber dennoch besuchten sie weiterhin die Zusammenkünfte des Human Relations Council, und Mrs. Durr kam auch auf die Massenversammlungen. Andere Weiße wie die Morelands und Smiths kamen ebenfalls unbeirrt zu den Sitzungen. Mr. Smith war Architekt, und die Familie seiner Frau besaß in Montgomery eine Kette von Waschsalons. Robert Graetz, der weiße Pastor einer lutheranischen Negerkirche, wurde Mitglied des Exekutivausschusses der MIA.

Unser Leben hatte eine seltsame Wende genommen. Vom Pastor einer Baptistenkirche in einer kleinen Südstaatenstadt war Martin unversehens zum Mittelpunkt einer Bewegung geworden, welche die ganze Nation erfaßte. Mir forderten die veränderten Verhältnisse ebenfalls viel ab. Unser Haus war ständig voller Menschen; mit dem Privatleben war es restlos vorbei. Fast jede Mahlzeit wurde zu einer Großveranstaltung. Es war keine Seltenheit, wenn Martin von einer Versammlung die acht Teilnehmer zum Essen mitbrachte. Auch die Reporter, die ihn bei uns erwarteten, konnte ich nicht verhungern lassen und ebensowenig die Besucher, die aus der ganzen Welt gekommen waren. Ich lernte große Mengen kochen und gewöhnte mich daran – was jeder Frau schwerfällt –, daß selten dann gegessen wurde, wenn das Essen fertig war, sondern daß es stundenlang auf dem Herd wartete.

Martin war auch häufig unterwegs. Im ganzen Land war er als Redner sehr begehrt, und er nahm viele der Einladungen an, um das so dringend

benötigte Geld für unsere Bewegung aufzubringen und für unsere Arbeit zu werben.
Eine seiner interessantesten Predigten hielt er, als ihn Dekan James A. Pike – der spätere Bischof Pike – einlud, am 17. Mai 1956 in der Cathedral of St. John the Divine in New York zu predigen. An diesem Tag jährte sich zum zweitenmal die Entscheidung des Obersten Gerichtshofs, durch die die Schulsegregation aufgehoben wurde, und die große gotische Kathedrale war zum Bersten voll. Martin wählte seinen Text aus dem zweiten Buch Mose, 14, 30: »Und Israel sah die Ägypter tot am Ufer des Meeres« und als Thema der Predigt den »Tod des Bösen«. Er verglich den Kampf der Neger mit der Flucht der Hebräer aus ägyptischer Knechtschaft. Er zitierte Shakespeare, Jefferson und James Russell Lowell, daß das Gute notwendig über das Böse siegen werde, und sagte: »Heute erleben wir eine schwerwiegende Veränderung. Ein welterschütterndes Urteil der neun Richter des Obersten Gerichtshofes der Vereinigten Staaten hat das Rote Meer aufgetan, und die Kräfte der Gerechtigkeit durchqueren es ... und wenn wir zurückblicken, sehen wir die Kräfte der Segregation am Ufer des Meeres sterben.«
Als Martin die nahe Freiheit verkündete, vernahm man ein ungewohntes Geräusch in dieser sonst so nüchternen Episkopalkirche. Ungehemmte baptistische und methodistische Neger aus Harlem riefen wieder und wieder »Amen«, daß es von den hohen steinernen Strebepfeilern widerhallte. Martin schloß: »Der Psalmist bezeugt, daß wir niemals in der Finsternis wandeln müssen. ›Wo soll ich hingehen vor deinem Geist, und wo soll ich hin fliehen vor deinem Angesicht? Führe ich gen Himmel, so bist du da. Nähme ich Flügel der Morgenröte und bliebe am äußersten Meer, so würde mich doch deine Hand daselbst führen und deine Rechte mich halten ...‹
Dieser Glaube soll uns stärken, wenn wir darum kämpfen, vor jedem bösen Ägypten zu entrinnen. Dieser Glaube wird unseren müden Füßen eine Leuchte sein und ein Licht auf unserem beschwerlichen Weg. Ohne diesen Glauben werden die kühnsten Träume der Menschheit lautlos zu Staub zerfallen.«
Im Juli sagte Martin auf dem Parteitag der Demokraten, die Bürgerrechte seien »eine der wichtigsten moralischen Fragen unserer Zeit«, und forderte kämpferisch, sie als starken Programmpunkt im Parteiprogramm herauszustellen.

Der Herbst nahte, und der Boykott in Montgomery ging noch immer weiter, aber unsere Leute wurden müde. Der Gedanke, einen zweiten Winter

durch Kälte und Matsch zu laufen, war erschreckend, und der Widerstand der Weißen gegen die Bewegung hatte zugenommen. Neger wurden aus den Wagen des Auto-Pool gezerrt und verprügelt. Neger-Tankstellen, die uns mit Benzin versorgt hatten, wurden bombardiert und ihre Eigentümer dauernd belästigt. Die Polizei von Montgomery schüchterte die Schwarzen ein und ließ ihrem Haß, der die Gesellschaft wie eine ansteckende Krankheit vergiftete, freien Lauf.
Zu diesem Zeitpunkt dachten sich die Stadtväter die für uns gefährlichste Drohung aus. Am 30. Oktober 1956 wies Bürgermeister Gayle die Rechtsabteilung der Stadt an, »ein Verfahren einzuleiten, mit dem es möglich wäre, die Tätigkeit des Auto-Pool oder von Transportsystemen, die der Boykott hervorbrachte, zu untersagen«. Unsere Anwälte versuchten dies Manöver dadurch abzuwehren, daß sie beim Bundesgericht eine einstweilige Verfügung beantragten. Ohne Erfolg. Die Verhandlung wurde auf den 13. November angesetzt; Martin und die anderen führenden Persönlichkeiten wurden unter Strafandrohung vorgeladen.
In diesen dunklen Novembertagen hielt Martin am Sonntag, dem 4. November, in der Dexter Church eine seiner schönsten Predigten. Er kleidete sie in einen imaginären Brief von Paulus an die amerikanischen Christen, in dem uns der Heilige ermahnte, die geistigen Werte nicht um irdischer Güter willen zu vernachlässigen. Der Brief endete mit den Worten: »Die größte aller Tugenden ist die Liebe. Hier finden wir den wahren Sinn des christlichen Glaubens und des Kreuzes. Golgatha ist ein Teleskop, durch das wir weit in die Ewigkeit blicken und die Liebe Gottes in die Zeit einbrechen sehen ...«
Dann hallte Martins Stimme durch unsere Kirche: »Ihm, der uns vor dem Fall bewahren kann, der uns aus dem finsteren Tal der Verzweiflung auf den lichten Berg der Hoffnung führt, aus der Mitternacht der Hoffnungslosigkeit in einen freudvollen Morgen, ihm sei Kraft und Herrlichkeit in Ewigkeit. Amen.«
Martin sprach tapfer in der Öffentlichkeit, aber daheim, als die Verhandlung über das Auto-Pool-Verbot näherrückte, war er besorgt. »Die Leute werden müde«, sagte er zu mir. »Wenn die Stadtoberen dies Verbot durchsetzten – und sie werden es durchsetzen –, dann fürchte ich, daß unsere Leute wieder Bus fahren werden. Es ist einfach zuviel verlangt, daß sie weitermachen sollen, wenn wir sie nicht befördern können.«
Ich versuchte, ihm Mut zuzusprechen: »Weißt du, ich glaube, bis sie das Verbot durchbringen, hat der Oberste Gerichtshof zu unseren Gunsten entschieden. Ich glaube, alles wird noch gut werden.«
Ich weiß nicht, ob ich wirklich davon überzeugt war, aber ich wollte mei-

nen Mann so gern trösten, daß ich diese Worte fand, ohne zu ahnen, wie prophetisch sie waren.
Wie stets erstarkte Martin wieder im Gebet und durch die Begeisterung seiner Anhänger. Am Abend vor der Verhandlung sprach er auf einer Massenversammlung und sagte den Leuten die schlichte Wahrheit, daß nämlich ein Verbot des Auto-Pool fast sicher durchkäme. Er sagte, er wisse nicht, ob er von ihnen verlangen könne weiterzumachen; doch falls sie es nicht täten, wären all die Monate des Protests vergebens gewesen. Dann sagte er: »Dies ist vielleicht die dunkelste Stunde kurz vor Tagesanbruch. Wir sind durch all diese Monate mit dem tapferen Glauben hindurchgegangen, daß Gott mit uns ist in diesem Kampf. Die Erfahrungen vergangener Tage haben diesen Glauben in höchst unerwarteter Weise gerechtfertigt. Wir müssen daran festhalten ... wir müssen glauben, daß sich auch jetzt wieder ein Weg finden wird, wo keiner zu sehen ist.«
Als er in dieser Nacht heimkam, bedauerte ich meinen Mann – und unser Volk.

Am nächsten Morgen, dem 13. November 1956, standen wir wieder einmal Richter Carter gegenüber. Als Hauptangeklagter saß Martin vorn neben den Anwälten; ich hatte mit Ralph Abernathy und A. D. Nixon hinten im Gerichtssaal Platz genommen. Die Anwälte von Montgomery erklärten, die Stadt habe fünfzehntausend Dollar Steuern infolge des zurückgegangenen Busverkehrs eingebüßt und verlange eine Entschädigung. Ferner behaupteten sie, der Auto-Pool sei »ein öffentliches Ärgernis« sowie »ein Privatunternehmen«, das unbefugterweise ohne Konzession arbeite; sie forderten ein gerichtliches Verbot. Die Argumente dröhnten weiter. Wir alle wußten, daß es eine reine Formsache war, Richter Carter würde dem Verbot zustimmen. Gegen Mittag bemerkte ich eine plötzliche Bewegung. Bürgermeister Gayle und Kommissar Sellers verließen unvermittelt ihre Plätze. Zwei Anwälte der Stadt folgten ihnen. Erregte Reporter liefen hin und her. Der Reporter der Associated Press reichte Martin einen Zettel, und wir mühten uns alle, etwas zu sehen. Martin las die Nachricht den Leuten an seinem Tisch vor; dann kam er strahlend nach hinten gerannt. »Hört euch das an«, und er las vor: »Das Oberste Bundesgericht bestätigte heute die Entscheidung eines mit drei Richtern besetzten Sondergerichts und erklärte die staatlichen und örtlichen Gesetze des Staates Alabama, welche die Segregation in den Bussen anordnen, für verfassungswidrig.«
Viele hörten Martin vorlesen, und die Nachricht verbreitete sich in Windeseile durch den Gerichtssaal. Obwohl das Gericht noch immer tagte,

erhob sich großes Murmeln und Flüstern, und die Leute liefen durcheinander. Ein alter Mann rief: »Gott, der Allmächtige, hat aus Washington gesprochen.«

Die Entscheidung des Obersten Bundesgerichts war ein Meilenstein, aber historisch bedeutsamer war der Einfluß des langen Boykotts, denn ohne die nie dagewesene Einheit und den entschlossenen Kampfgeist der Schwarzen Montgomerys hätten die Anhänger der Segregation Mittel gefunden, ebenso wie in den vergangenen Jahrzehnten auszuweichen.

Die Entscheidung bedeutete nicht das jähe Ende unserer Schwierigkeiten. Es dauerte über einen Monat, bis der Beschluß des Obersten Gerichts Montgomery erreichte. Richter Carter hatte eine einstweilige Verfügung gegen den Auto-Pool bewilligt, aber nun war dies völlig bedeutungslos. Martin rief unverzüglich eine Massenversammlung ein. In ganz Montgomery lebten einschließlich der Kinder nur etwa fünfzigtausend Neger, doch achttausend Menschen erschienen an jenem Abend. Die Versammlung mußte in zwei Kirchen abgehalten werden und die Redner von einer zur anderen fahren. Martin gab bekannt, der Exekutivausschuß der MIA empfehle, den Protest abzubrechen, aber die Busse erst wieder zu benutzen, wenn die Verfügung aus Washington eingetroffen sei. Bob Graetz las aus der Bibel Paulus' Brief an die Korinther vor: »... und hätte allen Glauben, also daß ich Berge versetzte, und hätte der Liebe nicht, so wäre mir's nichts nütze.« Er fuhr fort: »Da ich ein Kind war, redete ich wie ein Kind und war klug wie ein Kind und hatte kindische Anschläge; da ich aber ein Mann ward, tat ich ab, was kindisch war.«

Bei diesen Worten erhoben sich alle, schrien durcheinander, jubelten und schwenkten Taschentücher. Sie wußten, daß sie erwachsen geworden waren. Die Stimmung brandete in jener Nacht hoch! Jeder Redner sprach gut, weil er sich so gut fühlte, und die Zuhörer applaudierten begeistert, um zu zeigen, daß sich das Leiden und Ausharren gelohnt hatte.

In derselben Nacht fuhr der Ku-Klux-Klan in seinen weißen Gewändern und spitzen Kaputzen mit vierzig oder fünfzig Wagen durch das Negerviertel. Immer hatte er bisher leere Straßen, fest verriegelte Häuser und furchtsam gelöschte Lichter gefunden. Nicht so in jener Nacht. Alle Lichter brannten. Unbekümmert liefen Neger auf den Straßen umher oder standen in Gruppen plaudernd beisammen; einige saßen auf den Veranden vor ihren Häusern. Wie Martin sagte: »Sie taten, als sähen sie sich eine Zirkusparade an.« Weil sie zusammen marschiert und ihren ersten Sieg errungen hatten, fürchteten sie sich nicht länger. Und der Klan begriff. Nach wenigen Häuserblocks bog die Wagenkolonne ab und verschwand.

Während wir auf die offizielle Verfügung aus Washington warteten, bereiteten wir uns auf die integrierten Busse vor. Auf Handzetteln wurde den Leuten gesagt, wie sie sich verhalten sollten. Sie wurden aufgefordert, sich höflich zu benehmen, gleichgültig wie beleidigend die Weißen sein mochten, und sich nicht neben einen Weißen zu setzen, wenn andere Plätze frei wären. Vor allem sollten sie sich nicht des Sieges rühmen, denn wie Martin sagte: »Dies ist nicht allein ein Sieg der Neger, sondern ein Sieg für ganz Montgomery und den Süden.«

Wir übten es sogar praktisch, indem wir Stühle wie in einem Bus aufstellten – Rollenspiele nannten wir es. Aus dem Publikum wurden Darsteller ausgewählt. Einer spielte den Busfahrer, die anderen verkörperten schwarze und weiße Fahrgäste, letztere teils höflich, teils beleidigend. Die »Neger« sollten höflich auf die Beleidigungen reagieren, ja sie mit Worten wie »Ich liebe dich, Bruder« erwidern. Manchmal wurde das Spiel zu realistisch, wenn ein »Weißer« zu ausfällig wurde und zurückgerufen werden mußte. Einige der Schwarzen vergaßen, gewaltlos zu bleiben und wurden handgreiflich. Martin und die anderen sprachen dann über unsere Verantwortung, die gewonnenen Rechte zu wahren.

Heute klingt es vielleicht so, als wären wir mit dieser Vorbereitung allzu versöhnlich gewesen, als hätten wir uns übergroße Mühe gegeben, um Schwierigkeiten zu vermeiden. Aber man darf nicht vergessen, daß dies alles vor fünfzehn Jahren geschah, im tiefen Süden, als die militante Bewegung der Schwarzen gerade erst erwachte. Tatsächlich war dies ihr eigentlicher Beginn, und die Grundlagen, die damals so sorgfältig in Montgomery geschaffen wurden, machten alles Weitere erst möglich.

Die erbitterten Segregationisten unter den Weißen machten es uns nicht leicht. Mitglieder des White Citizens Council drohten, es werde Blut auf den Straßen fließen, wenn das Urteil über die Aufhebung der Rassentrennung durchgesetzt werde. Ein Brief an Martin drohte, fünfzig Häuser einschließlich seinem eigenen würden niedergebrannt, wenn er seine Leute nicht von den Bussen fernhalte. So sah es aus, als der Tag näherrückte.

Inmitten all dieser Aufregung war ich noch mit etwas anderem sehr beschäftigt. Zum ersten Jahrestag des Boykotts hatten Stanley Levison, Bayard Rustin und Ella Baker für den 5. Dezember 1956 ein großes Konzert im Manhattan Center von New York geplant, um Geld für die MIA aufzubringen. Mrs. Ralph Bunche und Mrs. Roy Wilkins, die zum Ehrenkomitee gehörten, hatten große Stars wie Duke Ellington und Harry Belafonte zum Auftreten gewonnen. Übrigens traf ich Harry dort zum erstenmal. Wann immer wir seither in Schwierigkeiten gerieten oder als die Tragödie geschah, eilte uns Harry großzügig und spontan zur Hilfe.

Auf den Ankündigungen wurde ich unter den großen Stars dieses Wohltätigkeitskonzerts an erster Stelle genannt. Die Verantwortung erschreckte mich vor allem, da Manhatten Center an jenem Abend zum Bersten voll war.
Begleitet von Jonathan Brice sang ich zuerst ein klassisches Repertoire, dann erzählte ich die Geschichte Montgomerys, teils gesprochen, teils gesungen. Für diese Darstellung verwandte ich das Schema, das ich vor langem, als ich noch die Lincoln High School besuchte, für mein Konzert in der Mount Tabor Church erfunden hatte. Es war auch das Schema, das ich später für meine Freiheitskonzerte benutzte. Ich erzählte die Geschichte der Bewegung und flocht die Spirituals und Freiheitslieder in die Erzählung ein, die ich geschrieben hatte. Ich sprach kurz davon, daß viele Menschen im Lauf der Jahrhunderte unterdrückt worden seien und daß Gott ihnen immer Befreier geschickt habe, so wie er den Kindern Israels Moses gesandt habe. Ich sagte: »Heute spricht Gott noch immer zu den modernen Pharaonen ›Let my People Go‹.
Ein Jahr ist es heute her, daß am 5. Dezember 1955 die Wiege wirtschaftlicher, politischer und sozialer Ungerechtigkeit langsam aber sicher in Bewegung geriet. Ein Jahr lang sind wir lieber in Würde gelaufen als in Erniedrigung gefahren. Auf unserem Weg zur Arbeit sangen wir ein Lied, das uns moralische Kraft gab.« Hier sang ich den Spiritual:

Walk together chillun, don't you get weary,
Walk together chillun, don't you get weary,
Dere's a great camp meetin' in the promise' land.

Vorwärts, Kinder, werdet nicht müde,
Vorwärts, Kinder, werdet nicht müde,
Im verheißenen Land ist ein großer Gottesdienst unter offenem
Himmel.

Dann erzählte ich die Geschichte der alten Dame, die gesagt hatte: »Früher war meine Seele müde und meine Füße ausgeruht. Nun sind meine Füße müde, aber meine Seele ist ausgeruht.«
Fran Thomas, die während des Sommers 1956 nach Montgomery gekommen war, hatte auf diese Worte ein Lied komponiert.
Ich sprach von den Drohungen und Gewalttätigkeiten, die wir erduldet hatten, und von unserem festen Willen, dennoch durchzuhalten. Danach sang ich einen alten Spiritual in einem Arrangement von Bob Williams: »Lord I can't turn back, just because I've been born again.«

Mein nächstes Lied war wieder ein Spiritual: »Keep Your Hand on the Plow«, und ich sagte: »Wir werden den Pflug festhalten, denn wir sind entschlossen, daß es ein neues Montgomery, einen neuen Süden, ja ein neues Amerika geben soll, wo Freiheit, Gerechtigkeit und Gleichheit für jeden Mann, jede Frau und jedes Kind Wirklichkeit werden. Während unseres ganzen Kampfes haben wir gefühlt, daß Gott auf unserer Seite steht und daß die Wahrheit und das Gute zuletzt siegen werden. Dies ist unser Glauben, und durch diesen Glauben werden wir weiterleben.«

Am Schluß des Programms sang ich eines von Martins Lieblingsliedern, den herrlichen Spiritual »Honor, Honor«:

King Jesus lit de candle by de waterside,
To see de little chillun when dey's truly baptized.
Honor, Honor unto the dyin' lamb.

O run along little chillun to be baptize',
Mighty pretty meetin' by de waterside,
Honor, Honor, unto the dyin' lamb.

Wenn seine Kinder am Ufer zur Taufe gehn,
Steckt König Jesus Kerzen an, um zuzusehen.
Ehre, Ehre sei dem sterbenden Lamm.

Eilt, Kinder, eilt hin, um euch taufen zu lassen,
Bei der herrlichen Feier am großen Wasser.
Ehre, Ehre sei dem sterbenden Lamm.

Meine Freunde sagten mir, das Publikum sei sehr beeindruckt gewesen, aber ich wußte es, da ich gefühlt hatte, wie uns alle warme, verstehende Liebe verband.

Wir bekamen dieses Jahr ein großes Weihnachtsgeschenk. Am 20. Dezember 1956 traf die Verfügung des Bundesgerichts in Montgomery ein. Bürgermeister Gayle gab noch am gleichen Tag bekannt, er werde der Entscheidung gehorchen und für Ordnung sorgen. Auf einer Massenversammlung blickte Martin auf den langen Kampf zurück und sagte: »Jetzt ist unser Glaube gerechtfertigt.« Er verkündete offiziell das Ende des Boykotts und ermahnte alle, am folgenden Tag zu den integrierten Bussen zurückzukehren.

Dann bat Martin ein letztes Mal um Zurückhaltung und Höflichkeit.

»Wir müssen Verständnis für die aufbringen, die uns unterdrückt haben, und auch für das, was der Gerichtsbeschluß für sie bedeutet. Wir müssen eine Integration auf gegenseitiger Achtung erstreben.
Wenn wir zu den Bussen zurückkehren, laßt uns soviel Liebe aufbringen, um einen Feind in einen Freund zu verwandeln. Ich bin fest davon überzeugt, daß Gott in Montgomery am Werk ist. Mit dieser Gesinnung werden wir uns aus der finsteren, trostlosen Nacht der Unmenschlichkeit erheben zum hellen, leuchtenden Morgen der Freiheit und Gerechtigkeit.«
Am nächsten Morgen um fünf Uhr fünfundvierzig versammelte sich eine kleine Schar in unserem Wohnzimmer. Mrs. Rosa Parks, Ralph Abernathy, E. D. Nixon und (der weiße) Glenn Smiley wollten mit Martin im ersten integrierten Bus fahren. Keiner wußte in Anbetracht der Drohungen und der Wut der weißen Extremisten, was geschehen würde. Draußen warteten Reporter und Fernsehleute.
Wie eine Wiederkehr jenes denkwürdigen Morgens, der nun über ein Jahr zurücklag, blitzten die Scheinwerfer des Sechs-Uhr-Busses auf, als er die leere Straße herunterkam und an der Haltestelle bremste. Der Busfahrer lächelte breit und sagte fast in einer Parodie des berühmten Wortes, das der Forscher Stanley an Dr. Livingstone richtete: »Ich glaube, Sie sind Dr. King, nicht wahr?«
»Ja, der bin ich«, antwortete Martin.
»Wir freuen uns, daß Sie heute morgen mit uns fahren.«
Martin, dessen Spannung nun verflogen war, dankte ihm lächelnd und setzte sich auf einen der vordersten Plätze neben Glenn Smiley. Mit krachendem Getriebe und einer Wolke Abgase fuhr der erste Bus davon, als sei nichts geschehen. Fast den ganzen Tag fuhr Martin auf den verschiedenen Buslinien. Andere Geistliche folgten seinem Beispiel, um bei Zwischenfällen zur Stelle zu sein. Doch zuerst kam es zu keinen ernstlichen Störungen, nur wenige kleinere Zwischenfälle ereigneten sich, bei denen sich Weiße Schwarzen gegenüber grob benahmen. Doch es war zu schön, um so zu bleiben. Wut und Enttäuschung wuchsen bei ein paar Rassenextremisten. An mehreren Abenden wurden Busse mit Steinen beworfen, ja sogar beschossen. Neger wurden aus den Bussen gezerrt und verprügelt. Eine schwangere Frau wurde ins Bein getroffen. Die Leute wurden verhöhnt und beschimpft. Eines Nachts feuerte jemand mit einem Kleinkalibergewehr durch unsere Haustür. Dann, eines Nachts im Januar, kam es zu einem großangelegten Guerilla-Angriff. Ralph Abernathys Haus und Kirche, das Haus von Bob Graetz sowie drei weitere Negerkirchen wurden von Bomben getroffen, zwei davon völlig zerstört.
Martin war tief erschüttert. An seinem achtundzwanzigsten Geburtstag,

Montagabend, den 15. Januar 1957, sprach er auf einer Massenversammlung. Er beschwor seine Anhänger, die Gewalt hinzunehmen und mit Liebe zu erwidern, denn nur durch Liebe könnten wir überleben. Nachdem er mit der Menge gebetet hatte, sagte er: »Herr, ich hoffe, daß in Montgomery niemand im Kampf für die Freiheit sterben muß. Auch ich möchte nicht sterben. Wenn aber jemand sterben muß, dann laß es mich sein!«
Ein Sturm brach unter den Zuhörern los, und sie schrien: »Nein! Nein!« Ergriffen stand Martin auf der Kanzel, dann ging er ruhig an seinen Platz.
Noch einmal brach sich am 28. Januar die Gewalt Bahn. Bomben wurden geworfen, und auf unserer Veranda fand man einen glimmenden Haufen von vierzehn Dynamitstangen. Nun endlich nahmen die städtischen Behörden entschieden Stellung. Energische Leitartikel in den Zeitungen und Erklärungen weißer Geistlicher forderten, man solle die Integration friedlich akzeptieren. Eine Organisation weißer Geschäftsleute, die Men of Montgomery, verurteilte die Bombenattentate. Nachdem sich die führenden weißen Bürger offen dagegen erklärt hatten, endete die Gewalt. Hätten sich dieselben Leute schon früher zu dieser Haltung bekannt, wäre viel Leiden erspart geblieben. Doch die Kraft der gewaltlosen Bewegung hatte sie schließlich umgestimmt.
Und Martins Gebet wurde erhört. Kein einziger starb infolge der Freiheitsbewegung von Montgomery.

8

Montgomery war der Boden, in dem eine neue Theorie sozialer Aktion Wurzeln schlug. Die Schwarzen hatten eine militante Methode gefunden, die Gewaltätigkeit vermied, aber in einer dramatischen Gegenüberstellung die gesamte Nation elektrisierte und erzog und die Konflikte bewußt machte. Sie nannte das Übel beim Namen, brachte Licht in das Unrecht, faßte die latente Stärke der Unterdrückten zusammen und verlieh ihrer Entschlossenheit Ausdruck. Ohne Haß oder Unterwürfigkeit forderte sie energisch und würdig Freiheit. Darauf hatten die Schwarzen gewartet, und instinktiv ergriffen sie die neuen Mittel, die eine Ära der sozialen Veränderung eröffneten.
Unser Sieg in Montgomery zeigte dem Süden, was sich durch vereinte Bemühungen auf legalem Weg erreichen ließ. Mein Mann war für das ganze schwarze Amerika, das lange nach einem echten, schöpferischen Führer gesucht hatte, zum Helden geworden. Er war sich der ungeheuren Verantwortung bewußt.

»Ich bin wirklich beunruhigt, wie rasch dies alles geschehen ist«, sagte er zu mir. »Man wird von mir erwarten, daß ich für den Rest meines Lebens Wunder vollbringe. Ich möchte nicht zu jenen gehören, die mit siebenundzwanzig ihren Höhepunkt erreichen und danach nur noch absteigen können. Ebensowenig möchte ich mein Volk enttäuschen, aber ich kann keine Hasen aus dem Hut zaubern.«

Andererseits schien mir stets, Martin Luther King jr. sei zu dem, was er vollbrachte, berufen und ahnte unbewußt, daß ihm dazu nicht viel Zeit bleiben würde. Schon seine Jugend bereitete ihn auf seine spätere Rolle vor. Mit fünfzehn kam er aufs College und gönnte sich von da an keine Pause, bis er den Doktorgrad erworben hatte. Mit fünfundzwanzig war er schon Pastor einer führenden Neger-Kirche. Es war, als würde er auf den Augenblick vorbereitet, da unser Volk einen Führer brauchte. Martin trieb ein Gefühl der Dringlichkeit. Wenn ich heute zurückschaue, dann begreife ich, daß er sein Lebenswerk früh vollenden mußte, auf daß sich sein Märtyrerschicksal und damit Gottes Willen erfüllten.

Martin hielt unverdientes Leiden und persönliches Opfer für erlösend. Er betonte dies in der Bewegung, um seine Anhänger zu ermutigen; und in seinem eigenen Leben gab ihm dieser Glaube die Kraft durchzuhalten.

Angeregt durch den erfolgreichen Busstreik in Montgomery entstanden weitere Bewegungen, so in Tallahassee, Florida, in Birmingham und Mobile, Alabama, ja selbst in Atlanta. Diese Bewegungen führten fähige Männer an, von denen die meisten während der folgenden Jahre eng mit Martin zusammenarbeiteten. Reverend C. K. Steele, der engagierte und mutige Präsident des Tallahassee Movement und hervorragende Pastor der Bethel Baptist Church in Tallahassee, wurde der erste Vizepräsident der kommenden, den ganzen Süden umspannenden Organisation. Unter der dynamischen Führung von Reverend Joseph E. Lowery wurde das Mobile Movement ins Leben gerufen, das Mobile zur Modellstadt Alabamas machte. Joe Lowery wurde später Vorsitzender des Direktoriums der SCLC, eine Stellung, die er noch immer bekleidet. Zum Glück für die SCLC wurde er 1968 Pastor an der Central Methodist Church in Atlanta, so daß er neben seinem Amt für die SCLC auch Gottesdienste halten konnte.

Der Reverend Fred Lee Shuttlesworth verkörperte schon bald den Kampf in den Südstaaten. Der ungewöhnlich mutige Präsident des Alabama Christian Movement in Montgomery, dieser Stadt, die zum Symbol der Unterdrückung in den Südstaaten wurde, sollte außerdem Sekretär der neuen, den Süden umspannenden Organisation werden.

Das kurzlebige Alabama Movement, dessen Ziel es war, die Busse zu integrieren, wurden von Reverend William Holmes Borders, dem hervorragenden Pastor der Wheat Street Baptist Church, geleitet.
Martin fand, all diese verschiedenen Strömungen müßten koordiniert werden und die Sache der Schwarzen jetzt, da die Zeit reif dazu wäre, vorangetrieben werden. Auch wollte er die Basis der Bewegung verbreitern. Eine Gruppe von uns hatte im Dezember 1956, ehe Bombenattentate und Gewalttätigkeit das letzte Mal in Montgomery aufflackerten, darüber gesprochen, und Martin hatte vorgeschlagen, eine Konferenz schwarzer Führer einzuberufen, um eine allgemeine Integrationsstrategie für den Süden auszuarbeiten. Die Zusammenkunft wurde auf den 10. und 11. Januar 1957 in Atlanta anberaumt. C. K. Steele und Fred Shuttlesworth halfen Martin, Einladungen zu verschicken. Diese Männer symbolisierten den Kampf gegen die Unterdrückung im Süden. Nahezu hundert Führer aus den ganzen Südstaaten sagten zu, und während der nächsten Wochen bereiteten wir bei uns zu Hause das Tagungsprogramm vor.
Am Abend des neunten Januar waren wir alle in Atlanta, und die Tagungsteilnehmer trafen einer nach dem anderen ein, als um zwei Uhr früh Juanita Abernathy ihren Mann anrief und von den Bomben und dem Terror dieser Nacht in Montgomery berichtete. Ralph und Martin beschlossen, unverzüglich zurückzukehren, um unsere Leute zu beruhigen und zu trösten, und Martin bat mich, ihn in Atlanta zu vertreten.
Als die Versammlung am nächsten Tag im Gemeindesaal der Ebenezer Church eröffnet wurde, war ich der erste Redner. Ich erklärte, warum Martin nicht anwesend sein konnte, und unterrichtete die Abgeordneten von den jüngsten Gewalttaten der Weißen in Montgomery. Dann legte ich unser Tagungsprogramm vor, das einstimmig angenommen wurde.
Am nächsten Tag kam Martin nach Atlanta zurück, erschöpft, doch entschlossen, sich nichts merken zu lassen. Bald fand er neue Kraft in der Begeisterung der vielen Menschen, die sich in Atlanta versammelt hatten. Unter seiner Führung wurde eine temporäre Organisation gebildet, die Southern Conference on Transportation and Nonviolent Integration, und über unser Programm hinaus beschlossen, Herbert Brownell, dem damaligen Justizminister der Vereinigten Staaten, ein Telegramm zu schicken. Er wurde darin gebeten, der Gewalttätigkeit gegen Neger in den Südstaaten mit wirksamen Maßnahmen zu begegnen. Auch Präsident Eisenhower erhielt ein Telegramm mit der dringenden Bitte, er möge den Süden besuchen, um die Prozesse gegen Schwarze zur Kenntnis zu nehmen und die Urteile des Obersten Gerichtshofs zu stützen. Aus Washington kam keine Antwort, doch die Einladung ging durch die gesamte Presse.

Weit wichtiger war die Entscheidung, am 14. Februar in New Orleans eine größere Versammlung abzuhalten, um eine ständige Organisation zu bilden. In New Orleans wurden die Ziele der Gruppe erweitert; sie umfaßten nun den Kampf gegen alle Formen der Rassentrennung sowie einen Feldzug für die Registrierung der schwarzen Wähler im Süden. Martin wollte Menschen aller Schichten und Bildungsgrade mobilisieren, mit und ohne akademische Titel. Ein weiteres Telegramm beschwor Präsident Eisenhower, im Weißen Haus eine Konferenz über Bürgerrechte einzuberufen. Es hieß darin: »Wenn nicht wirksame Maßnahmen ergriffen werden, sehen wir uns gezwungen, einen großen Protestmarsch nach Washington zu veranstalten.«

Der Name der Organisation wurde in Southern Christian Leadership Conference (SCLC) umgewandelt. Die meisten Abgeordneten waren aktive Führer ihrer schwarzen Südstaatengemeinden, aber noch wichtiger für uns – sie waren zugleich Geistliche. Von Anfang an war unsere Organisation kirchlich ausgerichtet, in ihrer Führung und ihren Mitgliedern wie auch in dem Ideal der Gewaltlosigkeit – einem idealistischen Programm, das zutiefst mit den Glaubensgrundsätzen des amerikanischen Negers übereinstimmt.

Der Begriff der Gewaltlosigkeit, den unsere Bewegung entwickelte, stammte im wesentlichen von Martin. Er rief nicht dazu auf, alle Gesetze zu mißachten, sondern lediglich die ungerechten. Diese definierte er als Gesetze, die ohne die Mitwirkung der Minderheit zustande gekommen waren, die ihr vielmehr von der Mehrheit aufgezwungen waren. Er fand, solche Gesetze seien »nicht ordentlich zustande gekommen« und man könne es vollkommen mit seinem Gewissen vereinbaren, sie zu mißachten und dafür die Strafe hinzunehmen. Er glaubte an den Vorrang eines höheren moralischen Gesetzes.

Er rief zur Gewaltlosigkeit auf, nicht nur weil er an die Lehren Christi glaubte, sondern auch weil allein dadurch die Lage der Neger zu ändern war. Wie er einst darlegte, kann gewalttätige Revolution nur gelingen, wenn die Rebellen in der Mehrheit sind oder doch eine beträchtliche Minderheit der Bevölkerung bilden. Im Fall der amerikanischen Neger, die weniger als zwölf Prozent der Bevölkerung der Vereinigten Staaten ausmachen und einen verschwindend kleinen Prozentsatz der verfügbaren Waffen besitzen, ist Gewalt selbstmörderisch.

Wir waren keine »passiven Widerständler«. Wir waren eine militante Organisation, die Gewaltlosigkeit für die stärkste verfügbare Waffe hielt. Die gewaltlose Bewegung leistete einen echten und dauernden Beitrag zum Leben dieser Nation und ist noch immer mächtig und wirksam. Martin und seine Kollegen bildeten die Spitze jener, die auf direkte Konfrontation zwischen der gerechten schwarzen Sache und der weißen Machtstruktur drängten. Solange er lebte, tat mein Mann sein Bestes, ein Blutbad zu verhindern.

Martin wurde durch Zuruf zum Präsidenten der SCLC gewählt, C. K. Steele zum Vizepräsidenten, Fred Shuttlesworth zum Sekretär und Ralph Abernathy zum Schatzmeister.

Das zentrale Büro der SCLC wurde in Atlanta eröffnet, denn diese Stadt ist ein Knotenpunkt für den Verkehr im Süden. Zuerst wurde es von Ella Baker geleitet, später übernahm Reverend John Tilley diese Aufgabe.

Nach spannungsreichen Monaten in Montgomery brachte die Wochenzeitschrift *Time* am 18. Februar 1957 eine ausgezeichnete Titelgeschichte über Martin und seine Rolle im Montgomery-Protest; sie nannte ihn »den gelehrten baptistischen Neger-Geistlichen, der sich in wenig mehr als einem Jahr aus dem Nichts zu einem der bemerkenswertesten Führer der Nation erhoben hat.« Und weiter: »Seine geistige Spannkraft trägt ihn über die Funktion in dieser einzelnen Schlacht hinaus . . .«

Zu den aufregendsten Ereignissen gehörte eine Einladung von Kwame Nkrumah, Ghanas Regierungschef, zur Feier des Unabhängigkeitstages in der Hauptstadt Accra. Er kannte Amerika gut und hatte eine Reihe hervorragender amerikanischer Neger eingeladen, an Ghanas großem Tag teilzunehmen. Wir hätten sehr gern angenommen, sahen jedoch keine Möglichkeit, die Reise zu finanzieren, denn obwohl wir Gäste der Regierung Ghanas sein würden, mußten wir die Flugkosten selbst tragen. Da schenkte uns die großartige Gemeinde von Dexter zweitausendfünfhundert Dollar und die MIA noch weitere tausend Dollar für den Flug.

Schon immer hatte Martin eine enge Beziehung zwischen dem Kampf der Schwarzen in den Vereinigten Staaten und dem Unabhängigkeitskampf in Afrika gesehen. In seinen frühen Reden und Predigten hatte er den europäischen Kolonialismus oft mit der Unterdrückung des amerikanischen Negers verglichen. Nun freute er sich, Afrika zu besuchen und an der Unabhängigkeitsfeier einer neuen schwarzen Nation teilzunehmen.

Zusammen mit den anderen schwarzen Politikern, die Nkrumah eingeladen hatte – darunter Ralph Bunche, Adam Clayton Powell, A. Philip Randolph, Roy Wilkins, Lester Granger und Premierminister Norman Washington Manley von Jamaika –, flogen Martin und ich am 3. März 1957 nach Accra.

Wir kamen dort nachts an und wurden direkt zum Achimota-College gebracht, wo wir bei einem englischen Professor und dessen Frau wohnten. Ihr niedriger Stuckbungalow unterschied sich sehr von entsprechenden Wohnungen an amerikanischen Universitäten. Wir schliefen auf Feldbetten mit dünnen Matratzen und ohne Federn. Dafür – und dies war ein weiterer Unterschied zu den Vereinigten Staaten – brachten uns mehrere Diener das Frühstück. Fast alle, die wir in Accra kennenlernten, hatten Diener, die als Folge des Kolonialismus achtundzwanzig Cent am Tag verdienten. Der Anblick dieser durch das System erniedrigten Menschen beunruhigte uns und beeinträchtigte unsere Reise. Man hatte ihnen eingetrichtert, sich zu verbeugen, fast zu kriechen; ihre Gestalt war geschrumpft. Es war jammervoll.

Doch als wir in die Stadt kamen, staunten wir über die gepflegten Straßen und das prächtige Hotel Ambassador, das der Regierung gehörte und moderner und luxuriöser war als viele Hotels in Amerika. Auch wir waren der Propaganda erlegen, ganz Afrika sei primitiv und schmutzig.

Am Abend des 6. März besuchten wir die letzte Parlamentssitzung des alten Regimes in einem schönen großen Gebäude des britischen Kolonialstils. Vertreter von neunundsechzig Nationen, angeführt von Richard A. (Rab) Butler, dem Königlichen Geheimsiegelbewahrer Großbritanniens, und Vizepräsident Nixon standen in den Galerien.

Während einer der Festansprachen kam Vizepräsident Nixon zu Martin und sagte: »Sie sind Dr. King. Ich habe Sie nach dem Titelbild von *Time* erkannt. Es war ein großartiger Bericht über Sie.« Dann lud er Martin nach unserer Rückkehr zu einem Gespräch in Washington ein.

Die Mitglieder des alten Parlaments, überwiegend Weiße, trugen, wie sie es wohl auch in Westminster getan hätten, Tagesanzüge, während die Beamten mit den traditionellen weißen Lockenperücken und schwarzen Talaren angetan waren. Aufrüttelnde Reden über die nahe Freiheit wurden gehalten.

Unmittelbar vor Mitternacht vertagte sich das letzte Parlament unter britischer Herrschaft. Die Mitglieder verließen den Saal, und die Zuschauer folgten. Fünfzigtausend Ghanesen, viele direkt aus dem Busch und in ihren Stammestrachten, drängten sich auf dem Platz. Von einer Fahnenstange auf der Spitze des Parlamentsgebäudes flatterte der Union Jack, dessen dreifaches rot-blau-weißes Kreuz von Scheinwerfern strahlend beleuchtet wurde. Die Menge jubelte, als Nkrumah im bunten Gewand seines Akan-Stammes auf einer hölzernen Plattform Platz nahm. Dann wurde es still.

Die Glocken schlugen Mitternacht, und Nkrumah hob die Hand. Sehr langsam senkte sich der Union Jack unter dem Glockengeläut herab. Dann

stieg die grüne Fahne einer neuen freien Nation hoch. Als der Nachtwind sie im Licht entfaltete, erscholl wilder Jubel.
Wieder hob Nkrumah die Hand und sagte auf Englisch: »Endlich ist der Kampf zu Ende. Ghana, unser geliebtes Land, ist für immer frei. Laßt uns eine Minute innehalten und Gott, dem Allmächtigen, danken.« Alles schwieg; es war erstaunlich, daß eine so große Menge so still sein konnte. Dann, als ihr Führer das Ende der langen Minute bezeichnete, donnerten fünfzigtausend vereinte Stimmen: »Ghana ist frei.«
Es war ein erregender Augenblick für Martin und mich. Wir fühlten uns mit diesen Afrikanern, die in ihren verschiedenen Dialekten »Freiheit!« riefen, eng verbunden. Wir waren stolz auf unser afrikanisches Erbe und sahen in Ghana ein Symbol der Hoffnungen und Sehnsüchte unseres ganzen Volkes. In diesem Augenblick waren die Ghanesen frei; frei von politischen Banden, obgleich der Schatten ausländischer Wirtschaftskontrolle und -manipulation noch als Erbe ihrer Kolonialvergangenheit über ihnen lag.
Als Martin am nächsten Morgen aufwachte, fühlte er sich sehr krank. Er hatte eine Virusinfektion mit hohem Fieber. Obwohl Präsident Nkrumah seinen Leibarzt schickte, dauerte es lange, bis mein Mann auf die Behandlung ansprach. Damit er es bequemer hätte, zogen wir ins Ambassador Hotel.
Als sich Martin erholt hatte, waren wir in Nkrumahs offizieller Residenz zum Essen eingeladen und hatten dort ein höchst interessantes Gespräch mit ihm. Mein Mann war besonders durch seine Intelligenz und sein sichtliches Engagement beeindruckt.
Er war liebenswürdiger, als wir erwartet hatten, und im persönlichen Gespräch ging Wärme von ihm aus, die man nicht spürte, wenn er vor der Öffentlichkeit sprach. Über Amerika wußte er ausgezeichnet Bescheid, da er dort lange studiert hatte, und wir fühlten uns ihm enger verbunden als den anderen afrikanischen Führern. Nkrumah sprach über Gewaltlosigkeit, und wir empfanden damals beide, daß er daran glaubte.
Das war zu Beginn von Nkrumahs Herrschaft. Später überwältigten ihn unerbittliche wirtschaftliche Schwierigkeiten. Die finanzielle Unabhängigkeit blieb ihm versagt, und die neue Regierung wurde durch die drückenden Handelsabkommen mit mächtigen ausländischen Interessengruppen eingeengt. Nkrumah erstrebte mit der Einigung der afrikanischen Nationen ein positives Ziel, doch fehlten ihm dazu die Mittel.
In Amerika wurde Nkrumah oft kritisiert. Martin und ich fanden, daß ihn die amerikanische Presse verzerrt darstellte, und obgleich wir nicht all seine Maßnahmen billigten, versuchten wir doch, ihn zu verstehen. Nkru-

mah, so meinte Martin, war verbittert und von Kräften getrieben, die außerhalb seiner Kontrolle lagen.
Das komplexe Thema von Nkrumahs Führerschaft und Ghanas Problemen duldet keine Vereinfachungen. Es wäre fairer, würden wir es der Geschichte überlassen, diese richtungweisenden Bemühungen und ihr Schicksal zu deuten und zu werten.

Von Ghana flogen wir nach Lagos, Nigeria, wo wir in der amerikanischen Botschaft zu Mittag aßen, und dann weiter nach Kano in Zentral-Nigeria, um dort zu übernachten. Die erschreckende Armut der Menschen sprang uns dort in die Augen. In Ghana hatte man für die Feierlichkeiten in gewisser Weise die Umgebung vorteilhaft herausgeputzt, und vielleicht hatten wir nur gesehen, was wir sehen sollten. In Kano jedoch sahen wir Menschen in solchem Schmutz und Elend leben, daß die schlimmsten Zustände der amerikanischen Neger dagegen verblaßten. Martin sprach zornig über die Ausbeutung der Afrikaner durch die Briten, und später als wir nach London kamen, verglich er die Größe Englands und des Empire mit den Verhältnissen in Nigeria. Aber der Gedanke tröstete ihn, daß die unseren sich nun von ihren Unterdrückern befreiten. Er sagte, früher sei die Sonne im britischen Reich nie untergegangen; heute ginge sie kaum darin auf.
Von Nigeria flogen wir nach Rom, Genf, Paris und London. Besonders gut gefiel uns Rom – die Herzlichkeit der Italiener und das Gefühl, daß die Geschichte hier lebendig wurde, beeindruckte uns. Letzteres galt vor allem von unserem Besuch im Vatikan. Durch unsere eigene Gläubigkeit fühlten wir uns von diesem Mittelpunkt der katholischen Welt stark angerührt. Aus dem Munde eines Baptisten mag dies seltsam klingen, aber Martin und ich faßten die Religion nie eng und sektiererisch auf. Ich erinnere mich gut, wie wir inmitten der großen Schönheit von St. Peter die Frömmigkeit vieler Jahrhunderte empfanden. Martin war davon so überwältigt, daß er in der Basilika niederkniete und betete.

Bald nach unserer Rückkehr wurde Martin die Spingarn-Medaille der NAACP für den größten Beitrag auf dem Gebiet der Rassenbeziehungen verliehen. Anläßlich der Verleihung der akademischen Grade erhielt er im Morehouse College den ersten seiner vielen Ehrentitel. Es bedeutete Martin und mir sehr viel, daß ihn seine Alma mater derart auszeichnete. Präsident Mays erzählte voll Stolz und Zuneigung, wie Martin die Führerschaft in Montgomery zugefallen war, und zu meinem Mann gewandt: »Sie haben das in Sie gesetzte Vertrauen nicht verraten. Sie haben die

Leute mit ruhiger Würde, christlicher Gesinnung und Entschlossenheit geführt... Während Sie fort waren, wurden Ihre Mitstreiter wie Verbrecher gehetzt und eingesperrt. Als Ihnen von juristischer Seite geraten wurde, Sie sollten sich fernhalten, um nicht verhaftet zu werden, hörte ich Sie mit eigenen Ohren erwidern: ›Lieber würde ich zehn Jahre im Gefängnis sitzen, als mein Volk in dieser Krise im Stich zu lassen.‹ In diesem Augenblick grüßten Sie mein Herz, meinen Verstand und meine Seele. Hinfort wußte ich, daß Sie in einer Zeit wie dieser zur Führung berufen waren...

Ihr Name wurde zum Symbol des Mutes und der Hoffnung für die Unterdrückten der ganzen Welt. Weil Sie den Ruhm nicht gesucht haben, ist er zu Ihnen gekommen. Emerson muß an einen Menschen wie Sie gedacht haben, als er sagte: ›Seht wie sich die Menge in namenlose Gräber grämt, während hier und da eine große selbstlose Seele sich selbst vergißt und darüber unsterblich wird.‹ Sie sind freundlich und voll Liebe, christlich und tapfer, vernünftig und weise, ein beredter Prediger und fähiger Mittler des christlichen Evangeliums... An diesem ihrem neunzigsten Gründungstag ist Ihre Alma mater glücklich, Sie von allen Colleges und Universitäten als erste zu ehren...«

Diese glückliche Zeit wurde für uns vollkommen, als ich entdeckte, daß ich wieder schwanger war; und es sollte der Sohn geboren werden, den sich mein Mann so sehr gewünscht hatte.

Wie gewöhnlich war Martin außerordentlich stark beschäftigt. Da es schien, daß die Eisenhower-Regierung die Sache des Neger-Wahlrechts wenig bekümmerte, wurde auf einer Reihe von Konferenzen beschlossen, zu einem »Marsch für die Freiheit« aufzurufen, der im Mai in Washington stattfinden sollte. Sehr bewußt wurde diese Versammlung durch ein rein schwarzes Organisationskomitee geplant und geleitet. Meiner Schwangerschaft wegen konnte ich zu meinem tiefen Bedauern nicht daran teilnehmen.

Am 17. Mai 1957 versammelten sich um zwölf Uhr mittags siebenunddreißigtausend Marschierer einschließlich dreitausend weißer Anhänger vor dem Lincoln-Denkmal. Fast alle schwarzen Politiker von Rang und Namen sprachen. Gegen drei stellte A. Philip Randolph meinen Mann vor, der die Schlußrede halten sollte. Es war die erste seiner aufrüttelnden politischen Reden, die er vor einem nationalen Publikum hielt, und obwohl ich nicht persönlich dabeisein konnte, lauschte ich stolz der Radioübertragung.

Martin sprach zuerst davon, daß die Bundesregierung und die beiden politischen Parteien nichts unternahmen, die in der Verfassung garantierten Rechte der Neger, vor allem das Wahlrecht, durchzusetzen. Er forderte eine entschlossene Führung der Bundesregierung, der weißen Liberalen, der weißen Gemäßigten des Südens sowie eine starke, mutige und intelligente Politik der Schwarzen. Dann setzte er zu einem mitreißenden Appell an, den die große Menschenmenge immer wieder mit »Amen«-Rufen unterbrach:

»Gebt uns Stimmzettel, und wir werden nicht länger bitten, sondern die richtigen Gesetze machen.

Gebt uns Stimmzettel, und wir werden die Parlamente mit Männern guten Willens besetzen.

Gebt uns Stimmzettel, und wir werden dem Volk Richter geben, die Barmherzigkeit lieben.

Gebt uns Stimmzettel, und wir werden ruhig und dem Buchstaben getreu das Urteil des Obersten Gerichtshofes vom 17. Mai 1954 erfüllen.

Gebt uns Stimmzettel, und wir werden die schreienden Untaten des blutdürstigen Mobs in wohlüberlegte Taten ordentlicher Bürger verwandeln.«

Im darauffolgenden Jahr war unser Leben vergleichsweise friedlich, aber wenn es auch keine großen Kämpfe oder Auseinandersetzungen gab, so war Martin kaum weniger beschäftigt als sonst. Tatsächlich sah ich ihn nur selten, denn kaum war er daheim, mußte er schon wieder fort. Gemäß einem Artikel der Wochenzeitschrift *Jet*, der »Man on the Go« (Mann auf Achse) betitelt war, hielt Martin zweihundertundacht Reden und reiste 780 000 Meilen. Mir kam es gewiß so vor. Während dieser hektischen Periode schrieb er zudem noch sein erstes Buch »Stride Toward Freedom«, das die Geschichte des Busstreiks von Montgomery erzählt. Da er daheim ständig unterbrochen wurde, mußte Martin sich in den Wohnungen von Freunden verstecken, bis sein Manuskript fertig war. Seine Sekretärin Maude Ballou, die während des gesamten Protestes für ihn gearbeitet hatte und die nun eine Zeitlang nach Atlanta gehen sollte, war ihm eine unschätzbare Hilfe.

Mit Martins wachsendem Ruf wurden ihm viele glänzende Stellen mit Gehältern bis zu fünfundsiebzigtausend Dollar angeboten, aber meinen Mann lockten sie nicht im geringsten. Immer entschiedener lehnte er Besitz ab, immer weniger bedeuteten ihm Geld und materieller Erfolg. Martin hätte am liebsten ein Armutsgelübde abgelegt. Zwar mußte er sich seiner Stellung und seiner Familie wegen diesen Wunsch versagen, doch wollte er jedenfalls keine Güter, die ihn vom einfachen Volk trennen würden. So sagte er etwa: »Ich sehe nicht ein, warum wir ein Haus besitzen müssen.« Zu Beginn seines Pastorats legte er als Vertreter der Gemeinde Wert darauf, ordentlich gekleidet zu sein. Doch im Lauf der Jahre änderte er diese Ansicht völlig und rühmte sich, er könne ohne Koffer mit einem einzigen Anzug und einem Satz Wäsche zum Wechseln um die Welt reisen. Martin versuchte stets, aus unserem Leben alles Entbehrliche zu streichen, und er hoffte, seine Anhänger in diesem Sinne zu beeinflussen.

Er verstand sehr wohl, daß Leute, die immer Mangel gelitten hatten und jahrhundertelang unterdrückt waren, danach strebten, an den Erfolgssymbolen und den Annehmlichkeiten der Zivilisation teilzuhaben. Doch sagte er: »Wir müssen lernen, daß der Wert eines Menschen sich nicht an seinem Bankkonto oder der Länge seines Wagens mißt, sondern allein an seinem Engagement.« Martin fand sein eigenes Leben nie einfach genug, und obwohl ihn unsere wachsende Familie sehr glücklich machte, brachte sie ihn diesem Ziel nicht gerade näher.

Am 23. Oktober 1957 wurde unser Sohn Martin Luther King III. geboren. Wir waren dankbar und glücklich, und Martin konnte sich vor Freude kaum fassen. Ich hatte Vorbehalte, unseren ersten Sohn nach seinem Vater zu nennen, da ich wußte, wie schwer das Kind unter Umständen daran tragen würde. Aber Martin hatte immer gewünscht, sein Sohn solle Martin Luther III. heißen, und nachdem ihn auch noch Daddy King unterstützte, willigte ich ein.

Während dieser Zeit wurde die SCLC immer aktiver, vor allem hinsichtlich der Wählerregistrierung. 1958 legten wir den Schwerpunkt auf den Kreuzzug für Bürgerrechte. An Lincolns Geburtstag, dem 12. Februar, fanden in den entscheidenden Städten des Südens gleichzeitig einundzwanzig Massenversammlungen statt. In einer großen Rede gab Martin den Ton an: »Laßt uns unsere Absichten kristallklar machen. Wir müssen und werden frei sein. Wir wollen Freiheit – *jetzt.* Wir wollen nicht über weitere hundertundfünfzig Jahre die Freiheit teelöffelweise eingeflößt bekommen!«

Die Versammlungen und der wachsende Druck, mit dem die SCLC verlangte, der Bund möge das Wahlrecht durchsetzen, führten schließlich zu der Konferenz mit Präsident Eisenhower im Weißen Haus, welche die SCLC vor über einem Jahr auf ihrer ersten Versammlung in New Orleans gefordert hatte. In Washington unterbreiteten Martin, A. Philip Randolph, Roy Wilkins und Lester B. Granger, der geschäftsführende Direktor der Urban League (Städtische Liga) eine Reihe äußerst gemäßigter Vorschläge; Präsident Eisenhower wurde ersucht, sich für eine neue Bürgerrechts-Vorlage einzusetzen, um die Rechte der Neger gemäß der Verfassung zu verwirklichen; das Justizministerium anzuweisen, den existierenden Statuten gemäß zu handeln und die Neger zu schützen, die sich als Wähler registrieren wollten, und schließlich dafür zu sorgen, daß Kirchen und Häuser nicht mehr mit Bomben beworfen würden. Die Bundesbeamten waren sehr höflich, doch nichts geschah.

Martin hegte nach dieser Begegnung keinen Groll, sondern gemischte Gefühle für die Eisenhower-Regierung. Mit politischer Scharfsichtigkeit traf er das Richtige, als er über seine Gespräche mit Präsident Eisenhower schrieb:

»Seine persönliche Aufrichtigkeit in der Frage (der Rassengerechtigkeit) war eindeutig, und er verstand es großartig, einzelne dafür zu gewinnen. Doch fehlte ihm die Gabe, die Öffentlichkeit davon zu überzeugen, daß dies Problem eine innenpolitische Aufgabe ersten Ranges darstellte... Außerdem wollte Eisenhower nichts vertreten, was eine Strukturänderung in der Architektur der amerikanischen Gesellschaft voraussetzte. Sein Konservatismus war fest und starr, und jedes Übel, das die Nation verunstaltete, mußte stückchenweise mit einer Pinzette herausgezogen werden, weil das Messer des Chirurgen ihm ein zu radikales Instrument für die Beste aller möglichen Gesellschaften schien.«

Martin hatte außerordentlich schwer gearbeitet – in der SCLC, an seinem Buch, als Pastor von Dexter, als Präsident der MIA und in vielen anderen aktiven Gruppen, als wir im Sommer 1958 zum erstenmal seit der Hochzeit richtig in Ferien fuhren. Zwei Wochen Mexiko, ohne offizielle Verpflichtungen, ohne Reden oder sonst etwas. Wir genossen die Schönheit des Landes, aber wie gewöhnlich machte der Gegensatz zwischen dem luxuriösen Lebensstil der Reichen und dem Elend der Armen Martin abwechselnd zornig und verzweifelt.

Kaum waren wir heimgekehrt, da ereignete sich ein unerfreulicher Zwischenfall. Am 3. September gingen Martin und ich zum Gericht in Montgomery, wo Ralph Abernathy in einem Zivilprozeß aussagen sollte. In einer Gruppe standen wir unmittelbar vor dem Gerichtssaal, als uns ein Polizist befahl, weiterzugehen. »Ich warte auf meinen Anwalt Fred Gray«, erwiderte Martin.

»Wenn du hier nicht verdammt schnell abhaust, dann wirst du allerdings einen Anwalt brauchen.«

Martin ließ sich nicht einschüchtern, worauf der Beamte sagte: »Das genügt, Boy.«

Er rief einen anderen Polizisten, und gemeinsam packten sie Martin, drehten ihm die Arme auf den Rücken und stießen ihn die Treppe hinunter in Richtung Rathaus. Ich folgte verzweifelt, als ich sah, wie sie Martin

weh taten. Der Polizist wandte sich um und versuchte mich zu provozieren: »Du willst wohl auch ins Gefängnis, was? Du brauchst nur zu nikken.«
Martin blickte zurück und rief: »Sag nichts, Liebling!«
Eilig holte ich unsere Freunde, und als ich zur Stadthalle zurückkam, war Martin verschwunden. Er wurde getreten und mißhandelt, dann, als die Polizisten entdeckten, wer er war, beschuldigten sie ihn, sich einem Beamten widersetzt zu haben, und ließen ihn auf sein Wort frei.
Als er zurückkam, hatten wir ein langes Gespräch. Martin wußte, daß er zu einer Geldstrafe verurteilt werden würde, aber er sagte: »Der Augenblick ist gekommen, da ich nicht länger eine Kaution stellen möchte. Wenn ich ein Verbrechen im Namen der Bürgerrechte begehe, dann will ich ins Gefängnis gehen und meine Strafe verbüßen.«
Martin war von Gandhi und dessen Methode der Nicht-Kooperation beeinflußt, außerdem war er fest davon überzeugt, daß sich die schwarze Führerschaft darauf vorbereiten müsse, wie Gandhi zu leiden. Er wollte nicht ins Gefängnis; für einen so feinfühligen und sensiblen Mann wie ihn war es eine schreckliche Aussicht. Beide kannten wir die Schrecken der Südstaatengefängnisse – und wußten, daß im Lauf der Jahre viele Neger, die teilweise nur kurze Haftstrafen verbüßen sollten, einfach verschwunden waren. Aber Martin erkannte, daß seine Haft unserer Bewegung Sympathie eintragen würde. Er fand, wenn er von anderen verlange, für die Sache zu leiden, dann müsse er, ihr Führer, noch weit mehr dazu bereit sein.
Als wir damals mit Freunden darüber diskutierten, fand Martin unsere Argumente in gewisser Hinsicht irrelevant. »Ihr versteht nicht«, sagte er. »Schaut, hätte mir irgendwer vor ein paar Jahren, als ich die Präsidentschaft der MIA annahm, gesagt, ich würde in diese Lage geraten, dann hätte ich alles daran gesetzt, dem zu entgehen. Dies ist nicht das Leben, das ich mir vorgestellt habe. Aber allmählich übernimmt man mehr und mehr Verantwortung, bis man es schließlich nicht mehr in der Hand hat. Man muß sich ganz geben. Sobald man sich einmal entschieden hat, sich ganz zu geben, ist man bereit, alles zu tun, was der Sache dient und die Bewegung fördert. Ich habe diesen Punkt erreicht. Mir bleibt keine Wahl mehr. Ich muß mich ganz geben.«
Wie stets akzeptierte ich das, was Martin für richtig hielt. Wir beredeten es mit seinen Kollegen von der MIA und mit Daddy King, der uns damals in Montgomery besuchte, und beteten zusammen. Dann wartete Martin, daß der Fall vor Gericht käme.
Natürlich wurde mein Mann für schuldig befunden und zu einer Geld-

strafe von zehn Dollar oder zu vierzehn Tagen Haft verurteilt. Sofort bat er den Richter, eine Erklärung abgeben zu dürfen. Er erhielt die Erlaubnis, und am Freitag, dem 5. September 1958, wurde die heute historische Erklärung Richter Eugene Loe in Montgomery, Alabama, vorgelesen[1].

Martins Vorgehen traf den Richter unvorbereitet. Er schien erschreckt. Nachdem er Martins Fall abgeurteilt hatte, vertagte er die Sitzung. Zusammen mit Ralph und Juanita Abernathy verließ ich das Gericht und ging auf eine Massenversammlung in der Dexter Avenue Baptist Church, um Untersütztung gegen die ungerechte Verurteilung Martins zu gewinnen. Martins Anwalt Fred Gray blieb bei seinem Klienten. »Dr. King«, sagte der Richter, »Sie wissen, daß Sie auf Kaution freikommen können. Möchten Sie nicht, daß jemand Ihre Buße zahlt?« »Nein, Euer Gnaden«, erwiderte mein Mann, »ich möchte die Buße nicht zahlen.« Als es so weit war, daß die Verurteilten ins Gefängnis gebracht wurden, folgte Martin am Ende der Reihe, aber die Gefängnisbeamten ließen ihn nicht in den Wagen. Er ging darauf zurück und wartete auf den zweiten Transport. Wieder das gleiche. Da wurde Martin klar, daß man ihn nicht ins Gefängnis lassen wollte. Die Behörden schienen ratlos, Martin jedoch war entschlossen, seine Haft zu verbüßen. Schließlich sagte man ihm: »Dr. King, Sie können jetzt gehen. Jemand hat Ihre Strafe gezahlt.«

»Ich kann mir nicht denken, wer das sein soll«, entgegnete Martin höchst verwundert.

»Vermutlich einer Ihrer Verbündeten.« Martin beharrte, dies sei nicht möglich, denn er habe seine Verbündeten von seinen Plänen unterrichtet und angewiesen, die Geldstrafe nicht zu zahlen. Als er nicht locker ließ, sagte man ihm schließlich, eine anonyme Person habe die Strafe bezahlt. Ihm blieb keine Alternative, als zu gehen.

Polizeikommissar Clyde Sellers besaß einen wacheren Sinn für Public Relations als seine Untergebenen. Er erkannte, welche schlechte Presse Montgomery und seine offiziellen Vertreter erhalten würden, wenn die Nation erführe, daß Martin Luther King jr. in ihrem Gefängnis sitze. Er bezahlte die Strafe aus der eigenen Tasche und gab die Erklärung ab, er wolle »den Steuerzahlern die Ausgabe ersparen, King vierzehn Tage ernähren zu müssen«.

[1] Der vollständige Text dieser Erklärung findet sich auf Seite 291 im Epilog.

9

»Stride Toward Freedom«, Martins erstes Buch, wurde am 17. September 1958 veröffentlicht. Es erhielt ausgezeichnete Rezensionen, und Martin ging auf eine Rundreise, um dafür zu werben. Wo immer er erschien – in Detroit, Chicago und vor allem in Harlem –, strömten die Menschen in Mengen herbei.

Am Abend des 19. September befand er sich in Harlem, und wir erwarteten ihn am nächsten Nachmittag in Atlanta zurück. Ich saß im Schlafzimmer und wollte mich gerade anziehen, um ihn am Flugplatz abzuholen, wie ich es immer tat, wenn er von auswärts zurückkam, da läutete das Telefon. Dr. O. Clay Maxwell von der Mount Olivet Baptist Church in New York, ein alter Freund der Kings, erkundigte sich: »Wie geht es Ihnen, Mrs. King?«

»Danke gut, Dr. Maxwell«, antwortete ich leicht befremdet.

»Ich habe leider schlechte Nachrichten für Sie.«

Natürlich dachte ich augenblicklich an Martin. War es die Nachricht, die ich immer halb erwartet hatte? War er tot? War er schwer verletzt? Mein Herz schlug heftig.

Dr. Maxwell sagte mir, eine Negerin habe auf Martin eingestochen, als er in einem Kaufhaus der 125sten Straße Bücher signierte. Offensichtlich eine Geistesgestörte. Martin sei schwer verletzt. »Er lebt, aber es ist ernst, sehr ernst.«

Ich bat ihn, mich auf dem laufenden zu halten, während ich Vorbereitungen träfe, um nach New York zu fliegen. Mein Bruder hatte mich aus Marion besucht, und als ich ihm erzählte, was geschehen war, begann ich zu weinen. Dann betete ich:

»Herr, laß Martin nicht auf diese Weise von uns gehen, aber wenn es sein muß, dann hilf mir, mich darein zu schicken.«

Ralph Abernathy rief an, ob das, was er am Radio über Martin gehört hatte, stimme. Ich versuchte ihm alles zu berichten, was ich wußte, aber ich brach wieder zusammen. Nach einem langen Augenblick sammelte ich mich und sagte Ralph, ich würde nach New York fliegen, worauf er versprach, Flugplätze zu buchen und mich zu begleiten.

Inzwischen strömten immer mehr Leute ins Haus, und beständig riefen besorgte Menschen an. Ich nahm mich zusammen und bereitete mich innerlich auf die nächsten Wochen vor. Mehrere Telefongespräche gingen zwischen New York und Montgomery hin und her.

Dann rief jemand an, das Messer sei entfernt worden. Einen Augenblick später, ehe ich Zeit hatte, die Nachricht zu verdauen, telefonierte ein anderer: »Nein, das Messer steckt noch immer in Martins Brust.« Ich beschloß zu glauben, das Messer sei entfernt worden und Martin außer Gefahr – etwas, was zu jenem Zeitpunkt nicht zutraf.

Wie gewöhnlich kamen unverzüglich ein paar unserer treuen Pfarrkinder von der Dexter Church. Einige Damen halfen mir packen – alle waren so großartig und hilfsbereit. Dann erschien Bob Williams und sagte, er werde mitkommen, und Christine rief an, sie wolle sich uns in Atlanta anschließen.

Gegen neun brachen wir in Montgomery auf und waren fast die ganze Nacht unterwegs, da wir in Atlanta auf einen Flugzeuganschluß warten mußten. All diese Stunden dachte ich beständig an die Möglichkeit von Martins Tod. Zugleich versuchte ich mir einzureden, er werde überleben. Bei Tagesanbruch erreichten wir New York, wo uns Reverend Thomas Kilgore von der Friendship Baptist Church von New York, Bayard Rustin, Stanley Levison und Ella Baker abholten. Alle wirkten besorgt und nervös, ängstlich bestrebt, mir das Vorgefallene verstehen zu helfen. Wir erfuhren die Einzelheiten, wie Martin Bücher an einem improvisierten Tisch in der Schuhabteilung des Kaufhauses Blumenstein signiert hatte, als eine zweiundvierzigjährige Negerin auf ihn zutrat und fragte: »Sind Sie Dr. King?«

»Ja, der bin ich.«

Mit leiser, rachsüchtiger Stimme sagte sie darauf: »Luther King, seit fünf Jahren bin ich hinter dir her.«

Es blitzte metallisch, als die Frau einen sehr scharfen japanischen Brieföffner aus ihren Kleidern zog und in Martins Brust stieß. Sofort brach ungeheurer Tumult los. Irgendwer packte die Frau – Mrs. Isola Curry. Ein anderer wollte das Messer herausziehen, aber Martin hinderte ihn daran. Völlig ruhig saß er auf seinem Stuhl, während das Messer aus seiner Brust ragte. Später erzählte er mir, daß er anfänglich keine großen Schmerzen empfand, aber begriff, daß die Verletzung tödlich sein könnte. Es war wenig Blut zu sehen, aber er wußte, daß er vielleicht innerlich blutete. Als er die Messerschneide zufällig berührte, war sie so scharf, daß er sich in die Hand schnitt.

Die Polizei führte Mrs. Curry ab. Es hieß, sie sei beauftragt gewesen; von einer möglichen Verschwörung war die Rede, aber dies stimmte nicht, noch vermuteten wir dergleichen je ernsthaft. Sie war vielmehr geistesgestört und behauptete in wilden Worten, die Geistlichen trügen an all ihren Schwierigkeiten schuld. Auf der Wache, wo sie von einer Beamtin durchsucht wurde, fand man einen Revolver zwischen ihren Brüsten. Wir waren dankbar, daß sie ihn nicht statt des Messers benutzt hatte.

Ein Krankenwagen brachte Martin in das Harlemer Krankenhaus. Während er auf den Arzt wartete, lag Martin ruhig auf dem Operationstisch, das Messer noch immer in der Brust. Obgleich er seine verzweifelten Freunde zu trösten suchte, erkannte er selbst, daß dies das Ende sein konnte.

Ehe der Arzt eintraf und ehe man die für die Operation benötigten Spezialgeräte ins Harlemer Krankenhaus geschafft hatte, führte die Polizei Mrs. Curry zu Martin, damit er sie identifizieren konnte. Als sie seiner ansichtig wurde, sagte sie: »Ja, das ist er. Ich werde ihn meinen Anwälten melden.«

Martin fand dies so komisch, daß er trotz der schrecklichen Schmerzen lächelte.

Tausende hatten sich unterdessen draußen auf der Straße vor dem Harlemer Krankenhaus versammelt, um zu singen und zu beten. Wir erfuhren, im ganzen Land werde für Martin gebetet.

Auf der Fahrt vom Flugplatz zu Tom Kilgores verhältnismäßig nahegelegenem Haus schlug Stanley vor, nachdem wir uns erfrischt hatten, Dr. Aubré D. Maynard, den Chefchirurgen aufzusuchen, der zusammen mit drei weiteren Ärzten das Messer herausoperiert hatte. Dr. Maynard, der aus Jamaika stammte, versicherte mir zuerst, was für einen großartigen Charakter mein Mann habe und wie vorbildlich ruhig er sich während der ganzen qualvollen Zeit verhalten habe. »Hätte er Angst bekommen oder sich aufgeregt, so hätte dies seine Überlebenschancen gemindert. Die Messerspitze berührte genau seine Aorta. Hätte er sich heftig bewegt oder geniest, er wäre augenblicklich gestorben. Dr. Kings großartige Haltung und seine Unterstützung halfen uns, sein Leben zu retten. Wie Sie ja selbst wissen, ist Ihr Mann ein außergewöhnlicher Mensch.«

Dann berichtete Dr. Maynard die Operation im einzelnen und daß er über Martins Herz einen kreuzförmigen Einschnitt gemacht habe. »Da die Narbe bleiben wird und er ein Geistlicher ist, schien es irgendwie passend. Wir mußten zwei Rippen entfernen, um das Messer freizulegen, aber wir haben alles menschenmögliche getan. Obwohl in den nächsten drei Tagen noch Komplikationen auftreten können, glauben wir, daß alles gutgehen und er sich vollständig erholen wird.«

Dann brachten mich meine Freunde in Martins Krankenzimmer. Um die Flüssigkeit aus seiner Brust abzuziehen, hatte er einen Schlauch in Nase und Hals. Er stand noch unter starken Beruhigungsmitteln, aber benommen wie er war, erkannte er mich doch sofort. Man sagte mir, er habe die ganze Nacht nach mir gefragt.

Als ich Martin da liegen sah, erkannte ich erst, wie ernst er verwundet war. Die Worte des Arztes gingen mir durch den Kopf: »Hätte er sich bewegt oder geniest...« Ich dankte Gott für das, was fast ein Wunder schien. Martin und ich wußten, daß ihn Gottes Gnade gehalten hatte und daß Er uns während dieser Zeit stärken würde. Obwohl seine Familie, seine Freunde und Millionen Anhänger in der ganzen Welt um sein Leben bangten, war Martin – und auch ich – ruhig. So als wüßten wir beide, daß dies nicht der Augenblick war, daß uns diese Prüfung auf etwas vorbereitete, was noch kommen sollte.

Während ich in dem Krankenzimmer bei meinem Mann saß, versuchte ich zu begreifen, was ihm widerfahren war. Es konnte nicht einfach eine sinnlose Tat sein. Ich war überzeugt, daß es mehr war – eine Botschaft Gottes. Ich dachte an die zahllosen Menschen, die Martin überall gefolgt waren, wie magnetisch sie auf seine Worte reagiert hatten, als er am Abend vor dem Anschlag an einer Straßenecke von Harlem zu ihnen gesprochen hatte. Ich mußte an den Palmsonntag denken, da Christus nach Jerusalem ging und von den Leuten verherrlicht wurde. Der Dolchstoß war wie Gethsemane; keine richtige Kreuzigung, aber eine sehr dunkle und schwierige Periode im Leben meines Mannes, vielleicht eine Prüfung für ihn wie auch seine Anhänger. Wir hatten von Gewalt gesprochen und davon, daß wir fähig seien, einen Schlag hinzunehmen, ohne zurückzuschlagen. Nun wurden unsere Worte erneut auf die Probe gestellt.

Wahrer Glaube erweist sich daran, wie man in einer schweren Krise reagiert. Martin sagte von Mrs. Curry, sobald er deutlich sprechen konnte: »Diese Frau braucht Hilfe. Sie ist nicht verantwortlich für die Gewalt, die sie gegen mich gebraucht hat. Tut ihr nichts, bringt sie nicht vor Gericht, heilt sie.«

Mrs. Curry wurde in eine Anstalt für kriminelle Geisteskranke eingewiesen, und wir hofften, daß man sich ihrer dort gut annahm. Ich selbst hege keine Bitterkeit gegen Mrs. Curry, und so lebensgefährlich dieser Angriff war, so verursachte er bei mir nie ein Trauma. Wie unser ganzes Leben, schien er mir einen tiefen Sinn zu enthalten.

Jeder Führer bedarf einer Zeit der Kontemplation. Gandhi und Nehru fanden sie in ihren Gefängniszellen, für Martin waren es die Wochen der Genesung. Die Belastungen, die Hast und Anstrengung waren vorübergehend von ihm genommen, er konnte seine Lehre und seine Ziele, seine persönliche Eignung, seine Einstellung und Überzeugung neu überdenken.

Mein Mann litt an einem Schuldkomplex, wie die Psychologen sagen würden. Er war sich seiner erschreckenden Verantwortung derart bewußt, daß er es sich buchstäblich zur Aufgabe setzte, in den Angelegenheiten der Bewegung nie zu irren. »Ich kann mir keinen Fehler leisten«, sagte er, obwohl er wußte, daß dies das Los der Menschen ist.

In seinem ruhigen Krankenzimmer versuchten wir in langen Gesprächen zu klären, was dieses Ereignis bedeutete. Martin sah darin vor allem seine Idee der persönlichen Erlösung durch Leiden bestätigt. Dann waren wir überzeugt, daß wir auf Größeres vorbereitet wurden; daß wir, um kommende Verfolgung und Leiden ertragen zu können, uns erneut ganz der Gewaltlosigkeit und dem Ziel der Freiheit und Menschenwürde verschreiben müßten. Wir wußten, daß der Sieg in Montgomery nur ein kleiner Schritt vorwärts gewesen war. Der Süden und vor allem seine Schulen waren trotz des Urteils des Obersten Gerichts noch fast völlig segregiert. Die Haltung der weißen Südstaatler hatte sich nicht wesentlich geändert; ja, in gewissem Maße hatte sie sich sogar verhärtet. Und wir wußten, daß trotz einer anderen Sozialstruktur unser Volk auch im Norden sehr litt. Es würde ein langer, langer Kampf werden, bis die Neger volle Gleichberechtigung errungen hätten.

Und eines wurde uns durch diesen Anschlag klar: selbst aus unseren eigenen Reihen konnte jemand Gewalt gegen Martin gebrauchen. Unwillkürlich mußten wir daran denken, daß Gandhi von einem der seinen ermordet worden war.

Seltsam genug erwächst aus tragischen und dunklen Ereignissen oft Gutes. So hatte auch diese Krise ihr Gutes. Sie einte die schwarze Gemeinschaft in Hilfsbereitschaft und Sorge. Aber nicht nur Neger, sondern auch viele Weiße konnten sich mit Martins Unglück identifizieren. Männer und Frauen im ganzen Land, ob sie zuvor von Martin gewußt hatten oder nicht, begannen über ihn nachzudenken, sich mit seiner Lehre zu befassen und für ihn zu beten. Seine Botschaft wurde ihnen klar. Kirchen und gute Menschen aller Konfessionen überschütteten uns mit Anteilnahme und Wohlwollen. Wir erstickten in Blumen, wurden von Hunderten von Telegrammen und Tausenden von Karten und Briefen überschwemmt. Ich mußte ein Büro im Krankenhaus einrichten, um so viele wie möglich zu beantworten.

Einer der rührendsten Briefe schrieb ein junger Oberschüler: »Ich habe in der Zeitung gelesen, daß der Arzt sagte, es wäre tödlich gewesen, wenn Sie hätten niesen müssen. Ich bin froh, daß Sie nicht niesen mußten und daß Gott Sie verschont hat, damit Sie weiter Gutes tun können.«

Martin wandte sich an mich: »Auch ich bin froh, daß ich nicht niesen mußte, denn sonst hätte ich nicht all diese Zeichen der Anteilnahme erleben können.« Von da an verwandte Martin dies Ereignis in vielen seiner

Predigten und Reden, um Gedanken zu illustrieren. So auch am 3. April 1968 in Memphis bei seiner letzten Rede.

Am 3. Oktober wurde Martin aus der Klinik entlassen. Die Ärzte baten ihn, in der New Yorker Gegend zu bleiben, und so verbrachten wir drei Wochen in Brooklyn, im Haus von Reverend Sandy F. Ray, einem langjährigen Freund der Kings. Reverend Ray war so großzügig, daß ich mich immer in seiner Schuld fühlen werde. In Montgomery nahm Martin nicht gleich wieder das hochtourige, gehetzte Leben auf, das er zuvor geführt hatte. Die Ärzte hatten ihm geraten, eine Weile langsam zu tun, und er gehorchte ihnen. Der Angriff war ein größerer Schock für seinen Organismus gewesen, als er selbst merkte. Vorübergehend mußte er sich aus der Hitze des Kampfes heraushalten, um wieder zu Kräften zu kommen.
Dies schien ein günstiger Zeitpunkt, um einen langgehegten Traum zu erfüllen: Indien. Schon seit Jahren hoffte Martin, das von Gandhi befreite Land zu besuchen, um Gandhis friedliche Revolution an Ort und Stelle zu studieren und persönlich mit den Leuten zu sprechen, die ihn gekannt und mit ihm gearbeitet hatten. Im August dieses Jahres hatten uns Besucher aus Indien beide tief beeindruckt, und ihre Einstellung hatte zu der Gelassenheit beigetragen, mit der wir den Anschlag aufgenommen hatten.
Vor nahezu einem Jahr hatte die Gandhi Peace Foundation Martin eingeladen, in ganz Indien Reden zu halten und die Führer des Landes einschließlich Premierminister Jawaharlal Nehru zu treffen. Da wir weder Zeit noch Geld besaßen, hatten wir die Reise aufgeschoben. Nun wurde sie uns durch eine Beihilfe über fünftausend Dollar ermöglicht, die uns eine treue Freundin, Libby Holman Reynolds, durch die Christopher Reynolds Foundation an das Friends Service Committee verschaffte.
Anfang März 1959 flogen Martin und ich in Begleitung von Professor Lawrence D. Reddick nach Indien. Unser Flugzeug sollte in Neu-Delhi landen, aber wegen irgendwelcher Schwierigkeiten wurden wir nach Bombay umgeleitet, wo wir in der Nacht des 9. März ankamen. So war der erste Eindruck von Indien, auf das wir uns so sehr gefreut hatten, ein Schock. Aus der Luft sah die Stadt herrlich aus, mit einem strahlenden Lichterkranz um den schönen Hafen. Aber als wir durch die engen, stinkenden Straßen fuhren, sahen wir Tausende in Lumpen gehüllte Menschen auf den Gehwegen schlafen oder in Einfahrten kauern. Wir waren entsetzt. Als wir fragten, weshalb Hunderte und Tausende auf den schmutzigen Bürgersteigen lagen, sagte man uns, daß sie keinen anderen Platz besäßen. Sie hatten kein Zuhause. Ihr ganzes Eigentum trugen sie

in einen Fetzen oder in eine Zeitung gewickelt bei sich. Es fiel uns schwer, dies zu verstehen, geschweige denn, uns damit abzufinden. Der Anblick der ausgemergelten Gestalten, die nichts als einen schmutzigen Lendenschurz trugen und Mülltonnen durchstöberten, erbitterte und bedrückte meinen Mann. Die Schuld trug der Kolonialismus. Nirgends, nicht einmal in Afrika, hatten wir solch abgrundtiefe, hoffnungslose Armut gesehen.

Als wir zum luxuriösen Taj Mahal Hotel fuhren, trat ein Mann mit einem Kind in den Armen zum Flughafenbus. Er sprach kein Englisch, aber wies erst auf seinen offenen Mund, dann auf das Kind, um auszudrücken, daß es am Verhungern sei. Vor unserer Abreise hatte man uns in den Vereinigten Staaten gewarnt, den Bettlern Geld zu geben, da die Regierung das Bettlertum bekämpfe. Doch Martin schlug diesen Rat bald in den Wind und gab alles, was wir entbehren konnten, den Unglücklichen, die uns darum anflehten.

Später sprach Martin in Amerika oft von diesem traurigen Anblick. Er sprach von unserem großen Überschuß an Getreide und wie teuer es zu lagern sei: »Ich weiß, wo wir es kostenlos lagern könnten – in den geschrumpften Mägen der Hungernden Asiens und Afrikas.«

Am nächsten Tag flogen wir nach Neu-Delhi. Am Flugplatz sagte Martin den Reportern: »Andere Länder mag ich als Tourist besuchen, aber nach Indien komme ich als Pilger.«

An jenem ersten Abend waren wir zum Dinner bei Premierminister Nehru eingeladen. Erwartungsvoll sahen wir der Begegnung mit dem politischen Führer der Unabhängigkeitsbewegung entgegen. Nehru bewohnte ein mächtiges klassizistisches Sandsteinhaus, das die Briten in der Blütezeit des Empires erbaut hatten. Durch schmiedeiserne, von Wachen flankierte Tore fuhren wir zwischen gepflegtem Rasen und leuchtenden Blumenrabatten eine Auffahrt hinauf.

Nehru, der in seinem langen, enganliegenden Rock, auf dem eine Rose steckte, sehr elegant aussah, begrüßte uns in der geräumigen Eingangshalle. Dann geleitete er uns über eine breite Treppenflucht in einen Salon hinauf, wo uns seine Tochter Indira Gandhi, die heute das Amt des Premierministers bekleidet, erwartete. Mit ihrem leisen Charme war sie eine reizende Gastgeberin, wie auch Nehru selbst höchst liebenswürdig und aufmerksam war und sich aufrichtig zu freuen schien, meinen Mann kennenzulernen.

Beim Essen verglich Nehru den indischen Freiheitskampf mit dem Ringen des amerikanischen Negers um die Bürgerrechte und diskutierte mit Martin die Methode der Gewaltlosigkeit. Er betonte, wie wichtig Gewaltlosigkeit sei, und lobte meinen Mann für das, was er auf diesem Gebiet geleistet hatte. Martin sagte: »Ich habe soviel über Gandhi und den Erfolg der gewaltlosen Bewegung hier gelesen, daß ich es mit eigenen Augen sehen wollte.«

Martin wies darauf hin, daß die britisch-indische Freundschaft möglich war, obwohl es sich einerseits um die Kolonialmacht und andererseits um deren einstige Untertanen handelte. Er schrieb dies der Gewaltlosigkeit zu, mit der Indien seine Unabhängigkeit durchgesetzt hatte, statt durch Gewaltanwendung ein Erbe an Bitterkeit zu hinterlassen.

Als sie über Gandhi sprachen, sagte Nehru: »Sie wissen, ich stimmte nicht immer mit ihm überein.«

Wir wußten dies durch unsere Lektüre. Auch hatten uns unsere indischen Freunde, die nach Montgomery kamen, von den politischen Kämpfen zwischen Nehru und Gandhi erzählt. Gandhi hatte sich völlig der Gewaltlosigkeit verschrieben, während Nehru sie als nützliche revolutionäre Technik gebrauchte. Gandhi wollte Indien nicht in eine moderne technologische Gesellschaft stürzen; Nehru glaubte, daß Indien ohne Industrialisierung nicht überleben könnte.

Aber ihr Streit war nicht einfach. Beide erkannten, wie komplex Gewaltlosigkeit als Technik der Massen war. In seinem Buch »Toward Freedom« hatte Nehru höchst logisch über ihre Gefahren geschrieben:

»Konnten ein abgelegenes Dorf und ein Mob aufgebrachter Bauern am Rande des Geschehens unserem nationalen Freiheitskampf zumindest für eine Weile ein Ende setzen? Wenn dies die unausweichliche Konsequenz eines sporadischen Aktes der Willkür war, dann fehlte gewiß etwas in der Lehre und Technik des gewaltlosen Kampfes. Denn es schien uns unmöglich, uns gegen einen solch mißlichen Zwischenfall abzusichern. Mußten wir die dreihundertundsoundsoviel Millionen Indiens in Theorie und Praxis der gewaltlosen Aktion schulen, ehe wir etwas unternehmen konnten? Und selbst dann noch, wie viele von uns konnten sagen, daß sie friedlich bleiben würden, selbst wenn sie von der Polizei heftig provoziert würden?«

Für Gandhi hieß Gewaltlosigkeit nie, einer Auseinandersetzung aus dem Wege zu gehen, einem Risiko auszuweichen. Er schrieb in seiner Autobiographie:

»Ich glaube, wenn es nur die Wahl zwischen Feigheit und Gewalt gäbe, würde ich zur Gewalt raten ... lieber wollte ich, daß Indien zu den Waffen griffe, um seine Ehre zu verteidigen, als daß es feige das hilflose Opfer seiner Schmach bliebe oder würde. Aber ich glaube, daß Gewaltlosigkeit der Gewalt unendlich überlegen ist, daß Verzeihen männlicher ist als Strafen.«

Mein Mann und der Premierminister unterhielten sich etwa vier Stunden. Ich hörte aufmerksam zu, aber ich bin nicht sicher, daß ich so höflich geschwiegen hätte, wenn unsere Begegnung zu einem späteren Zeitpunkt unserer Reise stattgefunden hätte. Ich hätte gewiß über die Frauen Indiens gesprochen, wenn ich geahnt hätte, welch großen Fortschritt auch sie durch die politische Unabhängigkeit gemacht hatten. Als wir durch das Land reisten, waren wir sehr beeindruckt von der Rolle der Frau im politischen Leben Indiens, eine weit gewichtigere Rolle als in unserer Heimat. Wir wußten, daß Gandhi die Inderinnen zum Kampf um die Unabhängigkeit aufgerufen hatte und daß viele von ihnen wie die Männer ins Gefängnis gegangen waren. Gandhi hatte sich auch dafür eingesetzt, die Frauen aus den Banden der Hindu- und Moslemtraditionen zu befreien.

Am nächsten Morgen legten mein Mann und ich einen Kranz am Schrein des Raj Ghat nieder, wo Gandhi eingeäschert worden war. Dann trafen wir andere Würdenträger, die eine führende Rolle im Kampf um die Freiheit gespielt hatten; unter ihnen den ersten Präsidenten Indiens, Rajendra Prasad, der in dem zwei Häuserblocks langen, von einer goldenen Kuppel gekrönten Palast des früheren Vizekönigs wohnte, sowie Vizepräsident Sarvepalli Radhakrishnan, den Politiker-Philosophen. Ihm hörten wir vor allen anderen, die wir in Neu-Delhi kennenlernten, am liebsten zu. Er sprach über seine Lebensphilosophie, und in gewisser Hinsicht erinnerte er mich an Mordecai Johnson, der Martins Interesse an Gandhis Idealen zuerst geweckt hatte. Als wir aufbrachen, sagte Martin, unsere ersten vierundzwanzig Stunden in Indien seien so beeindruckend gewesen, als wären wir George Washington, Thomas Jefferson und James Madison an einem einzigen Tage begegnet.

An den folgenden Tagen lernten wir viele andere Inder kennen, die Schüler Gandhis gewesen waren. Einige von ihnen kleideten sich noch immer wie er in rauhe, handgewebte Gewänder. Gandhi hatte Armut gelobt und den Materialismus der westlichen Zivilisation abgelehnt. Wir empfanden unter anderem als paradox, daß sich einige dieser Männer noch immer so schlicht kleideten, während sie gleichzeitig die großen Häuser bewohnten, welche die Briten erbaut hatten, und in ihrer üppigen Lebensweise ihre ehemaligen Herren nachahmten. Dieser Widerspruch schien uns kaum aufzulösen, obwohl wir wußten, daß Menschen, die einst unterdrückt waren, Luxus oft als eine Art Entschädigung erstreben. Als wir jedoch Neu-Delhi verließen, fanden wir viele Leute, die in der wahren Einfachheit Gandhis lebten.

Wir mochten das indische Volk wegen seiner Herzlichkeit und seiner geistigen Eigenschaften. Besonders interessant war ein Besuch bei dem frommen Vinoba Bhave, der wie Gandhi durch Indien zog und seine idealistische Lehre des *sarvodaya*, eines geistigen, dezentralisierten Sozialismus, predigte.

Bhave und seine Anhänger lagerten auf einer großen von Zelten übersäten Wiese. Sie kochten auf offenen Feuern, während die Kinder um sie her spielten. Als wir dort waren, brachen sie ihr Lager ab und zogen auf der staubigen Straße weiter. Martin und ich begleiteten Bhave und lauschten seinen Worten. Er glaubte, es wäre besser für das Volk, wenn es keine Regierung gäbe, weil die Regierung korrumpiere und die Leute bei zunehmender Organisation immer korrupter würden. Martin fand Bhaves Ansichten zwar wahrhaft idealistisch, aber in der Praxis wohl undurchführbar. Doch beeindruckte ihn Bhaves Argument, es sei für eine Nation möglich, unilaterial abzurüsten; und wenn dies durch ein Land wie Indien geschähe, würde dies eine tiefe moralische Wirkung auf die ganze Welt ausüben.

Auf unseren Reisen besuchten wir viele Orte, die Gandhi durch seine Gegenwart so denkwürdig gemacht hatte, daß sie zu Stätten der Verehrung geworden waren. Gandhigram (Gandhi-Dorf) in Südindien war ein Ausbildungszentrum fast wie eine Schule mit vielen jungen Menschen. Wir hatten das Glück, eine religiöse Andacht mitzuerleben, die nach dem Vorbild Gandhis zelebriert wurde. Vor mehreren hundert Menschen, die mit untergeschlagenen Beinen in weißen Gewändern auf dem Boden saßen, wurden Gebete aus den heiligen Büchern der Hindus, Moslems, Christen, Juden und Buddhisten vorgelesen.

Die meisten, die wir kennenlernten, waren überzeugte Anhänger Gandhis, und in den Gesprächen mit ihnen gewannen wir eine tiefere Einsicht in die Grundsätze des *satyagraha* oder Seelenstärke, der zum Leitbegriff in Gandhis gewaltloser Bewegung wurde.

Im lebhaften Gegensatz dazu stand ein Viehmarkt, den wir mit dem Maharadscha von Mysore besuchten, einem liebenswürdigen, aufgeklärten Mann von fortschrittlicher Denkungsart, wenngleich er in seinem üppigen Lebensstil noch ganz der Vergangenheit verhaftet war.

Martin hielt in ganz Indien Reden und betonte stets, wie stark er Gandhis Denken verpflichtet sei. Meist sang ich auf der gleichen Veranstaltung, da den Indern unsere Negro Spirituals sehr gefielen. Wo immer wir hinkamen, trafen wir die Honoratioren der verschiedenen Staaten. Einige schienen gute, idealistische Männer, andere durch die Macht korrumpiert wie Politiker in der ganzen Welt. Doch weshalb sollten Inder anders sein als die übrige Menschheit?

Indien mit seinen schrecklichen Gegensätzen zwischen Arm und Reich, mit seinen Materialisten und Idealisten, seinen Philosophen und Selbstsuchern beeindruckte Martin stark. Und er lernte eines: Geduld. Das indische Volk hatte nahezu ein halbes Jahrhundert gebraucht, um seine Unabhängigkeit zu erlangen. Viele seiner Führer waren zehn Jahre und länger eingesperrt gewesen, während die unseren nur wenige Tage oder Wochen im Gefängnis gesessen hatten. In Amerika hatten wir irgendwie das Gefühl gehabt, die Fortschritte würden schnell kommen, und wir waren gewiß nicht gewillt, passiv auf die Freiheit zu warten. Die Inder, die in der philosophischen Tradition des Ostens standen, kannten nicht unser Gefühl der Dringlichkeit; aber wir lernten von ihnen, daß der lange Freiheitskampf Ausdauer und noch mehr Leiden als bisher verlangte.

Martin hing nach seiner Rückkehr aus Indien Gandhis Idealen der Gewaltlosigkeit und des einfachen Lebens mehr denn je an. Unentwegt dachte er darüber nach, wie sie sich auf Amerika anwenden ließen. Sein großes Problem war der ungeheure Unterschied zwischen unserem komplizierten Lebensstil einer technologischen Gesellschaft und dem ihren. Er überlegte sogar, ob er sich in Zukunft einfacher kleiden sollte, aber dann fand er, sein Hauptziel sei es, Leute für die Sache zu gewinnen, und ungewöhnliche Kleidung könne manche vielleicht gar abschrecken.

Er war entschlossener denn je, so einfach wie möglich zu leben. Wie in Indien schien ihm auch in unserer Gesellschaft die Korruption wesentlich aus dem Wunsch nach materiellen Dingen – Häusern, Grund und Autos – zu entspringen. Martin hätte es vorgezogen, nichts von alledem zu besitzen. Schließlich sagte er zu mir: »Weißt du, ein Mann, der sich einer Sache verschreibt, braucht keine Familie.«

Diese Feststellung verletzte mich nicht. Ich wußte, es hieß nicht, daß er mich und die Kinder weniger liebte, sondern daß er sein Leben der Bewegung gab und darum das Gefühl hatte, er könne nicht soviel für seine Familie tun, wie es ihm unter anderen Umständen möglich gewesen wäre. Er sah den Konflikt zwischen Pflicht und Liebe, der ihn hinderte, sich restlos der Sache zu geben. Aber ich wußte, daß Martin uns brauchte. Mit einer Frau und Kindern arbeitete er besser, denn er bedurfte der Wärme, die wir ihm gaben, außerdem wurde er durch uns in gewisser Weise menschlicher und dadurch der Masse des Volkes enger verbunden.

Der Einfluß Indiens war so stark, daß Martin sich beständig fragte, ob er auch wirklich gewaltlos und wirklich asketisch sei. Er erkannte, daß in unserer Zivilisation ein Mann, der viel reisen muß, ohne ein Auto entschieden weniger ausrichtet; ebenso benötigte er ein Haus, und ohne Telefon hätte er große Schwierigkeiten gehabt. Schließlich fand er sich damit ab, daß wir unter den in Amerika herrschenden Verhältnissen gewisse Dinge einfach brauchten und daß er Gandhi mehr im geistigen Bereich nacheifern müsse. Sein Kampf mit diesen Problemen glich in vielem Gandhis eigenem Kampf, der schrieb:

»Wie sollte man beleidigende, unverschämte und korrupte Beamte, Mitarbeiter von gestern, die nun nichtige Opposition betrieben, und Menschen, die stets gut zu einem gewesen waren, gleich behandeln? Wie sollte man sich aller Besitztümer entledigen? War nicht der Körper Besitz genug? Waren nicht Weib und Kinder Besitz? Sollte ich all meine Schränke voll Bücher zerstören? Sollte ich alles aufgeben und Ihm folgen?« Ohne Zögern kam die Antwort: »Ich konnte Ihm nicht folgen, wenn ich nicht alles aufgab, was ich besaß . . .«

Martin legte sich nie das anmaßende Gehabe des Führers einer großen Bewegung zu, und anders als viele, die es in der Welt zu etwas bringen, verlangte er nie, daß andere auf jeden Wink herbeieilen sollten. Wenn unser Mitarbeiterstab versuchte, aus ihm eine gewichtige Persönlichkeit zu machen, der alle erdenkliche Aufmerksamkeit zu erweisen wäre, dann duldete er es nicht. Lieber hätte er einen Ford gefahren als einen Cadillac. Ich entsinne mich, als er aus dem Birminghamer Gefängnis entlassen wurde, war unser Stab sehr aufgeregt und wollte ihm einen richtigen Heldenempfang bereiten. Es wurde sogar vorgeschlagen, ihn mit einer Kolonne von Cadillacs heimzuholen.

Als ich Martin davon erzählte, sagte er: »Schau, wie würde es aussehen, wenn ich in einem Cadillac aus dem Gefängnis zurückkäme? Hol mich mit unserem Auto am Flugplatz ab, und ich fahre dich dann nach Hause.«

Aber es war sehr schwer für Martin, sich der Verehrung der schwarzen Massen zu entziehen. Für sie bedeutete es eine große Versuchung, da sie nie Gelegenheit gehabt hatten, einem eigenen großen Führer zuzujubeln. Nichts war ihnen zu gut für Dr. King, er sollte in Cadillacs hinter Motorrad-Eskorten fahren und all den Pomp und Tribut erhalten, der gewöhnlich den großen Führern der Menschheit gezollt wurde.

Sie sahen in ihm den hervorragendsten Vertreter ihrer Rasse in der Welt. Für viele unter ihnen war er der Präsident der Neger.

10

Drei Jahre – seit 1956 – war Martin ständig zwischen Montgomery und dem SCLC-Hauptquartier in Atlanta hin und her gefahren. Ende 1959 war er sich darüber im klaren, daß er dem Bürgerrechtskampf noch mehr Zeit widmen müsse und daß er deswegen seine Pflichten als vollbestallter Pastor von Dexter nicht länger erfüllen könnte. Martin erkannte, daß er der Organisation und ihrer Entwicklung seine gesamte Zeit widmen müßte, wenn sich die SCLC ausdehnen und wirklich zum Katalysator aller Kräfte werden sollte, die das System der Rassentrennung im Süden beseitigen und die Nation vorwärtsbringen würden.

Die Gemeinde von Dexter mißbilligte in keiner Weise Martins Aktivität. Ja, die Geduld und das Verständnis, die sie uns entgegenbrachten, waren unermeßlich. Statt von Martin zu verlangen, er solle jeden Sonntag predigen, engagierten sie einfach andere Geistliche, wenn er im Dienst der Bürgerrechtsbewegung verhindert war. Machte sich Martin Vorwürfe darüber, daß er der Gemeinde nicht genügend Aufmerksamkeit widme, dann sagten der Vorstand und die Pfarrkinder von Dexter sogleich: »Wir alle wissen, wie stark Sie beansprucht werden, aber bitte verlassen Sie uns nicht. Dr. King, wir wollen Sie für immer an unserer Kirche behalten.«

Die beständigen Reisen nach Atlanta, die Vortragsverpflichtungen im ganzen Land und in weiten Teilen der Welt, die wachsenden Anforderungen der Bürgerrechtsbewegung sowie all die anderen Aufgaben, die er nicht abweisen konnte, bestimmten Martin schließlich – so schwer es ihm fiel –, das Pastorat an der Dexter Church aufzugeben und Montgomery zu verlassen. Atlanta bot die besten Möglichkeiten für seine persönliche Entfaltung und zugleich das günstigste Klima für die Entwicklung der SCLC. Er besprach sich mit Daddy King, der erklärte, es wäre eine große Hilfe für ihn, wenn Martin zu ihm an die Ebenezer Church käme, da es ihm zunehmend schwerer falle, allein zurechtzukommen. Die Frage wurde dem Kirchenvorstand vorgetragen, der Martin großzügig die Stelle eines Zweit-Pastors an der Ebenezer Baptist Church von Atlanta anbot.

So sehr sich Martin über diese Aussicht freute, so ungern nahm er von der Gemeinde in Montgomery Abschied. Montgomery bedeutete uns viel, denn Dexter war sein erstes Amt gewesen, und all das, was wir gemeinsam mit den Menschen dort durchgemacht hatten, verband uns eng mit ihnen. Wir liebten die Gemeinde, und diese erwiderte unsere Liebe. Nicht allein die Mitglieder unserer Kirche, sondern auch andere Neger Montgomerys sagten zu Martin: »Oh, Dr. King, wir fühlen uns so geborgen, wenn Sie in der Stadt sind. Wenn irgend etwas geschieht, wissen wir stets, daß Sie das Richtige tun werden.«

Am Sonntag, dem 29. November, saß ich in der Kirche, als Martin um seine Entlassung ersuchte. Er bat den Reverend T. E. Brooks, die reguläre Predigt zu halten, und bestieg dann die Kanzel. Als er ergriffen dort oben stand, spürte man, wie ihm die Liebe und Trauer der Menschen entgegenschlug.

Martin sagte: »Ich weiß, daß euch klar ist, was ich sagen werde... Fast vier Jahre lang habe ich versucht, als einzelner das zu bewältigen, wozu es fünf oder sechs Personen bedurft hätte...« Er sprach von der Verantwortung, die ihm zugefallen war, von »der Last, bekannt zu sein«, und davon, daß er nicht in der Lage gewesen sei, ihnen so uneingeschränkt zu dienen, wie es seines Amtes gewesen wäre. Dann sagte er: »Ihr sollt wissen, daß ich nach reiflicher Überlegung und vielen Gebeten zu dem Schluß gekommen bin, daß ich jetzt meinen Kampf nicht aufgeben kann. Die Geschichte hat mir eine Verantwortung aufgebürdet, der ich mich nicht entziehen kann. Mir bleibt keine Wahl, als euch nun zu befreien.«

Indem er sich auf das Lesepult stützte, sagte Martin mit bewegter Stimme, welche die Herzen aller erreichte: »Ich möchte um meine Entlassung als Pastor der Dexter Avenue Baptist Church bitten mit Wirkung ab dem vierten Sonntag im Januar 1960.«

Als die Gemeinde zum Segen aufstand, sang sie »Blest Be the Tie That Binds«, und Martin weinte.

Zwei Tage darauf, am 1. Dezember 1959, verkündete Martin der Nation: »Die Zeit ist reif, daß unsere Kampagne im Süden auf ganzer Front einen Angriff zugunsten der Gleichheit unternimmt. Nach reiflicher Überlegung und vielen Gebeten bin ich zu der Überzeugung gelangt, daß der Moment günstig ist und ein energischer Feldzug gegen die Ungerechtigkeit große Fortschritte bringen kann... Wir werden nicht nur die Kampagne für die Wählerregistrierung verstärken, sondern mit allen Mitteln gegen die Diskriminierung und Segregation in all ihren Formen vorgehen. Wir müssen unsere Jugend und unsere erwachsenen Führer in den Methoden der sozialen Veränderung durch gewaltlosen Widerstand schulen. Wir müssen vor allem die breite Masse des Volkes an unserem Kampf beteiligen.«

Erst dadurch, daß wir nach Atlanta umzogen, wo Martin die Bewegung wirksamer leiten konnte, ließ sich die großangelegte Offensive durchführen.

Am letzten Sonntag im Januar fand in der Dexter Church eine Feier zu Martins Ehren statt. Sein Wirken in Montgomery wurde gewürdigt, und zu Martins völliger Überraschung tauchten plötzlich Mama King, A. D., Christine und meine Eltern auf. Yoki und Marty, damals erst vier und zwei, waren ebenfalls da. Ihren Höhepunkt erreichte diese schöne Veranstaltung, als die Gemeinde uns ein bezauberndes silbernes Teeservice überreichte, in das eingraviert war: »Für Dr. Martin Luther King jr. und seine Frau in dankbarer Anerkennung. Dexter Avenue Baptist Church, Montgomery, Alabama 1954–1960.«

Auf einem Festbankett der MIA sprach Martin wieder mit tiefer Bewegung. Die gemeinsam bestandenen Nöte hatten uns eng zusammengeführt. Alte Freunde, die das Rückgrat der Massenversammlungen gebildet hatten, umarmten uns. Und während viele andere, die mit uns in Montgomery gekämpft hatten, Martin voller Ehrfurcht begegneten, waren ihm einige der älteren Frauen so zugetan wie einem »Lieblingssohn«.

Für die tiefe Liebe, die uns verband, fand Mutter Norman folgende Worte: »Ich liebe Dr. King wie meinen eigenen Sohn. Seine eigene Mutter könnte ihn gewiß nicht mehr lieben als ich!«

Und mich nannte sie ihre Tochter. Nie werde ich vergessen, wie sie bei einem Wohltätigkeitskonzert, das ich für die MIA gab, in der Pause aufstand und unter stolzem Klatschen erklärte: »Dies ist meine Tochter!« Als sie am letzten Abend sich verabschieden kam, schenkte sie mir einen selbstgebastelten Aschenbecher. Der Boden bestand aus dem Blechdeckel einer großen Schraubdose und war mit Kronenkorken eingefaßt, die auf Draht aufgezogen waren. »Ich weiß nicht, ob Sie diesen Trödel in Ihrem Haus haben wollen, Mrs. King«, meinte sie, worauf ich gerührt erwiderte: »Ich werde diesen Aschenbecher stets an einem besonderen Platz in meinem Haus aufstellen. Ich hoffe, Sie besuchen uns eines Tages in Atlanta, so daß Sie es sehen können.«

Mutter Norman starb, ehe sie uns besuchen konnte, aber ihr Aschenbecher steht noch immer auf dem Bord neben dem Telefon im Wohnzimmer und wird am meisten benutzt. Unter den vielen Geschenken, die wir beim Abschied von Montgomery erhielten, bedeutete mir dies vielleicht am meisten.

Kaum hatten wir unser gemietetes Haus in Atlanta bezogen, als Martins guter Ruf schwerer denn je zuvor angegriffen wurde. Ein Geschworenengericht Montgomerys klagte ihn an, seine Einkommensteuerrückzahlungen gefälscht zu haben. Es wurde ihm unterstellt, er habe Geld von der MIA und der SCLC erhalten, über das er keine Rechenschaft abgelegt habe.

Obwohl diese Beschuldigung völlig aus der Luft gegriffen war, litt Martin mehr darunter als unter irgendeinem früheren Angriff. Er sagte zu mir: »Viele werden denken, ich sei schuldig. Du weißt, meine Feinde haben bis jetzt alles Erdenkliche gegen mich unternommen, doch meinen Charakter und meine Integrität haben sie nicht angetastet. Gewiß bin ich nicht vollkommen, aber auf meine Ehrlichkeit in Geldsachen bin ich stolz.«

Seine Buchführung war tatsächlich peinlich genau; aber was noch wichtiger ist, er war sich selbst gegenüber in diesen Dingen schonungslos aufrichtig.

Seine Familie und seine Freunde, darunter Ralph Abernathy, Dr. Benjamin Mays, Bayard Rustin, Stanley Levision, Dr. Ralph Bunche und viele andere, versuchten Martin zu beruhigen, aber trotz aller Tapferkeit, die er zuvor unter persönlichen Angriffen und Schmähungen bewiesen hatte, verletzte ihn dieser Angriff auf seine Rechtschaffenheit mehr als alles andere.

Als er die Nachricht erhielt, sagte er: »Ihr wißt, daß ich nicht das Geld habe, um solch eine Beschuldigung vor den Gerichten anzufechten.« Zudem kannten wir die Gerechtigkeit des Südens zur Genüge. »Unter keinen Umständen werde ich Gelder der Bewegung für einen derartigen Zweck verwenden. Und so werden die Leute für den Rest meines Lebens glauben, ich hätte Geld genommen, das mir nicht gehörte.«

Unser treuer Freund Stanley Levison antwortete: »Es ist nicht deine Sache, dich zu verteidigen. Du steckst in dieser Schwierigkeit, weil du bist, was du bist, und weil du viel für die Bewegung dieses Landes getan hast. Es ist die Pflicht des Landes, dafür zu sorgen, daß du ordentlich verteidigt wirst.«

Für mich war es eine schwere Zeit, denn nie zuvor hatte ich Martin so niedergeschlagen gesehen. Das moralische Gefühl meines Mannes war von dieser Beschuldigung und dem Aufsehen, das sie im ganzen Land erregen würde, tief verletzt, und er quälte sich derart, daß er zuletzt gar etwas wie Schuld empfand. Ihm war klar, daß er sich nur vor Gericht oder in öffentlichen Debatten rechtfertigen könnte und daß dieser Versuch, sein Bild zu zerstören und dadurch die Bewegung aufzuhalten, in der Öffentlichkeit nicht ohne Wirkung bleiben würde. Dringlich versicherte ich ihm, daß die große Mehrheit des Volkes an ihn glaube und die Beweggründe des Staates Alabama richtig einzuschätzen wüßte. Doch ihm schien, die Leute hätten das Vertrauen in ihn verloren und keiner wolle mehr auf ihn hören.

Schließlich faßte sich Martin wieder so weit, um nach New York zu fliegen, wo er mit unserem Freund Dr. Ralph Bunche redete.

Dr. Bunche erkannte, wie verstört er war. »Schau, Martin«, sagte er, »das Wort des Staates Alabama steht gegen das Wort von Martin Luther King. Für mich ist es keine Frage, wem das Land glauben wird.«

Dann führte er Martin ziemlich geheimnisvoll und ohne Erklärung ins Büro des Generalsekretärs, dessen Herzlichkeit Martin sehr bewegte. Natürlich wollte Dr. Bunche Martin damit auf feinfühlige Weise zu verstehen geben, daß sein Ruf bei Personen, die zählten, nicht gelitten hatte.

Nach etwa einer Woche zeichnete sich ab, wie die Leute auf diese abgekartete Beschuldigung reagierten. Bald zeigte es sich, daß die Bevölkerung empört war. Sie spendete für Martins Verteidigung, und die besten Anwälte standen ihm in Montgomery zur Verfügung – Fred Gray, Arthur Shores, Orzell Billingsley und Peter Hall; Chauncey Eskridge und Robert Ming von Chicago sowie Richter Herbert Delaney von New York.

Im Mai fuhren wir mit Daddy King, Christine und Ralph Abernathy zum Prozeß nach Montgomery. Er dauerte von Montag bis Samstag, und sonntags sollte ich auf drei Gottesdiensten für den Antioch Baptist Church Women's Day in Cleveland sprechen. Mir war schleierhaft, wie ich es schaffen sollte.

Samstag, den 28. Mai, ging der Fall an die Geschworenen. Obwohl das Beweismaterial Martin klar entlastete und obwohl der Kronzeuge der Staatsanwaltschaft in einem aufsehenerregenden Bekenntnis eingestanden hatte, er glaube an Martins Redlichkeit, hatten wir geringe Hoffnung auf einen Freispruch vor diesem Südstaatengericht. Dann kamen die Geschworenen herein, und der Richter fragte sie wie üblich mit Pomp und Würde nach ihrem Spruch. Kaum konnte ich es glauben, als ich den Obmann sagen hörte: »Nicht schuldig.«

Ein *südliches* Geschworenengericht aus zwölf Weißen hatte Martin freigesprochen. Es war ein Triumph der Gerechtigkeit, ein Wunder, das den Glauben an das Gute im Menschen wiederherstellte. Die Worte, welche Martin so oft zitiert hatte, klangen wahrer als je zuvor: »Die mit Füßen getretene Wahrheit wird sich wieder aufrichten« und »Keine Lüge lebt ewig.« Es war eine Lektion, die Martins Feinde mehr als einmal lernen sollten; seine Integrität war zu stark, um durch direkte Angriffe besudelt zu werden.

Während Martin und die übrige Familie nach Atlanta zurückkehrten, flog ich, ohne meine Rede fertig geschrieben zu haben, in derselben Nacht noch mit Ralph Abernathy nach Cleveland, wo wir um fünf Uhr früh ankamen. Ich war unschlüssig, ob ich die Rede, an der ich schrieb, verwenden oder frei über eigene Erfahrungen sprechen sollte. Ralph sagte: »Coretta, ich denke, du solltest einfach darüber sprechen, was du diese Woche erlebt hast.«

In Cleveland ging ich zu Bett, aber ich schlief nicht richtig. Ich lag da und dachte nach, bis ich mich zum Elf-Uhr-Gottesdienst ankleiden mußte. Als ich der Gemeinde vorgestellt worden war, sprach ich vierzig Minuten ohne Notizen – die Worte kamen mir beim Reden, und die Zuhörer schienen gebannt zu lauschen. Ich spürte, daß ich ihnen den Sinn dieser langen Tage vor Gericht, der schrecklichen Angst und des triumphierenden Ausgangs nahebringen konnte.

Eine liebe Freundin, Mrs. Leola Whitted, die eines unserer treuesten Gemeindemitglieder der Dexter Avenue Baptist Church gewesen war und nun in Cleveland lebte, versicherte mir: »Mädchen, du hattest die Zuhörer in den Bann geschlagen. Ich bin so stolz auf dich.«

1960 war das Jahr der Studenten-*sit-ins,* um *lunch counters*[1] und Restaurants zu integrieren. Es begann in Greensboro, North Carolina, als Joseph McNeill, ein Student im ersten Jahr am Agricultural Technical College von North Carolina im *lunch counter* an der Bushaltestelle nicht bedient wurde. Sein Zimmergenosse Ezell Blair jr. zeigte ihm ein Buch, das über Martin und den Busboykott erschienen war. Angeregt davon gingen Blair, McNeill und zwei andere Studenten des ersten Semesters am 1. Februar zu Woolworth's, nahmen dort Platz und verlangten ruhig, aber hartnäckig, bedient zu werden. Natürlich verweigerte man es ihnen, aber sie weigerten sich dafür zu gehen. Tag für Tag kehrten sie zurück und saßen dort zusammen mit schwarzen und weißen Studenten, die sich ihnen vom Women's College der Universität North Carolina und dem Bennett College angeschlossen hatten.

Die Nachrichtenorgane griffen die Geschichte auf, und die Bewegung verbreitete sich wie ein Waldbrand. Innerhalb von zwei Wochen organisierten schwarze und weiße Studenten in College-Städten südlich von Virginia bis Florida und im Westen bis Louisiana *sit-ins.* Einige wurden verhaftet, aber das schürte nur das Feuer.

Martin und die Studenten verstanden sich ausgezeichnet. Auf den *sit-ins* trugen viele der jungen Leute Schilder, auf denen es hieß: »Denkt an die Lehren Gandhis und Martin Luther Kings.« Als sich der Protest ausweitete, wurde vorgeschlagen, die SCLC solle ein Treffen der Studentenführer einberufen, um diese zu organisieren und auf Gewaltlosigkeit einzustimmen. Martin war begeistert, und die SCLC bewilligte die Finanzierung der Pläne.

Eine dreitägige Zusammenkunft, die am Karfreitag, dem 15. April 1960, begann, wurde in der Shaw University in Raleigh, North Carolina, abgehalten. Unter den hundertfünfundvierzig Studentenführern waren James Bevel, Bernard Lee, James Lawson, Lonnie King, Marian Wright und Dianne Nash. Martin und Lawson gaben den Ton an.

Auf dieser Zusammenkunft wurde das Student Nonviolent Coordinating Committee (SNCC oder Snick) gegründet.

Unter Martins Führung verpflichteten sich die Mitglieder zur Gewaltlosig-

[1] Anm. d. Übers.: Imbißecken, meist Barhocker um eine Theke.

keit und versprachen, mit dieser Methode für vollständige Rassenintegration zu arbeiten. Die SCLC willigte ein, die neue Organisation finanziell zu unterstützen, bis sie auf eigenen Füßen stehen könnte.

Während dieser Studentendemonstrationen wurde das Lied, das zum Symbol der Bewegung werden sollte, zuerst gesungen. Ursprünglich ein Kirchenlied der Neger, wurde es zuerst von schwarzen Textilarbeitern gesungen, fand dann in den vierziger Jahren in Tennessee Verbreitung und wurde später von den Studenten und schließlich von uns allen aufgegriffen. Die Leute sangen es immer häufiger, bis zuletzt keine Zusammenkunft mehr ohne es schließen konnte. »We Shall Overcome« erhielt ständig neue Strophen, wurde auf *sit-ins* und von Marschierern gesungen; von Demonstranten angesichts von Polizei, Hunden und Wasserwerfern; in Kirchen, auf Gefangenentransporten und in Gefängnissen des ganzen Südens. Es war so kraftvoll, so entschieden und ausdrucksstark, daß es den Leuten Mut und Entschlossenheit gab. Es wurde unsere Hymne, die »Marseillaise« der Bewegung.

Die *sit-in*-Bewegung erfaßte Atlanta im Herbst 1960. Die Busse waren schon durch einen Boykott unter der Führung von Reverend William Holmes Borders, der das Love, Law und Liberation Movement organisierte, integriert worden. Dieser Bewegung gehörten Männer an wie Reverend Samuel Williams, Reverend Martin L. King sr., der verstorbene Richter A. T. Walden, Jesse Hill und andere. Aber die Restaurants und *lunch counters* Atlantas waren noch immer segregiert. Ein Neger konnte außerhalb der schwarzen Viertel so gut wie nirgends auch nur ein Glas Mineralwasser bekommen, wenn er nicht zum Nebeneingang eines *drugstore* ging und es sich dort herausreichen ließ.

Es läßt sich nur schwer beschreiben, wie unausweichlich einen die Segregation verfolgte, selbst wenn man instinktiv kränkende Situationen zu vermeiden suchte. Als Martin, lange nachdem er im ganzen Land Anerkennung gefunden hatte, einst nach Atlanta flog, geriet er mit dem Weißen, der neben ihm saß, ins Gespräch, und sie unterhielten sich so gut, daß ihn sein Mitreisender in Atlanta zum Lunch im Flughafen einlud. Martin nahm dankend an, und die beiden Männer betraten zusammen das Restaurant. Sie verlangten einen Tisch für zwei Personen, worauf die Empfangsdame Martin ansah und sagte: »Ich muß Sie an einen Extratisch setzen.«

Sie führte Martin zu einem Platz hinter einem Vorhang und sagte: »Es ist alles dasselbe: das Essen, der Tisch und die Stühle sind dieselben.«

»Oh, nein«, entgegnete mein Mann freundlich aber entschieden. »Es ist *nicht* dasselbe. Wenn Sie mich segregieren, bringen Sie mich um die Gesellschaft meines Bruders, mit dem ich mich gerne weiter unterhalten möchte.«

Er wies auf die dekorierten Wände und sagte: »Wenn ich hinter diesem Vorhang sitze, nehmen Sie mir das ästhetische Vergnügen dieser Gemälde. Es ist keineswegs dasselbe.«

Natürlich war Martin nicht bereit, hinter einem Vorhang zu sitzen, und so verließ er das Restaurant.

Gegen solche Diskriminierung organisierten die Studenten nun Protestdemonstrationen. Ihr Hauptziel in Atlanta war Rich's Department Store, eines der größten Warenhäuser der Südstaaten. Sie forderten Martin zu einem *sit-in* im *lunch counter* auf, und natürlich sagte mein Mann spontan zu.

An jenem Tag befanden sich etwa fünfundsiebzig Studenten in der Gruppe, und alle, einschließlich Martin, wurden verhaftet. Unter ihnen befanden sich Lonnie King, der Führer des Atlanta Student Movement, Reverend Otis Moss, Reverend John Porter, Ruby Doris Smith, Reverend A. D. King und Marian Wright. Die Studenten Atlantas waren außerordentlich gut organisiert und bewegten sich während der Demonstrationen mit militärischer Präzision. Reverend Fred C. Bennette jr., der die Befehle erteilte, wurde »Le Commandant« genannt. Es war im vorhinein vereinbart, daß sie bei einer Verhaftung keine Kaution stellen würden, und so blieben die meisten im Gefängnis. Martin sagte: »Ich werde ein Jahr oder zehn Jahre im Gefängnis bleiben, wenn es so lange dauert, um Rich's zu integrieren.«

Die ganze schwarze Bevölkerung war aufgebracht, als die Verhaftungen bekannt wurden, und ein Komitee aus Studenten und Erwachsenen wurde gebildet, um mit den Kaufleuten und den Vertretern der Stadt zu verhandeln. Martin blieb etwa eine Woche im Gefängnis, ehe ein Abkommen erreicht wurde. Ich war zu jener Zeit schwanger, doch besuchte ich ihn fast jeden Tag, denn obwohl die Gefängnisregeln nur einen Besuch pro Woche erlaubten, drückte der Sheriff, den Daddy King kannte und der ein anständiger Mann war, ein Auge zu.

Damals waren Yoki und Marty fast fünf und drei, und sie merkten zum erstenmal, daß ihr Vater ins Gefängnis ging. Sie hatten die Nachricht am Radio gehört, als sie vom Kindergarten nach Hause gefahren wurden. Yoki kam weinend nach Hause, und beide fragten mich: »Warum mußte Daddy ins Gefängnis?«

Ich hatte versucht, mich auf diesen Tag vorzubereiten, und nun sagte ich ihnen: »Euer Daddy ist ein tapferer und freundlicher Mann. Er ist ins Gefängnis gegangen, um anderen Leuten zu helfen. Manche Leute haben nicht genug zu essen, sie haben keine bequemen Häuser zum Wohnen oder genug Kleider zum Anziehen. Daddy ist ins Gefängnis gegangen, damit alle Leute diese Sachen bekommen können. Seid nicht traurig, euer Daddy kommt wieder.«

Der kleine Marty, der Flugzeuge liebte, wollte, sobald er größer wäre, Pilot werden, damit er seinen Daddy herumfliegen könnte. Jetzt fragte er mich: »Ist Daddy mit dem Flugzeug zum Gefängnis geflogen?« Weil mir so viel daran lag, die Kinder zu beruhigen, bejahte ich. Wenn Daddy unterwegs war, nahm er für sie immer das Flugzeug. Es schien mir wichtig, daß sie keine ängstliche Abneigung gegen Verhaftungen entwickelten, sondern diese eher als eine Auszeichnung auffaßten.

Eine Freundin der Familie, die am Quaker House in Yokis Klasse Lesen unterrichtete, belauschte ein Gespräch zwischen Yoki und einer weißen Klassenkameradin. Das kleine weiße Mädchen, das in Yokis Alter war, sagte in abschätzigem Ton zu ihr: »Oh, dein Daddy ist immer im Gefängnis.« Worauf Yoki ruhig und stolz entgegnete: »Ja, er geht ins Gefängnis, um anderen Leuten zu helfen.« Damit war der Fall erledigt. Mir wurde warm ums Herz, als ich davon hörte.

Anfang Dezember 1961 ging Martin in Albany ins Gefängnis. Die Kinder waren ein Jahr älter, sechs und vier, als wir die Nachricht am TV erfuhren. Yoki weinte wieder, weil sie fürchtete, ihr Daddy wäre bis Weihnachten nicht zurück. Diesmal tröstete sie Marty. Er war damals erst vier Jahre alt und saß mit einem untergeschlagenen Bein auf der Bettkante, während das andere herabbaumelte. »Nicht weinen, Yoki. Daddy kommt wieder. Er muß den Leuten helfen. Er hat schon ein paar geholfen, aber er muß noch anderen helfen, und wenn er fertig ist, kommt er wieder, also nicht weinen, Yoki.«

Ich war froh, daß die Kinder das Gefängnis nicht fürchteten, sondern eher als etwas Erstrebenswertes betrachteten. Yoki sagte später einmal: »Ich würde gern Daddy ins Gefängnis begleiten.«

Obwohl ich wirklich ins Gefängnis wollte, war Martin stets dagegen, solange die Kinder noch so klein waren. Anders als die Kinder wußte ich von den Härten. Von Anfang an fühlte ich mich der Bewegung tief verbunden, aber manchmal scheint mir, als hätte ich nicht vollkommen daran teilgehabt, weil mir diese Erfahrung fehlt. Ich würde stolz ins Gefängnis gehen, um der Sache zu dienen. Obwohl ich nie physische Haft gekannt habe, so war ich doch im Geiste viele Male im Gefängnis, weil ich mit Martin so stark mitfühlte, daß jedesmal ein Teil von mir mit ihm eingesperrt war.

In Atlanta sprach sich herum, daß eine Einigung erzielt worden war und daß Martin und die Studenten freigelassen würden. Jesse Hill rief mich am selben Abend um neun an und lud mich und Lonnie Kings Frau ein, die Entlassenen bei Paschal's, einem schönen integrierten Restaurant, dessen Besitzer und Angestellte Neger waren, zu feiern. Glücklich, daß ich meinen Mann sehen würde, zog ich mich an.

Bei Paschal's blickte ich mich suchend um, doch obgleich viele der mit ihm verhafteten Studenten anwesend waren, konnte ich Martin nicht entdekken. Irgendwie wollte ich nicht nach ihm fragen, da mir nichts Gutes schwante. Es war seltsam, mitten unter den Feiernden zu sitzen und mich zu fürchten, was ich erfahren würde. Dann sagte jemand: »Man hat Dr. King im Gefängnis behalten.«

Ich war wie vor den Kopf gestoßen und tief unglücklich. Niemand hatte mich darauf vorbereitet, daß Martin nicht freigelassen würde. Schließlich erfuhr ich, was geschehen war: Im April oder Mai des gleichen Jahres war Martin, der es versäumt hatte, seinen in Alabama ausgestellten Führerschein gegen einen von Georgia umzutauschen, verhaftet worden, weil er mit einem ungültigen Führerschein fuhr.

Wir hatten mit der begabten Schriftstellerin Lillian Smith zu Abend gegessen und sie später zum Emory University Hospital zurückgebracht, wo sie gegen Krebs behandelt wurde. Unterwegs hielt ein Polizist Martin an, weil er eine Weiße im Auto hatte. Dann, als er sah, daß es sich um den wohlbekannten »Unruhestifter« handelte, ließ er eine Vorladung ergehen.

Dies hatte sich im nahen De Kalb County ereignet, einem berüchtigten Bollwerk des Ku-Klux-Klan. Am folgenden Tag erschienen Martin und Daddy King zur Vorladung. Martin wurde zu fünfundzwanzig Dollar verurteilt, erhielt ein ausgesetztes Urteil und wurde auf Bewährung entlassen. Irgendwie war er sich damals des ausgesetzten Urteils nicht bewußt. Als er nun nach den *sit-in*-Beschuldigungen in Atlanta freigelassen wurde, erschienen Beamte des De Kalb County und verlangten seine Auslieferung, da er in seiner Bewährungszeit straffällig geworden wäre. Das war Samstag abends. Eine Verhandlung wurde auf Dienstag angesetzt, und Martin blieb im Gefängnis.

Am Dienstagmorgen holte ihn der De-Kalb-County-Sheriff aus der Zelle, legte ihm Handschellen an und verließ mit seinem Gefangenen arrogant das Gebäude. Natürlich warteten die Pressefotografen gespannt. Ein Bild von Martin, wie er in Handfesseln dem Sheriff folgte, erschien in den Zeitungen des ganzen Landes.

Mit Daddy King, Christine und A. D. ging ich zu der Verhandlung vor dem De-Kalb-County-Gericht. Am Ende des Prozesses sagte Richter Mitchell: »Ich erkläre den Angeklagten für schuldig und verurteile ihn zu sechs Monaten Zwangsarbeit in der staatlichen Besserungsanstalt von Reidsville.«

Es war ein schlimmer Schock für uns alle, ganz offensichtlich ein böswilliges, ungerechtes Urteil für eine Verkehrsübertretung. Ich war im fünften Monat schwanger und mit den Nerven herunter.

Christine brach in Tränen aus, und bei ihrem Anblick weinte ich zum erstenmal seit Beginn der Bewegung 1955 in der Öffentlichkeit. Daddy King war selbst so aufgeregt, daß er mich meiner Tränen wegen schalt, was alles nur noch schlimmer machte. Ich fühlte mich so hilflos und verlassen. Martin war schon acht Tage im Gefängnis gesessen, und die Angst und die täglichen Fahrten hatten mich erschöpft. Und dann bedeutete eine so lange Haft, daß unser Kind geboren würde, während er im Gefängnis säße. Ich tat mir leid.

Martin wurde unverzüglich in eine Gefängniszelle zurückgebracht, doch Daddy King und ich durften ihn besuchen. Ich versuchte, nicht zu weinen, aber die Tränen liefen mir nur so übers Gesicht. Als Martin mich sah, sagte er: »Corrie, Liebes, du mußt stark sein. Ich habe dich noch nie so gesehen. Du mußt um meinetwillen stark sein.«

Da wurde ich gewahr, daß die Tage im Gefängnis Martin geschwächt hatten und daß er durch den unerwarteten Schock sehr niedergeschlagen war. Er vertraute auf meine Kraftreserve, aus der ich in Krisenzeiten stets geschöpft hatte, aber auch ich war nicht im leisesten auf dies erbarmungslose Urteil gefaßt gewesen.

Daddy King sagte: »Du siehst mich nicht weinen; ich bin bereit zu kämpfen. Wenn du Daddy weinen siehst, Coretta, dann kannst auch du weinen. Ich werde nicht klein beigeben.«

So redete er, doch auch er war erschüttert. Er dachte: »Ich muß um Corettas willen, um meiner Tochter und meiner Frau willen Haltung bewahren.« Doch ich wollte nicht, daß er die ganze Last allein trüge. So nahm ich all meine Kraft zusammen, und zuletzt spürte ich, daß ich mich wieder in der Hand hatte.

»Ich denke, wir müssen uns darauf einstellen, daß ich dies Urteil verbüßen muß«, sagte Martin, und ich erwiderte: »Ja, ich denke, wir müssen uns darauf gefaßt machen.«

Er bat mich, dafür zu sorgen, daß er Zeitungen, Zeitschriften, Schreibzeug und etwas Geld erhielte. Ich ging heim, um alles zu besorgen und nach den Kindern zu sehen, entschlossen, mich auf die bevorstehende schwere Zeit vorzubereiten.

Inzwischen hatten unsere Anwälte den Richter gebeten, Martin nicht sofort nach Reidsville zu schicken, da sie einen Vorführungsbefehl aufsetzen wollten. Der Richter versprach zu warten. Aber um halb neun am nächsten Morgen rief A. D. mich an und sagte: »Coretta, sie haben M. L. gestern nacht nach Reidsville gebracht.« Dies schien mehr, als ich ertragen konnte. Später erzählte mir Martin, daß morgens um vier Uhr dreißig mehrere Männer in die Zelle gekommen seien, wo er und die anderen Männer schliefen, ihm mit einer Taschenlampe ins Gesicht leuchteten und riefen: »King! King! Aufstehen!« Es war sehr unheimlich. Er kannte schreckliche Geschichten über solche mitternächtlichen Besuche und hatte keine Ahnung, wohin sie ihn bringen würden. Er mußte sich anziehen und wurde sehr eng mit Handschellen und Ketten um die Beine gefesselt. Ohne zu wissen, welches Schicksal ihn erwartete, fuhr er in diesen schmerzhaften Fesseln die dreihundert Meilen nach Reidsville.

Als er erschöpft und gedemütigt in Reidsville ankam, wurde er zu Schwerverbrechern in eine enge Zelle gestoßen und mußte eine Gefangenenuniform anziehen. Seinen Mitgefangenen gelang es, Martin Zettel zukommen zu lassen, auf denen stand, wie sehr sie ihn achteten und wie leid es ihnen tue, daß er zu Unrecht im Gefängnis sei. Ihre ermutigenden Worte halfen Martin ein wenig, obwohl sich die Wärter brutal und beleidigend verhielten. Bezeichnenderweise war dies der einzige integrierte Zellenblock im ganzen Gefängnis.

Als ich die Nachricht von A. D. hörte, war mir schrecklich zumute, und ich dachte daran, wie Martin sich fühlen mußte. Er war ungern allein. Er liebte Menschen, und wenn er sich gelegentlich von ihnen zurückzog, um für die Bewegung zu planen und zu schreiben, so geschah dies doch freiwillig. Er brauchte die Unterstützung derer, die er liebte. Martin litt immer sehr unter der Haft, und diesmal würde sie lange dauern – ohne die Gesellschaft von Ralph oder anderen Mitstreitern.

Reidsville war dreihundert Meilen entfernt, mehr als eine Tagesreise hin und zurück, außerdem wußte ich nicht, ob ich meiner Schwangerschaft wegen die Fahrt durchstehen würde. Noch etwas anderes beunruhigte mich. Ich hatte Martin Bücher und Zeitschriften geschickt, doch das Geld vergessen. Ich fühlte mich so schuldig, daß er nun kein Geld hatte, sich irgend etwas zu kaufen. So sagte ich zu Daddy King: »Wir müssen heute nach Reidsville fahren. Einer muß Martin heute besuchen.«

Aber Daddy King dachte praktisch – nämlich daran, Anwälte zu finden, die Martin aus dem Gefängnis holen könnten. Er bat mich, mit ihm den bekannten und angesehenen Anwalt Morris Abram aufzusuchen, einen Freund, der uns in vielen Bürgerrechtsfällen geholfen hatte.

Als wir uns anzogen, um Dr. Abram zu besuchen, läutete das Telefon, und die Stimme am anderen Ende der Leitung sagte: »Kann ich Mrs. Martin Luther King jr. sprechen? Einen Augenblick bitte, Mrs. King, Senator Kennedy möchte Sie sprechen.«

Es waren die letzten Tage von Senator John F. Kennedys Kampagne um das Präsidentenamt der Vereinigten Staaten. Ich wartete ein paar Sekunden, dann sagte eine Stimme, die mir von vielen Fernsehübertragungen vertraut war: »Guten Morgen, Mrs. King. Hier spricht Senator Kennedy.«

Wir begrüßten uns, und dann sagte Senator Kennedy: »Ich möchte Ihnen meine Anteilnahme an dem Geschick Ihres Mannes aussprechen. Ich weiß, daß es für Sie sehr schwer sein muß. Wie ich höre, erwarten Sie ein Kind, und ich wollte Ihnen nur sagen, daß ich an Sie und Ihren Mann denke. Wenn ich irgend etwas für Sie tun kann, so teilen Sie mir das bitte ungeniert mit.«

»Ich weiß Ihre Anteilnahme zu schätzen«, sagte ich. »Ich wäre Ihnen für alles dankbar, was Sie für uns tun könnten.«

Das war das Kernstück des berühmten Gesprächs, von dem es heißt, es habe die Geschichte verändert und einen Präsidenten der Vereinigten Staaten gemacht.

Damals wußte ich nicht recht, wie ich mich verhalten sollte, denn mir war klar, daß der Anruf politisch ausgenutzt werden konnte. Mein Mann wollte keinen Präsidentschaftskandidaten unterstützen, und so wollte ich ihn und mich zu diesem Zeitpunkt mit keiner der Parteien identifizieren. Später erfuhr ich, daß die Kennedy-Strategen erwogen hatten, Kennedy zu einer öffentlichen Stellungnahme zu raten, doch wandten sich die Politiker aus Georgia dagegen, die befürchteten, er könne dadurch den Süden verlieren. Angeblich sagte ein prominenter Politiker Georgias: »Überlaßt das mir, ich hole den King aus dem Gefängnis.« Aber Senator Kennedy beschloß, mich zumindest anzurufen.

Danach ging alles sehr schnell. Reporter riefen an und wollten wissen, was Senator Kennedy gesagt hatte, doch ehe ich nicht mit jemandem von Senator Kennedys Wahlstrategen Rücksprache genommen hatte, wollte ich nicht darüber reden. Bald hörte ich ermutigende Berichte über Martins Freilassung. A. D. sagte: »Ich möchte wetten, M. L. ist bis morgen abend frei.«

Worauf ich erwiderte: »Ich will nicht wetten. Ich will nicht einmal daran denken. Ich wage es nicht.«

A. D. hatte recht. Ich erfuhr, daß Robert Kennedy Richter Mitchell angerufen hatte, um zu hören, weshalb Dr. King nicht bis zur Berufungsverhandlung freigelassen werden könne. Die Geschichte sickerte zur Presse durch, und Richter Mitchell überlegte es sich offensichtlich anders. Nun erklärte er, Martin werde auf Kaution freigelassen.

Ich erfuhr die Nachricht von Martins Freilassung gegen Mittag des kommenden Tages und war sehr, sehr glücklich. Die SCLC charterte ein Flugzeug, um ihn heimzuholen. Wir alle empfingen ihn am Flugplatz, und so sah der kleine Marty seinen Vater in einem Flugzeug aus dem Gefängnis heimkommen.

Als wir zusammen zur Stadt zurückfuhren – Martin, Yoki, Marty, Mama und Daddy King, Christine und ihr Mann Isaac –, berichtete Martin von seinen Erlebnissen und was er bei der Haft in Reidsville empfunden hatte. Wie üblich bei solchen Anlässen, wurde am gleichen Abend eine Massenversammlung in der Ebenezer Church abgehalten. Aus der ganzen Stadt kamen die Leute. Martin erzählte von seinen Erfahrungen im Gefängnis, sagte jedoch nichts Politisches. Er beschloß, entschiedener denn je weiterzukämpfen. Daddy King jedoch, der vorgehabt hatte, für Nixon zu stimmen, tat sich keinen Zwang an. Mit dröhnender Stimme rief er in die Menge: »Wenn ich einen Koffer voller Stimmen hätte, ich würde sie samt und sonders Senator Kennedy zu Füßen legen.«

Wenige Tage später wurde John Kennedy zum Präsidenten der Vereinigten Staaten gewählt. Nur etwa hunderttausend Stimmen gaben den Ausschlag. Ich bin überzeugt, daß die Historiker recht haben, wenn sie meinen, seine Intervention in Martins Fall hätte ihm das Präsidentenamt eingebracht. Es schien mir hinsichtlich des späteren Bürgerrechtskampfes und der Einstellung der Kennedys zu Martins Zielen bedeutsam.

11

Die *sit-ins* gingen im ganzen Süden mit beträchtlichem Erfolg weiter. In Hunderten von Gemeinden führten sie zur Integration. Dann wurden im März 1961 die Proteste auf die Freiheitsfahrten ausgedehnt, durch welche die überstaatlichen Busse und die Endstationen der Busse im Süden integriert werden sollten. Obwohl die Freedom Rides vor allem ein Projekt des CORE waren, wurden sie von der SCLC und dem SNCC unterstützt, und Martin übernahm den Vorsitz des Freedom Rides Coordinating Committee (Komitee zur Koordinierung der Freiheitsfahrten). Am 28. April schrieb James Farmer vom CORE Präsident Kennedy die Route der ersten Freedom Rides, und am 4. Mai stiegen schwarz-weiße Paare aus Freiwilligen, zusammen mit einem weißen Beobachter vom CORE, in Greyhound- und Trailways-Busse zu einer Reise durch Virginia, Nord- und Süd-Carolina, Georgia, Alabama und Mississippi nach New Orleans.

Dies ausführlich angekündigte Projekt schien die Reaktionäre des Südens über alle Maßen zu erzürnen. Banden tobender Weißer griffen die Busse in den Städten des tiefen Südens an. Die Fahrgäste wurden herausgezerrt, verprügelt und in Gefängnisse geworfen. In Anniston, Alabama, griff ein randalierender Haufen einen Greyhound-Bus an, zertrümmerte die Fenster mit Eisenstangen, zerstach die Reifen und warf eine Brandbombe ins Innere. Der Bus wurde zerstört. Dies war die übelste Gewalttätigkeit, welche die Bewegung bis dahin erlebt hatte. Ich entsinne mich, wie ich im Fernsehen Bilder brennender Busse sah – ein grausiger, erschreckender Anblick. Martin sorgte sich sehr um die Sicherheit unserer Leute. Auch wußte er, daß die sinnlose Gewalttätigkeit der Weißen sie provozieren könnte, zurückzuschlagen.

Die Freedom Rides gingen weiter, und die Angriffe wurden immer heftiger. Martin appellierte zusammen mit anderen an die Bundesregierung, die Freiheits-Fahrer zu schützen. Die Kennedy-Regierung versicherte uns, sie werde die Entwicklung genau verfolgen.

Inzwischen sollte eine weitere Gruppe Freiheits-Fahrer am 20. Mai in Montgomery eintreffen. Martin holte sie ab. Er erzählte mir, wie ein Mob von dreihundert Personen den Bus umringte, als dieser anhielt. Als erster stieg James Zwerg, ein weißer Austauschstudent der Fisk University, aus. Die Frauen kreischten: »Bringt ihn um, den niggerfreundlichen Hurensohn.« Männer fielen über ihn her, schlugen ihn zu Boden und so lange auf ihn ein, bis er das Bewußtsein verlor. Doch getreu unseren Prinzipien der Gewaltlosigkeit versuchte Zwerg nicht, sich zu verteidigen. Eine Stunde lag er bewußtlos auf der Straße, ehe eine Ambulanz erschien.

Auch andere Mitfahrer, darunter John Siegethaler vom Justizministerium und heute Herausgeber des *Nashville Tennessean*, wurden geschlagen, als sie den Bus verließen. Einige von ihnen konnten Mitglieder der MIA in ihren Autos in Sicherheit bringen. Zwanzig schreckliche Minuten lang unternahm die Polizei nichts, um die wütenden Angriffe zu unterbinden. Den ganzen Tag hindurch brach sich die Gewalt immer wieder Bahn. Dann als es dunkel wurde, schickte die Bundesregierung sechshundert Mann der Bundestruppen der Vereinigten Staaten in die Stadt, um die Ordnung wiederherzustellen. Gouverneur John Patterson von Alabama behauptete, es bestünde keine Notwendigkeit für ein Eingreifen des Bundes, und drohte, die *marshals* zu verhaften. »Wir werden mit der Situation alleine fertig.« In der Vorstellung des Gouverneurs hieß dies natürlich, daß er die Situation dem Mob überlassen würde.

Unterdessen verbreitete das Radio, daß Martin Luther King jr. eine Massenversammlung für Freiheits-Fahrer in Ralph Abernathys First Baptist Church abhalten werde. Zwölfhundert Weiße und Schwarze drängten sich

in der Kirche, als eine große Masse zorniger weißer Rassisten aus der ländlichen Umgebung in Personenwagen und Bussen nach Montgomery kam. Mehrere Tausende umringten die Kirche. Steine wurden durch die bunten Glasfenster geworfen und übersäten die dichtgedrängte Menge mit Glassplittern. Rasende Elemente des Mobs riefen, man solle die Kirche niederbrennen. Mein Mann rannte zum Telefon und rief Justizminister Robert Kennedy in Washington an, er möge mehr Bundestruppen zur Verstärkung schicken, da die vorhandenen kaum imstande schienen, die Menge daran zu hindern, in die Kirche einzubrechen.
Martin stand vor dieser tapferen, belagerten Versammlung, und während die Steine krachend in den geweihten Ort einschlugen, beteten die Menschen, sangen Kirchen- und Freiheitslieder und »We Shall Overcome«.
Nachdem sie mehrere Stunden belagert gewesen waren, schien sich die Lage zu beruhigen, und Martin wollte einen Versuch wagen, die Menge draußen zu überreden, die Belagerung der Kirche aufzugeben. Er ging mit Ralph Abernathy zum Haupteingang; als er hinaustrat, sauste eine Tränengasbombe nur wenige Zentimeter an seinem Kopf vorbei. Einer seiner engen Mitarbeiter, Reverend Fred C. Bennette, hob die Bombe auf und warf sie über Martins Schulter. Ein anderer zog ihn in die Kirche zurück, und dort blieb er mit allen anderen fast die ganze Nacht. Dieser Fall war typisch dafür, wie ergeben ihm viele Menschen waren, mit denen er in der Bewegung zusammenarbeitete. Wenn ihm Gefahr drohte, stellten sie sich oft – und stets unbewaffnet – vor ihn, um ihn zu schützen, und waren bereit, notfalls ihr eigenes Leben dranzugeben, um das seine zu retten. Es war ihr Dank für Martins selbstlose Hingabe an die Sache. Endlich gelang es den verstärkten Bundestruppen, den Mob zu zerstreuen, und bei Tageslicht konnten die Leute heimgehen. Aber diese Nacht des Schreckens war sehr entmutigend, da sie die irrationale Grausamkeit des Rassismus enthüllte.

Den ganzen Sommer währten die Freiheits-Fahrten, und sie hatten Erfolg. Unter denen, die damals verhaftet wurden, befand sich eine ganze Reihe Namen, die später in der Bewegung berühmt wurden: Reverend Wyatt T. Walker, der Geschäftsführer der SCLC, und seine Frau Ann; William Sloane Coffin jr., der Kaplan der Yale University; Jim Lawson, der Studentenführer an der Vanderbilt University; James Farmer; C. T. Vivian, ein Führer des Nashville Movement; Ralph Abernathy und Martins Bruder A. D. sowie Stokely Carmichael, damals ein College-Student im ersten Semester.
Die Freiheits-Fahrten brachten die Bewegung von den Colleges, die

hauptsächlich in den Städten lagen, zu den kleinen ländlichen Siedlungen des Südens. Die idealistischen jungen Menschen, die nach Mississippi, Alabama, Louisiana und dem Südwesten von Georgia gingen, gaben der Bewegung ihre breite ländliche Basis, und so erhielt die Bewegung der Südstaaten-Geistlichen, welche die Busproteste meines Mannes nachahmte, einen willkommenen Verbündeten.

Martin forderte einige dieser mutigen jungen Leute auf, in den Stab der SCLC einzutreten. Wyatt Walker war 1960 Geschäftsführer geworden. Von unserer Zweigstelle in Petersburg, Virginia, hatte er Dorothy Cotton und Jim Wood mitgebracht. Kurz danach kam Bernard Lee, ein ehemaliger Student am Alabama State College, der dort die Bewegung geleitet hatte. Später wurde er Assistent von Martin und begleitete ihn fast auf allen Reisen. Aus Montgomery kam Lillie Hunter, Martins erste Sekretärin an der Dexter Avenue Baptist Church. Seine treue, tüchtige und aufopferungsvolle persönliche Sekretärin Dora McDonald arbeitete acht Jahre für ihn.

Ungefähr zu dieser Zeit stellte die Field Foundation fünfundvierzigtausend Dollar für ein Wählererziehungsprogramm unter der Leitung der United Church of Christ zur Verfügung, und ein junger Negergeistlicher, Andrew J. Young, wurde ausgewählt, diese Summe in enger Zusammenarbeit mit Martin zu verwalten. Andy Young trat später in den Stab der SCLC ein und wurde einer von Martins engsten Freunden und Kollegen. Erst arbeitete er als Verwaltungsassistent für Martin, dann wurde er Geschäftsführer der SCLC und schließlich geschäftsführender Vizepräsident, sein gegenwärtiges Amt, das er auch zu Martins Tod bekleidete.

Vom Nashville Movement kam der Reverend James Bevel zu uns. Später wurde auch seine Frau, die frühere Dianne Nash, unsere Mitarbeiterin. James Orange kam von der Birmingham Youth Organization, während Willie Bolden, Lester Hankerson und Ben Clark über das Savannah Movement, das der dynamische Hosea Williams leitete, zu uns fanden. Hosea, der Leiter der SCLC-Abteilung für Wählerregistrierung, wurde vielleicht am bekanntesten durch seine meisterliche Strategie des Marsches von Selma nach Montgomery im März 1965. Vom Nashville Movement kam Reverend C. T. Vivian als Leiter der SCLC-Zweigorganisationen zu uns, ein Amt, das heute der Reverend T. Y. Rogers innehat, dem außerdem das Tuscaloosa Movement sowie das Ministers Leadership Training Program unterstehen. Bernard Lafayette, der gegenwärtige Programmleiter, kommt aus der Studentenbewegung. Walter Fauntroy, der den Marsch auf Washington koordinierte, ist Direktor des Washingtoner Büros der SCLC. Septima Clark, die in ihrer Heimatstadt Charleston, South

Carolina, Lehrerin für Erwachsenenbildung war, gab dem Citizenship Education Program aus ihrer Erfahrung heraus wertvolle Anregungen. Annel Ponder, die auf dem Gebiet der Sozialfürsorge gearbeitet hatte, stellte ihr Können insbesondere in den Dienst der Citizenship Education.
Es lassen sich hier nicht alle nennen, die in irgendeiner Weise zum Erfolg der SCLC beigetragen haben, doch alle, deren Namen in unserer Geschichte auftauchen, gehören zu den tüchtigsten Mitarbeitern meines Mannes in seinem zwölfeinhalbjährigen Kampf für die Bewegung. Dank ihres jugendlichen Engagements, ihres Intellekts und ihrer Klugheit errang die SCLC einen beachtenswerten Platz unter den Organisationen, die für eine Veränderung der sozialen Verhältnisse arbeiten.

Die nächste Kampagne der SCLC führte Martin nach Albany, Georgia. Albany zählt etwa fünfzigtausend Einwohner und liegt annähernd zweihundertsiebzig Meilen südwestlich von Atlanta im Herzen jener Gegend, in der die eingefleischtesten weißen Rassisten leben. Es war damals völlig segregiert. Das Albany Movement wurde von William G. Anderson, einem angesehenen Neger-Arzt geleitet, dem Charles Sherrod und Cordell Reagan, zwei sehr junge SNCC-Funktionäre, die dort ein Wählerregistrierungsbüro eingerichtet hatten, beistanden. Zu seinen Gönnern zählte die Ministerial Alliance of Albany (Bund der Geistlichen), die Federation of Colored Women's Clubs (Vereinigte Clubs farbiger Frauen), der SNCC, die Ortsgruppe der NAACP und die Wählerliga der Neger. Die Organisation schickte sich an, das Programm der MIA zu übernehmen.
Am 25. November nahmen drei jugendliche und zwei erwachsene Schwarze im Restaurant der zentralen Busstation Platz und verlangten, bedient zu werden. Sie wurden verhaftet. Am 10. Dezember traf eine Schar von Freiheits-Fahrern – unter ihnen der Jugend-Leiter der SCLC Bernard Lee – ein, um einer Gruppe zu helfen, die auf dem Bahnhof die Rassenschranken aufheben wollte. Auch sie wurden verhaftet. Dann, am 15. Dezember, wurde eine Einheit der Nationalgarde von Georgia auf Verlangen von Albanys Bürgermeister Asa Kelly mobilisiert. Dr. Anderson telefonierte Martin um Hilfe.
Das Albany Movement begann, ehe Martin daran beteiligt wurde. Martin konzentrierte sich damals auf den Aufbau einer nationalen Bewegung und fand, es sei nicht der Augenblick, unsere Kraft in lokalen Auseinandersetzungen zu zersplittern, welche durch eine nationale Aktion besser beigelegt würden. Dennoch empfand er es als seine Pflicht, unverzüglich zu Hilfe zu eilen.
Martin und Ralph Abernathy trafen noch am Abend des gleichen Tages,

an dem Dr. Anderson angerufen hatte, in Albany ein. Am nächsten Morgen marschierten sie an der Spitze einer Schar von zweihundertfünfzig Personen zum Rathaus. Sämtliche Marschierer wurden verhaftet.

Verhandlungen folgten dieser Massenverhaftung. Die Stadtkommissare willigten ein, die Autobus- und Eisenbahnstationen zu integrieren, und die Demonstranten versprachen dafür, die Massenproteste einzustellen. Die Gefangenen wurden freigelassen. Ende Dezember erklärte sich die Busgesellschaft bereit, die Busse zu integrieren, obwohl sich die Kommissare weigerten, es offiziell bekanntzumachen. Martin dachte später, es wäre klüger gewesen, wenn sie sich vorerst mit diesen Zugeständnissen zufriedengegeben und eine Weile abgewartet hätten, bis sich die Bevölkerung friedlich an die Veränderungen gewöhnt hätte. Aber die Führer des Albany Movement hatte der Sieg ermutigt weiterzumachen, und Martin selbst unterstützte sie darin. Er schlug vor, eine Reihe ausgewählter Geschäfte zu boykottieren, aber da er keine Zeit hatte, die Organisation zu überwachen, blieb der Boykott weitgehend wirkungslos.

Am 27. Februar 1962 wurde Martin, Ralph und einigen anderen der Prozeß gemacht und sie für schuldig befunden, im Dezember den Marsch in Albany angeführt zu haben. Erst am 10. Juli wurden sie verurteilt, und der Richter stellte ihnen frei, entweder 178 Dollar Strafe zu zahlen oder fünfundvierzig Tage Zwangsarbeit abzuleisten. Getreu ihren Grundsätzen weigerten sich beide, die Geldbuße zu zahlen, aber nach dem Vorbild von Kommissar Clyde Sellers in Montgomery war jemand klug genug, ihre Buße zu zahlen, worauf sie aus dem Gefängnis »ausgewiesen« wurden.

Den ganzen Sommer hindurch dauerte der Kampf in Albany an, aber die Stadtkommissare waren taub gegen jede weitere Konzession. Lieber schlossen sie die städtischen Parkanlagen, als daß sie diese integrierten. Auch die Stadtbücherei machten sie zu.

Auch Versöhnliches geschah in jener Zeit. Polizeichef Laurie Pritchett war so gar nicht typisch für die Polizisten der Südstaaten. Im Unterschied zu einigen seiner Untergebenen war er nicht brutal. Er versuchte anständig zu handeln und zeigte menschliche Seiten. Er erlaubte den Protestierenden, bis zu einer gewissen Grenze zu demonstrieren. Dann sagte er: »Wir werden diese Veranstaltung jetzt beenden. Wenn ihr euch nicht zerstreut, werdet ihr verhaftet.«

Unsere Leute wurden fair gewarnt. Oft zerstreuten sie sich jedoch nicht, sondern fielen auf die Knie und beteten, dann senkte Mr. Pritchett den Kopf mit ihnen. Anschließend verhaftete er sie natürlich, und die Leute zogen singend ins Gefängnis.

Viele kamen aus anderen Staaten, um dem Albany Movement zu helfen.

Fünfundsiebzig Geistliche, Priester und Rabbis, Schwarze und Weiße, Protestanten, Katholiken und Juden erschienen, um zu beten, und wurden verhaftet. Im Juli kam es zu einem heftigen Zusammenstoß, als zweitausend Jugendliche Steine und Limonadenflaschen unter die Polizisten schleuderten. Martin rief zu einem »Tag der Buße« für diese Ausschreitung auf. Auch bestand er darauf, daß sich die direkte Aktion für den Rest der Woche auf Gebetswachen beschränkte.

Am 27. Juli leiteten Martin, Ralph und Dr. Anderson die erste dieser Wachen. Sie wurden verhaftet und eingesperrt. Ihre Verhandlung wurde auf den 10. August anberaumt, und das hieß, sie würden nahezu zwei Wochen im Gefängnis bleiben.

Ich saß mit unseren drei Kindern in Atlanta – unser zweiter Sohn Dexter, den wir nach unserer geliebten Kirche in Montgomery genannt hatten, war im Januar zur Welt gekommen und noch immer ein Kleinkind. Dennoch fuhr ich häufig von Atlanta nach Albany, um Martin zu besuchen. Polizeichef Pritchett behandelte die Gefangenen sehr anständig – obwohl wir von vielen Beispielen der Brutalität durch bigotte weiße Wärter innerhalb des Gefängnisses wußten. Er erlaubte auch, daß man ihnen zu essen brachte, und Martin durfte Bücher und ein Radio in seiner Zelle haben. Das Gefängnis war sehr schmutzig, aber sie putzten den Teil, in dem er sich befand; jedesmal, wenn ich hinkam, roch ich das Desinfektionsmittel. Eines Tages nahm ich die beiden ältesten Kinder mit. Es war das erste Mal, daß Yoki und Marty ihren Vater im Gefängnis sahen. Allerdings durfte er in den Gang, um mit ihnen zu sprechen, so daß sie ihn nicht hinter Gittern sahen. Es schien sie nicht im geringsten zu stören. Vergnügt rannten sie die Gänge auf und ab.

Wir alle erwarteten, die Männer würden eine Haftstrafe erhalten. Als daher der Plan gefaßt wurde, daß die Frauen der leitenden Männer nach der Verhandlung eine Demonstration anführen sollten, waren wir sehr aufgeregt.

Juanita Abernathy, Andy Youngs Frau Jean, Dr. Andersons Frau Norma, Wyatt Walkers Frau Ann, Slater Kings Frau Marian, C. B. Kings Frau Carol, James Bevels Frau Dianne und ich wollten den Marsch anführen. Wir hofften, daß eine Reihe Frauen eingesperrt würde und wir damit auf dramatische Weise das Interesse der amerikanischen Öffentlichkeit auf unseren Fall lenken könnten, die daraufhin vielleicht die lokalen Behörden unter Druck setzen würden. So stark war die Unterstützung der Frauen des Albany Movements, daß sich ein Mitglied, Dianne Nash Bevel, die im neunten Monat war, weigerte heimzugehen und ihr Baby in Albany zur Welt brachte.

Aber beim Prozeß erhielten Martin und Ralph Abernathy Strafaussetzung zur Bewährung und wurden freigelassen. Ich muß gestehen, daß ich sehr enttäuscht war, weil ich damit gerechnet hatte, am nächsten Tag ins Gefängnis zu gehen.

Martin und Ralph wurden am Wochenende entlassen, und unverzüglich begannen sie eine massive Demonstration für den Montag zu organisieren. Doch irgendwie sickerte der Plan durch – ich vermute, daß unsere Strategieversammlungen über ein verstecktes Mikrophon abgehört wurden, außerdem patrouillierten draußen immer zahllose Polizisten – und diesmal erreichten die Stadtvertreter eine *Bundes*-Verfügung gegen die Demonstration.

Es war das erste Mal, daß es lokalen Beamten gelungen war, von den Bundesgerichten ein Verbot unserer Demonstrationen zu erwirken. Ich erinnere mich, daß mein Mann sehr verwirrt war. Stundenlang rang er damit, ob er die Verfügung mißachten sollte oder nicht. Stets hatte er argumentiert, daß wir das lokale Recht brächen, um dem Bundesgesetz zu gehorchen; diesmal handelte es sich um das Bundesrecht. Die Bundesgerichte im Süden hatten gezeigt, daß sie fair sein wollten, aber nun befanden wir uns in einer Situation, da eben diese Gerichte ein Verbot gegen uns erließen. Martin mußte das Problem sehr, sehr sorgfältig durchdenken und alle möglichen Folgen abwägen.

Viele der führenden Männer, vor allem unter den Studenten, rieten Martin, das Verbot nicht zu befolgen. Martin rief Justizminister Robert Kennedy und Burke Marshall vom Justizministerium an und wurde sehr ärgerlich, da sie unsere schwierige Lage nicht zu verstehen schienen. Sie meinten, es wäre klug, unsere Aktion in Albany einzustellen. Martin sagte: »Weißt du, sie begreifen einfach nicht, welchen Schwierigkeiten wir gegenüberstehen.« Er war außerordentlich enttäuscht.

Ich entsinne mich lebhaft, wie er sich in jener Nacht nach der Massenversammlung quälte. Die Möglichkeit, daß die Demonstration abgeblasen würde, hatte die Moral des Stabs und der Anhänger der Bewegung schon angeschlagen. Der größte Teil der engeren Mitarbeiter schlief in Dr. Andersons Haus, dem Hauptquartier des Albany Movement, wo wir immer wohnten, wenn wir dort waren. Martin hätte dringend eine Strategie-Sitzung abhalten müssen, aber als er sich umsah, waren alle, auf die es ankam, eingeschlafen. Die Situation erinnerte mich an Christus und seine Jünger im Garten Gethsemane. Martin tat mir sehr leid. Schließlich gingen wir zu Bett, und Martin verbrachte eine ruhelose Nacht.

Unter Gebeten war er mit sich zu Rate gegangen und beschloß schließlich, nicht zu marschieren. Später erkannte er, daß dies das Rückgrat des

Albany Movement gebrochen hatte, denn ohne Demonstrationen verloren die Anhänger der Bewegung ihren Schwung.
Martin sollte diese Entscheidung noch bedauern, und später sagte er: »Da es ihnen diesmal gelungen ist, vom Bund eine gerichtliche Verfügung zu erlangen, werden sie zu diesem Mittel wieder und wieder greifen, und das heißt, daß wir lahmgelegt werden.«
Mein Mann wurde von verschiedener Seite hart kritisiert, weil er diesem Bundesentscheid gehorcht hatte. Doch nachdem uns die Bundesregierung bis dahin in Verfassungsfragen stets unterstützt hatte, konnte sich Martin schwer gegen sie stellen. Sie war unser einziger Freund im Süden gewesen.
Soviel Probleme uns das Albany Movement bereitet hatte, es gab jedenfalls den Leuten von Albany ein neues Gefühl der Würde und Selbstachtung und machte ihnen ihre Lage erstmals bewußt. Der Erfolg war nicht so aufsehenerregend wie in Montgomery und erschütterte die Nation auch nicht im gleichen Maße, aber jede Stadt muß ihren eigenen Freiheitskampf durchfechten. Die Bewegung in Albany legte den Grundstein für viele spätere Reformen im Südwesten von Georgia.
Der Freiheitsgedanke erfaßte rasch die benachbarten Kreise; auch machte der Stab der SCLC dabei viele wertvolle Erfahrungen, wie eine Gemeinschaft mobilisiert wird, und dies sollte in Birmingham bald Früchte tragen.

12

Um eine zusammenhängende Geschichte der Bewegung im Süden zu erzählen, habe ich mich auf die Bewegung selbst beschränkt, aber während sich die *sit-ins*, die Proteste und Verhaftungen ereigneten, ging unser Leben auf verschiedenen anderen Ebenen weiter. Martin hielt im ganzen Land Reden, um moralische und finanzielle Unterstützung für die Bewegung zu gewinnen. Ich gab Konzerte und hielt gleichfalls Reden zugunsten unserer Sache.
Ende März 1962, während das Albany Movement in vollem Gange war, lud mich die Vereinigung Women's Strike for Peace ein, als Abgeordnete nach Genf zu gehen, um an den internationalen Gesprächen über den Atom-Test-Bann teilzunehmen. Schon in meinen College-Tagen in Antioch hatte ich mich aktiv bei den Friedensgruppen der Quaker eingesetzt. Später, als wir nach Atlanta zogen, trat ich der Women's International League for Peace and Freedom (Internationale Liga der Frauen für Frieden und Freiheit) bei und blieb dieser Organisation eng verbunden. Ich war und bin noch immer überzeugt, daß die Frauen der Welt,

wenn sie sich über nationale oder rassische Schranken hinweg zusammenschließen würden, zu einer starken Macht im Kampf um internationalen Frieden und Brüderlichkeit werden könnten.
Meinem Mann lag die gesamte Frage des Weltfriedens natürlich immer am Herzen, doch nahm ihn die Bürgerrechtsbewegung so restlos in Anspruch, daß er dafür weniger Zeit hatte als ich.
So gern ich nach Genf wollte, sah ich zuerst keine Möglichkeit, wie ich es mit meinem Terminplan vereinbaren sollte. Das Treffen würde eine Woche dauern, und ich hatte mich verpflichtet, an dem Sonntag, an dem die Delegation zurückkehren sollte, in Cincinnati ein Konzert zu geben. Auch überlegte ich, daß ich eine zuverlässige Person finden müßte, die während dieser Woche für die Kinder sorgen würde. Als ich mit meinem Mann darüber sprach, sagte er: »Ich finde, du solltest, wenn irgend möglich, hingehen. Es wäre ein bedeutsames Erlebnis für dich. Ich rate dir wirklich zu.«
Auf Martins Zureden richtete ich es ein, mich den fünfzig Amerikanerinnen anzuschließen, die nach Genf fuhren. Es war eine ganz gemischte Gruppe: Berufstätige, Mütter, die nie zuvor politisch aktiv gewesen waren, und wiederum andere, die sich sehr aktiv in der Friedensbewegung eingesetzt hatten. Vier Negerinnen befanden sich darunter. Als ich die Abordnung im Flugzeug kennenlernte, sah ich, daß es sich um ebenso intelligente wie vernünftige Frauen handelte. In Genf stießen Frauen anderer Länder zu uns – Skandinavierinnen, Engländerinnen, Australierinnen und Russinnen, doch bildeten die Amerikanerinnen die Mehrheit.
Wir waren alle brennend daran interessiert, das Mittel des Krieges zu bannen und insbesondere ein Abkommen über Test-Stops durchzusetzen. Dies schien uns ein erster und außerordentlich wichtiger Schritt für das Wohl unserer Kinder.
Wir Amerikanerinnen trafen uns mit Arthur Dean, dem Vertreter der Vereinigten Staaten. Leider wurden wir nicht sehr herzlich empfangen. Mr. Deans Haltung war hart und abweisend. Er schien uns als »hysterische Weiber« zu betrachten und benahm sich, als sei er entschlossen, sich durch keine möglichen Gefühlsbekundungen beeindrucken zu lassen. Und in der Tat waren wir beunruhigt, denn der radioaktive Ausfall atmosphärischer Tests, der die Milch unserer Kinder, ihren Knochenbau, ja ihr Leben selbst beeinträchtigte, war ernst und besorgniserregend.
Mr. Dean benahm sich, als fände er das, was wir forderten, so unmöglich, daß es sich nicht einmal verlohne, darüber nachzudenken. Wir waren tief verletzt, und dies um so mehr, als unser eigener Vertreter, der *amerikanische* Sprecher, nicht zu begreifen schien, daß es seines Amtes war, sich

mit den Wünschen des Volkes zu befassen und daß wir einen großen Teil unseres Landes vertraten, der ein Ende der Atomversuche wünschte. Kurz bevor er aus unserer Versammlung stürmte, sagte er zornig: »Sprechen Sie doch mit den Russen. Wir haben es versucht. Warum wenden Sie sich nicht an sie?«

Und genau das taten wir; wir trafen uns mit der russischen Abordnung, und ich muß gestehen, dort war man entschieden freundlicher. Man gab uns zu Ehren einen Empfang, und unsere Gespräche verliefen sehr ermutigend. Die Begegnung mit den Russen stand in krassem Gegensatz zu der Behandlung, die uns durch unsere eigene Delegation zuteil geworden war.

Wir waren freilich nicht so naiv, um nicht zu wissen, daß die Russen Meister der Propaganda sind und genau wußten, wie sie uns behandeln mußten, damit wir – ungeachtet ihrer wahren Absichten – positiv reagieren würden. Nichtsdestoweniger fanden wir es bedauerlich, daß sich unser eigener Vertreter nicht mehr für uns interessiert, ja nicht einmal eine sinnvolle Diskussion mit uns versucht hatte.

Während dieser Jahre waren wir natürlich wie jedes andere junge Paar wesentlich damit beschäftigt, unsere Kinder großzuziehen. Doch teilten wir mit unseren schwarzen Brüdern und Schwestern die besonders schwere und oft qualvolle Aufgabe, unsere Kinder ohne Angst und Bitterkeit im Herzen zu erziehen. In einer segregierten Stadt wie Atlanta ist dies schon schwer genug, aber unsere Aktivität in der Bewegung machte es doppelt schwer. Yoki kam manchmal heim und sagte: »Mami, ich bin es so leid, daß mich die Leute immer wieder fragen: ›Bist du die Tochter von Martin Luther King?‹«

In für sie verständlichen Worten versuchte ich zu erklären, daß man sie nicht darum fragte, weil ihr Vater einen schlechten Ruf besaß, sondern wegen all dem Guten, was er für die Leute tat.

Dennoch war es für meine Kinder schwierig, die vielen Aspekte unserer Stellung, die auch ihr Leben bestimmten, miteinander zu vereinbaren, und dann können Kinder oft unbewußt grausam zueinander sein. Als kleines Kind zeigte Yolanda einen ungewöhnlichen Scharfblick für ihre Situation und eine einmalige Geschicklichkeit, mit ihren Problemen fertigzuwerden.

Eines Tages kam sie mit zufriedener Miene aus der Schule heim und erzählte mir, sie sei »die ganze Geschichte einfach leid« geworden und habe, als die Lehrerin einmal die Klasse verließ, sich zu den anderen Kindern umgedreht und gesagt: »Schau, ich will nichts anderes, als daß ihr mich wie ein normales Kind behandelt.«

Als ich diese sensible, stolze Siebenjährige betrachtete, lachte ich innerlich und dachte »gut gemacht«.
In ihrer kindlichen Weisheit hatte sie genau das ausgesprochen, was Martin und ich für unsere Kinder erstrebten.
Sein Name war für unseren Sohn Marty ein besonderes Problem. Erstens sollte er lernen, er selbst zu sein, obwohl er den bekannten Namen seines Vaters trägt. Dann mußte er, da wir im Süden lebten, mit der Feindseligkeit fertig werden, die sein Name bei manchen Weißen auslöste.
Als Marty etwa seit einem Jahr in einer integrierten Schule war, fuhr ich mit Dexter an einem Samstag zum Sportplatz, um ihn nach einem Fußballspiel abzuholen. Wie Buben so sind, rannten die beiden davon, und ich mußte sie von zwei größeren weißen Jungen wegrufen, mit denen sie redeten.
Als sie im Wagen saßen, platzte Marty heraus: »Mami, siehst du die großen weißen Jungen dort drüben? Sie haben mich gefragt, wie mein Vater heißt, und Mami, weißt du, was, ich habe ihnen gesagt, ich hätte es vergessen.«
Mir blutete das Herz, und ich sagte freundlich: »Marty, du weißt doch, wie dein Vater heißt. Warum hast du so etwas gesagt?«
Marty ließ den Kopf hängen. »Ja, Mami, weißt du, ich hatte einfach Angst, sie würden mich verhauen.«
In diesem Augenblick kam mir schmerzlich zu Bewußtsein, daß es für unseren kleinen Sohn manchmal schrecklich sein muß zu wissen, daß man ihm feindselig begegnen wird, wenn er sagt, wer er ist.
Ich betete inbrünstig, er möge dadurch keinen Schaden erleiden, und nahm mir vor, so wachsam wie möglich zu sein, um ihm in derartigen Schwierigkeiten zu helfen.
Marty ging in die dritte Klasse, als Yoki und er zum erstenmal eine integrierte Schule besuchten. Am zweiten Schultag kam ein Junge seiner Klasse auf ihn zu und fragte: »Sag, wie heißt dein Vater?« Er antwortete stolz: »Dr. Martin Luther King jr.«, und der kleine Junge erwiderte: »Oh, dein Vater ist der berühmte Nigger.« »Das Wort heißt ›Neger‹«, sagte Marty, und damit schien der Fall erledigt.
Mehr als alles andere schien ihn das Wort »Nigger« gestört zu haben, das Martin und ich unseren Kindern so zu erklären versucht hatten, daß sie einerseits nicht mit der üblichen haßerfüllten Erwiderung – »Und du bist ein Georgia cracker[1]« – darauf reagierten, und andererseits ihren Stolz auf sich und ihre Rasse bewahren konnten.

[1] Anm. d. Übers.: armer Weißer.

Ein drolliges Echo davon erlebten wir, nachdem unsere Kinder und die Abernathy-Kinder in Atlantas YWCA (Christlicher Verein junger Frauen), der kurz zuvor integriert worden war, einen Sommerkurs besuchten und dabei »Nigger« genannt worden waren.

Die Kinder erzählten mir davon, und ich war wohl etwas um die rechten Worte verlegen, als sich der damals vierjährige Dexter einmischte: »Mami, weißt du, warum manche Leute ›Nigger‹ sagen? Manche Leute sagen ›Nigger‹, weil sie nicht wissen, *wie* man ›Neger‹ sagt.« »Du hast völlig recht, Dexter«, erwiderte ich.

Es ist schwer und dabei entscheidend wichtig, schwarzen Kindern ein Gefühl ihres eigenen Wertes zu geben, das stark genug ist, dem Druck einer weißen Gesellschaft zu trotzen, die ihnen Tag für Tag zu beweisen sucht, daß sie minderwertig sind.

Ich denke, unseren Kindern half es, zu wissen, daß ihre Eltern energisch für Rassengerechtigkeit kämpften. Dennoch mußten auch wir uns überlegen, wie wir unseren Kindern die Demütigung ersparen könnten, ausgeschlossen zu sein. So fuhr ich etwa mit Yoki, als sie drei oder vier Jahre alt war, durch ein weißes Viertel und an einem Spielplatz vorbei. Yoki rief: »Mami, bitte halt. Schau die Schaukel. Ich möchte gern schaukeln.«

Ich hielt nie. Die Spielplätze, an denen wir vorbeikamen, waren nur für weiße Kinder. Ich sagte etwas wie: »Wir müssen zum Mittagessen heim«, um sie noch damit zu verschonen, um ihr Zeit zu geben, ihre innere Stärke zu entwickeln, ehe sie sich mit der schrecklichen Tatsache, in Amerika schwarz zu sein, auseinandersetzen müßte.

Martin erwähnte manchmal in seinen Reden jenes Ereignis, das uns vielleicht am meisten geschmerzt hatte. Ein neuer Vergnügungspark, namens Funtown, war in Atlanta angelegt worden und wurde sehr angepriesen. Meine Kinder sahen am Fernseher so viele Reklame für Funtown, daß sie sogar die Liedertexte singen lernten.

Sie bettelten uns, mit ihnen hinzugehen, und wir flüchteten uns immer wieder in Ausreden, da wir ihnen nicht sagen mochten, daß die Aufforderungen im Fernsehen nicht für schwarze Kinder galten. Martin sagte: »Nicht diese Woche, Kinder. Ich muß verreisen«, oder Ähnliches, Woche für Woche, bis Yoki, die damals etwa sechs war, erklärte: »Ihr wollt einfach nicht mit mir nach Funtown gehen.«

Der verletzte Ausdruck in ihren Augen tat mir weh, und ich sagte: »Yolanda, Funtown wurde von Leuten angelegt, die keine farbigen Menschen dort haben wollen. Sie waren keine guten Christen. Du siehst, wir sind farbig.«

Meine Tochter brach in Tränen aus, und dann hörte ich mich die alten

Worte wiederholen: »Yoki, Liebes, das heißt nicht, daß du nicht ebensogut bist wie diese Leute. Du weißt, Gott hat uns alle erschaffen, und wir sind alle seine Kinder. Er hat manche weiß, manche braun, manche schwarz, manche rot und manche gelb erschaffen. Er muß stolz auf seine farbigen Kinder gewesen sein, weil er so viele erschaffen hat. Weine nicht, denn es wird nicht mehr lange dauern, bis du nach Funtown gehen kannst. Denn genau dafür arbeitet dein Daddy; er versucht es möglich zu machen, daß du nach Funtown und an jeden anderen Ort gehen kannst.« Dies war das erste Mal, daß sie begriff, was es hieß, in einer weißen Welt schwarz zu sein. Sie weinte, weil es sie verletzte, doch half es ihr verstehen, daß ihr Vater diese Verhältnisse zu ändern suchte – und daß sie sich ändern ließen. Selbst seine häufige Abwesenheit wurde für sie bedeutsamer.

Lange nach dieser Episode hörten wir im Frühling 1963, daß Funtown in aller Stille integriert worden war, und Martin und ich beschlossen, mit Yoki, Marty und Dexter, der inzwischen alt genug war, um mitzukommen, dorthin zu gehen. Die Kinder platzten vor Spannung und Erwartung. Sie – *und* Martin – amüsierten sich ungeheuer. Sie probierten alles durch, und Martin war genauso jungenhaft glücklich wie damals im ersten Jahr unserer Ehe am Revere Beach in Boston.

Während wir in Funtown waren, kam eine Weiße auf mich zu und fragte: »Sind Sie Mrs. King?«

Ich bejahte, und sie sagte: »Oh, ich bin so froh, daß Sie hier sind. Haben Sie Ihre Tochter dabei?«

»Dies ist meine Tochter Yolanda«, erwiderte ich.

Die Frau sah sie an und wiederholte: »Ich bin so froh, daß Sie hier sind«, dann ging sie.

Als wir Funtown verließen, dachte ich, wie wundervoll es war, daß die Kinder erleben konnten, wie das, was ihr Vater tat, konkrete Ergebnisse für ihr eigenes Leben brachte.

Auf vielen anderen Gebieten müssen sich schwarze Eltern mit weit subtileren Schwierigkeiten auseinandersetzen. Das ganze Schönheitsideal, das auf weißen Vorstellungen beruht, wirkt sich besonders schädlich aus. In unserer Gesellschaft wird in Reklame und Film – einfach überall – betont, wie begehrenswert kaukasische Züge seien, helle Haut, glattes Haar, gerade Nase, schmale Lippen. All das ist schön, und wer diesem Ideal nicht entspricht, ist nicht schön. Schon in den Tagen der Sklaverei war helle Haut von Bedeutung. Mulattenkinder wurden von ihren Herren – manchmal sogar von ihren eigenen unterjochten Eltern – besser behandelt als dunkelhäutige Kinder.

Das sich allmählich durchsetzende »black is beautiful«-Konzept ist das beste psychologische Rüstzeug, das einem schwarzen Kind gegeben werden kann. Es war mir immer klar, wie wichtig es für unsere Kinder ist, eine gesunde und vernünftige Einstellung zu ihrer Hautfarbe zu finden. Ich dachte, ich hätte damit Erfolg gehabt, bis eines Tages Yolanda als Siebenjährige fragte: »Mami, wie kommt es, daß die weißen Leute hübsch sind und die Neger häßlich?«

Fassungslos schnappte ich nach Luft. »Aber Yolanda, das stimmt nicht. In allen Rassen gibt es hübsche Leute.« »Nein«, sagte sie heftig. »Weiße sind hübsch, und Neger sind häßlich.«

Ich griff nach einer Nummer von *Ebony*[1], die zufällig auf einem Tisch lag, setzte mich mit ihr hin, und wir betrachteten alle Seiten. »Schau, ist sie nicht schön!« sagte ich, oder: »Oh, sieht er nicht gut aus?« Yoki murmelte »Mmm-mmm«, und als wir durch waren, erklärte sie: »Weißt du, farbige Leute sind hübsch, und weiße Leute sind häßlich.«

Fast schrie ich: »Nein! Das stimmt auch nicht.« Ich mußte wieder ganz von vorn anfangen.

Doch ging nicht unser ganzer Kampf darum, »die Dinge richtigzustellen«? Und deshalb können wir nicht warten, wie uns unsere weißen Mitbürger manchmal beschwören. Denn meine Kinder haben wie alle anderen Kinder der Welt nur ein Leben zu leben, nur eine Ausbildung zu bekommen, nur eine Chance auf Würde und Frieden. Deshalb brauchen wir *jetzt Freiheit*, nicht erst in zehn Jahren. In zehn Jahren haben Yoki, Marty, Dexter und Bunny die Schule hinter sich, und hätten wir etwa tatenlos darauf gewartet, daß die Schulen der Südstaaten integriert würden, dann wäre ihnen unwiderruflich eine gleiche Ausbildung versagt geblieben.

Obwohl Martin soviel unterwegs war, verstand er sich wundervoll mit seinen Kindern, die ihn heiß liebten. Wenn Daddy daheim war, so war dies etwas Besonderes. Gelegentlich, wenn ich eine Gemeindeversammlung besuchte oder einkaufte, hütete Martin die Kinder zu deren großer Freude. Es ging dabei hoch her, oft spielten sie auf dem Bett, tobten und kletterten auf ihrem Vater herum, und wenn ich ins Schlafzimmer kam, fand ich manchmal meine gesamte Familie auf ihm sitzen.

Freilich wurde ich hin und wieder böse, wenn alles kunterbunt im Zimmer herumlag und fast das ganze Haus ruiniert war, aber Martin schien sich über meinen Ärger zu wundern, was mich immer völlig entwaffnete.

Als Yoki noch sehr klein war, erfand Martin ein Spiel, bei dem er sie oben auf den Eisschrank stellte und sie aufforderte, in seine Arme zu springen. Sie mochte das sehr! Oft sagte sie: »Gehen wir hinauf«, und

[1] Anm. d. Übers.: große Wochenzeitschrift der amerikanischen Neger.

das hieß, er solle sie auf den Eisschrank stellen. Es ängstigte mich, denn ich fürchtete, er könne sie eines Tages verfehlen. Aber das passierte nie – selbst dann nicht, als später Marty, Dexter und Bunny alle bei diesem Spiel an die Reihe kamen.

Eines der Spiele, die ich am liebsten sah, war ein Kuß-Spiel zwischen Bunny und Martin. Sobald Martin zur Haustür hereinkam, rannte ihm Bunny entgegen. Er bückte sich, um sie aufzuheben, und sagte: »Gib mir einen guten alten Zucker!«, worauf sie die Arme um seinen Hals schlang und ihn schallend auf den Mund küßte. Er hatte ihr beigebracht, wo die Zuckerstellen für jedes Familienmitglied waren. »Ich wette, du weißt nicht, wo Yokis Zucker ist!« sagte er darauf, und sie küßte ihn auf die rechte Seite des Mundes. »Wo ist Dexters Zucker?« Und sie küßte ihn auf die rechte Wange. »Ich weiß, daß du nicht weißt, wo Martys Zucker ist!« Rasch küßte sie ihn auf die Stirn. »Bestimmt hast du vergessen, wo Mamis Zucker ist!« Sie küßte ihn mitten auf den Mund. »Und Bunny hat keinen Zucker?« »Doch!« Und mit einem lauten Schmatz küßte sie ihn auf die rechte Wange. Wenn sie alle bezeichneten Zuckerstellen gefunden hatte, was immer sehr schnell geschah, dann war das Spiel zu Ende.

An wenigen ruhigen Abenden las Martin den Kindern auch aus ihren Lieblingsbüchern vor. Was immer er tat, sie waren einfach glücklich mit ihm.

Martin wurde während dieser Zeit auch sehr durch seine Pflichten als Zweit-Pastor an der Ebenezer Church beansprucht, und natürlich ging seine Arbeit in der Bewegung weiter.

Die Lehren, die wir in Albany gelernt hatten, trugen zu unserem Erfolg in Birmingham bei. Im Mai 1962 schlug Reverend Fred Shuttlesworth auf einer Vorstandssitzung der SCLC in Nashville vor, unsere Organisation solle sich seinem Alabama Christian Movement for Human Rights und seiner massiven Kampagne gegen die Segregation in Birmingham anschließen. Der Vorstand der SCLC stimmte seinem Vorschlag zu, verschob die Aktion jedoch auf Anfang 1963.

Es war eine gewagte Entscheidung. Birmingham war ein großes Industriezentrum, die reichste Stadt Alabamas. Der größte Teil ihrer weißen Bevölkerung und die städtischen Beamten widersetzten sich eisern jeglicher Form von Integration. Bürgermeister Arthur Hanes war ein Erzsegregationist, und der Kommissar für öffentliche Sicherheit, Eugene (Bull) Connor, war ein scharfer Rassist, dessen Spitzname seine Brutalität treffend charakterisierte. Um die Dinge noch zu verschlimmern, wurde George Wallace im November 1962 zum Gouverneur von Alabama gewählt. Sein

Wahlslogan hieß »Segregation für immer«. Vierzig Prozent von Birminghams Bevölkerung war schwarz, doch nur zehntausend von achtzigtausend waren als Wähler registriert. In den vorausgegangenen fünf Jahren (1957 bis 1962) waren siebzehn unaufgeklärte Bombenanschläge auf Negerkirchen und -häuser verübt worden. Rassisten schüchterten die Neger ein, fielen als lärmender Haufen über sie her und brachten sie sogar ungestraft um. Martin hatte gesagt: »Dies ist die am gründlichsten segregierte Stadt Amerikas. Alle Übel und Ungerechtigkeiten, die Neger erleiden können, sind hier in Birmingham versammelt.«

Dennoch hatte Fred Shuttlesworth, ein unerschrockener Mann, es gewagt, seine Kinder auf Staatsschulen zu schicken, und versucht, diese zu integrieren. Man hatte ihn verprügelt und in sein Haus und seine Kirche Bomben geworfen; seine Frau war eingesperrt und geschlagen worden – die ganze Familie hatte viel mitgemacht. Es war ein echtes Symbol des Kampfes um soziale Gerechtigkeit.

Reverend Shuttlesworths Organisation war eine der stärksten Bundesgenossen der SCLC im Süden. Im Januar 1962 taten sich die Studenten des Miles College mit ihr zusammen, um die segregierten Geschäfte Birminghams zu boykottieren. Sie erzielten beachtliche Erfolge, und Martin glaubte, daß »der Feldzug in Birmingham gewiß die erbittertste Auseinandersetzung in unserem Kampf um die Bürgerrechte werden würde«, doch gleichzeitig hoffte er, »daß er – sollte ihm Erfolg beschieden sein – der Segregation im ganzen Land das Rückgrat brechen könnte«.

Nach einer dreitägigen Planungssitzung des Oberkommandos der SCLC, in der das »Projekt C« entworfen wurde, ging Martin Anfang März 1963 mit Wyatt Tee Walker, dem Geschäftsführer der SCLC, mit Ralph Abernathy und Andy Young nach Birmingham, um im Zimmer 30 des Gaston-Motels im schwarzen Getto das Hauptquartier einzurichten. Dort trafen sie sich mit Fred Shuttlesworth und seinen Kollegen, um einen Schlachtplan auszuarbeiten. Die SCLC-Tagung hatte im September 1962 in Birmingham stattgefunden, was den Integrationsbestrebungen in dieser Stadt zusätzliche Schwungkraft verlieh. Der Einsatz-Stab der SCLC begann im Januar 1963 in Birmingham zu arbeiten. Da Albany gezeigt hatte, daß ein Angriff in breiter Front auf die Segregation undurchführbar war, beschlossen sie, sich begrenzteren Zielen zuzuwenden – *lunch counters*, Toiletten und Waschräume zu integrieren und die Einstellungspraktiken der großen Geschäfte im Stadtzentrum zu reformieren. Die Protestdemonstrationen sollten am 12. März 1963 beginnen, um das Ostergeschäft zu stören. Außerdem schoben wir sie auch deshalb hinaus, weil am 5. März der Bürgermeister gewählt werden sollte, ein Amt, um das sich

Bull Connor und zwei vergleichsweise gemäßigte Kandidaten, Albert Boutwill und Tom King, bewarben. Martin wollte nichts unternehmen, was Connor helfen könnte.

Inzwischen ging die Organisationsarbeit peinlich genau weiter. Andy Young, James Bevel, Dorothy Cotton und James Orange von unserem Stab hatten schon begonnen, die schwarze Bevölkerung durch Massenversammlungen und Arbeitsgemeinschaften auf die Gewaltlosigkeit vorzubereiten. Zu ihren Aufgaben gehörte es auch, Leute für die geplanten Demonstrationen zu rekrutieren. Martin, Ralph und Wyatt Walker fuhren dauernd nach Birmingham. Wer sich bereit erklärte, notfalls ins Gefängnis zu gehen, wurde gebeten, eine Karte mit folgendem Text zu unterschreiben:

»Ich verpflichte mich – mit Leib und Seele – der gewaltlosen Bewegung. Darum werde ich die folgenden zehn Gebote halten:

1. Jeden Tag über die Lehren und das Leben Jesu nachzudenken.
2. Nie zu vergessen, daß die gewaltlose Bewegung in Birmingham Gerechtigkeit und Versöhnung sucht – nicht den Sieg.
3. Im Geiste der Liebe zu handeln und zu sprechen, denn Gott ist Liebe.
4. Täglich zu beten, Gott möge sich meiner bedienen, um allen Menschen zur Freiheit zu verhelfen.
5. Persönliche Wünsche für die Freiheit aller Menschen zu opfern.
6. Freund und Feind gegenüber die Regeln der Höflichkeit zu beachten.
7. Danach zu trachten, ständig anderen und der Welt zu dienen.
8. Mich der Gewalttätigkeit der Faust, der Zunge und des Herzens zu enthalten.
9. Nach geistiger und körperlicher Gesundheit zu streben.
10. Die Anweisungen der Bewegung und der Demonstrationsleiter zu befolgen.

Unterdessen versammelte Harry Belafonte fünfundsiebzig prominente Leute in seinem New Yorker Apartment. Martin und Fred Shuttlesworth sprachen von den Schwierigkeiten und Gefahren des geplanten Protests. Fred, der schon die Narben früherer Schlachten trug, sagte: »Man muß bereit sein zu sterben, bevor man beginnen kann, wirklich zu leben.«

Überall fragten Menschen guten Willens: »Was können wir tun, um zu helfen?«

Martin sagte ihnen, daß Tausende von Dollars für Kautionen und Sicherheitsleistungen benötigt würden. Ein Komitee wurde gebildet. Unsere Bundesgenossen, die Western Christian Leadership Conference in Los

Angeles und die Virginia Christian Leadership Conference in Richmond, brachten ebenfalls große Summen auf, während der Legal Defense Fund unsere Fälle vor Gericht vertrat.

Im Januar 1963 beschworen mein Mann, Ralph Abernathy und Fred Shuttlesworth Präsident Kennedy und Justizminister Robert Kennedy auf einer Konferenz im Weißen Haus, die Bundesregierung möge eine Bürgerrechtsgesetzgebung einbringen.

Die Kennedys waren wie immer sehr freundlich, sagten jedoch, sie hätten für 1963 in dieser Hinsicht nichts vor. Der Präsident erläuterte, er wolle wichtige innenpolitische Gesetze einbringen, und er fürchte, daß Bürgerrechtsfragen den Kongreß spalten und diese Gesetzesvorlagen gefährden würden.

Natürlich war Martin sehr enttäuscht. Ihm blieb keine Wahl, als seine Pläne durchzuführen und eine Konfrontation in Birmingham zu erzwingen, damit die Bundesregierung handeln müßte. Er teilte dem Präsidenten offen seine Absichten mit, denn wenn es zu Gewalttätigkeiten kommen sollte, brauchten wir die Unterstützung und Hilfe der Bundesregierung.

In der Wahl am 5. März 1963 in Birmingham führte Boutwell, Connor wurde zweiter und Tom King dritter. Da keiner der Kandidaten eine Mehrheit besaß, mußte eine Stichwahl zwischen Boutwell und Connor durchgeführt werden.

Am 2. April schob Martin den Beginn des Protests erneut bis nach der Stichwahl hinaus.

Diesmal erhielt Boutwell eine klare Mehrheit, aber Connor berief sich auf eine juristische Klausel, nach der die neue Stadtregierung nicht vor 1964 ihre Geschäfte aufnehmen könnte. Während all dies in den Gerichten entschieden wurde, blieben die alten Stadträte im Amt, mit Connor als Kommissar für öffentliche Sicherheit. Martin konnte die Demonstration nicht länger hinausschieben. Das Birmingham Movement begann.

Jeden Augenblick erwarteten wir die Ankunft unseres vierten Kindes. Mein Mann war ständig unterwegs, um Reden im ganzen Land zu halten, und der Zeitpunkt näherte sich rasch, da er in Birmingham gebraucht würde. Ich hatte befürchtet, er müsse fort, ehe es soweit wäre – aber Bernice Albertine – Bunny, wie wir sie nennen – wurde am 28. März geboren. Martin konnte mich noch in die Klinik bringen, aber am nächsten Tag, nachdem das Kind geboren war, fuhr er nach Birmingham. Rechtzeitig kam er nach Atlanta zurück, um mich aus der Klinik heimzuholen, brach jedoch schon am gleichen Abend wieder in sein Hauptquartier auf.

In solchen Zeiten werden Freunde am meisten gebraucht und geschätzt. Rachel Ward, ein Mitglied der Ebenezer Church und eine liebe Freundin, war stets so nahe wie das Telefon. Sie versorgte die Kinder, während ich Bunny in der Klinik zur Welt brachte. Obwohl sie einen Schönheitssalon besaß und ihn während dieser Zeit auch weiterführte, half sie mir bei dem Baby und im Haushalt, bis ich kräftig genug war, wieder allein zurechtzukommen.

Ich hatte mich darauf gefaßt gemacht, daß Martin den größten Teil meiner Genesung fort sein würde. Mir war klar, daß Martins Unternehmen sich nicht aufschieben ließ und daß er in Birmingham dringend gebraucht würde. Übrigens bedauerte ich es tief, daß mich die Umstände daran gehindert hatten, ihn zu begleiten. Er rechnete damit, eingesperrt zu werden, und es bedrückte mich, daß ich nicht dasein würde, um ihn zu trösten.

In Birmingham stieß Martin selbst bei den Schwarzen auf einigen Widerstand gegen das SCLC-Programm. Unter dem System der völligen Rassentrennung war diese Haltung keine Seltenheit. Es gab mehrere Gründe dafür. Die schwarze Bevölkerung hatte praktisch eine Gehirnwäsche durchgemacht und glaubte, daß es unmöglich sei, gegen das System anzukämpfen. Außerdem hielten einige der Negerführer Birminghams den Zeitpunkt für ungünstig – sie wollten der neuen Regierung Boutwell eine Chance geben. Und schließlich hegten die lokalen Führer einen leisen Groll, daß ihnen »Außenseiter« die Sache inszenierten. Martin sprach unentwegt auf Versammlungen, um diesen Einwänden zu begegnen. Wie er später sagte: »Irgendwie verlieh mir Gott die Kraft, die Ablehnung, das Mißtrauen, die Angst und die Mißverständnisse ... in Glauben und Begeisterung zu verwandeln ... Eine neue Ordnung war bestimmt, geboren zu werden, und alle Kräfte der Bigotterie konnten sie ebensowenig im Keim ersticken wie Bull Connor.«

Der Protest begann am 3. April 1963 mit *sit-ins* in *lunch counters.* Allein während der ersten drei Tage wurden fünfunddreißig Personen verhaftet. Am Samstag, dem 6. April, bewegte sich ein ordentlicher Marsch sorgfältig ausgewählter Demonstranten auf das Rathaus zu. Drei Häuserblocks von ihrem Ziel wurden sie aufgehalten und fünfundvierzig Personen wegen Demonstrierens ohne Genehmigung verhaftet, höflich zu den Polizeiwagen geführt und ins Gefängnis gefahren. Tausende von Negern jubelten ihnen von den Bürgersteigen zu, während die Festgenommenen Freiheitslieder sangen.

Danach wurden täglich neue und stärkere Demonstrationen abgehalten. Bis dahin hatte sich Bull Connors Polizei sehr gut benommen. Zwischen vier- und fünfhundert Neger waren verhaftet worden, und obwohl einige auf Kaution freigelassen wurden, blieben etwa dreihundert im Gefängnis.

Unterdessen versuchte Martin, die Geschäftsleute und die Vertreter der Stadt dazu zu bewegen, über unsere bescheidenen Forderungen zu verhandeln: die Geschäfte zu integrieren, Neger besser zu bezahlen und auf einer nicht diskriminierenden Basis einzustellen, die Anklage gegen die verhafteten Protestler fallenzulassen und ein schwarz-weißes Komitee zu schaffen, das einen Zeitplan für die weitere Integration in Birmingham ausarbeiten sollte. Die Geschäftsleute waren zu diesem Zeitpunkt bereit, darüber zu verhandeln, nicht jedoch die städtische Verwaltung.
Am Mittwoch erreichte die Stadtverwaltung eine gerichtliche Verfügung gegen die Demonstranten, allerdings von einem Gericht des Staates Alabama, nicht von einem Bundesgericht. Martin kündigte sofort an, wir würden uns der Verfügung widersetzen. Er betonte, die Neger seien keine »Anarchisten, die für die Gesetzlosigkeit eintreten«, doch die Gerichte Alabamas hätten das Verfahren nicht im rechten Geist des Gesetzes geführt, und so könnten wir nicht guten Gewissens ihrem Urteilsspruch gehorchen. Als Gegenschlag gab das Gericht bekannt, Kautionen müßten künftig sofort in bar hinterlegt werden. Und unsere Organisation hatte gerade ihre ganze Barschaft aufgebraucht.
Martin hatte Karfreitag, den 12. April, zum Tag ausersehen, an dem er und einige der führenden Persönlichkeiten die Verfügung brechen und damit ihre Verhaftung provozieren würden. Er hatte den Tag absichtlich wegen seiner symbolischen und religiösen Bedeutung gewählt. Frühmorgens fand eine stürmische Versammlung im Gaston-Motel statt. Auch Daddy King und A. D. waren anwesend. Unter den anderen Geistlichen und Anführern befanden sich Fred Shuttlesworth, Wyatt Walker, Nelson Smith, John Porter, James Bevel, Edward Gardner und der Kaufmann John Drew. Einige der Geistlichen fanden, wir sollten der Verfügung gehorchen. Ralph Abernathy wies darauf hin, daß er der einzige Pastor seiner Kirche sei und seine Pflichten in der heiligen Zeit des Jahres nicht erfüllen könnte. Martin hingegen sei Zweit-Pastor der Ebenezer Church, und sein Vater könne alleine zurechtkommen.
Martin erkannte dieses Argument an. Zugleich erinnerte er daran, daß das Albany Movement daran gescheitert war, daß sie der Verfügung des Bundes gehorcht hatten. Nach einer langen Diskussion sagte er: »Ich möchte über die Entscheidung mit mir zu Rate gehen.«
Eine halbe Stunde warteten die anderen, während Martin allein in seinem Zimmer nachdachte und betete. Als er zurückkam, trug er Arbeitskleider – Blue jeans und ein Hemd – und auf seinem Gesicht spiegelte sich Entschiedenheit. »Ich habe beschlossen, es im Vertrauen auf Gott zu wagen. Ich habe beschlossen, ins Gefängnis zu gehen. Ich weiß nicht, was ge-

schehen wird; ich weiß nicht, ob diese Bewegung zunehmen oder ob sie scheitern wird. Aber ich glaube, wenn genug Leute willens sind, ins Gefängnis zu gehen, wird die Stadtverwaltung oder die Bundesregierung gezwungen zu handeln. Ich gehe darum heute.«

Dann wandte sich Martin an Ralph Abernathy: »Ich weiß, du möchtest am Ostersonntag auf deiner Kanzel stehen, Ralph, aber ich bitte dich, mit mir zu kommen.«

Und Ralph antwortete: »Ich war immer mit dir im Gefängnis, Martin, und ich kann dich nun nicht im Stich lassen.«

Die fünfundzwanzig Männer im Zimmer 30 reichten sich die Hände und sangen »We Shall Overcome«. Dann umarmte Martin seinen Vater, und alle fuhren zur Zion Hill Church, wo der Marsch beginnen sollte. In der Kirche sangen und beteten die Menschen. Martin betrat sofort die Kanzel, um ihnen seinen Entschluß mitzuteilen.

Es gibt keine Aufzeichnung seiner Worte, aber die Leute sagten mir später, er habe eine aufrüttelnde, ergreifende Rede gehalten. Er habe gesagt, die Lage in Birmingham sei so schlimm, daß er zu der Überzeugung gelangt sei, sie ließe sich nur durch die erlösende Macht des Leidens ändern. Er wolle seinem Herrn und Meister, der am Karfreitag gekreuzigt worden sei, ein guter Diener sein und habe darum beschlossen, ins Gefängnis zu gehen. Als er von der Kanzel herabstieg und den Gang hinunterging, respondierten Männer und Frauen. Jemand rief: »Da geht er, genau wie Jesus.« Und die Leute drängten in den Gang hinaus und folgten ihm.

Martin schrieb über diese Erfahrung: »Es schien, als seien sämtliche Polizisten Birminghams in diesen Bezirk geschickt worden. Nach dem Verlassen der Kirche ... gingen wir die verbotenen Straßen hinab, die zur Stadtmitte führen. Es war ein wundervoller Marsch. Man erlaubte uns, weiter zu gehen, als es die Polizei je zuvor gestattet hatte ... Die Straßen waren von Negern gesäumt. Wir sangen, und sie stimmten ein. Gelegentlich mischte sich Beifall der schwarzen Zuschauer unter den Gesang.

Als wir uns der Innenstadt näherten, befahl Bull Connor seinen Männern, uns festzunehmen. Ralph und ich wurden von zwei muskulösen Polizisten abgeschleppt, die unsere Hemden am Rücken packten, daß sie ganze Hände voll Stoff hielten. Alle übrigen wurden auch sofort festgenommen.«

Zum erstenmal waren Ralph und Martin im Gefängnis getrennt worden. Jeder von ihnen wurde in Einzelhaft gehalten. Nicht einmal die Anwälte durften sie besuchen. »Diese Stunden«, sagte er, »waren die längsten, zermürbendsten und verwirrendsten meines Lebens.« Er bangte um seine Freunde, um das Schicksal der Bewegung und um mich, das Neugeborene und die anderen Kinder daheim.

In Atlanta wartete ich ängstlich auf Nachricht von Martin. Als ich erfuhr, er sei am Freitagnachmittag verhaftet worden, wußte ich, daß er mich aus dem Gefängnis anrufen würde, stets das erste, was er tat, wenn er verhaftet wurde. Doch kein Anruf kam. Ich wartete den ganzen nächsten Tag. Dann brach der Morgen des Ostersonntags an. In Birmingham hielt Martins Bruder A. D. den Ostergottesdienst in seiner Kirche. Anschließend führte er im Priestergewand und mit der Bibel in Händen eine Gruppe von Gläubigen zum Stadtgefängnis, wo sie für Martin und seine Mitgefangenen beten wollten. Doch schon nach wenigen Häuserblocks wurden sie verhaftet.

Noch immer hatte ich nichts gehört. Verzweifelt rief ich Wyatt Walker in Birmingham an, der sagte: »Coretta, es ist mir nicht gelungen, Martin telefonisch zu erreichen. Ich habe es den ganzen Tag versucht. Nicht einmal seine Anwälte lassen sie jetzt zu ihm. Sie haben ihn total isoliert.«

»Wyatt, meinst du, es würde helfen, wenn ich eine Presseerklärung über diese Situation abgeben würde?«

»Weißt du, was du tun solltest?« erwiderte Wyatt. »Ich finde, du solltest den Präsidenten anrufen.«

»Wenn du meinst, will ich es versuchen«, sagte ich nach kurzem Überlegen, »aber vorher vergewissere dich möglichst, ob Martin damit einverstanden ist, denn ich möchte es nicht gegen seinen Willen tun.«

Es war der erste Ostersonntag, seit ich erwachsen war, da ich nicht zur Kirche gehen konnte, aber durch die besonderen Umstände hatte Ostern für mich mehr Bedeutung denn je zuvor. Ich ängstigte mich schrecklich um Martins Sicherheit und fragte mich, wie es ihm erginge. Ich wartete und wartete, daß Wyatt zurückrufen würde. Schließlich kam sein Anruf: »Es ist sinnlos, Coretta, ich komme nicht durch zu Martin. Es bleibt dir keine Alternative, als den Präsidenten anzurufen.«

Mehrmals rief ich im Weißen Haus in der Hoffnung an, eine Nummer in West Palm Beach zu bekommen, denn es hieß, der Präsident halte sich dort auf, aber jedesmal sagte die Vermittlung: »Ich habe keine Nummer des Präsidenten oder seiner Familienangehörigen in West Palm Beach.«

An wen konnte ich mich sonst wenden?

Ich bat die Telefonistin, Vize-Präsident Johnson anzurufen, aber auch er war verreist. Erregt sagte ich: »Irgendwen muß es doch geben, der mir helfen könnte, den Präsidenten zu erreichen.«

»Wie wäre es mit Pierre Salinger?« schlug die freundliche Telefonistin mitfühlend vor.

Pierre Salinger erreichte ich sofort, und er versprach, alles daranzusetzen, mit dem Präsidenten Verbindung aufzunehmen und zu bewirken, daß er

mich anrufen würde. Während ich wartete, telefonierte Harry Belafonte.
»Ich habe gerade an dich und die Kinder gedacht. Mach dir keine Sorgen um Martin.«
»Ich habe nichts von ihm gehört, und ich *bin* zutiefst besorgt. Soeben habe ich versucht, den Präsidenten zu erreichen.«
Harry erschrak etwas. Aber ich erklärte ihm, daß ich dem Präsidenten lediglich sagen wolle, wie besorgt ich um Martins Sicherheit sei; daß ich es nach gründlichem Überlegen für richtig halte, um Unterstützung zu bitten, damit mein Mann mit mir sprechen könne. Ich versicherte Harry, daß ich in keiner Weise den Eindruck erwecken wolle, als versuche ich Martin aus dem Gefängnis zu holen. Beide wußten wir, daß dies gewiß nicht in seinem Sinne wäre.
Ich war schrecklich bedrückt und erzählte Harry von meinen Sorgen – daß die ganze Zeit das Telefon läutete und man sich besorgt nach Martin und mir erkundigte, daß ich zugleich versuchte, mich um meine Kinder und das Baby zu kümmern, und dabei sehnlichst wünschte, nach Birmingham zu gehen und in der Nähe meines Mannes zu sein. Harry hörte zu, und dann bat er mich als der gute Freund, der er ist, auf seine Kosten eine Sekretärin und eine Kinderschwester zu engagieren, um mit ihm nach Birmingham zu kommen.
Während wir noch redeten, läutete mein anderer Apparat, und als ich abnahm, sagte eine vertraute Stimme: »Mrs. King, hier spricht Justizminister Robert Kennedy. Der Präsident konnte nicht mit Ihnen sprechen, da er sich bei meinem Vater aufhält, der ziemlich krank ist. Er bat mich, Sie anzurufen, um zu sehen, was wir für Sie tun können.«
Ein Schwall von Worten brach aus mir hervor: »Ich rief an, weil ich mich um meinen Mann sorge. Wie Sie vermutlich wissen, ist er seit Freitag in Birmingham im Gefängnis. Zur Zeit gelingt es niemandem, ihn zu sehen. Gewöhnlich erlaubt man ihm, mit mir zu telefonieren, aber ich habe von ihm selbst nichts gehört. Meines Wissens werden er und Reverend Abernathy in Einzelhaft gehalten, und ich sorge mich schrecklich. Ich dachte, ob sich der Präsident vielleicht einschalten könnte, um herauszufinden, ob alles in Ordnung ist.«
Ich versuchte klarzumachen, daß ich mich um Martins Sicherheit sorgte und nicht um seine Freilassung bat. Ich erklärte, daß man zuerst seinem Anwalt erlaubt hatte, mit ihm zu sprechen, und daß Martin – soviel ich wußte – auf nackten Stahlfedern schlief, ohne Decken oder ein Kissen.
»Es tut mir leid, daß Sie nicht mit Ihrem Mann sprechen konnten, aber ich sage Ihnen, Mrs. King, die lokalen Beamten bilden für uns ein schwieriges Problem. Bull Connor ist ein harter Mann. Vielleicht erreichen wir

etwas, wenn die neue Stadtregierung im Amt ist. Aber ich verspreche Ihnen, ich werde mich um die Angelegenheit kümmern und von mir hören lassen.«
Der Justizminister wirkte tief besorgt, und nachdem ich aufgehängt hatte, fühlte ich mich wohler, da es möglich schien, daß etwas geschehen würde. Aber erst am folgenden Tag, einem Montag, hörte ich wieder etwas. Gegen etwa fünf Uhr nachmittags läutete das Telefon, und als ich den Hörer abnahm, brabbelte der zweijährige Dexter am Nebenanschluß. Die Vermittlung sagte: »Bitte, holen Sie Ihr Kind vom Telefon weg.« Ich bat jemanden, ihn fortzunehmen, und wartete, bis eine Stimme sagte: »Hallo, Mrs. King. Es tut mir leid, daß ich gestern nicht mit Ihnen sprechen konnte. Wie ich höre, rief Sie mein Bruder an. Ich wollte Ihnen lediglich sagen, daß ich bei meinem kranken Vater war und nicht wegkonnte.«
Unterdessen merkte ich, daß ich mit Präsident Kennedy sprach. In der Verwirrung über Dexter hatte ich nicht gehört, wie ihn die Telefonistin ankündigte. Ich sagte ihm, es täte mir leid, daß sein Vater krank sei, und dann erkundigte sich der Präsident nach meinem Befinden, er habe erfahren, daß ich gerade ein Kind bekommen habe. »Mir geht es gut, nur sorge ich mich schrecklich um meinen Mann«, antwortete ich.
Worauf Präsident Kennedy sagte: »Es wird Sie interessieren, daß wir gestern abend den FBI nach Birmingham geschickt haben. Wir haben nach Ihrem Mann gesehen, und es geht ihm gut.« Dann fügte er hinzu: »Natürlich ist Birmingham ein sehr schwieriger Ort.«
Er redete ein wenig über die dortige Situation und über die Vertreter der Stadt, dann fügte er hinzu: »Sie sollen wissen, daß wir alles tun, was in unserer Macht steht. Ich habe gerade mit Birmingham gesprochen, und Ihr Mann wird Sie bald anrufen. Sollten Sie in den nächsten Tagen weitere Sorgen wegen Ihres Mannes oder Birminghams haben, bitte scheuen Sie sich nicht, mich anzurufen. Sie können sich an mich, meinen Bruder oder Mr. Salinger wenden. Sie wissen ja jetzt, wie Sie mich erreichen können.«
Ich konnte ihm gar nicht genug danken. Wie erleichtert ich mich fühlte! Kaum konnte ich es abwarten, bis das Telefon läutete. Es dauerte keine fünfzehn Minuten, da rief Martin an. Es war fast ein neues Wunder.
»Geht es dir gut, Liebling?« fragte ich.
Martin bejahte, aber seine Stimme klang matt und kraftlos – gewöhnlich fastete er im Gefängnis. Wir redeten ein wenig, ehe ich Martin von meinem Telefongespräch mit dem Präsidenten erzählte.
Martins Stimme klang, als ob er lächelte. »Darum sind also alle auf einmal so höflich. Das ist gut zu wissen.«

Später erfuhr ich, daß Martin plötzlich aus seiner Zelle geführt wurde, um sich zu bewegen, daß er duschen durfte und eine Matratze und ein Kissen erhielt.
Am Telefon bat mich Martin – indirekt und ohne Namen zu nennen, da Gefängnisbeamte neben ihm standen –, ich möge Wyatt Walker von meiner Unterhaltung mit dem Präsidenten unterrichten, damit eine Presseerklärung abgegeben werden könnte.
Ich glaube, die Intervention von Präsident Kennedy verlieh dem Birmingham Movement wirklichen Auftrieb. Die Tatsache, daß er sich sorgte und Gerechtigkeit erstrebte, ermutigte unsere Leute. Die Stadtverwaltung begriff dadurch auch, daß sie ihre inhumanen Methoden nicht anwenden konnte, ohne sich damit zu exponieren. Mochten auch politische Erwägungen mit im Spiel sein, so war ich doch überzeugt, daß Präsident Kennedy unser Schicksal aufrichtig am Herzen lag. Eine erstaunliche Wärme ging von ihm aus. Sein Eingreifen bei den *sit-ins* von Atlanta hatte ihm und der Kennedy-Familie natürlich die Sympathien der schwarzen Bevölkerung gewonnen.
Während der acht Tage im Gefängnis schrieb Martin seinen berühmten offenen Brief – den »Brief aus dem Gefängnis von Birmingham« – an eine Gruppe von acht weißen Geistlichen Alabamas, die eine Erklärung veröffentlicht hatte, in der sie den Protest »unweise und unzeitgemäß« nannten und Martin als einen »Außenseiter und Agitator« bezeichneten, der nach Birmingham gekommen sei, um Publicity zu suchen. Martin schrieb den Brief auf den Rand von Zeitungen und Fetzen von Toilettenpapier. Er sagte: »Ich bin in Birmingham, weil hier das Unrecht zu Hause ist.« Dann setzte er gründlich die Lehre der Bewegung auseinander und erklärte, welche Haltung die christlichen Kirchen dazu einnehmen sollten. Er schrieb, genauso wie man gerechten Gesetzen gehorchen solle, so sei man moralisch verpflichtet, gegen ungerechte Gesetze Widerstand zu leisten, und er zitierte den heiligen Augustin: »Ein ungerechtes Gesetz ist überhaupt kein Gesetz.« Martin geißelte die weißen Gemäßigten, die Ordnung über Gerechtigkeit stellten. Auf die Behauptung der Geistlichen, er sei ein Extremist, erwiderte er: »War nicht Jesus ein Extremist der Liebe?« Und er sprach von seiner Enttäuschung, daß so viele weiße Geistliche nicht den Worten Jesu gefolgt waren. Er wies darauf hin, daß die Apostel »Außenseiter und Agitatoren« in den Ländern gewesen seien, in die sie Christi Botschaft trugen.
Abschließend sagte Martin: »Der Tag wird kommen, an dem der Süden erkennt, daß die besitz- und rechtlosen Kinder Gottes, als sie sich an die *lunch counters* setzten, tatsächlich für das eintraten, was am amerikani-

schen Traum das Beste ist und was zu den heiligsten Gütern unseres jüdisch-christlichen Erbes gehört.« Und er drückte die Hoffnung aus: »... daß es mir die Umstände bald erlauben werden, jeden einzelnen von Ihnen zu treffen, und zwar nicht in seiner Eigenschaft als Fürsprecher der Integration und als Vorkämpfer der Bürgerrechte, sondern als Kollegen und als Bruder in Christo.«
In seinem Leben und in seinem Brief wurde deutlich, daß Martin keine Bitterkeit gegen diese Männer Gottes empfand, die ihn angegriffen hatten. Brüderlichkeit und Anteilnahme bestimmten sein Denken.

Juanita Abernathy und ich flogen Donnerstag nach Birmingham, um unsere Männer zu besuchen. Am Samstag, dem 20. April, wurden sie aus dem Gefängnis entlassen. Am selben Abend wurde auf einer Führerkonferenz im Gaston-Motel der glänzende Einfall geboren, die schwarzen Schulkinder Birminghams an unserem Kreuzzug für die Freiheit zu beteiligen. Martin war sich im klaren, daß man ihn heftig kritisieren würde, wenn er unsere Kinder zu diesem Zweck gebrauchen würde, aber ihm schien der Augenblick gekommen, der Bewegung »eine dramatische neue Dimension« zu geben. Außerdem fand er, den Kindern würde die Integration am meisten zugute kommen, und wenn sie an der Bewegung teilnähmen, würden sie dadurch ein Gefühl des Wertes und der Würde erhalten. Zugleich sollte alles menschenmögliche getan werden, um sie vor physischer Gefahr zu bewahren.
Andy Young, Bernard Lee, Jim Bevel und andere besuchten sämtliche Oberschulen und Neger-Colleges Birminghams, und die Kinder kamen zu Tausenden auf die Massenversammlungen und zu den Ausbildungsstunden in der Lehre und Methode der Gewaltlosigkeit. Martin sagte über sie: »Wir fühlten ihren Eifer dabeizusein, ihr Bedürfnis, an einer bedeutsamen gesellschaftlichen Umwälzung mitzuwirken.« Selbst Kinder, die noch zu jung waren, um mitzumarschieren, baten um einen Platz in unseren Reihen. Andy Young sagte ihnen: »Ihr seid zu klein, um ins Gefängnis zu gehen. Aber geht in die Bibliothek. Dort werdet ihr etwas lernen.«
Sechs kleine Kinder folgten scheu seinem Rat und integrierten ganz allein die Bibliothek, da niemand wagte, sich an ihnen zu vergreifen.
Am »D Day«[1], dem 2. Mai, hielt Martin in der Sixteenth Street Baptist

[1] Anm. d. Übers.: D Day wurde der datumsmäßig geheimgehaltene Tag der Invasion des europäischen Kontinents im Jahre 1944 von den alliierten Behörden genannt.

Church eine Ansprache vor einer Schar begeisterter Jugendlicher. Dann marschierten sie zur Innenstadt, während sie »We Shall Overcome« sangen. Alle wurden verhaftet. Welle um Welle marschierte singend los, um das gleiche Schicksal zu erleiden; 959 Kinder wurden an diesem Tag verhaftet.

Am nächsten Morgen kündigte Martin an: »Gestern war ›D Day‹ in Birmingham. Heute wird doppelter ›D Day‹ sein.«

Im Rampenlicht der Öffentlichkeit verlor Bull Connor die Nerven. Er konzentrierte Polizei in den Straßen um die Sixteenth Street Church. Als tausend Kinder und Teenager auf sie zumarschierten, befahl er, die Wasserwerfer aufzudrehen. Die Wucht des Wassers warf die Kinder flach zu Boden, riß einigen von ihnen die Kleider vom Leib. Dann ließ Connor die Polizeihunde los, die bellend und beißend zwischen die Kinder fuhren. Diese wehrten sich nicht, aber für einige der unseren, die verzweifelt von den Dächern zusahen, war es zuviel. Sie begannen Steine zu werfen.

Am späten Sonntagnachmittag führte der unterdessen verstorbene Reverend Charles Billups eine Gruppe Erwachsener vor der New Pilgrim Baptist Church zur Polizeibarrikade. Sie knieten auf der Straße und beteten. Dann marschierten sie weiter. Bull Connor selbst erschien auf dem Schauplatz und befahl Reverend Billups umzukehren. Billups weigerte sich, und seine Leute riefen: »Dreht das Wasser an! Laßt die Hunde los! Wir kehren nicht um. Vergib ihnen, o Herr!«

Wütend schrie Connor: »Verdammt! Dreht die Wasserwerfer auf!«

Aber ein Wunder geschah. Als sich die Schwarzen von den Knien erhoben und weitergingen, ließen Connors Leute die Wasserwerfer sinken und wichen rechts und links zurück. Der moralische Druck der Öffentlichkeit und die innere Kraft dieser kleinen Schar Schwarzer brach ihre Disziplin – entwaffnete sie. Zwischen ihren Reihen hindurch, vorbei an den angeleinten Hunden, führte Billups seine Leute. Sie hielten ihre Gebetsversammlung in einem nahegelegenen Park und kehrten darauf unter Freiheitsliedern zu ihrer Kirche zurück. Es war der erste Riß in der Front der rassistischen Kräfte.

Die ganze nächste Woche hindurch dauerte der Kinder-Kreuzzug an. Birminghams Gefängnisse waren voll. Die verhafteten Jugendlichen wurden in eingefriedeten Räumen oder Hallen untergebracht. Schließlich überschritt ihre Zahl die Möglichkeiten der Stadt. Als am Dienstag fünfhundert Kinder marschierten, löste die Polizei zwar die Demonstration auf, verhaftete jedoch niemanden. Dreitausend Personen, meist Jugendliche, gelangten auf verschiedenen Wegen an der Polizei vorbei in die Innenstadt, wo sie durch die Straßen und Geschäfte zogen, indes sie sangen

»Ain't Gonna Let Nobody Turn Me Around« und »I'm on My Way to Freedom Land.« Gouverneur Wallace rief die Nationalgarde.

Mittlerweile wuchs die Empörung in der Nation. Die Zeitungs- und TV-Aufnahmen von den Jugendlichen, die von Wasserwerfern zu Boden geworfen waren, die geschlagen und von Hunden gebissen wurden, brachten einen Sturm von Telegrammen ins Weiße Haus. Bull Connor wurde zur Inkarnation des Bösen. Martin hatte gesagt: »Ich hoffe, das Gewissen der Nation vor den Richterstuhl der Moral zu bringen.« Und genau dies geschah.

Am 4. Mai schickte Präsident Kennedy Burke Marshall nach Birmingham, um ein Abkommen auszuhandeln. Die ganze Woche, während die Proteste und Verhaftungen andauerten, verhandelte er mit den weißen Geschäftsleuten und mit Martin und den schwarzen Führern. Durch seinen Einfluß kamen auch geheime Besprechungen zwischen den Vertretern der Weißen und Martin und seinen Kollegen zustande. Zuerst zeigten sich die Weißen so unnachgiebig, daß Marshall nicht mehr zu hoffen wagte, er werde sie je zur Vernunft bringen. Nach dem Treffen am Dienstag, dem 7. Mai, vertagten hundertfünfundzwanzig weiße Führer die Sitzung, um zum Lunch zu gehen. Als sie das Gebäude verließen, entdeckten sie, daß Tausende von Schwarzen in die Innenstadt marschiert waren. Martin berichtete: »Überall waren Neger, geballte Massen von Negern, ein wahres Meer schwarzer Gesichter. Sie begingen keine Gewalttätigkeiten, sie waren einfach da und sangen. Birmingham hallte wider von den Freiheitsliedern.«

Nachdem die Weißen solche Mengen entschlossener, aber gewaltloser Schwarzer gesehen hatten, kehrten sie wesentlich vernünftiger zurück. Nach Verhandlungen, die den ganzen Mittwochabend und praktisch den ganzen Donnerstag bis in die Nacht hinein andauerten, wurde am Freitag, dem 10., eine Übereinkunft erzielt. Fast Wort für Wort bewilligte sie die ursprünglichen Forderungen der Bewegung: die Geschäfte würden integriert, die Einstellungsbedingungen von Negern verbessert, die Anklagen fallengelassen und das Senior Citizens Committee oder die Handelskammer würde sich regelmäßig mit den schwarzen Führern treffen, um Differenzen zu beseitigen.

Martin, Ralph Abernathy und Fred Shuttlesworth veröffentlichten sofort eine versöhnliche Erklärung: »Dadurch, daß sich die lokale Führung der Weißen und der Neger zu ihrer Verantwortung bekannt hat, gibt sie ein Vorbild für ein freies Volk, das sich verbündet, um seine Probleme ins Auge zu fassen und zu lösen. Birmingham möge für das Amerika des zwanzigsten Jahrhunderts ein Vorbild auf dem Gebiet der progressiven

Rassenbeziehungen sein, und für alle Menschen möge ein neuer Tag anbrechen, der für Amerika und die Welt Hoffnung und Freiheit bedeutet.«

Natürlich war dies nicht das Ende, aber Martin kam an diesem Abend nach Hause, und wir freuten uns gemeinsam. In der folgenden Nacht brachen in Birmingham – genau wie damals in Montgomery nach dem Bus-Abkommen – schlimme Gewalttätigkeiten aus.

In A. D.'s Haus wurden gleich zwei Bomben geworfen. Als die erste Bombe explodierte, packte er seine Frau Naomi und zog sie mit sich in das hintere Zimmer; in diesem Augenblick zerstörte auch schon die zweite Bombe die ganze Vorderfront des Hauses. Eine weitere Bombe, die für das Zimmer 30 bestimmt war, sprengte das Büro des Gaston-Motels, in dem Martin gewohnt hatte. In Birmingham gingen Tausende von empörten Schwarzen auf die Straßen, und wilder Tumult brach los. Wer auch immer die Bomben gelegt hatte, *wollte* Krawalle bei den Negern auslösen.

A. D. tat sein Bestes, um ihnen Einhalt zu gebieten. Er stand in den Trümmern seines Hauses und ermahnte die Leute, gewaltlos zu bleiben. Obwohl er ihrer nicht völlig Herr werden konnte, wirkten seine beschwörenden Worte und seine Gegenwart doch dämpfend. Gouverneur Wallace' Nationalgarde riegelte das schwarze Getto ab. Martin eilte am Sonntag nach Birmingham zurück und ging durch die Stadt, um überall, wo unsere Leute versammelt waren, zu sprechen. Er und Ralph Abernathy, Fred Shuttlesworth, Wyatt Walker und A. D. King gingen zu allen Neger-Geschäften und -Restaurants. Sogar in den Wettbüros predigten sie Gewaltlosigkeit. Welch herrlicher Triumph der Gewaltlosigkeit, als die Leute ihnen ihre Messer, Gewehre und andere Waffen gaben. Mit einer Ladung Waffen kehrten sie zurück; Birmingham beruhigte sich allmählich und begann die Vereinbarungen zu erfüllen.

Birmingham bedeutete einen echten Sieg für die Bewegung, da sich die Vertreter der Stadt und die weißen Geschäftsleute mit den schwarzen Führern zusammengesetzt und ein Abkommen ausgehandelt hatten. Es kam zum Frieden, weil die *gewaltlose Militanz* Verhandlung und Einigung erzwungen hatte. Obwohl der Preis Kampf, Aufruhr und Leid war, wurde echter Fortschritt erzielt.

Der Sieg hatte weitreichende Konsequenzen. Als Martin nach Birmingham ging, wollte er die Aufmerksamkeit der Nation auf die schweren Ungerechtigkeiten lenken, welche die Neger erduldeten, und erreichen, daß die Bundesgesetze erfüllt würden. Zu diesem Zweck hatte er absichtlich eine sehr extremistische Stadt gewählt, da dort die Schlechtigkeit des

Systems besonders deutlich war und der Welt unverhüllt vor Augen trat. Mein Mann hatte geschrieben, Birmingham sei der Koloß der Segregation; ein dort errungener Sieg würde in den ganzen Süden ausstrahlen und das gesamte Gebäude der Diskriminierung aufbrechen. Und es kam, wie er vorausgesagt hatte. Innerhalb weniger Monate wurden nahezu tausend Städte vom Wirbel der Veränderung erfaßt. Mit Ausnahme des Bürgerkriegs und der Wiederaufbau-Periode hatten die Schwarzen nie auf so breiter Front gehandelt, nie einen so direkten Vorstoß unternommen, um ihre Lebensbedingungen zu verändern. Nahezu eine Million Neger waren in diesem historischen Sommer mit ihren weißen Verbündeten marschiert oder hatten auf andere Weise in den Straßen Hunderter von Städten demonstriert. Als der Sommer zu Ende ging, hatten sie Tausende von öffentlichen Einrichtungen erobert, und ein neues Kapitel der Rassenbeziehungen hatte begonnen. Objektiv war die Diskriminierung verringert worden, subjektiv die Zuversicht der Neger gewachsen. Auf dieser Zuversicht sollte später der Stolz der Schwarzen auf ihre Rasse und die *black-power*-Slogans gründen. Der Fall der Festung Birmingham brachte die Wende und war so bedeutsam, daß es im Augenblick des Geschehens nicht voll zu erfassen war.
Als politisches Resultat der Kämpfe überprüfte Präsident Kennedy den Kurs seiner Regierung und beschloß, 1963 eine Bürgerrechtsvorlage einzubringen, die dann 1964 vom Kongreß schließlich verabschiedet wurde. Auf einer Konferenz über die Gesetzesvorlage im Weißen Haus sagte Präsident Kennedy mit sarkastischem Lächeln zu Martin: »Bull Connor hat für die Bürgerrechte ebensoviel getan wie Abraham Lincoln.«

13

1963 war für uns ein Jahr der Erfüllung und des Unglücks. Erst gab uns Birmingham Hoffnung und das Gefühl, etwas erreicht zu haben. Aber kaum einen Monat später wurde am 12. Juni der junge NAACP-Führer Medgar Evers in Jackson, Mississippi, unter der Tür seines Hauses erschossen. Seine Frau Myrlie hörte den Schuß und rannte mit den Kindern hinaus, wo sie ihren Mann blutüberströmt auf dem Boden liegend fand. Medgar sah auf, erblickte seinen kleinen Jungen und rief: »Hilf mir, mein Sohn, hilf mir.«
Für Medgar gab es keine Hilfe mehr. Er starb etwa eine Stunde später als Opfer der Rachsucht und des Hasses.
Medgar war ein guter Freund von Martin gewesen, und wir betrauerten

ihn tief. Zudem mußte ich unwillkürlich denken, daß es ebensogut Martin hätte treffen können.

Im Juni reiste Martin als Redner durch Amerika, und größere Menschenmengen denn je zuvor kamen, ihn zu hören. Fünfundzwanzigtausend erschienen in Los Angeles, und nahezu zweihunderttausend Leute nahmen an einer Prozession teil, die er mit Walter Reuther in Detroit anführte.

Ich entsinne mich, daß ich zu Martin sagte: »Im ganzen Land sind die Menschen durch Birmingham so aufgerüttelt, daß du zu einem großen Marsch auf Washington aufrufen solltest, um weiterhin die Dringlichkeit einer Gesetzgebung vor Augen zu führen, welche die Neger völlig in die amerikanische Gesellschaft integriert. Ich glaube, deiner Aufforderung, in die Hauptstadt der Nation zu kommen, würden an die Hunderttausend folgen.«

Auch andere meinten, der Schwung, den Birmingham erzeugt habe, dürfe nicht erlöschen.

Eine Konferenz wurde mit den Leitern anderer Organisationen abgehalten – mit A. Philip Randolph, Roy Wilkins von der NAACP, John Lewis vom SNCC, Dorothy Height vom National Council of Negro Women, James Farmer vom CORE und Whitney Young von der Urban League. Mr. Randolph schlug einen großen Marsch für »Arbeit und Freiheit« auf Washington vor.

Wir alle nahmen die Idee begeistert auf. Wegen des großen Erfolgs in den Städten, die Martin besucht hatte, hofften wir, daß etwa hunderttausend Leute an dem Washington-Marsch teilnehmen würden. Und da die Tumulte, die vereinzelt in einigen Städten ausgebrochen waren, Martin große Sorgen bereiteten, meinte er, eine mächtige friedliche Demonstration in Washington würde einen doppelten Zweck erfüllen; einmal würde sie der schwarzen Bevölkerung eine Gelegenheit zum gewaltlosen Protest geben und dann gleichzeitig Druck auf den Kongreß ausüben, damit dieser Präsident Kennedys Bürgerrechtsvorlage verabschieden würde.

Der Washington-Marsch wurde auf den 28. August 1963 angesetzt. Es sollte ein kurzer Marsch werden – vom Washington-Denkmal über die Mall zum Lincoln-Denkmal, wo die Reden gehalten würden. Ein Koordinierungsausschuß der Unity Council for Civil Rights, wurde gebildet, und auf vielen Versammlungen dieses Sommers arbeitete er die Pläne unter Leitung von Bayard Rustin, dem die nationale Koordinierung unterstand, und mit Cleveland Robinson als zweitem Direktor peinlich genau aus. Walter Fauntroy vom Washingtoner Büro der SCLC war für die Koordinierung in der Hauptstadt verantwortlich. Wir alle hofften zuversichtlich, daß die Demonstration erfolgreich würde. Alles sprach dafür. Unsere Führer waren sich einig und arbeiteten tüchtig zusammen; von Weißen und Schwarzen erhielten wir begeisterte Unterstützung, und die Bundesregierung wie auch die lokalen Regierungen Washingtons ermutigten uns. Während die Pläne für den Mammutmarsch auf Washington ausgearbeitet wurden, begann Martin sein drittes Buch zu schreiben, in dem er die Geschichte unseres Feldzuges in Birmingham erzählte und das unter dem Titel »Why We Can't Wait« (Warum wir nicht warten können) erscheinen sollte. Sein erstes Buch war »Stride Toward Freedom« gewesen, die Geschichte von Montgomery, und sein zweites eine Sammlung von Predigten: »Strength to Love« (Kraft zum Lieben). Im Sommer jenes Jahres boten uns unsere guten Freunde Clarence und Ann Jones von Riverdale großzügig ihr geräumiges, mit allem Komfort eingerichtetes Haus an; sie selbst zogen zu Freunden. Während unseres dreiwöchigen Aufenthalts in New York verbrachte Martin die meiste Zeit am Schreibtisch.

Am 27. August flogen Martin und ich mit Mitgliedern des SCLC-Stabs von Atlanta nach Washington. In unserer Hotelsuite begann Martin seine Rede zu revidieren, indem er versuchte, sie auf die acht Minuten zu kürzen, die man ihm zugestanden hatte. Die ganze Nacht arbeitete er daran, ohne ein Auge zuzutun. Gegen drei Uhr morgens schlief ich ein. Und ich muß sagen, ich fühlte mich schuldig, daß ich schlafen konnte, während Martin sorgenvoll über seiner Rede brütete. In Detroit hatte er über seinen Traum von einem freien geeinten Land gesprochen, aber in Anbetracht der kurzen Zeit, die ihm zur Verfügung stand, entschied er sich gegen dies Thema. Statt dessen plante er darüber zu sprechen, daß Amerika den Negern einen ungedeckten Scheck ausgestellt habe und was dies in Worten der Emanzipations-Proklamation hieß, die sich 1963 zum hundertstenmal jährte. Er beschloß, Gedanken und Wendungen Lincolns aufzugreifen.

Während Martin daran arbeitete, fragte er gelegentlich einen der Anwesenden nach einem Ausdruck, der seinen Gedanken besser entsprach, aber so gut wie immer fand er ihn schließlich selbst. Er sollte der letzte Redner sein, und seine Worte würden über Fernsehen und Rundfunk Millionen von Menschen in Amerika und der ganzen Welt erreichen, und darum war es entscheidend, daß seine Rede zugleich mitreißend und klug wäre. Als Martin zu einem Abschluß gekommen war – todmüde und nahe am Zusammenbruch –, da hatte er eine gute Rede geschrieben.

Aber am nächsten Tag hielt er eine noch bessere.

Das Geräusch von Schreibmaschinen und Stimmen im Nachbarzimmer weckte mich früh. Mein Mann beobachtete schon die Menschenmenge vom Zimmer unserer Hotelsuite. Als der Zeitpunkt näherrückte, da der Marsch beginnen sollte, machten wir uns Gedanken, wie viele kommen würden. Die Berichte des Fernsehens waren sehr entmutigend. »Eine recht kleine Schar hat sich versammelt«, hieß es. Ehe wir das Hotel verließen, meldete der Sprecher: »Etwa fünfundzwanzigtausend.« Wir waren niedergeschlagen und betrübt, denn dies war weit entfernt von den Hunderttausend, die wir erhofft hatten.

Dann, als wir die Mall erreichten, hob sich unsere Stimmung. Die Reporter hatten die Menge grob unterschätzt – um zehn Uhr waren neunzigtausend versammelt, und als wir eintrafen, wimmelte die ganze breite grüne Promenade von zweihundertfünfzigtausend Menschen. Sie waren mit dem Flugzeug, dem Zug, dem Bus und dem Auto, ein paar mit dem Fahrrad und einige wenige sogar zu Fuß aus allen Teilen des Landes gekommen. Fast ein Viertel der ungeheuren Menge war weiß. Es war ein herrlicher Anblick.

An der Mall wurde ich von Martin getrennt. Ich hatte mir sehr gewünscht, neben ihm zu marschieren, nicht weil ich das Rampenlicht mit ihm teilen wollte, sondern um der Freude willen, diesen besonderen Tag an seiner Seite zu erleben. Doch der Planungsrat hatte beschlossen, die obersten Führer sollten sich an die Spitze des Zuges setzen, und natürlich mußte ich mich ihrem Wunsch beugen. Doch fand ich, einige der Ehefrauen seien so stark an der Bewegung beteiligt gewesen, daß man ihnen das Privileg hätte einräumen sollen, mit ihren Männern zusammen zu marschieren und diese Erfahrung mit ihnen ebenso zu teilen, wie sie Gefahren und Not mit ihnen geteilt hatten.

Der Marsch ist oft beschrieben worden: die Führer führten den großen Marsch auf Washington nicht eigentlich an, denn als sie sich aufstellten, hatten sich all die Zehntausende, die schon stundenlang gewartet hatten, von allein gesammelt und in einem großen Zug auf das Lincoln-Denkmal in Bewegung gesetzt. Die Führer fielen mit den Leuten in Schritt.

Ich marschierte mit Wyatt und Ann Walker, Ralph und Juanita Abernathy, Dr. Ralph Bunche, Lena Horne und vielen anderen Brüdern und Schwestern gleicher Gesinnung. Als wir das Denkmal erreichten, machten wir einen Umweg, um die Tribüne zu erreichen. Die Menge davor war sehr dicht, aber Wyatt sagte: »Ich versuche Mrs. King auf die Tribüne zu bringen«, und die Ordnungsbeamten ließen uns vorbei. Zuletzt war die Menge derart dicht, daß es Mühe kostete, durchzukommen.

Obwohl kein Platz für mich auf der Tribüne reserviert war, besorgte mir Ralph einen Sitzplatz fast direkt hinter Martin. Als ich dort saß und über die große bunte Versammlung blickte, war es die größte Menschenmenge, die ich je gesehen hatte, und auch sonst hatte niemand jemals so viele Menschen auf diesem Platz gesehen. Die riesige Versammlung schien sich über die breite Mall bis hin zum Obelisken des Washington-Denkmals zu erstrecken.

Und wir wußten, daß außerdem Millionen, einschließlich Präsident Kennedy, am Fernsehschirm zusahen.

Gegen ein Uhr begann die Feier mit »The Star-Spangled Banner«, das die bezaubernde Camilla Williams unter der heißen Sonne sang. Maria Anderson war eigentlich dafür angekündigt worden, doch ihr Flugzeug hatte Verspätung. Offensichtlich erhitzt und verärgert traf sie später ein. A. Philip Randolph, der Leiter der Feier, stellte Reverend Fred Shuttlesworth vor, und dieser sagte: »Wir sind hierhergekommen, weil wir unser Land lieben, weil unser Land uns braucht und weil wir unser Land brauchen.« Einer nach dem anderen wurden die Redner vorgestellt. Sie alle waren wortgewaltige Männer, die starke Gefühle auszudrücken hatten. Es war ein langes Programm, und ich dachte, daß Martin müde sein müßte, und wie schwer er es als letzter Redner haben würde, die Hörer mitzureißen. Zwischen die Reden waren Freiheitslieder eingestreut, die einige von Amerikas größten Künstlern sangen. Mr. Randolph stellte Roy Wilkins vor, der wie stets überzeugend und wirkungsvoll sprach. Als Mr. Wilkins geendet hatte, war es drei Uhr vorbei und die Hitze sehr groß. Die Menge wurde sichtlich unruhig und einzelne verschwanden. Aber als Mahalia Jackson vorgestellt wurde, kamen sie alle zurück, und die Unruhe hörte auf. Wir alle lauschten ihrer wundervollen Stimme, die soviel *soul* besitzt und die Martin so sehr liebte; sie sang »I've Been Buked and I've been Scorned.« Dann erhob sich A. Philip Randolph, um Martin einzuführen. Er nannte meinen Mann »den *moralischen* Führer der Nation«. Zweihundertfünfzigtausend spendeten donnernden Beifall und skandierten *Martin Luther King*.

Martin war außerordentlich bewegt. Ich sah es an der Linie seines Rükkens und hörte es am Klang seiner Stimme, die zuerst ein wenig heiser war und dann stark und klingend wurde wie stets in seinen besten Stunden. Er begann mit der geschriebenen Rede, die er mit großer Beredsamkeit vortrug und deren Hauptargument hieß: »Statt seine heiligen Verpflichtungen zu erfüllen, hat Amerika den Negern einen ungedeckten Scheck gegeben. Wir sind heute hier, um diesen Scheck einzulösen, und wir sind nicht bereit, zu glauben, daß auf der Bank der Gerechtigkeit kein Geld sei.« Als er zu dem rhythmischen Teil gelangte, in dem er Freiheit *jetzt* und Arbeit *jetzt* verlangte, fiel die Menge in den Rhythmus ein. Martin wurde davon zu neuen Höhen der Inspiration getragen. Er vergaß seine geschriebene Rede ebenso wie die Zeit und sprach aus seinem Herzen, während sich seine Stimme machtvoll über die große Menge erhob und in die Welt hinausging. An diesem Tag war uns allen, als kämen seine Worte von einem höheren Ort, als sprächen sie durch Martin zu den beladenen Menschen vor ihm. Der Himmel selbst tat sich auf, und wir alle schienen verwandelt.

Er sagte: »Ich versichere euch, trotz der Schwierigkeiten, die sich heute und morgen vor uns türmen, habe ich noch immer einen Traum. Einen Traum, der tief verwurzelt ist im Traum Amerikas. Ich habe einen Traum, daß sich diese Nation eines Tages erheben wird, daß sie den wahren Sinn ihres Kredos leben wird: Wir halten diese Wahrheit für selbstverständlich, daß alle Menschen gleich erschaffen sind.

Ich habe einen Traum, daß eines Tages auf den roten Hügeln Georgias die Söhne der ehemaligen Sklaven und die Söhne der ehemaligen Sklavenhalter in der Lage sein werden, sich zusammen an den Tisch der Brüderlichkeit zu setzen. Ich habe einen Traum, daß sich eines Tages selbst der Staat Mississippi, ein Staat, welcher in der Hitze der Unterdrückung verschmachtet, in eine Oase der Freiheit und Gerechtigkeit verwandeln wird. Ich habe einen Traum, daß meine vier kleinen Kinder eines Tages in einer Nation leben werden, wo man sie nicht nach ihrer Hautfarbe, sondern nach ihrem Charakter beurteilen wird.

Ich habe einen Traum, daß eines Tages jedes Tal erhöht und jeder Hügel und Berg abgetragen sein wird. Daß die rauhen Orte geglättet und die gewundenen Orte begradigt sein werden. Mit diesem Glauben kehre ich in den Süden zurück. Mit diesem Glauben werden wir fähig sein, aus den Bergen der Verzweiflung den Stein der Hoffnung zu hauen. Mit diesem Glauben werden wir fähig sein, zusammen zu arbeiten, zusammen zu beten, zusammen zu kämpfen, zusammen ins Gefängnis zu gehen, uns zusammen für die Freiheit zu erheben, in dem Wissen, eines Tages frei zu werden.

Dies wird der Tag sein, wenn alle Kinder Gottes mit neuem Sinn singen können ›Let freedom ring‹. So laßt die Freiheit erschallen von den gewaltigen Gipfeln New Hampshires; laßt die Freiheit erschallen von den mächtigen Bergen New Yorks. Aber nicht nur das: Laßt die Freiheit erschallen von Georgias Stone Mountain. Laßt die Freiheit erschallen von jedem Hügel und Maulwurfshügel Mississippis, von jeder Erhebung.

Wenn wir den Namen der Freiheit von jeder Stadt und jedem Weiler, von jedem Staat und jeder Metropole erschallen lassen, dann werden wir wirklich den Tag herbeirufen, da alle Kinder Gottes, ob schwarz oder weiß, ob sie Juden, Protestanten, Katholiken oder Heiden sind, sich die

Hände reichen und die Worte des alten Negro Spiritual singen können ›Endlich frei! Endlich frei! Großer allmächtiger Gott, wir sind endlich frei!‹«

Als Martin geendet hatte, herrschte ergriffene Stille, die der größte Tribut ist, der einem Redner gezollt werden kann. Dann ein ungeheurer Lärm, als zweihundertfünfzigtausend Leute in ekstatische Zustimmung ausbrachen. Das Gefühl der Verbundenheit war vollkommen. Sie hatten eine einzig donnernde Stimme, und einen kurzen Augenblick schien das Reich Gottes auf Erden angebrochen zu sein.

Als Martins Rede zu Ende war, bildeten die Ordnungsbeamten einen Kreis um ihn und versuchten ihn fortzubringen, da ihn sonst die Leute erdrückt hätten. Ich entsann mich, daß unmittelbar vor Beginn des Marsches Mrs. Roy Wilkins, die mit den Sozialarbeitern marschiert war und müde und verschwitzt nur mühsam die Tribüne erreicht hatte, sagte: »Wenn ich Roy je zu fassen kriege, werde ich ihn nicht mehr loslassen.« Und ich dachte: »Wenn ich Martin je zu fassen kriege, werde ich *ihn* nicht mehr loslassen.« So stand ich sofort auf und hängte mich bei ihm ein, um nicht zurückzubleiben. Als wir die Tribüne verließen, klammerte ich mich an seinen Arm. Einmal fühlte ich, wie ein Ordnungsbeamter an mir zerrte, und hörte einen anderen sagen: »Achtung, Mann, das ist Mrs. King.«

Schließlich schafften wir es, die Autos zu erreichen, welche die zehn Spitzenführer zu einer Konferenz mit Präsident Kennedy ins Weiße Haus bringen sollten. Obwohl ich mit Martin fuhr, stiegen Mrs. Wilkins und ich vor dem Tor des Weißen Hauses aus und nahmen ein Taxi zurück ins Hotel.

Bei dieser Gelegenheit kam ich unserem geliebten Präsidenten John F. Kennedy vielleicht am nächsten, und es war nicht sehr nahe. Als ich Martin fragte, ob ich der Konferenz zuhören dürfe, erklärte er mir, es sei nicht möglich, da es gegen das Protokoll verstoßen würde, wenn ich uneingeladen käme. Trotzdem tat es mir weh, und dies heute um so mehr, als das Entsetzliche in Dallas drei kurze Monate später geschah.

Die Abernathys und andere Freunde gingen abends zum Dinner aus, um zu feiern, aber ich blieb im Hotel, weil ich so begierig war, Martin zu sehen und mit ihm die Eindrücke dieses Tages auszutauschen. Martin mußte vom Weißen Haus zu einer Fernsehaufnahme, die in Europa gesendet werden sollte, und als er schließlich ins Hotel kam, war es zehn Uhr.

Natürlich redeten wir stundenlang davon, wie großartig alles gewesen war. Ich sagte Martin, wie glücklich und stolz ich auf ihn sei, und wir besprachen die Auswirkungen, die der Marsch auf das amerikanische Volk haben würde. Trotz all der Leute aus allen Schichten und Teilen des Landes hatte es keinen einzigen unerfreulichen Zwischenfall gegeben. Einige Kommentatoren hatten Gewalttätigkeiten prophezeit, aber sie hatten sich geirrt. Die ungeheure Menge war ruhig und mit großer Würde erschienen und hatte sich wieder friedlich zerstreut. Martin und ich wußten, wie wichtig dies für die Sache und die Nation sein würde. Ich spürte auch, daß der mächtige Widerhall, den seine große Rede – seine größte vielleicht – gefunden hatte, den Glauben der Leute an die Gewaltlosigkeit vollkommen wiederhergestellt und Martin über jeden Zweifel als den moralischen Führer der Nation – wie ihn A. Philip Randolph nannte – bestätigt hatte.

Zu den wichtigsten Ergebnissen von Martins Rede in Washington gehörte die Tatsache, daß viele Weiße, die den Forderungen der Neger gleichgültig oder ablehnend gegenüberstanden, zum erstenmal begriffen, was wir in Montgomery, Albany und Birmingham hatten sagen wollen. Martin und unsere Sache hatten neue Achtung errungen. Doch als wir heimfuhren, kehrten wir zu einer anderen Realität zurück. Obwohl der Marsch symbolisch und zwingend den Willen so vieler ausgedrückt hatte, war die Welt noch immer ungerecht. Noch immer herrschte Rassentrennung ebenso wie Armut und ungleiche Chancen.

Dem Triumph folgte die Tragik dicht auf dem Fuß. Keine drei Wochen später, am 15. September, legte jemand eine Bombe in die Sixteenth Street Baptist Church in Birmingham. Sie explodierte während der Sonntagsschule. Vier unschuldige kleine Mädchen wurden getötet.

Es war ein vernichtender Schock für Martin und mich, daß jemand derart hassen konnte, daß er unschuldige Kinder tötete. Traurig überdachten wir die Lage. Wir hatten in Birmingham einen Sieg errungen, und obwohl wir wußten, wieviel noch zu tun blieb, hatten wir doch die Tödlichkeit des Hasses unterschätzt. Nun standen wir wieder der schlimmen Tatsache gegenüber, daß die Verteidiger des Status quo jede Gemeinheit und Brutalität begehen würden, um der Veränderung entgegenzuwirken. Nüchtern erkannten wir, daß es noch lange dauern würde und einer äußersten Anstrengung bedurfte, um die Herzen vieler weißer Amerikaner zu bekehren.

Nachdem er an diesem Morgen in der Ebenezer Church gepredigt hatte, fuhr Martin sofort nach Birmingham, um mit den Familien zu reden, welche die Kinder verloren hatten, und um ihnen in dem Versuch beizustehen, die Bedeutung ihres Opfers zu erkennen und anzunehmen. Martin und ich wußten sehr wohl, daß es den führenden Leuten leichter fällt, mit der Brutalität, ja dem Tod zu leben, weil sie die Gefahr im vorhinein

kennen und mit der Führerschaft auf sich genommen haben. Aber die Menschen, die nicht direkt am Kampf beteiligt sind, denken nie daran, daß es auch sie treffen kann. Als Eltern wußten Martin und ich, wie entsetzlich diese Familien leiden, wie bitter ihr Kelch sein mußte. Martin wünschte inbrünstig, ihnen geistige Führung und Trost zu geben.
Für drei der kleinen Mädchen wurde ein gemeinsamer Trauergottesdienst gehalten. Eine der Familien war jedoch, trotz Martins aufrichtiger Bemühungen, so verbittert, daß sie nicht daran teilnehmen mochte. Martin sollte die Grabrede halten, aber zuvor erklärte der Romanschriftsteller John Killens, diese Tragödie bezeichne das Ende der Gewaltlosigkeit in der schwarzen Freiheitsbewegung. »Die Neger müssen darauf gefaßt sein, sich mit Schußwaffen zu verteidigen.«
Christopher McNair, der Vater eines der toten Kinder, sagte: »Ich bin nicht dafür. Was hätte Denise mit einem Maschinengewehr in der Hand ausrichten können?«
In seiner Ansprache nannte Martin die Kinder »Heldinnen eines heiligen Kreuzzuges für Freiheit und Menschenwürde«. Er sagte: »Ihr Tod mahnt uns, daß wir leidenschaftlich und unablässig daran arbeiten müssen, den amerikanischen Traum zu verwirklichen.« Und: »Sie starben nicht umsonst. Gott versteht es, selbst dem Bösen Gutes abzugewinnen. Die Geschichte hat es wieder und wieder bewiesen, daß unverdientes Leid erlösend ist. Das unschuldige Blut dieser kleinen Mädchen mag sehr wohl zur erlösenden Kraft werden, die neues Licht in diese dunkle Stadt bringt.«

Die nächste Tragödie teilten wir mit den Menschen der ganzen Welt. Am 22. November 1963 war Martin in der ersten Etage unseres Hauses beschäftigt und hatte den Fernseher im Hintergrund laufen. Ich telefonierte unten mit Esther Turner; Esther gehörte zu den seltenen Freunden, die immer da waren, wenn sie am meisten gebraucht wurden. Sie war die erste Weiße gewesen, die 1961, angeregt von Martin und Daddy King, die Ebenezer Church integriert hatte. Da rief Martin: »Corrie, eben höre ich, daß auf Präsident Kennedy geschossen wurde – daß er vielleicht getötet wurde.«
Ich rannte hinauf, und zusammen hofften und beteten wir, daß John Kennedy nicht sterben würde. Wir dachten an die große nationale Tragödie und außerdem daran, wie sich sein Tod auf die Bewegung auswirken könnte. Wir empfanden deutlich, daß Präsident Kennedy stets ein Freund unserer Sache gewesen war und daß wir, solange er im Amt war, unseren Weg weitergehen konnten. Wir wachten und beteten für ihn.

Dann wurde bekanntgegeben, der Präsident sei tot. Martin war die ganze Zeit sehr still gewesen. Schließlich sagte er: »So wird es auch mir ergehen. Ich sage dir, dies ist eine kranke Gesellschaft.«
Ich fand keine tröstenden Worte, ich konnte nicht sagen: »Dir wird es nicht so ergehen«, denn ich fühlte, daß er recht hatte. Die Stille lastete qualvoll. Ich rückte dichter zu ihm und umklammerte seine Hand.

Nichts hatte mich je so tief getroffen wie Präsident Kennedys Tod, nicht einmal die Nachricht, daß Martin in Harlem verletzt worden war. Weil John Kennedy so freundlich und rücksichtsvoll zu uns gewesen war, hatten wir in ihm nicht nur den Präsidenten, sondern auch einen zuverlässigen Freund gesehen. Unsere ganze Familie teilte diese Empfindung, und als die Kinder nachmittags aus der Schule heimkamen, stürmte Yoki jammernd die Treppe hinauf: »Mami! Mami!« Daddy King, der gerade hinunterging, fragte beunruhigt: »Was ist los, Yoki?«
Aber sie blieb nicht stehen, um zu antworten, sondern rannte weiter zu mir. »Mami, sie haben Präsident Kennedy umgebracht, und er hat doch niemandem das Geringste getan. Oh, Mami, wir werden jetzt nie unsere Freiheit erlangen.«
Ich nahm sie in die Arme und ging ins Gästezimmer; Marty und der zweijährige Dexter folgten, und als sie sich gesetzt hatten, sagte ich: »Yolanda, ich weiß, wie dir zumute ist. Wir alle empfinden dasselbe. Es ist eine schreckliche Tragödie, aber wir werden unsere Freiheit erlangen. Gott ist noch immer dort droben, und er wird sich unser annehmen. Also gräme dich nicht, wir werden es schaffen.«
Auch mir selbst versicherte ich dies immer wieder. Ich hatte stets geglaubt – und glaube es noch immer –, daß unser Tun einem göttlichen Plan folgt. Auch John Kennedy war ein Instrument dieser höchsten Absicht, um eine gerechte Gesellschaft und Brüderlichkeit unter allen Menschen zu verwirklichen. Dennoch war ich tief verstört, daß Gott den Tod dieses Mannes zugelassen hatte. Schließlich sagte ich mir: Wenn ich auch nicht verstehe, warum dies geschah, so glaube ich doch an die Worte der Heiligen Schrift: »Denen, die Gott lieben, müssen alle Dinge zum Besten dienen.«
Monate später, als Martin und ich die Lage abwogen, wurde uns klar, daß Präsident Kennedy mit seiner Bürgerrechtsvorlage auf großen Widerstand im Kongreß gestoßen war. Aber sein Tod erschütterte die Nation derart, daß die Menschen fanden, diese Gesetze müßten seinem Gedächtnis zu Ehren verabschiedet werden.
Als ich Jacqueline Kennedy mit ihren kleinen Kindern sah und wie tapfer

sie ihr Leid trug, mußte ich unwillkürlich an meinen eigenen Mann denken, vor allem da so viele Martins Arbeit für noch gefährlicher als die des Präsidenten hielten. Es war, als stählte ich mich angesichts dieser Beerdigung für mein eigenes Schicksal.
Trotz all unserer philosophischen Erklärungen und unseres tiefen Glaubens an Gott stürzte uns der Tod dieses ritterlichen, teilnahmsvollen und klugen jungen Mannes, der ein wahrer Staatsmann gewesen war, in einen düsteren Abgrund der Trauer. An jenem Tag sagte der damals sechsjährige Marty zu seinem Vater: »Präsident Kennedy war dein bester Freund, nicht, Daddy?«
In mancher Hinsicht, ja.

14

Die Verleihung des Nobel-Preises war uns 1964 natürlich das bedeutsamste Ereignis, aber daneben geschah anderes, das uns gleichfalls höchst wichtig war. Die Bürgerrechtsvorlage, die John F. Kennedy 1963 dem Kongreß unterbreitet hatte, wurde von Hubert Humphrey im Senat und von Lyndon Johnson im Weißen Haus durchgepaukt. Präsident Johnson lud meinen Mann zur Unterzeichnung ins Weiße Haus ein; es war die erste von mehreren Begegnungen zwischen ihnen. Dieser Besuch beruhigte Martin sehr über den neuen Präsidenten; wir spürten, daß er auf der Seite der Gerechtigkeit stand. Obwohl Martin keinen Kandidaten offiziell unterstützte, sprach er sich wirkungsvoll gegen den »Goldwaterism« aus. Goldwater repräsentierte die Kräfte, welche die schwarze Bevölkerung Amerikas unterdrücken wollten, und sein generell reaktionäres Programm drückte das aus, was im besonderen »white backlash« – weißer Gegenschlag – genannt werden sollte. Martin fürchtete, daß bei einer Wahl Goldwaters die Bewegung keine weitere Hilfe, ja nicht einmal Neutralität von der Bundesregierung erwarten dürfte, sondern durch eine einsrchänkende Gesetzgebung behindert würde.

Es war für uns ein großer Schock, als wir erfuhren, daß am Sonntag, dem 21. Juni 1964, drei Bürgerrechts-Arbeiter – der Neger James Chaney aus Mississippi und die beiden weißen New Yorker Michael Schwerner vom Stab des CORE sowie der Freiwillige Andrew Goodman – wegen Geschwindigkeitsübertretungen in Mississippi verhaftet worden waren und darauf spurlos verschwanden. Die lokalen Behörden behaupteten, sie seien etwa sechs Stunden nach ihrer Verhaftung freigelassen worden.

Doch wenig später wurde der ausgebrannte Kombi-Wagen der drei entdeckt; sie selbst blieben vermißt, bis am 4. August das FBI ihre Leichen in einem Damm vergraben fand. Wir hielten uns nach der Nobel-Preisverleihung in Paris auf, als die Mörder endlich identifiziert wurden. Es war ein schreckliches Beispiel für das Klima in Mississippi, und später, als Martin den Gedenkgottesdienst für die drei ermordeten Bürgerrechts-Arbeiter hielt, sagte er, er wisse, wie es sei, im dunklen Tal des Todes zu stehen, nachdem er vor dem Gerichtsgebäude von Sheriff Rainey in Mississippi gestanden habe.

In diesem Sommer fand die Weltausstellung in New York statt. Dank der Großzügigkeit unserer Freunde Justine und Louis Smadbeck konnten wir in New York wohnen und unsere Kinder auf die Ausstellung mitnehmen. Die Smadbecks überließen uns ihre große Wohnung auf der 72sten Straße für drei Wochen, während sie und ihre vier Jungen in ihr Sommerhaus in Connecticut zogen. Justine war Direktor der Jessie Smith Noyes Foundation gewesen, als ich das Stipendium von dieser Organisation erhielt, um am New England Conservatory of Music zu studieren.
Während wir uns in New York aufhielten, tagte die Demokratische Partei, um den Präsidentschaftskandidaten zu wählen, und Martin kämpfte vor dem Platform Committee unermüdlich um einen Sitz für die Abordnung aus Mississippi. Ich bin überzeugt, daß seine Bemühungen zusammen mit denen vieler anderer dazu beitrugen, daß sie 1968 dann auch zugelassen wurde.
Im gleichen Sommer ging Martin auch nach Deutschland, um in Kirchen West- und Ost-Berlins zu predigen; anschließend flog er nach Rom zu einer Privataudienz bei Papst Paul VI.
In jenem Jahr begann ich meine Freiheitskonzerte zu geben, in denen ich das gleiche Muster verwandte wie im »Portrait des Busstreiks von Montgomery«, mit dem ich 1956 mein New Yorker Konzert beendet hatte.
Das Freiheitskonzert versucht, Kunst und Wirklichkeit dramatisch zu verschmelzen. Die Verbindung einer musikalischen Ausbildung mit der praktischen Erfahrung als öffentliche Rednerin machte es mir möglich, wirksamer als durch Reden oder Singen allein über den Freiheitskampf zu berichten. Teils gesprochen, teils gesungen, erzählt das Freiheitskonzert in acht Teilen »Die Geschichte des Kampfes von 1955 bis 1965«.

Hier nun das Programm eines Freiheitskonzertes:

DER AMERIKANISCHE TRAUM

»Das Haus, in dem ich lebe« . . . . *Earl Robinson*

DER VERNICHTETE TRAUM

»Komm herab, mein Gott« . . . . *Volkslied aus Angola*

EINE NEUE HOFFNUNG

Porträt der gewaltlosen Integrations-Bewegung in Montgomery

»Vorwärts, Kinder« . . . . *Volkslied*
»Meine Füße sind müde« . . . . *Frances Thomas*
»Herr, ich kann nicht umkehren« . . . . . *Robert Williams*
»Haltet fest« . . . . *Hall Johnson*
»Ehre, Ehre« . . . . *Hall Johnson*

ENTWICKLUNG DER NATIONALEN BEWEGUNG

»Wir werden überwinden« . . . . *Volkslied*

EINE WELT — EINE GEMEINSCHAFT

»Er hält die ganze Welt in seiner Hand« . . . *Hamilton Forrest*

HÖCHSTE OPFER

»Zeugnis« . . . . *Hall Johnson*

DER MARSCH AUF WASHINGTON

»Auf der Suche nach einer Stadt« . . . . . . *Hall Johnson*

MONTGOMERY: DER LANGE WEG HINTER UNS

»Keine Kristalltreppe« . . . . *Frances Thomas*
»Wir werden überwinden« . . . . *Volkslied*

Mein erstes offizielles Freiheitskonzert fand am 14. November 1964 in New Yorks City Hall statt. Der Saal war ausverkauft, und die Erträge, die sich auf sechstausend Dollar beliefen, wurden zwischen der SCLC und dem Goodman-Chaney-Schwerner-Fonds aufgeteilt.
Zuerst glaubte Martin nicht, daß sich die Konzerte finanziell lohnen würden, aber als sie mehr als fünfzigtausend Dollar für die SCLC und ihre Zweigorganisation einbrachten, mußte er zugeben, daß er sich verrechnet hatte.

Ich sang regelmäßig mit dem Kirchenchor von Ebenezer. Manchmal bat mich Martin, an den Sonntagen, an denen er predigte, die »Meditation Hymn« zu singen. Eines seiner liebsten Lieder war »Sweet Little Jesus Boy«. Gewöhnlich bat er mich, es in der Weihnachtszeit zu singen und manchmal an Ostern. Auch ich gab ihm unter anderen Spirituals den Vorzug, und heute sehe ich in seinen Worten einen neuen Sinn. Sie erinnern so sehr an Martins Leben:

> Sweet little Jesus boy, they made you be born in a manger.
> Sweet little Holy Child, didn't know who you was.
> Our eyes was blind, we couldn't see – we didn't know
> who you was
> The world treat you mean, Lawd, treat me mean, too.
> But that's how things is down here,
> We didn't know who you was ...
>
> Süßes kleines Jesuskind, eine Krippe hatte dir die Welt nur bereitet.
> Süßes kleines heiliges Kind, wir wußten nicht, wer du warst.
> Unsere Augen waren blind, wir konnten nicht sehen –
> wir wußten nicht, wer du warst.
> Die Welt mißhandelte dich, Herr, wie sie jetzt mich mißhandelt.
> Aber so sind die Dinge hier auf Erden,
> Wir wußten nicht, wer du warst ...

Martin hatte einen hohen Bariton und sang leidenschaftlich gern. Mit den Kindern sangen wir, sooft es ging, vor allem jedoch in der Weihnachtszeit. Wenn Martin, Ralph, Andy, Bernard Lee und Wyatt Walker zusammen waren, sangen sie manchmal Freiheitslieder im Quintett. Seine Bereitschaft, in der Öffentlichkeit zu singen, brachte Martin einmal sehr in Verlegenheit. Er sprach auf einer großen Massenversammlung, und als er endete, wollte er mit dem Publikum »His Eye is on the Sparrow« singen. Aber die Zuhörer hatten ihn nicht verstanden, und seine Stimme erklang als einzige in dem großen Saal. Die Leute respondierten ergriffen, als er an die Stelle kam, wo es heißt:

»I sing because I'm happy,
I sing because I'm free . . .

»Ich singe, weil ich glücklich bin,
Ich singe, weil ich frei . . .

Er erzählte mir, daß er richtiges Lampenfieber hatte, aber ihm blieb keine andere Wahl, als bis zu Ende zu singen. Die Hörer spendeten begeistert Beifall. Als Martin heimkam, sagte er stolz: »Ich war wirklich gut. Du meinst, ich könnte nicht singen, aber die Leute sagen das Gegenteil.«
Ich sagte ihm nie, er könne nicht singen, wichtig war allein, daß er Musik liebte. Er hatte eine gute Chorstimme und war sehr empfänglich für Musik, eine Gabe, die er von seiner Mutter geerbt hatte.
Auch unsere Kinder sind musikalisch. Yolanda spielt recht gut Klavier und hat sich mit Klarinette und Glockenspiel befaßt. Für eine Anfängerin hat Bunny auf dem Klavier ungewöhnliche Fortschritte gemacht. Marty bläst Posaune und hat Klavier spielen gelernt, und Dexter übt zur Zeit Trompete, möchte jedoch auch Flöte lernen. Die Jungen üben ziemlich unregelmäßig – wie es bei Buben wohl nicht selten ist. Andererseits habe ich gehört, wie sie zusammen sauber Note für Note ein Horn-Duett wiedergaben, indem sie ihr »bop-bop-bop« nahezu vollkommen sangen.
Die Kinder sind normale stürmische Rangen, aber manchmal staune ich, daß sie einige ihrer Erfahrungen so tapfer überstanden haben. So wurden zum Beispiel im Sommer 1965 die Elementarschulen Atlantas integriert, und wir wollten unsere Kinder natürlich unbedingt auf eine integrierte Schule schicken. Zwar fanden wir, dieser Prozeß solle in zwei Richtungen verlaufen – nämlich daß Weiße gleichfalls Pionierleistungen vollbringen sollten und die Last der schwarzen Schüler mittragen sollten, indem sie Negerschulen besuchen –, aber wir wußten, daß dies nirgends im Land und vor allem nicht im Süden wahrscheinlich war.
Martin sagte: »Coretta, es wird dir zufallen, eine gute integrierte Schule zu finden und die Kinder dort bis September unterzubringen.« Wir hatten versucht, unsere beiden ältesten Kinder in Privatschulen anzumelden, als sie beide in der ersten Klasse waren, damit sie eine bessere Ausbildung erhielten. Yolanda war von einer konfessionellen Schule abgelehnt worden, Marty von einer anderen. Beide allein deshalb, weil sie schwarz sind.
Martin wurde von der Bewegung so stark beansprucht, daß er keine Zeit hatte, sich mit dieser Frage zu befassen, und ich willigte ein, mich darum zu kümmern, obwohl der Sommer schon halb verstrichen war und es über-

raschend für mich kam. Als ich mit den Kindern darüber sprach, wollten sie nicht als die einzigen beiden schwarzen Kinder auf eine rein weiße Schule gehen.

Ich rief Juanita Abernathy an, und wir beredeten die Möglichkeit, unsere Kinder auf die gleiche zuvor rein weiße Schule zu schicken. Ihre Kinder teilten die Vorbehalte meiner eigenen. Schließlich wählten wir die Spring Street School, die man uns als eine der besten Elementarschulen Atlantas genannt hatte.

Am Vorabend des Schulbeginns teilte man uns mit, daß alle fünf Kinder, die drei der Abernathys – Juandalyn, Donzaleigh und Ralph III. – sowie Yolanda und Marty vom Superintendenten des Schuldistrikts aufgenommen seien. Gleich am nächsten Morgen – einem Montag – begann ihr Unterricht. Obwohl die Kinder natürlich aufgeregt waren, glaubte ich nicht, daß sie sich fürchteten, da sie einander hatten und sich die erste Fremdheit, die neugierigen Blicke und gelegentlichen Bemerkungen dadurch leichter ertragen ließen.

Am ersten Morgen, als Juanita Abernathy und ich den Speisesaal der Schule durchquerten, wo die Kinder registriert wurden, hielt uns ein Reporter an. Fast ehe wir noch den Mund aufmachen konnten, kam die Direktorin auf uns zu und sagte: »Reden Sie nicht mit ihm. In dieser Schule geben wir keine Interviews.« Dann wandte sie sich an den Journalisten und bat ihn zu gehen.

Der Reporter versuchte ihr zu erklären, die ganze Nation interessiere sich lebhaft für die Schulintegration, und da mein Mann so prominent sei, werde es unmöglich sein, die Geschichte »unter Verschluß« zu halten. Außerdem sei schon gestern bekannt geworden, daß die Kinder Martin Luther Kings diese Schule besuchen würden.

Ich konnte ihre Sorgen nachfühlen. Natürlich befürchtete sie, daß die Anwesenheit von Reportern und Fotografen den Schulalltag stören würde. Und sie versuchte, uns das Gefühl zu geben, daß wir willkommen waren. Sie sagte: »Ich freue mich, daß Ihre Kinder hier sind, und ich bin sicher, daß sie von den großartigen Kindern der Spring Street School gut aufgenommen werden. Aber sollten irgendwelche unfreundlichen Bemerkungen gemacht werden, bitte lassen Sie es mich wissen, und ich werde mich darum kümmern. Ich werde dergleichen nicht dulden.«

Die Direktorin empfahl sogar, die Kinder auf fünf verschiedene Klassen zu verteilen, damit sie leichter Freundschaft mit den anderen schlössen. Zuerst waren wir und die Kinder ein wenig besorgt deswegen, jedoch bereit, es zu versuchen. Es funktionierte sehr gut, und wir alle waren schon am Ende dieses ersten Tages voller Zuversicht.

Dennoch war ich nicht mit der Schulverwaltung einverstanden, das Ganze geheimzuhalten, und nachdem mich an jenem ersten Morgen ein Reporter zu Hause befragte, sagte ich ihm, um wieviel Uhr wir nachmittags die Kinder abholen würden.

Wir suchten damit nicht Publicity. Vielmehr waren wir immer bestrebt, die Kinder vor dem Interesse der Öffentlichkeit zu bewahren. Doch schien es mir außerordentlich wichtig, dem Land zu zeigen, daß sich Integration friedlich vollziehen konnte. Auch hoffte ich, daß unser Beispiel andere schwarze Familien ermutigen könnte, ihre Kinder auf vormals lilienweiße Schulen zu schicken.

Ich fürchte, die Direktorin der Schule hielt uns für *publicity*-süchtig. Wir waren es jedoch gewohnt, den Verlust unseres Privatlebens als Preis für unsere Ziele zu zahlen.

Während der gleichen Periode hatte die SCLC ihre Offensive für die Wählerregistrierung im tiefen Süden gestartet. In unserem Heimatstaat Georgia machte die Registrierung schwarzer Wähler verhältnismäßig gute Fortschritte. 1963 waren dreißigtausend Neger in die Wahllisten eingeschrieben worden, und 1964 kamen viertausend weitere hinzu. In George Wallaces Alabama jedoch war der Fortschritt nur sehr gering, in den ländlichen Bezirken nahezu null. So war in den Bezirken von Lowndes oder Wilcox kein einziger schwarzer Wähler registriert worden, und in anderen Bezirken des »Schwarzen Gürtels« von Alabama blieb es bei einer verschwindend kleinen Zahl.

Mein Mann hatte Selma, den Verwaltungssitz von Dallas County, als Ziel unserer Wahlrechts-Demonstrationen gewählt, denn diese mittelgroße Stadt, die zwischen Montgomery und Birmingham im Herzen von Alabamas »Schwarzem Gürtel« lag, war ein Symbol der Unterdrückung. Ich freute mich über diese Wahl, denn Selma befand sich nicht weit von meiner Heimatstadt Marion, und zudem bedeutete dies, daß die Bewegung nun von den Großstädten auf die kleineren Gemeinden übergriff.

Unmittelbar nach Neujahr 1965, kurz nachdem Martin aus Oslo zurückgekehrt war, ging er mit einigen Leuten unseres Stabs nach Selma. Er kehrte wirklich »in das Tal zurück«, um das Leiden dort zu lindern. Als erstes prüften sie die öffentlichen Einrichtungen. Schwarze gingen in alle Hotels und Restaurants von Selma und verlangten bedient zu werden. Man hatte Martin gewarnt, es werde vermutlich zu Unruhen kommen, und vielleicht werde er Selma nicht lebend verlassen. Das tüchtige Operation Dialogue Department (Abteilung für Kontakte) der SCLC hatte unter der Leitung von Harry Boyte und der Mitarbeit von Mew Soong

Li, Rachel Dubois und Allen Lingo die Haltung der weißen Bevölkerung in Selma beobachtet und vorausgesagt, es werde zu Gewalttätigkeiten kommen. Doch am ersten Tag ereigneten sich keine Zwischenfälle, und unsere Leute wurden bedient.

Etwa eine Woche später kehrte Martin nach Selma zurück. Den ganzen Tag folgte ihm ein Weißer durch die Straßen, als wartete er darauf, mit ihm zu sprechen. Niemand schien sonderlich beunruhigt, da er wie ein vernünftiger Mensch aussah und sich auch so benahm. Schließlich folgte er Martin in das Hotel Albert, und während Martin sich eintrug, trat er von hinten auf ihn zu und sagte etwas. In dem Augenblick, da Martin sich umwandte, um zu antworten, schlug ihm der Weiße mit aller Gewalt auf den Kopf. Martin taumelte und wäre fast gefallen, hätten ihn nicht Mitglieder des Stabs gestützt, während andere den Angreifer packten und festhielten, bis die Polizei eintraf, ihn zu verhaften. Obwohl Martin nicht ernstlich verletzt war, litt er tagelang unter heftigen Kopfschmerzen, und uns wurde wieder einmal deutlich bewußt, wie leicht es für einen Angreifer war, nahe genug an meinen Mann heranzukommen, um ihn zu verletzen.

Wie stets sandten wir auch nach Selma unseren Stab voraus, um die Neger auf die Wählerregistrierungs-Kampagne vorzubereiten. Schon im vergangenen Herbst hatte der SNCC mit dem Versuch begonnen, Schwarze registrieren zu lassen. Den ganzen Januar und Februar hindurch hielten wir Massenversammlungen in Selma und Marion ab und begleiteten die Leute zu den Wählerregistrierungsbüros, damit sie sich eintragen ließen. Auch meine Eltern, in deren engerer Heimat nun der Kampf stattfand, besuchten die Massenversammlungen und spendeten Geld für die Sache.

Marion forderte das erste Opfer der Kampagne. Mehrere Personen waren verhaftet worden, als am Abend des 18. Februar ein Protestmarsch von der Kirche zu Marions Gefängnis zog. Da wurde plötzlich die Straßenbeleuchtung abgeschaltet. Die Polizei und deren weiße rassistische Genossen machten Jagd auf die Demonstranten, schlugen mit Knüppeln und Fäusten auf sie ein. Ein junger Mann, der seine Mutter zu beschützen suchte, wurde von einer Kugel getroffen; acht Tage später, am 26. Februar, starb er.

Jimmy Lee stammte aus Marion; seine Tante Juanita Lee war eine ehemalige Klassenkameradin von mir und in der *high school* eine meiner besten Freundinnen gewesen. Jimmy, der selbst keine Gewalt gebraucht hatte, war gerade von der *high school* abgegangen und die Hauptstütze seiner Familie. Er war ein Opfer sinnloser weißer Wut geworden.

Am gleichen Abend rief man uns in Atlanta an, um uns die schreckliche

Nachricht mitzuteilen, und wir erfuhren, daß die Polizei das Gebiet abgeriegelt und nicht einmal einen Ambulanzwagen hineingelassen hatte, um den Verwundeten in die Klinik zu bringen.

Jimmy erhielt ein Märtyrerbegräbnis und wurde in blauem Drillich beerdigt. Zahllose Menschen kamen, um ihm – zu einem Zeitpunkt, da die Lage sehr gespannt war – die letzte Ehre zu erweisen.

Martin hielt die Trauerrede, und danach marschierte er unter einem stetig fallenden Regen mit den Leidtragenden zu dem Friedhof, auf dem Jimmy zur Ruhe gebettet wurde. Mein damals fünfundsechzigjähriger Vater, den es drängte, seine Kinder im Kampf für die Freiheit zu begleiten, ging neben Martin. Auch mein Bruder Obie, der sich sehr aktiv für die Bewegung eingesetzt hatte, nahm teil. Er war Geistlicher der A. M. E. Zion Church, und als er sich 1966 in Perry County um das Amt eines Steuereinziehers bewarb, gewann er beinahe. Dies Jahr wurde er Postbote und integrierte damit das Postamt einer kleinen Stadt nicht weit von unserem Elternhaus. Meines Wissens gab es bis vor kurzem in den Kleinstädten und ländlichen Gebieten des Südens seit der Wiederaufbau-Periode keine schwarzen Postangestellten.

Zwar hatte uns Martin prophezeit, daß wir uns auf starken Widerstand, ja vielleicht auf tödliche Vergeltung gefaßt zu machen hätten, wenn wir das System der Unterdrückung im »Schwarzen Gürtel« frontal angriffen, aber die Nachricht aus Marion betrübte uns tief. Kommende Ereignisse schienen ihre Schatten vorauszuwerfen. Gleichwohl war die Zeit auf die Stunde der Freiheit gestellt, und niemand konnte sie aufhalten.

Um den ersten Februar herum führten Martin und Ralph Abernathy einen Demonstrationszug von zweihundertfünfzig Schwarzen und fünfzehn Weißen von Brown's Chapel A. M. E. Church zum Verwaltungssitz von Selma, um gegen die Widerstände bei der Wählerregistrierung der Schwarzen zu protestieren. Alle wurden verhaftet. Die meisten ließ man auf Kaution frei, aber Martin und Ralph weigerten sich, Kaution zu stellen. Sie wurden in dieselbe Zelle eingewiesen – was zumindest eine Verbesserung gegenüber der letzten Haft in Alabama war, wo Martin in der so tapfer ertragenen, doch so sehr gefürchteten Einzelhaft gehalten wurde. Während der fünf Tage, die sie im Gefängnis saßen, fuhren Juanita und ich nach Selma, um sie zu besuchen und am Kampf teilzunehmen. Als wir um zwölf Uhr mittags zu einer Massenversammlung in der Brown's Chapel eintrafen, kam Andy Young auf mich zu und sagte: »Ihr müßt hereinkommen und die Leute begrüßen, denn Malcolm X ist hier und hat sie wirklich aufgepeitscht. Sie wollen euch hören.«

»Andy, ich bin einfach nicht zum Sprechen aufgelegt.«

»Du mußt«, drängte er. »Wenn du erst drin bist, wird es schon gehen.«

Juanita und ich betraten die Kirche und wurden begeistert empfangen. Juanita sprach zuerst. Dann hielt ich eine kurze Rede, in der ich die Gewaltlosigkeit pries und die Anwesenden eindringlich aufforderte, auf diesem Prinzip zu beharren. Nachdem ich gesprochen hatte, lernte ich Malcolm X kennen, dessen sichtliche Intelligenz mich beeindruckte. Er schien recht freundlich, als er sich an mich wandte: »Mrs. King, würden Sie Ihrem Mann bitte sagen, daß ich ihn im Gefängnis besuchen wollte? Doch werde ich jetzt nicht dazu kommen, da ich rechtzeitig nach New York fliegen muß, um die Maschine nach London nicht zu verpassen, wo ich auf der Konferenz Afrikanischer Studenten sprechen werde. Dr. King soll wissen, daß ich nicht nach Selma kam, um ihm seine Arbeit zu erschweren. Ich kam wirklich in der Absicht, sie ihm leichter zu machen. Wenn die Weißen begreifen, welches die Alternative ist, vielleicht hören sie Dr. King dann bereitwilliger an.« Ich dankte ihm und versprach, Martin seine Botschaft zu übermitteln.

Malcolms Aufrichtigkeit beeindruckte mich, doch fand ich es schwierig, einige der Muslim-Grundsätze zu akzeptieren, die sich von unserem Denken so sehr unterschieden. Sie vertraten die Rassentrennung und predigten Gewalt, so daß sie sich dem Vorwurf aussetzten, Haß und Gewalt zu lehren. Martin betonte, Gewalt sei die Folge der Verzweiflung; beide, Elijah Muhammad und Malcolm hatten schrecklich unter dem weißen Rassismus gelitten und waren verbittert. Einer der ersten Dokumentarberichte über die Black Muslims hieß treffend »Der Haß, den Haß erzeugt.«

Einigen Punkten von Malcolm X' Programm stimmte Martin allerdings entschieden zu. Zum Beispiel teilte er mit Malcolm den brennenden Wunsch, der schwarze Amerikaner möge seinen Rassenstolz und sein Selbstwertgefühl – in einer physischen, kulturellen und geistigen Wiedergeburt – geltend machen. Wie die Nationalisten war auch er fest davon überzeugt, daß schwarz schön sei – »black is beautiful« – und daß in vielerlei Hinsicht die Wertskala der Schwarzen jener der Weißen, die uns zu versklaven suchten, weit überlegen sei. Und auch Martin fühlte sich unseren afrikanischen Brüdern und unserem gemeinsamen Erbe eng verbunden. Martin glaubte zwar ebenfalls, daß die weiße Christenheit vor dem Anspruch ihrer Lehren versagt habe, doch fand er, nicht die christliche Ethik sei zu verwerfen, sondern die Menschen, welche es an christlicher Gesinnung fehlen ließen, müßten – durch Liebe – zur Brüderlichkeit gebracht werden, um ihrer und unserer Erlösung willen. Er meinte, die Schwarzen hätten die Chance, die amerikanische Christenheit zu erlösen.

Martin glaubte an gewaltlose Black Power. Er glaubte, daß wir Anteil an Wirtschaft, Erziehung, einflußreichen Positionen und freier Entscheidungsgewalt haben müssen. Daß wir ebensoviel Macht erlangen müssen wie andere ethnische Gruppen, damit die Schwarzen sich als Gruppe innerhalb einer Gesellschaft, die kein Schmelztiegel ist, sondern in der verschiedene Volksgruppen die Macht, die sie kontrollieren, gegen die Macht der anderen aufwiegen, behaupten können. Die Schwarzen haben weder wie die Iren in der Lokalpolitik dominiert, noch im Finanzwesen wie die weißen Protestanten, noch in den freien Berufen wie die Juden. Black Power ist notwendig, ehe schwarze Gleichheit möglich ist. Doch verlangen wir keinen Vorteil vor den anderen in der Gesellschaft, lediglich den uns zustehenden Anteil.

Martin glaubte, daß wir *Freiheit jetzt* haben müssen. Er glaubte, daß wir die Freiheit jenen abtrotzen müssen, die sie uns vorenthalten. Aber er glaubte, der einzig wirksame Weg, dies Ziel zu erreichen, liege in der Gewaltlosigkeit – Gewaltlosigkeit gegenüber den anderen, aber auch Gewaltlosigkeit gegenüber unserer eigenen Seele, die Haß zerstören könnte. *Freiheit jetzt* – dafür kämpfte Martin geistig *und physisch* an vorderster Front. Wer konnte daran zweifeln? Ich erinnere mich, wie er auf der Rednertribüne stand und sein Volk ermahnte, den Mut nicht zu verlieren, und sich für den bevorstehenden harten Kampf zu gürten. An jenem Tage hatte er die Kinder dabei, und er wandte sich an unseren Sohn, der hinter ihm saß, und rief: »Marty ... Marty! Was wollen wir?« Und Marty rief seinem Daddy entgegen: »Freiheit.« Und Martin fragte: »Marty, wann wollen wir Freiheit?« Und der Junge rief: »*Jetzt* wollen wir *Freiheit!*«

Mit dieser Gesinnung als Schild und Programm versetzte Martin Berge. Und er tat es, ohne seine eigene Seele zu zerstören und ohne sein Volk in die Selbstvernichtung zu führen.

Ich erzählte Martin von meiner Unterhaltung mit Malcolm, aber die Besuchszeit im Gefängnis von Selma war so begrenzt, daß wir nicht lange über ihn sprachen. Wenige Tage später verweigerten die Briten Malcolm die Einreise nach England, und er kehrte nach Amerika zurück, wo er achtzehn Tage später auf einer öffentlichen Versammlung in Harlem ermordet wurde.

Der Tod von Malcolm X erschütterte mich tief. Vielleicht lag es daran, daß ich ihn gerade kennengelernt hatte, vielleicht auch, weil ich begonnen hatte, ihn besser zu verstehen. Martin und ich hatten unsere Einstellung zu ihm revidiert. Wir erkannten, daß er seit seinem Besuch in Mekka und seinem Bruch mit Elijah Muhammad den Internationalismus und die Aus-

beutung nicht mehr mit dem gleichen Haß verfolgte wie zuvor. Seltsamerweise wurde Malcolm X das Opfer der gleichen rassistischen Einstellung, die auch Vorkämpfer der friedlichen Veränderung tötete.
»Was für ein Verlust!« sagte ich zu Martin. »Was für ein Jammer, daß dieser begabte, artikulierte Sprecher der Schwarzen gerade in dem Augenblick sterben mußte, als er nach sinnvollen Zielen strebte.«
Martin meinte, Malcolm X sei brillant, doch in die Irre geleitet worden. Sie hatten sich dann und wann unterhalten und freundschaftlich ihre Überzeugungen diskutiert. Zugleich weiß ich, daß Malcolm X, obgleich er es nie öffentlich aussprach, tiefe Achtung für Martin empfand. Er erkannte die Einzigartigkeit Martins an, nicht nur seine Begabung und Beredsamkeit, sondern auch die Unerschrockenheit und den Mut. Malcolm bewunderte Männlichkeit, und er wußte, wie beispielhaft Martin sie verkörperte.
Während die Bewegung in Selma begann, fuhr Martin seiner vielen Redeverpflichtungen wegen ständig hin und her. Die SCLC versuchte Wähler registrieren zu lassen, aber es gab viele Hindernisse. Die Behörden ließen die Neger stundenlang anstehen. Dann schlossen sie das Büro und sagten: »Kommt ein andermal wieder.« Manchmal registrierten sie einige wenige an der Spitze der Reihe und schlossen dann unvermittelt.
Wie in Birmingham waren die Vertreter der Stadt fanatische Segregationisten. Bürgermeister Joe T. Smitherman war ein Freund von Gouverneur Wallace, und Sheriff Jim Clark stand Bull Connor in nichts nach. Wir rechneten mit Gewalttätigkeiten gegen uns und versuchten, die Leute gewaltlosen Widerstand zu lehren. Beständige, unterschwellige Gewalttätigkeit herrscht gegen den Neger. Und zwar die politische und psychische Gewalttätigkeit, die den Männern Rechte verweigert, den Kindern Ausbildung und der Familie Achtung und medizinische Hilfe. Mein Mann hielt es für besser, kurzfristig physische Gewalt in der Öffentlichkeit zu erdulden, als generationenlang geistige und psychische Gewalt zu ertragen. Gegen physische Gewalttätigkeit ließ sich die Öffentlichkeit mobilisieren, um die politische und wirtschaftliche Veränderung herbeizuführen, welche die subtilere und tödlichere psychologische Gewalttätigkeit gegen die Schwarzen beenden würden.
Am Freitag, dem 5. März, flog Martin nach Washington zu einem zweieinhalbstündigen Gespräch mit Präsident Johnson, dem er die Verhältnisse in Alabama schilderte und den er dringend bat, die neue Wahlrechts-Vorlage zu beschleunigen und sicherzustellen, daß Bundesbeamte die Wahlwilligen registrieren. Bei seiner Rückkehr kündigte er an, daß am Sonntag, dem 7. März, Demonstranten vierundfünfzig Meilen von Selma

nach Montgomery marschieren würden. Gouverneur Wallace erließ sofort ein Verbot gegen den Marsch. Martin sagte unseren Leuten in Selma: »Ich kann euch nicht versprechen, daß ihr nicht geschlagen werdet; ich kann euch nicht versprechen, daß in eure Häuser keine Bomben geworfen werden; ich kann euch nicht versprechen, daß man euch nicht ein wenig Angst einjagen wird, aber wir müssen für das einstehen, was recht ist.«
Im letzten Augenblick wurde Martin überzeugt, den Marsch nicht selbst anzuführen. Zur SCLC-Strategie gehörte, daß die Führer in der Eröffnungsphase einer Kampagne der Verhaftung aus dem Weg gingen, um nicht eine Armee ohne Generäle zurückzulassen. Martin erwartete für diesen Tag keine eigentliche gewalttätige Auseinandersetzung. Er dachte, Gouverneur Wallace würde alle Demonstranten verhaften, und so bat er Hosea Williams und John Lewis, den Marsch anzuführen.
Jeder, der damals Zeitung las oder am Fernsehschirm zusah, weiß, was an jenem sonnigen, blutigen Sonntagnachmittag in Selma geschah: über fünfhundert Schwarze – Männer und Frauen – und einige wenige Weiße marschierten aus der Stadt und dann den vierbahnigen Highway 80 entlang; Sheriff Clark und Colonel Al Lingo von der Alabama Highway Patrol erwarteten sie mit sechzig Polizisten des Staates Alabama und etwas Kavallerie unmittelbar hinter der Edmund-Pettus-Brücke, die fast so berühmt werden sollte wie die Brücke bei Concord in Massachusetts[1].
Den Marschierern wurde befohlen stehenzubleiben, und sie erhielten zwei Minuten, um kehrtzumachen. Nach weniger als einer Minute tödlicher Stille, während der die Polizisten Gasmasken aufsetzten, rief Polizeimajor John Cloud: »Polizei, vorwärts!« Seine sechzig Männer stürmten mit geschwungenen Knüppeln in die wehrlose Schar der Demonstranten. Zwanzig Personen wurden niedergeschlagen; andere knieten zum Beten nieder. Mit Tränengasgranaten fielen die Polizisten erneut über sie her. Dann rief Sheriff Clark seinem berittenen Trupp zu: »Macht sie fertig, die verdammten Nigger! Macht sie fertig, die gottverdammten weißen Nigger!« Mit schrillen, wilden Rebellenschreien stürmten die Reiter los.
Die ganze Nation schauderte angesichts der Bilder dieses wilden Gedränges. Tränengas, Knüppel, Reiter, die mit Peitschen wie die Kosaken des Zars um sich schlugen, und Polizeibeamte, die mit elektrischen Viehstäben die fliehenden Männer, Frauen und Kinder bis zur Brown's Chapel zurücktrieben. Sechzehn Personen mußten ins Krankenhaus; fünfzig weitere waren verletzt.

[1] Anm. d. Übers.: Die Kämpfe an der Brücke von Concord eröffneten den amerikanischen Unabhängigkeitskrieg.

Während des brutalen Angriffs riefen die Weißen, die vom Straßenrand zusahen, mit haßverzerrten Gesichtern: »Macht sie fertig, die Nigger. Bringt sie um. Erledigt die Hurensöhne.« Und Schlimmeres.

Eine weiße Krankenschwester erzählte mir, ein Polizist sei mit geschwungener Peitsche auf einen Jungen losgegangen und habe dabei hysterisch geschrien: »Marschier doch, Nigger. Du wolltest marschieren, jetzt helf ich dir dabei!«

Das Tränengas war so schlimm, daß ältere Leute hilflos auf dem Boden lagen und sich übergaben, während die Polizisten direkt über sie hinwegstürmten.

War die Nation bestürzt, so war Martin entsetzt. »Hätte ich das geahnt, dann wäre ich selbst gegangen«, sagte er. Er gab bekannt, daß er und Ralph Abernathy am Dienstag einen weiteren Marsch anführen würden. Die Beamten Alabamas erreichten, daß der Bund eine einstweilige Verfügung dagegen erließ.

Ich befand mich damals in San Francisco, nachdem ich gerade das dritte von fünf Freiheitskonzerten beendet hatte, die ich an der Westküste gab, um für die SCLC Geld aufzubringen. Die Nachricht von dem Terror an der Edmund-Pettus-Brücke in Selma erreichte mich unmittelbar vor meinem Konzert am späten Sonntagnachmittag. Unruhig wartete ich auf einen Anruf von Martin. Sonntag nacht – eigentlich Montag morgen – rief er mich um drei Uhr an. Gerüchte waren im Umlauf gewesen, daß man ihn ermorden wolle, wenn er den Marsch am Sonntag anführen werde. Er erzählte mir, daß er plane, am Montag nach Selma zu gehen und am Dienstag trotz des Verbots zu marschieren.

»Wenn du genug Leute zusammenbekommst, kannst du deine eigenen Entscheidungen treffen«, sagte ich ihm, worauf er erwiderte, die Leute träfen schon in Selma ein, um die Bewegung zu unterstützen.

Dann sprach Xernona Clayton, die Frau des Public-Relations-Direktors der SCLC, die mich auf dieser Tour begleitete, mit Martin, und er berichtete ihr, was in Selma vorging, wobei er durchblicken ließ, er habe das Gefühl, er werde nicht lebend davonkommen.

Als sie nach dem Gespräch mit Martin aufhängte, sagte Xernona: »Coretta, noch nie habe ich Martin so reden hören. Hast du an die Möglichkeit gedacht, daß ihm etwas zustoßen könnte?«

»Ja, ich habe sogar sehr oft daran gedacht«, antwortete ich zögernd. »Aber ich darf den Sorgen nicht nachgeben, denn was er tut, ist richtig. Wenn wir jetzt aufhören, werden die Menschen das Gefühl haben, wir seien eingeschüchtert, und den Glauben an uns verlieren.«

Trotzdem sorgte ich mich schrecklich. Obwohl noch zwei Konzerte von die-

ser Tour blieben, bestand kein Zweifel, daß ich alles absagen und heimkehren würde, sollte Martin irgend etwas zustoßen.
Auch sorgte ich mich, wie die Kinder all die Spannung ertrügen, die Selma mit sich brachte. Ich hatte das Gefühl, daß meine Gegenwart ihnen die Sicherheit geben könnte, die sie zu jenem Zeitpunkt vielleicht brauchten.
Am nächsten Tag rief ich daheim an, und obwohl sie wußten, was vorging, schienen sie gelöst und guter Stimmung. Ich fragte Marty, wie er es fände, daß sein Vater wieder einen Marsch anführe, worauf er meinte: »*All right.*«
»Meinst du, daß deinem Daddy irgend etwas zustoßen wird, Marty?«
»Nein!« antwortete er rasch. Dann fügte er hinzu: »Natürlich, wenn Opa King dort wäre, könnte er die ganze Angelegenheit in Ordnung bringen, aber er muß hierbleiben und sich um die Kirche kümmern.«
Die nächsten Tage verbrachten wir in großer Sorge, und ich blieb in der Nähe des Telefons und wartete, daß Rundfunk und Fernsehen Nachrichten aus Selma brächten. Martin fuhr am Montag nach Selma. Justizminister Nicholas Katzenbach rief ihn mehrmals an und bat ihn, sich nicht über das Verbot des Bundes hinwegzusetzen. Dann flog der Direktor des überstaatlichen Community Relations Service, der ehemalige Gouverneur von Florida, Le Roy Collings, nach Selma, um Martin von seinem Vorhaben abzubringen und mit den Beamten zu sprechen. Martin war innerlich zerrissen, denn es ging gegen seine Prinzipien, Bundesgesetzen zu trotzen. Er appellierte an die ganze Nation, an Geistliche und Laien, mit ihm am Dienstag von Selma nach Montgomery zu marschieren. Aus dem ganzen Land strömten Schwarze und Weiße nach Selma, um den Marsch zu unterstützen, darunter Geistliche aller Konfessionen – Pastoren, Priester, Rabbis und Nonnen. Martin hatte Albany nicht vergessen. Er wußte, wenn er den Marsch abblasen würde, hätten diese Menschen das Gefühl, betrogen zu sein. Es würde heißen: »King hat es mit der Angst bekommen.« Er sagte Collings, er müsse marschieren. »Lieber sterbe ich auf dem *highway*, als daß ich mein Gewissen vergewaltige.«
Am Dienstag marschierten fünfzehnhundert Leute aus Selma hinaus, mehr als die Hälfte von ihnen Weiße. Vierhundertundfünfzig Geistliche und eine große Zahl katholischer Nonnen waren dabei. Unter den bekannten Frauen befanden sich Mrs. Paul Douglas und Mrs. Harold Ickes. Martin, Ralph Abernathy, James Farmer, James Forman, Bischof John Wesley Ford, Fred Shuttlesworth und Howard Schomer, der Präsident des Chigaco Theological Seminary, führten den Marsch an.
Der Demonstrationszug überquerte die berühmte Brücke und kam zu den Reihen der Polizisten. Der Haltebefehl wurde erteilt. Fünfzehnhundert

Männer und Frauen knieten auf der Straße und beteten. Martin erkannte die drohende Gefahr einer Auseinandersetzung, die sinnlosen Tod im Gefolge haben konnte, und befahl den Demonstranten umzukehren. Er wurde dafür kritisiert, aber wären sie weitergegangen, hätte dies eine Konfrontation heraufbeschworen, ehe wir unsere maximale Stärke erreicht hatten.
Martin hielt es stets für falsch, mit kleinen Zahlen zu operieren. Immer betont er, daß die Anwesenheit von Menschenmengen zum einen beweise, daß die Bewegung unterstützt werde, und zum anderen Gewalttätigkeiten abschrecke. Wir hatten weit mehr hinter uns als die fünfzehnhundert an jenem Tag; ja, wir besaßen – wie spätere Ereignisse zeigen sollten – die Sympathie und Unterstützung der amerikanischen Mehrheit.

Der unentschiedene Ausgang des Marsches hätte sehr wohl zu einem Stillstand in Selma führen können. Aber wie gewöhnlich handelten die weißen Extremisten so brutal, daß sie selbst das schlechte System, das sie verkörperten, der Nation deutlich vor Augen führten. Am Abend nach der Demonstration aß James Reeb aus Boston, ein weißer Geistlicher der unitarischen Kirche und Vater von fünf Kindern, zusammen mit zwei Geistlichen in einem von Schwarzen geführten Restaurant Selmas zu Nacht. Als sie herauskamen, wurden sie von vier Klan-Mitgliedern in Sportjacken angegriffen, die riefen: »Weiße Nigger! Wo habt ihr euren Hammer und eure Sichel?« Reebs Schädel wurde mit einer Holzplanke zertrümmert, und er starb zwei Tage später in Birmingham, ohne das Bewußtsein wiedererlangt zu haben.
Der »Direktor für Öffentliche Sicherheit«, Polizeichef Wilson Baker von Selma, verhaftete rasch drei der Mörder. Es änderte nichts. Die ganze Nation war durch diese zweite Grausamkeit aufgebracht. Von Küste zu Küste wurde in den Städten demonstriert. Viertausend religiöse Führer versammelten sich in Washington, um die Wahlrechts-Vorlage durchzusetzen, und demonstrierten vor dem Weißen Haus.
Am Montag, dem 15. März, versammelten sich zweitausend Personen zu einem Gedenkgottesdienst für James Reeb – dem vielleicht größten und eindrucksvollsten ökumenischen Gottesdienst, der je gehalten wurde – vor dem Verwaltungssitz von Selma. Erzbischof Iakovos, Primat der griechisch-orthodoxen Kirche Nord- und Südamerikas, leitete den Gedenkgottesdienst von den Stufen des Gerichtsgebäudes aus. Martin hielt die Trauerrede, in der er fragte: »Warum müssen gute Menschen für das Gute sterben?« und darauf antwortete: »James Reebs Tod wird vielleicht den weißen Süden dazu bringen, mit seinem Gewissen ins reine zu kom-

men.« Dann legte Martin vor der Tür des Verwaltungsgebäudes einen Kranz zum Gedenken an James Reeb nieder.
Am gleichen Abend nahm Präsident Johnson endlich öffentlich Stellung. Auf einer Kongreßsitzung sagte er in einer Ansprache, die von allen Fernsehprogrammen ausgestrahlt wurde:
»Zuweilen begegnen sich Geschichte und Schicksal in einem einzigen Augenblick und einem einzigen Ort, um einen Wendepunkt in der nimmer endenden Suche des Menschen nach Freiheit herbeizuführen.
So war es in Lexington und Concord. So war es vor einem Jahrhundert in Appomattox. So war es vergangene Woche in Selma, Alabama.
Dort protestierten Männer und Frauen, die lange gelitten haben, friedlich dagegen, daß man ihnen ihre Rechte als Amerikaner verweigert.
Was in Selma geschah, ist Teil einer weit größeren Bewegung, die in jeden Bereich und jeden Staat Amerikas reicht. Es ist das Bestreben der amerikanischen Neger, die Segnungen des amerikanischen Lebens zu erlangen.
Unsere Mission ist zugleich die älteste und die wesentlichste dieses Landes – Unrecht wiedergutzumachen, gerecht zu sein und dem Menschen zu dienen.
Ihre Sache muß auch unsere Sache sein. Denn nicht allein die Neger, sondern wir alle müssen das lähmende Erbe von Bigotterie und Ungerechtigkeit überwinden. Und wir werden überwinden!«

Im Lauf der Rede erklärte Johnson, die Wahlrechts-Vorlage habe unter den von ihm eingebrachten Gesetzen Vorrang.
Ich erinnere mich, wie ich daheim in unserem Schlafzimmer in Atlanta Johnsons Rede lauschte, die als seine »We-Shall-Overcome-Rede« berühmt« wurde, und wie ich dachte: »Gott sei Dank, endlich haben sie begriffen, was mein Mann seit Jahren predigt.«

Trotz der Reden, der Märsche, des Singens und all der tapferen Worte schleppte sich das Selma Movement hin. Die Leute marschierten weiter und wurden weiter verhaftet. Nach *zwei Morden* und nahezu 3800 Verhaftungen waren erst etwa fünfzig Neger zum Wählen registriert.
Aber plötzlich änderte sich alles. Das Verbot des Bundes gegen einen Marsch von Selma nach Montgomery wurde aufgehoben. Martin rief zu einem gewaltigen Marsch auf. Da Gouverneur Wallace aber auf seinem Verbot beharrte, unterstellte Präsident Johnson die Nationalgarde von Alabama dem Bund und beorderte viertausend reguläre Armeesoldaten nach Alabama. Nun würden wir unter dem Schutz der Regierung der Vereinigten Staaten marschieren.

Am Sonntag, dem 21. März, zwei Wochen nach den brutalen Vorfällen an der Brücke, marschierte Martin an der Spitze von fünftausend Menschen beider Rassen von Selma auf den Highway 80. Sie überquerten die Edmund-Pettus-Brücke und marschierten acht Meilen weiter. Dann löste sich gemäß einem Abkommen zwischen Martin und Bundesbeamten der Zug auf, und nur dreihundert setzten den Marsch nach Montgomery fort.

Ich mußte an jenem Tag am Bennett College in Greensboro, North Carolina, sprechen, aber ich sagte Martin: »Ich würde soviel lieber in Selma mitmarschieren.« Er antwortete: »Du hilfst uns, indem du nach Greensboro gehst. Am Montag kannst du dich uns anschließen.« Und das tat ich.

Der Marsch war von Hosea Williams, dem die Strategie unterstand, großartig organisiert worden. Hosea, unter dessen mutiger und entschlossener Führung die öffentlichen Einrichtungen von Savannah schon vor Atlanta integriert worden waren, war unserem Stab im Sommer 1964 als Direktor der Wählerregistrierung beigetreten. In Anbetracht der großen Menschenmenge und der kurzen Zeit, in der er den Marsch organisieren mußte, hatte Hosea eine Herkules-Leistung vollbracht.

Es gab medizinische Hilfe für jene, die krank würden, eine Verpflegungsabteilung, alles Nötige, um nachts im Freien zu zelten, und Busse, welche diejenigen, für die das Zelten zu beschwerlich wäre, in die Städte bringen würden. Soldaten von den Bundestruppen säumten den Weg. Martin war Montagabend sehr müde und hatte geschwollene, wunde Füße, die ein Arzt behandelte. Einer der Ordnungsbeamten fragte Andy Young: »Wo wird sich Dr. King heute nacht aufhalten?«

Andy sagte ihm, daß wir nach Selma zurückkehren würden, worauf der Mann flüsterte, es gäbe eine Verschwörung, Martin durch einen als Geistlichen verkleideten Mann zu ermorden. Wir änderten unsere Pläne nicht. Während wir unbewaffnete Wachen hatten, wurde Martin allem Anschein nach die ganze Zeit über vom FBI bewacht.

Martin führte mehrere wichtige Telefongespräche von Selma aus. Am Dienstag flog er nach Cleveland zu einer Versammlung, die neue Mittel aufbringen sollte, und ich kehrte nach Atlanta zurück, um nach den Kindern zu sehen und die Fortschritte im Haus zu prüfen, an dem wir seit Ende Januar unter meiner Leitung Renovierungsarbeiten ausführen ließen. Am Mittwoch flogen wir nach Montgomery zurück und fuhren zehn Meilen in Richtung Selma, um uns der Gruppe wieder anzuschließen und mit den anderen nach Montgomery zu marschieren. In dieser Nacht zelteten wir am Stadtrand, nicht weit vom St. Jude's Hospital, wo Yolanda und Marty geboren wurden.

Berühmte Künstler, einschließlich Harry Belafonte, Leonard Bernstein,

Billy Eckstine, Nina Simone, Sammy Davis jr. und Dutzende anderer, gaben eine großartige Vorstellung für die Teilnehmer des Marsches. Ich entsinne mich, wie dunkel es war, mit Ausnahme der beleuchteten Tribüne, wie wir uns durch die Menge kämpften und wie ich schließlich auf die hohe Tribüne hinaufgehoben werden mußte. Als wir ankamen, bat mich Harry Belafonte zu sprechen, und obwohl ich nicht wollte, bestanden er und Martin darauf.

Ich erzählte unseren Marschgefährten, daß ich in dieser Gegend aufgewachsen sei und daß die Rückkehr nach Montgomery für mich eine ganz besondere Bedeutung habe, nachdem wir vor zehn Jahren zum erstenmal hierhergekommen waren. An die Frauen gewandt, sprach ich dann darüber, was dies für die Zukunft unserer Kinder bedeutete, und schloß mit Langston Hughes' Gedicht »Mutter an ihren Sohn«:

> Well, son, I'll tell you:
> Life for me ain't been no crystal stair.
> It's had tacks in it,
> And splinters,
> And boards torn up,
> And places with no carpet on the floor –
> Bare.
> But all the time
> I'se been a-climbin'on,
> And reachin' landin's,
> And turnin' corners,
> And sometimes goin' in the dark
> Where there ain't been no light.
> So boy, don't you turn back.
>
> Don't you set down on the steps
> 'Cause you find it's kinder hard.
> Don't you fall now –
> For I'se still goin', honey,
> I'se still climbin',
> And life for me ain't been no crystal stair.
>
> Sohn, ich sage dir:
> Das Leben war für mich keine Kristalltreppe.
> Da war'n Nägel
> Und Splitter

Und aufgerissene Dielen
Und Stellen ohne Teppich –
Durchgewetzt.
Aber die ganze Zeit
Bin ich weitergestiegen
Und habe Absätze erreicht
Und bin um Ecken gebogen
Und manchmal im Dunkeln gegangen,
Ohne Licht.
Drum kehre nicht um, Junge,
Setz dich nicht auf die Stufen,
Wenn es dir sauer wird.
Und fall nicht –
Schau, ich geh weiter, Herzchen,
Ich klett're weiter,
Und das Leben – das war keine Kristalltreppe für mich.

Der nächste Tag sollte der Höhepunkt der Selma-Kampagne werden. Die ganze Nacht hindurch brachten Busse, Züge und Flugzeuge zahllose Menschen, die nach Montgomery kamen, um sich uns anzuschließen. Zuletzt waren wir insgesamt fünfzigtausend Leute. Sie kamen aus nahezu jedem Staat! Jede Rasse, jede Religion, jede Schicht war vertreten. Sie kannten die Gefahren, aber wurden von wahrer Liebe zur Gerechtigkeit getrieben, und Wogen der Brüderlichkeit schlugen über der »Siege der Konföderation« zusammen.
Wir sammelten uns am St. Jude's Hospital und marschierten etwa zwei Meilen ins Herz der Stadt. Wir zogen von der Oak Street zur Jefferson Davis Street, durch das Negerviertel, die Mobile Street hinauf zur Dexter Avenue, durch all diese alten vertrauten Straßen, die wir so gut kannten.
Oh, es tat gut, sehr gut! Die Leute auf den Gehwegen schienen glücklich, uns zu sehen, und als sie Martin erkannten, jubelten und winkten sie ihm zu. Auf dem ganzen Weg war für Sicherheit gesorgt – Bundestruppen am Straßenrand und auf den Dächern und Hubschrauber, die über uns kreisten. Auch hatten wir unsere eigenen unbewaffneten Beschützer, die wegen der wiederholten Drohungen wachsamer als gewöhnlich vor und hinter Martin liefen.
Dann marschierten wir an der Dexter Avenue Baptist Church vorbei – ein besonders erregendes Gefühl für Martin und mich – und über den Platz zu Alabamas herrlichem altem Regierungsgebäude, dem State Capi-

tol mit seinen klassizistischen Säulen und der großen Kuppel. Kurz bevor wir es erreichten, bemerkte ich meinen Vater und meine Mutter in der Menge. Sie schienen mich nicht zu sehen, aber ich bat Reverend Fred Bennette von unserem Stab, sie zu holen. Daddy King hatte sich uns inzwischen auch angeschlossen – zwar konnte er nicht den ganzen Marsch mitmachen, aber mit unserer Familie durch Montgomery zu marschieren, war für ihn ein einmaliges Erlebnis. Juanita und Ralph Abernathy samt ihren Kindern (ich habe immer bedauert, daß wir die unseren nicht mitgenommen hatten), Christine und A. D., Ralph Bunche, Mrs. Rosa Parks, Julie und Harry Belafonte und viele andere alte Freunde marschierten mit. Zu meiner großen Freude wurde für meine Eltern ein Platz auf der Plattform gefunden, so daß sie dies Ereignis unmittelbar mit uns teilen konnten.

Als die Reden begannen, blickte ich nach Rosa Parks und mußte unwillkürlich an die Jahre des Kampfes zwischen 1955 und 1965 denken. Mir wurde klar, welch wirklich weiten Weg wir seit dem Bus-Protest zurückgelegt hatten, als im Vergleich zu heute nur eine Handvoll Leute beteiligt war – lauter Schwarze, die für ihre Würde und das Recht auf einen Sitzplatz im Bus kämpften. Zehn Jahre waren seit damals vergangen. Wir hatten die Busse integriert; wir hatten die öffentlichen Transportmittel integriert – auf Bundesebene wie auch innerhalb der einzelnen Staaten. Unser Recht, öffentliche Einrichtungen zu benutzen, war uns garantiert worden. Wir hatten Fortschritte auf dem Gebiet der Schulintegration erzielt.

Das Wichtigste von allem: die Nation war sich unserer Probleme mehr denn je in der gesamten Geschichte des schwarzen Kampfes bewußt geworden. Wenn ich über die große Menge blickte, sah ich viele Weiße und Geistliche, mehr Geistliche als bei all unseren bisherigen Demonstrationen; und ich sagte später zu Martin, dies sei vielleicht das größte Zeugnis der Kirche seit den Tagen der frühen Christen gewesen. Ich glaube es noch immer.

Leute wie Jim Clark hatten gesagt: »Wenn ihr marschiert, dann nur über meine Leiche«, und Wallace: »Sie sollen es nicht schaffen.« Aber hier waren wir. Vor zehn Jahren hatten wir von der Würde gesprochen, aber jetzt empfanden wir sie wirklich. Als ich meinen Vater fragte, was er fühle, da sagte er: »Dies ist für die Neger der größte Tag in der Geschichte Amerikas.« Es sprach damit gewiß für uns alle.

Martin hielt eine hervorragende Rede, in der er sagte: »Ich stehe heute nachmittag in der Überzeugung vor euch, daß die Segregation in Alabama auf dem Totenbett liegt ... Wir sind nun auf dem Weg, und keine Welle des Rassismus kann uns aufhalten. Laßt uns der Erfüllung des amerikanischen Traumes entgegenmarschieren. Der Weg vor uns ist nicht immer glatt ... vor uns liegt noch immer eine Zeit des Leidens. Wie lange sie dauern wird? Nicht lange, denn keine Lüge lebt ewig. Unser Gott marschiert weiter.«

In jener Nacht, als wir zu unserem Flugzeug gingen, wimmelte der Flugplatz von Tausenden von Menschen, die auf ihre Maschinen warteten. Sie saßen auf den Bänken, den Treppen, ja auf dem Boden. Trotz der Verzögerung waren sie alle fröhlich, lachten und redeten, aßen Sandwiches und tranken Colas – Fremde, als sie kamen, Freunde jetzt; Schwarze und Weiße, die einen Augenblick des Glücks teilten. Martin sagte, dieser Anblick habe ihn noch hoffnungsvoller gestimmt als die Versammlung vor dem Kapitol, hier habe er den Mikrokosmos wahrer Brüderlichkeit gefunden.

Als wir in Atlanta eintrafen, wurde Martin zum Telefon gerufen. Er erhielt die schreckliche Nachricht, daß Mrs. Viola Liuzzo, eine Weiße, die mit einem Detroiter Beamten von der Teamster Union verheiratet war, auf dem Highway 80 erschossen wurde, als sie Demonstranten nach Selma zurückfuhr. Unsere freudige Stimmung wich der Trauer um diese liebenswerte, tapfere Frau. Ich mußte an ihre mutterlosen Kinder und ihren treuen Mann denken, der nun allein die ganze Verantwortung für die Kinder trug. Was ihre rassistischen Mörder offensichtlich erhitzte, war der Anblick einer weißen Frau in einem Auto zusammen mit Negern auf einer dunklen Straße von Alabama. Wie weit wir doch noch zu gehen hatten!

15

Das Wahlrechts-Gesetz wurde am 6. August 1965 unterzeichnet. Obwohl noch weitere Bundesgesetze nötig waren, bedeuteten dies Gesetz und die Bürgerrechtsakte von 1963 einen wichtigen Fortschritt für den Rechtsschutz der Neger. Dennoch trugen die neuen Gesetze wenig dazu bei, das harte Los von Millionen von Schwarzen in den Gettos der Großstädte des Nordens zu verbessern. Die Menschen dort wurden nicht durch Segregationsgesetze oder Wahlbehinderung unten gehalten, sondern durch wirtschaftliche Diskriminierung und eine subtilere, doch wirkungsvolle *de-facto*-Segregation. Aus diesem Grund war ihre Lage in mancher Hinsicht schlimmer als die der Schwarzen im Süden. Sie hatten keine Hoffnung.

Scharfsichtig erkannte Martin schon bald, daß die bedeutsamen Erfolge für die politische Zukunft und die Siege für die Menschenwürde, so grundlegend sie auch waren, das gegenwärtige unerträgliche Elend doch nicht hinreichend linderten. Die erschreckende Armut verlangte gezielte,

sofortige Maßnahmen, und Martin richtete die Bewegung stärker auf wirtschaftliche Probleme aus.
Unmittelbar nach der Kampagne von Selma schlug Martin am 2. April trotz starkem Widerstand der Vorstandsmitglieder vor, die SCLC solle auch im Norden und Westen des Landes tätig werden. »Ihr könnt uns in Baltimore, Philadelphia, Detroit, Los Angeles und Chicago erwarten«, sagte er. »Ich sage euch, wir werden die gewaltlose Bewegung in die gesamten Vereinigten Staaten tragen.«
Martins Entschluß, sich dem Norden zuzuwenden, wurde durch den Ausbruch von Rassenkrawallen in den großen städtischen Zentren bestärkt. Im Sommer 1964 war es zu schlimmen Unruhen in Harlem gekommen. Zwei Wochen, nachdem der Präsident die Wahlrechts-Vorlage unterzeichnet hatte, waren verheerende Krawalle in Watts, einem Stadtteil von Los Angeles, ausgebrochen. Martin befand sich damals gerade auf der Welttagung der *Jünger Christi* in San Juan, Puerto Rico. Sofort flog er nach Los Angeles, um mit den Beamten der Stadt, mit Gouverneur Brown von Kalifornien und den schwarzen Anführern zu verhandeln und den Aufruhr zu beschwichtigen. Was noch wichtiger war, er versuchte, dem Establishment darüber hinaus klarzumachen, daß die Leute berechtigte Klagen hatten und daß es keine Lösung sei, die Krawalle zu ersticken und sich wieder seinen gewohnten Geschäften zuzuwenden, sondern daß wirtschaftliche und politische Gleichberechtigung gesichert werden müßten.
Einige »Kommentatoren« haben gesagt, Martin Luther King habe nur bei den älteren frommen Südstaaten-Negern Anklang gefunden und keinen Kontakt zur Jugend oder den Schwarzen im Norden des Landes gehabt. Seine Unterstützung der Studentenproteste und später der Schwarzen Chicagos und New Yorks straft diese Behauptung Lügen. Und nach seinem Besuch in Watts erzählte uns Martin, als er in diesen schrecklichen Nächten durch die Straßen gegangen sei, hätten sich alte wie junge Leute um ihn geschart und seinen Worten nachdenklich und aufgeschlossen gelauscht. Der Widerhall schien ihm damals fast stark genug, um eine neue Bewegung zu gründen, so bereit waren die Menschen, ihm zu folgen.
Das Problem bestand darin, daß es physisch unmöglich war, mit dem größten Teil der Leute zusammenzukommen, und daß, sobald ein Krawall ausbricht, die Gewalttätigkeit im Quadrat wächst und die Tragödie fast unvermeidlich ist. Hinzu kam die Fühllosigkeit der Herrschenden; ihnen ging es fast ausschließlich um beschädigtes Eigentum. Den Schaden, den die Menschen durch Jahre der Segregation und Diskriminierung genommen hatten, berührte sie nur ganz von fern.
In den ersten Jahren, als Martin Gewaltlosigkeit predigte, stellte man ihm

immer wieder die unvermeidliche Frage, die alle Menschen seiner Überzeugung gefragt werden: »Was würden Sie tun, wenn jemand Ihre Frau angreifen würde?« Damals antwortete er: »Ich bin nicht sicher. Aber ich hoffe, daß ich nicht mit Gewalt antworten würde.« Später, als sein Ideal der Gewaltlosigkeit im Feuer schrecklicher Erfahrungen erprobt worden war, konnte er sicherer antworten, daß er nicht zurückschlagen würde.

Einige werden vielleicht meinen, als Frau hätte ich diese Haltung meinem Mann verargt. Doch glaubte ich selbst fest an die Grundsätze, denen wir unser Leben geweiht hatten, und bemühte mich, in Krisen so standhaft zu sein wie Martin.

Obwohl alles, was Martin je sagte oder tat, eine gewaltlose Auseinandersetzung erstrebte, versuchte mein Mann oft durch persönlichen Einsatz der Lage Herr zu werden und Frieden und Eintracht wiederherzustellen, wenn Krawalle ausgebrochen waren – sei es in Watts, New York, Detroit oder Chicago. Manchmal baten ihn die schwarzen Führer zu kommen, manchmal die Beamten der Stadt. Und er ging hin, nicht um dem Establishment gefällig zu sein, sondern in der Hoffnung, den Schwarzen unnötiges Leid zu ersparen.

Martin betrübten die Ausbrüche der Gewalt nicht allein, weil sie Tod und Zerstörung im Gefolge hatten, sondern auch weil er wußte, daß solche Zwischenfälle die Sache der Befreiung zurückwarfen. Er brachte den verzweifelten schwarzen Aufrührern tiefe Anteilnahme entgegen und verstand ihre Gründe. Wie er sagte: »Krawalle sind die Sprache derer, die nicht gehört werden.«

Auch erkannte er, daß die halbherzigen Maßnahmen nicht ausreichten und daß die Wurzeln der Unzufriedenheit in der erschreckenden Armut lagen, in der die Schwarzen vegetierten – »lebten« ist ein zu schönes Wort. Zugleich wußte er, daß Brandschatzen, Morden und Plündern Weiße wie Schwarze entsetzten und die Gegenmaßnahmen der Weißen nur verstärkten, ohne etwas anderes als Reformen zu erreichen, die es nur dem Wort nach waren.

Viele Weiße fühlten sich schuldig, daß den Negern so vieles vorenthalten wurde, und diese Ausbrüche erleichterten ihr Gewissen und gaben ihnen einen Vorwand zu sagen: »Wenn die Neger sich so unverantwortlich benehmen, dann verdienen sie die Rechte, die sie fordern, nicht.« Die Krawalle boten dem weißen Establishment eine bequeme Ausrede.

Martin hatte stets versucht, die Enttäuschung und den Zorn der Unterdrückten in konstruktive Bahnen zu lenken, in große gewaltlose, doch bezwingende Demonstrationen. Er besaß die Gabe zu überzeugen und konnte oft die bittersten Verfechter der Gewalt von ihren radikalen Absichten abbringen. Ein scharfsichtiger Beobachter sagte einst zu mir: »Wie glücklich für die Welt, daß Martin Luther King jr. ein so guter Mensch war. Er war ein so glänzender Redner und verstand die Massen so stark zu überzeugen, daß er, wenn er Böses gewollt hätte, mehr Schaden hätte anrichten können als die mächtigsten Demagogen unserer Zeit.«

Einige der Extremisten kritisierten Martin und versuchten ihn als einen »Onkel Tom« abzustempeln. Sie stellten sein Mitleid und seine Menschlichkeit als Schwäche und Feigheit hin. Doch mit geringem Erfolg, denn die Schwarzen erkannten in ihrer angeborenen Klugheit, daß der Mut eines Mannes, der wieder und wieder an der Spitze seiner Anhänger in die Straßen geht und sich Gewehren und Schlagstöcken stellt, über jeden Zweifel erhaben ist.

Martin wurde durch Kritik weder bitter, noch gab er je das Gespräch auf, dessen Zweck es war, die Schwarzen vom Pfad der Gewalt abzubringen. Er unterteilte die Extremisten und schwarzen Nationalisten in zwei Hauptgruppen. Einige wenige waren überzeugte Terroristen, und diese versuchte er zu isolieren. Die meisten jedoch wußten häufig einfach nicht, welche Taktik sie wählen sollten, und mit ihnen diskutierte er immer wieder ausführlich. Er verstand ihre entsetzlichen Konflikte, und wenn es ihm gelang, Kontakt zu gewinnen, überzeugte er sie meist davon, daß es eine wirksame *und* männliche Alternative zu blinder Gewalt gab. In Chicago, Cleveland und anderswo gewann Martin für sein Anliegen der Gewaltlosigkeit Männer, denen bis dahin Gewalt der einzige Ausweg zu bieten schien. Viele von ihnen reihten sich in seine unbewaffnete Leibwache ein, andere gingen gegen gewalttätige Tendenzen bei der breiten Masse an, und mehr als einer trat dem Stab der SCLC bei.

Einige konservative Negerführer konnten nicht durch die Straßen mancher Gettos gehen, da die Feindseligkeit gegen sie zu bedrohlich war, Martin jedoch konnte auch allein überall hingehen. Selbst wenn seine Taktik auf Vorbehalte stieß, so schirmte ihn doch die Achtung vor seinem persönlichen Mut und seiner Aufrichtigkeit. In all den Jahren, da er mit Millionen in engen Kontakt kam, wurde Martin nur ein einziges Mal von einem Schwarzen angegriffen, von eben jener Psychopathin, die in Harlem auf ihn eingestochen hatte.

Martin betrachtete den schwarzen Nationalismus nicht nur negativ. Er sah in ihm teilweise Selbstachtung und den Versuch, ihr gemäß zu leben. Dieses Bestreben richtete sich nicht notwendig gegen die Weißen, jedoch war es außerordentlich schwierig, als Schwarzer auf seine Rasse stolz zu sein und sich in einer so repressiven weißen Gesellschaft gleichwertig zu fühlen. Die Weißen, welche die militanten Neger voll selbstgerechter Empörung beschuldigten, vergaßen bequemerweise, daß weißer Rassismus die erste Ursache aller Übel war. Dennoch machte Martin keine Zugeständnisse an Haß oder Gewalt, und die sorgfältige Balance, die er wahrte, trug ihm die Achtung der Weißen und Schwarzen ein, die sich noch nicht miteinander verständigen konnten.

Martin schob Widerspruch oder Kritik nicht einfach beiseite. Ständig überprüfte er seine Haltung im Licht neuer Ereignisse. Glaubte er, sich geirrt zu haben, bekannte er rasch: »Diesmal war ich im Unrecht.«

Je mehr es Martin gelang, die Bewegung über die Grenzen des Südens hinauszutragen, um so mehr war er unterwegs. Manchmal durften ihn die Kinder auf diesen Reisen begleiten. Ich erinnere mich, als er dafür warb, daß die Neger sich an den Vorwahlen 1966 beteiligten, nahm er Marty und Yoki auf eine Tour durch die Wahlkreise in Alabamas »Schwarzem Gürtel« mit. Später begleitete Marty seinen Vater zu einem Treffen in Baltimore. Er war sehr stolz darauf, und vor allem fand er es herrlich, als er mit Martin in einer Wagenkolonne vom Flugplatz zur Stadt fuhr, während heulende Sirenen und Polizisten auf Motorrädern den Weg bahnten. Wir mußten aufpassen, daß der Junge solcher Begünstigungen wegen nicht hochmütig wurde.

Diese Erlebnisse hatten eine seltsame Wirkung auf Marty: anders als die meisten schwarzen Kinder, welche angesichts der Brutalitäten die Polizei als Feind betrachteten, fand Marty Polizisten faszinierend. Wenn ich an eigene Erlebnisse mit der Polizei zurückdachte, schien mir dies ein wenig seltsam. Als Marty fünf oder sechs Jahre alt war und eines Tages mit mir seinen Vater auf dem Flugplatz abholte, trat er zu einem wachhabenden Polizisten und fing ein Gespräch mit ihm an, in dem er ihn nach persönlichen Dingen und nach seinem Gott ausfragte. Ein andermal sah ich, wie er über die Barriere langte und den Revolver eines Polizisten berührte. Fast hätte ich aufgeschrien, doch der Mann wirkte völlig entspannt, und ich dachte: »Wenn Marty sich vor der Waffe nicht fürchtet und es den Polizisten nicht beunruhigt, dann ist alles in bester Ordnung.«

Martin gönnte sich bei seinen Reisen keine Pause. Im Sommer 1967 hatten wir keine Zeit für Ferien, und so zogen wir mit den Kindern in ein Motel am Rande von Atlanta, um dem Druck daheim für ein paar Tage zu entrinnen. Als wir auspackten und uns in unserem Zimmer einrichteten, sagte Martin: »Heute nachmittag muß ich nach Chicago.«

»Ich dachte doch, du könntest diese Woche bei uns bleiben«, entgegnete ich enttäuscht.

»Morgen bin ich zurück. Aber wie wäre es, wenn ich Marty und Dexter mitnehmen würde?«

»Das ist eine gute Idee, aber wir haben nicht die richtigen Kleider für sie hier.«
Ich rief unsere tüchtige Haushälterin, Mrs. Dorothy Lockhart, an, die rasch die Kleider zusammensuchte und durch einen SCLC-Helfer, den mein Mann verständigt hatte, ins Motel schickte. All dies war die Sache einer Stunde, und sie erreichten das Flugzeug noch rechtzeitig. Auch Ralph Abernathy nahm seinen Sohn Ralph III. mit.

Nachdem Martin beschlossen hatte, eine Kampagne im Norden zu starten, diskutierte er mit dem Stab, auf welche Städte sie sich konzentrieren wollten: Chicago, Philadelphia, Washington, New York, Cleveland und Detroit wurden in Betracht gezogen. In Chicago hatte sich Albert Rabys Coordinating Council of Community Organizations (Koordinierungsrat für Gemeindeorganisationen) schon früher für eine bessere Integration der Schulen eingesetzt. Zwar gab es keine Segregationsgesetze, aber die Getto-Schulen wurden doch ausschließlich von Schwarzen besucht und waren völlig unzureichend. Bei seinen Besuchen in Chicago hatte mein Mann mit vielen Leuten auf der Straße geredet, und er verstand ihre Verzweiflung über die schrecklichen Lebensverhältnisse. Auch wurde ihm klar, daß es für die Schwarzen im Norden in gewisser Hinsicht schwieriger war, ihre Beschwerden klar zu formulieren, als für uns im Süden, die wir so offensichtliche Schurken wie Wallace, Jim Clark und Bull Connor hatten. Martin erkannte, daß die Spannungen und Probleme Chicagos so ernst und dringend waren, daß er sich ihrer annehmen mußte, wollte er das schlimmste Chaos verhindern.
Chicago wurde für den Feldzug der SCLC ausgewählt, der die Aufmerksamkeit der Nation auf die Verzweiflung und Hoffnungslosigkeit der Getto-Existenz lenken sollte.
Im Sommer 1965 ging Martin mehrmals nach Chicago, und bei einem seiner Besuche führte er eine Schar von zwanzigtausend Personen vors Rathaus. Im Januar 1966 kam der Stab nach, um die Grundlagen für das Chicago Movement zu schaffen. Diesmal beschloß Martin, nicht in einem Hotel zu wohnen, sondern eine Slum-Wohnung zu mieten, damit wir das tägliche Leben der Getto-Bewohner teilen würden, so wie es ihnen vom System aufgezwungen wurde. Ich begleitete ihn, als er offiziell dort einzog, und in meinem ganzen Leben hatte ich selten etwas Derartiges gesehen. Unsere Wohnung befand sich im dritten Stock eines schäbigen Hauses, in dessen Eingang kein Licht brannte, nur eine trübe Glühbirne über der Treppe. Die Haustür war nicht zu verschließen; sie stand immer offen. Und als wir eintraten, bemerkte ich, daß der Boden nicht aus Beton, son-

dern aus nackter Erde war. Es stank gewaltig nach Urin. Man erklärte uns, da die Tür immer offen stünde, kämen Betrunkene von der Straße herein und benutzten den Eingang als Toilette.

Das Treppenhaus war so finster, daß man kaum die eigene Hand vor den Augen sah, als wir über eine wacklige Treppe drei Stockwerke hoch zu unserer neuen Wohnung hinaufstiegen. Als der Besitzer hörte, daß Martin bei ihm mietete, hatte er die Wohnung verputzen und streichen lassen – die Leute lachten darüber. Wir hatten ein Wohnzimmer nach vorn, während die übrigen Räume alle nach hinten gingen, zwei Schlafzimmer, eine Küche und etwas, das entfernt einem Bad glich. Man mußte das Schlafzimmer durchqueren, um die Küche zu erreichen. Sie enthielt einen alten Eisschrank, der, sobald er gefüllt war, weder kühlte noch Eis produzierte. Außerdem stand noch ein gebrechlicher Gasherd darin. Die Außentemperatur betrug etwa minus zehn Grad, und die Heizung in der Wohnung war kaum zu spüren. Altersschwache hölzerne Feuerleitern führten zu einem schmalen Hof hinunter. Für diese prächtige Behausung mußte Martin *neunzig Dollar im Monat* zahlen – unmöbliert. Wie die Armen doch ausgebeutet werden! Solange die Kinder, die wir erst im Sommer nach Chicago holten, noch in Atlanta blieben, wohnten Martin und ich mal hier, mal in Atlanta.

Noch bevor wir uns in Chicago niederließen, leitete Martin am 6. Juni 1966 eine Versammlung des SCLC-Stabs in unserem Hauptquartier in Atlanta, als ihn die Nachricht erreichte, daß James Meredith erschossen worden sei.

Meredith war der junge Mann, der 1962 die University of Mississippi durch persönlichen Einsatz integriert hatte. Am 6. Juni 1966 hatte er zusammen mit vier Freunden einen Marsch durch Mississippi angetreten, um den Fortschritt der Bürgerrechte zu prüfen. Den ersten Berichten zufolge war Meredith getötet worden; aber Martin erfuhr bald, daß er nur verwundet war und in einem Krankenhaus in Memphis, Tennessee, lag.

Martin flog unverzüglich nach Memphis, wo sich ihm Floyd McKissick vom CORE anschloß, außerdem Stokely Carmichael, der gerade zum Vorsitzenden des SNCC gewählt worden war, sowie Jim Lawson, der die Zweigstelle der SCLC in Memphis leitete. Sie besuchten Meredith am Krankenbett. Und da Martin wußte, daß Meredith als »Einzelgänger« bekannt war, fragte er ihn, ob er einverstanden sei, wenn er und die anderen an seiner Stelle weitermarschierten. Worauf Meredith erwiderte:

»Ja. Diese Sache ist größer als ich.«

In Jim Lawsons Centenary Methodist Church schlugen sie ihr Hauptquartier auf. Am nächsten Morgen fuhren sie zu der Stelle, wo Meredith von

der Kugel getroffen worden war, und begannen über den Highway 51 nach Jackson, Mississippi, zu marschieren; mehrere Wagen von Mississippis Straßenpolizei folgten. Unerwarteterweise wurde mein Mann deswegen von einigen konservativen schwarzen Führern kritisiert. Aber Martin sah in dem Angriff auf Meredith nicht nur den Versuch, einen einzelnen Mann aufzuhalten, sondern die ganze Bewegung für Gleichberechtigung in Mississippi einzuschüchtern. Sein Verantwortungsgefühl in Sachen der Rassengerechtigkeit trieb ihn, diesen Kreuzzug weiterzuführen.
Es zählte zu Martins schmerzlichsten Erfahrungen, als zum erstenmal im Verlauf seines Kampfes auf dem Marsch durch Mississippi in den eigenen Reihen Zweifel an der Wirksamkeit des gewaltlosen Konzepts laut wurden.
Stokely Carmichael hatte vorgeschlagen, an dem Marsch sollten ausschließlich Schwarze teilnehmen – Weiße nicht eingeladen, ja nicht einmal geduldet werden. Martin vereitelte diese Absicht, indem er drohte, sich zurückzuziehen. Später in Grenada, Mississippi, begann Stokely den damals neuen Slogan »Black Power« zu rufen. Auf einer hitzigen Versammlung wandte sich Martin dagegen und schlug »Schwarze Gleichheit« vor. Für die jungen Radikalen war das unannehmbar. Aber indem er das ganze Gewicht seines Namens in die Waagschale warf, zwang Martin sie, auf den »Black-Power«-Slogan wenigstens während jener Demonstration zu verzichten. Martin lehnte die Idee der Black Power keineswegs ab. Er protestierte lediglich gegen den Kontext von Gewalt, in den der Slogan gestellt wurde, und gegen die provozierende Art, in der er gerufen wurde.
Am nächsten Tag sagte Carmichael während ihres gemeinsamen Marsches: »Martin, ich habe die Black-Power-Sache mit Absicht jetzt angefangen, um dich darauf zu verpflichten.«
»Schon gut«, erwiderte Martin lächelnd. »Man hat mich schon öfter mißbraucht. Einmal mehr wird nicht wehtun.«
Der Marsch dauerte beinahe drei volle Wochen, wenngleich Martin seiner anderen Verpflichtungen wegen nicht ständig daran teilnahm. Die geistigen und physischen Reserven Martins und die der anderen SCLC-Mitglieder waren außerordentlich angegriffen. Gelegentlich wurden die Weißen gewalttätig, so vor Canton, Mississippi, als die Marschierer versuchten, ihre Zelte bei einer Schule aufzuschlagen und daraufhin mit Tränengas angegriffen wurden, oder in Philadelphia, wo ihnen erbitterter Haß entgegenschlug. Nur die Anwesenheit von Bundesbeamten bewirkte, daß sich die Affekte nicht in zügelloser Gewalttätigkeit austobten. Die SCLC finanzierte den Mississippi-Marsch und trug außerdem die Last für die Aktion in Chicago.

James Meredith erholte sich soweit, um sich der Gruppe am letzten Tag des Marsches vom Tougaloo College zum State Capitol in Jackson anzuschließen. Dort sprach Martin vor der größten Versammlung Schwarzer, die es je in Mississippi gegeben hatte. Zum Schluß seiner Rede prophezeite er: »Eines Tages wird für alle die Gerechtigkeit hier in Mississippi Wirklichkeit werden.«

In Mississippi hatten uns Marty und Yoki zum erstenmal auf einem Marsch begleitet. Das nächste Mal sollten sie in Chicago am »Freedom Sunday«, der für den 10. Juli 1966 geplant war, dabeisein. Unmittelbar nachdem der Marsch durch den Staat Mississippi beendet war, holten Martin und ich die Kinder in unsere Slum-Wohnung. Es war nicht einfach, dort mit vier Kindern zu leben. Im Sommer, wenn die Fenster offenstanden, war es außerordentlich laut – der Verkehrslärm von der Hauptverkehrsader, die ganz in der Nähe vorbeiführte, das Geschrei der Kinder, die auf den Straßen spielten, und natürlich jegliche Art von Geräuschen, angefangen von Radios bis zu den Unterhaltungen in den dicht beieinanderliegenden Wohnungen.

Inzwischen besaßen wir einige Möbel, die wir aus zweiter Hand gekauft hatten oder die man uns geschenkt hatte. Obwohl der Hausbesitzer die Wohnung frisch gestrichen hatte, »weil sie für Doktor King war«, hatte man den alten Anstrich nicht abgekratzt, so daß die Wände verschmiert und uneben aussahen. Die Böden des Wohnzimmers und des Gangs waren gekachelt, die der Schlafzimmer und der Küche jedoch nackter Beton. Ich hatte Vorhänge aufgetrieben, und versucht, unsere Behausung ein wenig wohnlich zu machen, aber trotzdem blieb sie scheußlich. Doch ich denke, es war eine lehrreiche Erfahrung für meine Kinder, die nie zuvor solche Armut gekannt hatten. Zwar lebten wir auch daheim so einfach wie möglich, aber doch unvergleichlich besser als unsere Brüder in den Slums. Den Kindern blieb nichts anderes übrig, als draußen im Dreck zu spielen. Nichts Grünes war zu sehen; selbst der Spielplatz bestand aus schwarzem Dreck. Kaum waren sie angezogen und hatten das Haus verlassen, wurden ihre Kleider auch schon schmutzig. Für die Kinder, die hier lebten, gehörte dies zum Alltag.

Aber selbst unter diesen Umständen hatten wir einen viel höheren Lebensstandard als die meisten unserer Nachbarn. Ich entsinne mich, wie ich mit meinem Mann durchs Getto ging. Im dritten Stockwerk eines Hauses existierte eine zehnköpfige Familie mit zwei Kleinkindern in einer winzigen Wohnung, ohne fließendes Wasser und ohne Heizung. Nie hatte ich so bedrückende Verhältnisse gesehen. Die Leute freuten sich über unseren Besuch, aber zugleich schämten sie sich für das Elend. Sie konnten der Not

einfach nicht Herr werden, und es schien, als hätten sie auch den Versuch aufgegeben. Ich fragte mich, wie sie ihr täglich Brot zusammenbrachten.
Martin versicherte sie seiner Teilnahme und versprach, sich dafür einzusetzen, daß das Wasser – es gab Installation – und die Heizung angeschlossen würden. In der Folge arbeiteten wir selbst in diesem Haus. Mit Hilfe einiger Anhänger und Mitarbeiter unseres Stabes fegten wir die Treppen und Eingänge und beförderten den Müll mehrerer Tage hinaus. Wir ermutigten die Leute, keine Miete zu zahlen, sondern das Geld zu nehmen und die Wohnung selbst herzurichten. Später verklagte der Hausbesitzer die SCLC!
Die Getto-Bewohner empfingen Martin freundlich, fast wie einen Messias. Einige kamen, um uns zu begrüßen und bei sich willkommen zu heißen. Sie erschienen in unserer Wohnung und berichteten Martin von ihren Problemen und Nöten – Heizung, Licht, Wasser, Lebensmitel –, und manchmal baten sie ihn, er möge ihnen helfen, ihre Miete zu bezahlen. Einige der jüngeren schienen anfänglich unsere Anwesenheit im Viertel zu mißbilligen. Eines Tages erschien eine Bande Teenager. Martin hatte sich gerade hingelegt, und so unterhielt ich mich mit ihnen. Sie waren unzufrieden über die Weißen, die mit unserem Stab in ihr Viertel gekommen waren. In diesem Augenblick traten glücklicherweise Bernard Lee, Andy Young und Al Sampson ein, und Al sagte ihnen, viele Weiße würden unsere Sache unterstützen und einige seien sogar für uns gestorben.
Ich fühlte, wie die Spannung wuchs, und fürchtete mich ein wenig, da ich wußte, wie gewalttätig solche Gruppen gewöhnlich waren. Bernard Lee versuchte die jungen Leute davon zu überzeugen, daß wir ihre Gefühle verstanden. Schließlich gingen einige von ihnen, aber Andy, der so gut mit jungen Menschen umgehen kann, redete den Anführern zu, noch zu bleiben. Dann kam er zu mir in die Küche und bat mich, ein paar belegte Brote für sie zu richten. Dora McConald half mir dabei.
Als Martin aufwachte und zu ihnen hinüberging, fragte einer der Teenager: »Sind das wirklich Sie? Sind Sie wirklich Martin Luther King?«
»Ja, der bin ich. Ich bin Martin Luther King.«
»Sie wollen mir doch nicht sagen, daß ich hier mit dem Kerl zusammensitze, der dort oben mit Präsidenten geredet hat! Daß derselbe, der dort oben war und Filet mignons gegessen hat, jetzt hier sitzt und gegrillte *hamburgers* ißt, genau wie ich!«
Unsere Anwesenheit im Viertel trug dazu bei, ein Gefühl der Solidarität zu schaffen, das besonders wertvoll wurde, als wir unser Programm für Chicago ausbauten.
Martin hielt weiter Zusammenkünfte ab und arbeitete mit den Banden,

die sich mehr und mehr für seine Sicherheit verantwortlich fühlten. Sie sagten: »Sie brauchen hier keinen Polizeischutz. Wir kümmern uns um Sie.« Wir bestärkten sie nie darin, doch wußten wir, daß sie stets in der Nähe waren.

Und was die Zusammenarbeit mit Weißen anging, so sagten sie schließlich: »Na schön, Doktor King, mit denen, die Sie empfehlen, sind wir einverstanden.«

Wenn er ihnen Gewaltlosigkeit predigte, dann sagten noch immer viele: »Wir glauben an die Gewalt.« Dennoch überzeugten wir nach und nach einige von unserem Standpunkt. So sagte ein Mann: »Wissen Sie, ich lebte mein ganzes Leben ganz unten. Ich habe eine Tochter, und ich möchte sie aufs College schicken, aber ich lebe noch immer ganz unten.«

Sie waren anständige junge Menschen voller Sehnsüchte, aber das System hatte sie in die Bahn des Hasses und der Gewalt gezwungen. Es bedeutete ihnen und uns sehr viel, daß sie in unsere Wohnung kamen und sich ohne Scheu mit uns unterhielten. Wir versuchten, ihnen zu zeigen, wie sie ihre Energie konstruktiv einsetzen könnten – so sollten sie sich z. B. darum kümmern, daß die Leute registriert würden und die richtigen Vertreter ihrer Interessen gewählt würden. Sie behaupteten, an niemanden mehr zu glauben, aber schließlich erklärten sie: »Der einzige, zu dem wir Vertrauen haben, ist Dr. King.«

Wir hielten Arbeitskreise mit den Bandenführern ab und versuchten, sie für die Gewaltlosigkeit zu gewinnen. Zuletzt bekannten sich viele Mitglieder der Banden zur Gewaltlosigkeit und demonstrierten mit uns getreu unserer Überzeugung. Diese Gesinnungsänderung der Teenager-Banden Chicagos gehört zu den größten Erfolgen der gewaltlosen Methode und der Führung meines Mannes.

Das große Treffen und die Demonstration, für die wir seit Oktober 1965 gearbeitet hatten, fanden am Sonntag, dem 10. Juli 1966, auf dem Soldier Field statt. Fünfzigtausend Leute kamen, eine bis dahin unerreichte Zahl in Chicago. Wir nahmen alle vier Kinder – auch Bunny, die erst drei Jahre alt war – mit uns auf die Tribüne.

Im Juni hatte Martin einen sehr detaillierten Plan angekündigt, um Rassengerechtigkeit in Chicago zu verwirklichen. Auf dem Soldier Field trug er nach den Reden und der Musik – Mahalia Jackson sang – unter dem Jubel der versammelten Menschen seine Forderungen vor, und als das Treffen vorüber war, führte er sie alle zum Rathaus, um Bürgermeister Richard Daley die Forderungen zu unterbreiten.

Wir hatten geplant, die drei älteren Kinder auf den Marsch mitzunehmen, obwohl wir fürchteten, es würde für Dexter sehr anstrengend. Bunny hatte ihre Geschwister davon reden hören, und den ganzen Tag fragte sie: »Wann marschieren wir denn?« Nachdem die Reden vorbei waren, sagte sie: »Aber wir sind noch nicht marschiert.«

Martin konnte Bunnys Wünschen nie widerstehen. Sie ist das größte Schmeichelkätzchen von allen, zärtlich und fröhlich und mit einer extragroßen Portion von ihres Vaters Überzeugungsgabe. Wenn Bunny einem die Hand gibt und die Augen aufschlägt, dann ist es sehr schwer, ihr zu widerstehen.

Martin pflegte zu sagen: »Ich wünschte manchmal, wir könnten Bunny einfrieren, wie sie jetzt ist – so reizend, so unschuldig und liebenswert.«

Wenn ich die beiden bei ihren Spielen und Zärtlichkeiten beobachtete, dann betete ich, daß Martin nichts zustoßen möge. Mehr als bei den anderen Kindern, vielleicht weil sie noch so klein war, empfand ich lebhaft, wie sehr Bunny ihren Daddy brauchte.

Als ich sah, wie gern Bunny mit uns kommen wollte, fragte ich Martin an jenem Tag in Chicago: »Was wollen wir mit Bunny machen?«

»Laß sie mitmarschieren«, antwortete er.

So setzten wir uns alle an der Spitze jener ungeheuren Menschenmenge in Bewegung. Ich glaube, es war der heißeste Tag des Jahres. Der Marsch war nicht lang – fünfzehn oder zwanzig Häuserblocks –, aber nach den ersten drei oder vier wurde Bunny müde. Den restlichen Weg trugen Bernard Lee und Andy Young sie auf den Schultern. Bald war sie in unschuldigen Schlaf gesunken. Das Rathaus hat sie nie gesehen.

Natürlich war Bürgermeister Daley nicht da. Ja, das Rathaus war fest verriegelt. Martin hatte damit gerechnet, und in einer großartigen symbolischen Geste nagelte er seine Forderungen an die geschlossene Rathaustür, wie Martin Luther seine fünfundneunzig Thesen an die Tür zu Wittenberg geschlagen hatte. Yoki, Marty und Dexter standen neben ihrem Vater, als er diese fast rituelle Handlung ausführte.

Der Marsch war unter dem sichtlichen Wohlwollen von Zuschauern und Teilnehmern eine gewaltlose Demonstration gewesen. Wir hatten es damals mit niemandem wie Jim Clark oder Bull Connor zu tun. Ja 1968 war Bürgermeister Daleys Polizei brutal gegenüber *Weißen*, die für Senator Eugene McCarthy und Frieden in Vietnam demonstrierten, in unserem Fall jedoch lenkte sie die Menge höflich und geschickt. Der friedliche Verlauf unseres Marsches ermutigte uns ungeheuer. Am nächsten Morgen trafen Martin und ein repräsentativer Querschnitt von Chicagos führenden Negern Bürgermeister Daley, um ihre Forderungen zu diskutieren. Bürgermeister Daley lehnte sie rundweg ab. Diese Nachricht verbreitete

sich mit Windeseile in Chicago. In derselben Nacht entlud sich die Gewalttätigkeit plötzlich wie ein Sommergewitter.
Eine Massenversammlung war für Montagabend geplant. Wir hatten bei Mahalia Jackson zu Abend gegessen, und als wir uns verabschieden wollten, sagte sie: »Ich habe hier in allen Kirchen gesungen und weiß daher, wo eure Versammlung stattfindet. Ich komme mit und zeige euch den Weg.« Auf dem Weg zur Kirche sahen wir viele Leute die Straße entlangrennen, und Martin sagte: »Wenn da nicht ein Krawall ausbricht.«
Dann sahen wir jugendliche Banden im Kreis herumlaufen und hörten das scharfe Geräusch von Schüssen. Die Polizei leitete den Verkehr um, und wir fragten, was los sei. Man sagte uns, Kinder hätten die Feuerhydranten angestellt, um sich abzukühlen. Da es in den Gettos keine Schwimmbäder für die Kinder gibt, war dies während des Sommers ein häufig geübter Brauch. Als die Polizei die Hydranten abdrehte, kam es zu Auseinandersetzungen. Später hörten wir, daß Leute von unserem Stab versucht hatten, sich einzumischen, aber daß die Polizei ihnen die Sache nicht überlassen wollte.
Die Kinder begannen Steine zu werfen und Fenster einzuschlagen, und dann mischten sich die Banden ein. Es schien keinerlei Plan zu geben. Es war ein spontaner Ausbruch. Aber selbst geringfügige Anlässe können zu blutigen Krawallen führen, wenn die Verhältnisse so hoffnungslos sind und wenn die verantwortlichen Leute der Polizei ungeschickt vorgehen. Nur zu oft werden die Krawalle von der Polizei heraufbeschworen.
Als wir auf die Versammlung kamen, waren alle aufgeregt und zornig. Mehrere schwarze Jugendliche waren übel zugerichtet worden, andere verhaftet. Zwei Gruppen – die Cobras und die Vice Lords – hatten sich auf der anderen Straßenseite gegenüber der Kirche versammelt und schickten uns eine Abordnung in die Kirche, die drohte, die Stadt auf den Kopf zu stellen, wenn die Gefangenen nicht unverzüglich freigelassen würden.
Martin, Bernard, Andy Young, Al Raby, Mahalia und ich gingen auf die Wache, um zu sehen, was wir ausrichten könnten. Es wimmelte dort von zornigen Menschen, einschließlich der Eltern einiger Verhafteter. Die Polizei empfing uns zwar nicht gerade feindselig, doch keineswegs begeistert.
Martin brachte die Beamten schließlich dahin, daß wir Kaution für die Gefangenen stellen durften. Wir nahmen die jungen Männer mit zur Kirche zurück und fragten sie, was sie wollten. Sie redeten von einem Schwimmbad und anderen Anlagen für die Freizeitgestaltung. Da stand ein unkluger Zuhörer aus dem Publikum auf und sagte, er habe sein Leben lang in dieser Gegend gewohnt und verstünde nicht, warum die Leute das Viertel abreißen und die Fenster einschlagen wollten.

Das wollten die jungen Männer natürlich nicht hören; sie gingen fort, und auch die anderen verliefen sich allmählich.
Vor der Kirche hatten sich viele Menschen angesammelt, und Autos mit weißen Insassen wurden angehalten. Die Polizei traf ein, und eine Schießerei lag in der Luft. Martin war sehr besorgt und versuchte, der Unruhe Herr zu werden, indes ihn Mitarbeiter des Stabs bedrängten: »Wir bleiben hier und kümmern uns um alles. Dr. King, bitte setzen Sie sich ins Auto und fahren Sie weg.«
Als die Massen in unsere Richtung zurückströmten, bekamen wir Martin endlich ins Auto und fuhren weg, wobei wir zu unserer großen Sorge von Mahalia getrennt wurden. Wir hatten mehrere Büros in den verschiedenen Vierteln Chicagos und fuhren nun von einem zum anderen, um Berichte zu hören.
Viele vom SCLC-Stab waren die ganze Nacht auf der Straße. Unter ihnen befanden sich James Orange, der die Banden sehr erfolgreich organisierte, Reverend Charles Billups, Stony Cooks, James Bevel und Al Simpson. Sie kamen ständig, um Bericht zu erstatten. Schließlich fand jemand Mahalia und brachte sie zu uns. Wir redeten mit den Leuten auf der Straße, und als sich die Lage beruhigte, fuhren wir zu Mahalias Haus, um dort zu übernachten.
Die Kinder befanden sich auf der anderen Seite der Stadt in Sicherheit, da sie unsere guten Freunde John und Ruth Thurston gerade an diesem Tag zu ihren sechs Kindern geholt hatten, damit ich mich ein paar Tage ausruhen könnte. Es war ein glücklicher Zufall, denn so konnte ich den größten Teil der Nacht mit Martin auf den Straßen sein.
Am nächsten Tag hielt die SCLC von früh bis spät Versammlungen ab, um die tieferen Ursachen des Krawalls zu ergründen und herauszufinden, was sich tun ließe. Man traf sich mit einigen der Bandenchefs. Aber Chicago ist eine so große Stadt, und wir waren so wenige, daß wir nicht allzuviel ausrichten konnten. Sobald Gewalt ausbricht, ist sie ansteckend. Und wir hatten es nicht mit einem einzigen Viertel zu tun, sondern mit verschiedenen Gruppen, die über ein riesiges Gebiet verstreut waren.
Am nächsten Tag um zwölf Uhr mittags sollte ich im YWCA vor einer Frauengruppe sprechen. Ich war fast die ganze Nacht aufgewesen und fühlte mich niedergeschlagen und völlig ausgehöhlt. Ich sollte über Einheit sprechen, aber es war wohl kaum der rechte Tag dafür. Alle waren beunruhigt über die Ereignisse der vergangenen Nacht, und viele der Frauen waren auf den Straßen gewesen und hatten zu helfen versucht.
Sie hatten mit eigenen Augen gesehen, wie verzweifelt die Verhältnisse der jungen Schwarzen waren.

Es wurde vorgeschlagen, hundert Frauen sollten ein Telegramm an Bürgermeister Daley unterzeichnen, das Martins Vorschläge unterstützte. Einige schienen davor zurückzuschrecken. Vielleicht weil ihre Männer bei der Stadt angestellt waren und sie ihnen keine Ungelegenheiten bereiten wollten. Da es sich um die Vorschläge meines Mannes handelte, mochte ich zuerst nicht auf das Telegramm drängen; aber dann wurde mir klar, daß ich nicht länger schweigen durfte, und ich fragte: »Was fürchten Sie? Die Zeit kommt, da wir vor die Wahl gestellt werden und uns entscheiden müssen.«

Danach beschlossen sie, das Telegramm zu schicken und außerdem, wie ich vorgeschlagen hatte, eine Frauenorganisation zur Unterstützung unserer Arbeit in Chicago zu gründen. Dann kam die Leiterin des YWCA – eine Weiße – und redete noch viel eindringlicher als ich. Sie schlug eine integrierte Organisation vor, die später Woman Mobilized for Change (Frauen für den Fortschritt) hieß. Nach Aussagen ihrer Leiterin Joan Brown ist sie auf über tausend Mitglieder angewachsen und leistet noch gegenwärtig gute Arbeit.

In dieser Nacht wohnten wir wieder bei Mahalia und holten auch die Kinder zurück. Tags darauf zogen die Kinder und ich wieder in unsere Wohnung. Ich sollte abends im Norden der Stadt sprechen, während mein Mann auf einer Massenversammlung im Westen der Stadt redete. Da ich keinen Babysitter auftrieb, mußte ich die Kinder mitnehmen.

Während ich mich anzog, hörten wir splitterndes Glas auf der Straße. Die Kinder, die aus dem Fenster schauten, sahen, wie ein paar Buben eine Schaufensterscheibe einschlugen, »Black Power« schrien und davonrannten. Uns wurde klar, daß die Unruhen unser Viertel erreicht hatten.

Man holte uns zu der Versammlung ab, und ich nahm die Kinder mit mir aufs Podium. Als der Augenblick kam, da ich sprechen sollte, stellte ich alle Kinder vor. Es war schon lange nach Bunnys gewohnter Schlafenszeit, und sie war sehr müde und unruhig. Ich nahm sie auf den Arm, als ich sie vorstellte, aber sie entglitt meinen Armen und grapschte nach der Wasserkaraffe. Ich entschuldigte mich beim Publikum und erklärte, wie müde sie war. Mir war deutlich bewußt, daß Bunny im Mittelpunkt des Interesses stand, und ich fürchtete, man könne sie für verzogen halten. Ich bat Yolanda, mit ihr hinauszugehen, während ich redete.

Ehe ich noch meine Ansprache beendet hatte, unterbrach mich ein Saaldiener: »Mrs. King, Ihr Mann wünscht Sie dringend zu sprechen.«

Ich brachte meinen Gedanken zu Ende, dann ging ich ans Telefon. Martin war sehr beunruhigt. »Was ist passiert?« fragte er. »Ich rief in der Wohnung an und erhielt keine Antwort. Wie ich höre, sind in unserem Stadtteil Krawalle ausgebrochen, und ich dachte, es sei so schlimm geworden, daß du die Kinder fortbringen mußtest.«

»Nein, sie sind hier bei mir.«

Martin erklärte, er könne das Viertel, in dem er sich befinde, nicht verlassen, da dort noch immer Unruhen herrschten, worauf ich ihm sagte, daß ich die Kinder in die Wohnung zurückbringen würde, doch hoffte, er werde mit mir in Verbindung bleiben.

Was folgte, war ein Alptraum. Als man uns zur Wohnung zurückgebracht hatte, war der Krawall in vollem Gange. Auf den Straßen lag eine Menge zerbrochenes Glas, und als wir die Fünfzehnte Straße hinunterfuhren, hörten wir Schüsse, wußten jedoch nicht, ob sie von der Polizei oder von den Aufrührern kamen.

Ich ging hinauf und fand einen britischen Reporter und einen AP-Reporter warten. Ich bat sie, Platz zu nehmen, während ich die Kinder ins Bett bringen würde. Diese rannten unverzüglich zum Fenster, um zu sehen, woher die Schüsse kämen, und ich schrie sie an: »Geht vom Fenster weg oder ihr bekommt noch eine Kugel in den Kopf!«

Natürlich werden genau aus solchen Bemerkungen Schlagzeilen gemacht. Es klang, als sei ich entsetzt, doch wollte ich einfach, daß die Kinder schnell an einen sichereren Ort gingen, und in meiner Sorge drückte ich mich vielleicht zu dramatisch aus.

Danach unterhielten sich die Reporter eine Weile. Sie waren ziemlich nervös, und ich versuchte sie zu beruhigen, obgleich mir klar war, daß ihnen als Weißen heute nacht in diesem Viertel alles Erdenkliche zustoßen konnte. Der britische Journalist war wirklich entsetzt. Er schien einfach nicht begreifen zu können, was vorging oder warum.

Nach einer Weile gingen die Reporter, aber leider verkündeten am nächsten Tag dicke Schlagzeilen: »Mrs. King bangt um das Leben ihrer Kinder.«

Der Krawall dauerte fast die ganze Nacht. Nachdem ich die drei jüngeren Kinder ins Bett gebracht hatte, blickten Yolanda und ich aus dem hinteren Fenster auf einen nur wenige Meter entfernten Kolonialwarenladen. Junge Aufrührer plünderten das Geschäft. Ich hörte sie das Glas zertrümmern und sah, wie sie die Lebensmittel ausräumten, in Einkaufsladen luden und davonschoben. Ein schmerzlicher Anblick.

Nachdem ich auch Yoki ins Bett gebracht hatte, legte ich mich schließlich selbst hin und lauschte auf das Schießen.

Unterdessen hatte mein Mann mehrmals angerufen und das letzte Mal gesagt: »Ich bin mit einigen der Burschen, die in die Sache verwickelt sind, hier in einem Restaurant unseres Viertels.«

Er sagte mir, man würde ihn zu *hamburgers* einladen und ihm schiene es wichtig, daß er dort bliebe und versuche, die Dinge unter Kontrolle zu behalten. Gegen vier Uhr früh schlief ich zuletzt ein. Martin muß irgendwann danach gekommen sein, aber ich hörte ihn nicht.

Bald nachdem die Unruhe in der Stadt abgeklungen war, kehrte ich mit den Kindern nach Atlanta zurück. Martin hielt sich weiterhin drei oder vier Tage die Woche in Chicago auf. Es war beschlossen worden, das Chicago Movement zuerst auf *open housing*[1] zu konzentrieren, ein Projekt, das in einigen der weißen Vororte, in denen Martin Protestmärsche anführte, auf ungeheuren Widerstand stieß. Er erzählte mir, daß er nie, nicht einmal im Süden, solchen Haß in den Augen von Weißen gesehen habe. Bei einer *open-housing*-Demonstration in Gage Park wurde Martin von einem Stein am Kopf getroffen und stürzte zu Boden, stand aber rasch wieder auf und ging weiter. Er war nicht ernstlich verletzt, doch bekam er wieder schlimme Kopfschmerzen.

Auf dem Höhepunkt der Kampagne fand unter dem Vorsitz von Martin und Bürgermeister Daley eine Tagung statt, um eine scheinbar unvermeidliche blutige Auseinandersetzung zu verhindern. Erzbischof John Cody, Vertreter des Chicago Real Estate Board (Liegenschaftsamt), der Chicago Housing Authority (Wohnungsamt), sowie wichtige Leute aus Handel und Industrie und natürlich Vertreter der SCLC und schwarze Führer aus Chicago nahmen daran teil. Am 26. August wurde ein Abkommen über *open housing* erzielt und bekanntgegeben.

Wir hatten das Gefühl, einen Sieg nach einem langen Kampf gegen widerspenstige Kräfte errungen zu haben. Die Opposition wußte, daß ein Wechsel unvermeidlich war, aber dennoch kommt der Wechsel nicht ohne Druck, ohne Opfer und ohne echte Entschlossenheit. Leider wurde die Übereinkunft nie völlig in die Tat umgesetzt. Die Beamten der Stadt lösten ihre Versprechen nicht ein. Ich glaube, daß Chicago viel Spannung, Streit und Blutvergießen hätte vermeiden können, wenn es sich an dies Abkommen gehalten hätte.

Im Kampf gegen Armut und Arbeitslosigkeit in Chicago organisierte die SCLC dort bald darauf die Operation Breadbasket (Unternehmen Brotkorb). Uns war klar, wieviel Geld aus dem Getto gezogen wurde und wie wenig hineingesteckt wurde; die meisten Geschäfte, Läden, Häuser und Wohnungen gehören Besitzern, die außerhalb des Gettos leben. Die Leute, die dort wohnen, zahlen Miete und kaufen Lebensmittel; doch alle Profite gehen an Außenseiter, und die Schwarzen haben nicht einmal gleiche

[1] Anm. d. Übers.: Wohnrecht für Schwarze in weißen Vierteln.

Chancen, eine Anstellung zu finden. Wir wollten nicht bloß mehr und besser bezahlte Arbeitsplätze den Schwarzen zugänglich machen, sondern ihnen auch zu leitenden Stellen und zum Besitz von Ladenketten, konzessionierten Geschäften und ähnlichen Einrichtungen verhelfen.

Das Unternehmen Brotkorb war schon in Atlanta erfolgreich gewesen und funktionierte in sieben anderen Südstaaten. Man ging dabei so vor, daß man zuerst ein Gutachten aufstellte, wieviel die Schwarzen in den verschiedenen Geschäften ausgaben. Dann schickten wir ein Komitee, das vorzüglich mit Geistlichen besetzt war, zu den Besitzern oder Geschäftsführern und baten sie, eine angemessene Zahl Neger einzustellen. Wenn sie sich nicht freiwillig dazu bereitfanden, wurden ihre Geschäfte boykottiert. Daddy King war einer der tüchtigsten Arbeiter auf diesem Gebiet. Er wurde mit einer ganzen Geschäftsstraße allein fertig – »ohne ein Komitee«, wie er sagte –, und sehr bald, nachdem Daddy King einem Ladenbesitzer mitteilte: »Wir müssen sehen, daß wir hier ein paar Neger unterbringen«, gab es plötzlich ein paar schwarze Angestellte.

Zu den großen Problemen vieler Schwarzer, die wirtschaftliche Unabhängigkeit erstreben, gehört die Kapitalbeschaffung. Im Rahmen unseres Programms versuchten wir, Geschäftsleute zu überzeugen, ihr Geld in Neger-Banken anzulegen, da diese schwarzen Kaufleute eher Geld leihen als rein weiße Banken.

In Chicago wurde das Unternehmen Brotkorb von dem fähigen Reverend Jesse Jackson geleitet, der heute der nationale Direktor dieses Unternehmens ist. Unter seiner Führung werden echte Fortschritte erzielt und die Schwarzen zunehmend am wirtschaftlichen Aufschwung der Gesellschaft beteiligt.

Erstes Ziel der Kampagne waren die Milchzentralen, aber inzwischen sind praktisch alle Lebensbereiche Chicagos einbezogen. Es wurde wirklich großartige Arbeit geleistet; dieser Feldzug hat nicht nur mehr und bessere Stellen für Schwarze erlangt, sondern auch zur geistigen Entwicklung unseres Volkes viel beigetragen. Unternehmen Brotkorb hat vielen Schwarzen ein völlig neues Lebensgefühl gegeben.

Ich besuchte im Oktober 1967 eine von Reverend Jesse Jacksons Versammlungen und hörte seine Botschaft. Ein Gefühl der Einheit und Verbundenheit herrschte, das mir fast der Gesinnung der frühen Christen zu entsprechen schien. Ich habe ein reiches Leben mit vielen bewegenden Erlebnissen gehabt, aber dies bildete zweifellos einen der Höhepunkte.

Als ich nach Hause kam, sagte ich zu Martin: »Ich glaube, daß Jesse Jackson und Unternehmen Brotkorb etwas besitzen, was in jeder Gemeinde der ganzen Nation gebraucht wird.«

Zwar hatte sich Martin schon lange mit dem Weltfrieden befaßt, doch erst 1967 engagierte er sich endgültig, indem er sich gegen den Vietnam-Krieg wandte. Davor lag er mit sich im Widerstreit, ob er seine Zeit und Kraft auch noch der Sache des internationalen Friedens widmen und damit Energie von der Bewegung für schwarze Freiheit zum Teil abziehen sollte. Allerdings hatte er 1965 eine Erklärung gegen Vietnam abgegeben, als er sagte: »Ich werde nicht wortlos und tatenlos zusehen, wie der Krieg eskaliert ... Es ist sinnlos über Integration zu sprechen, wenn es keine Welt zu integrieren gibt ... Der Krieg in Vietnam muß eingestellt werden.« Er rief auch öffentlich zu sofortigen Vietnam-Verhandlungen auf, eine Stellungnahme, welche die Billigung des SCLC-Vorstandes fand.

Von anderen schwarzen Führern, die ihre ganze Kraft darauf konzentrieren wollten, die Situation der amerikanischen Neger zu verbessern, trug ihm dieser Schritt jedoch so massive Kritik ein, daß Martin, um sein Volk nicht zu entzweien, nichts mehr sagte.

1966 war sich Martin bewußt geworden, daß nicht nur der Vietnam-Krieg an sich verfehlt war, sondern daß er gewaltige Summen Geldes verschlang, die sonst im Kampf gegen die Armut verwendet werden könnten. Nachdem er lange und ernsthaft mit sich zu Rate gegangen war, beschloß er im Januar 1967, das Wort zu ergreifen. Auf einer Tagung in Los Angeles sagte er: »Die Versprechen der Großen Gesellschaft wurden auf dem Schlachtfeld von Vietnam niedergeschossen. Dieser ausgeweitete Krieg hat die innenpolitischen Wohlfahrtsprogramme geschmälert und den Armen – Weißen wie Negern – die schwerste Bürde aufgeladen ... Nach Schätzungen geben wir 320 000 Dollar für jeden getöteten Feind aus, während wir im sogenannten Kampf gegen die Armut in Amerika nur etwa 53 Dollar für jeden Bedürftigen ausgeben ... Wir müssen die Begeisterung der Bürgerrechtsbewegung auch auf die Friedensbewegung übertragen.«

Martin wollte seine erste Rede, die sich allein mit Vietnam befassen würde, am 4. April 1967 in der Riverside Church in New York halten. Wenn er später daran zurückdachte, sagte er: »Weißt du, ich gab 1965 eine Erklärung ab und wurde kritisiert und schwieg darauf. Aber diesmal gelobte ich, daß ich keine Zugeständnisse machen würde.«

Er meinte, er sei 1965 übervorsichtig gewesen. Nun hatte er den Punkt erreicht, da er sprechen mußte, und er war bereit, die Konsequenzen auf sich zu nehmen. Obwohl Martin die Risiken sah, glaubte er nicht den Prophezeiungen, daß eine Friedenserklärung von ihm »die Bürgerrechtsbewegung spalten« würde. Martin fand, ein Führer dürfe nicht um Gunst buhlen, sondern müsse die Verantwortung auf sich nehmen, den Leuten das zu zeigen, was ihm der rechte Weg scheine.

Ich war sehr froh, daß sich Martin entschloß, entschieden zur Friedensfrage Stellung zu nehmen, denn ich war überzeugt, daß er etwas Wichtiges beizutragen hatte. Ich erinnere mich, daß ich oft, vor allem nachdem er den Friedenspreis erhalten hatte, zu ihm sagte: »Ich denke, dir fällt eine Rolle im Ringen um den Weltfrieden zu, und ich werde sehr glücklich sein, wenn der Augenblick kommt, da du sie übernehmen kannst.«

Als er die Erklärung zu Vietnam abgab, fühlte ich deutlich, daß damit ein größeres Werk für ihn begann, das weiterführen würde, als wir zu jenem Zeitpunkt absehen konnten. Während unseres ganzen Kampfes hatte sich jede Phase aus der vorigen organisch entwickelt. Die Jahre schienen sich wie eine Pergamentrolle zu entfalten. Und 1967, zur Zeit der Friedenserklärung fühlte ich erneut, daß Martin das Werkzeug eines göttlichen Planes und Willens war.

Auch Martin glaubte dies wohl, aber bis 1967 hatte er sorgsam die Wirkung erwogen, die eine Friedenserklärung auf die Bürgerrechtsbewegung haben könnte. Er wußte, daß es einen langen Erziehungsprozeß erforderte, den Leuten den Zusammenhang zwischen Frieden und Freiheit begreiflich zu machen. Wenn irgendeiner dazu in der Lage war, dann gewiß Martin, denn man vertraute ihm. Wenn ihn die Leute auch manchmal vielleicht nicht ganz verstanden, so meinten sie doch: »Wenn es Dr. King sagt, dann muß es so sein.«

Ich glaubte, daß viele gute Menschen in diesem Land zusammenfinden würden, wenn die Quintessenz der Friedensbewegung und der Bürgerrechtsbewegung zusammengefaßt würde. Die Friedensbewegung, der hauptsächlich Weiße angehörten, würde enger mit uns zusammenarbeiten, und eine einzige Bewegung für das Gute könnte daraus entstehen. Frieden und Freiheit lassen sich nicht scheiden; sie sind untrennbar verflochten.

Am Wochenende des Erntedankfestes 1965 wurde die größte Friedensdemonstration in der Geschichte dieses Landes in Washington, D. C., abgehalten. Unter den führenden Persönlichkeiten und Rednern befanden sich Norman Thomas, Dana Greeley, Homer Jack, Benjamin Spock und ich. In einem Gespräch mit Dr. Spock wurde meine Ansicht über Martins Rolle in der Friedensbewegung bestätigt. Er sagte zu mir: »Ich habe Dr. King kürzlich zum erstenmal getroffen. Wir befanden uns beide im selben Flugzeug, und die Stewardeß machte mich darauf aufmerksam. Wir unterhielten uns miteinander. Vermutlich hat er Ihnen nicht erzählt, was ich ihm sagte, nämlich daß er meiner Ansicht nach zum höchsten Symbol des

Friedens in Amerika wie auch des Friedens in der Welt werden könne. Wir brauchen in der Friedensbewegung eine Persönlichkeit, die den Frieden verkörpert und um die sich die Leute scharen. Seit Woodrow Wilson haben wir keine solche Persönlichkeit besessen. Wenn Dr. King eine Weltreise für die Sache des Friedens machen und dadurch in der ganzen Welt zum Friedenssymbol werden könnte, dann glaube ich, daß es ihm nach seiner Rückkehr gelingen würde, die Kräfte unseres Landes zu einen. Ein solcher Mensch muß farbig sein; ein Weißer käme dafür nicht in Frage. Ich werde mich bald von meiner Praxis zurückziehen, und ich wäre bereit, Dr. Kings Ziele für den Rest meines Lebens aktiv zu unterstützen.« Seit damals habe ich oft an Dr. Spocks Worte gedacht.

Zuerst billigte Daddy King Martins Einstellung nicht. Heute sagt er: »Ich konnte mich bei der Friedenserklärung nicht gegen M. L. stellen, obwohl ich sie damals für falsch hielt. Aber als er seine große Rede beendet hatte, da wußte ich – wie alle anderen Zuhörer –, daß dieser Mann recht hatte. Er war ein Genie. Ich spreche nicht von meinem Sohn, wenn ich dies sage, ich spreche von einem Weltbürger. Schon früh wuchs er über uns hinaus. Er gehörte nicht uns, sondern der ganzen Welt.«

Die Rede vom 4. April 1967 wurde vor einem Publikum von Geistlichen und Laien gehalten. Zusammen mit John C. Bennett, Dr. Henry Steele Commager und Rabbi Abraham Heschel gehörte Martin zu den Hauptrednern. Seine Rede hieß »Jenseits Vietnam« und war wohl eine der besten und prophetischsten, die er je hielt. Er nannte die Vereinigten Staaten »den größten Verursacher von Gewalt in der Welt unserer Tage« und sagte: »Wenn Amerikas Seele völlig vergiftet ist, so muß es im Autopsie-Befund unter anderem Vietnam heißen.« Er wies darauf hin, daß die Neger »in unverhältnismäßig großer Zahl in Vietnam sterben« und daß sich darin »die Stellung des Negers in Amerika spiegelt«. Zusammenfassend sagte Martin: »Eine Nation, die Jahr für Jahr mehr Geld für militärische Verteidigung als für sozialen Fortschritt ausgibt, nähert sich dem geistigen Tod.«

Die Reaktion der Presse auf diese Rede war vorhersehbar – und recht kontrovers. Aber dadurch, daß Martin so entschieden Stellung bezog, wurde das Denken vieler sonst vielleicht schwankender Menschen dieses Landes stark beeinflußt.

Daß die Reaktion von Martins Kollegen in der Bürgerrechtsbewegung so heftig sein würde, hatten wir allerdings nicht erwartet. Auf einer Vorstandssitzung der NAACP am 11. April übte Roy Wilkins Kritik an Martin. Whitney Young, Jackie Robinson und selbst Ralph Bunche erklärten sich öffentlich gegen seine Haltung im Vietnam-Krieg. Die meisten von ihnen glaubten, daß seine Äußerungen der Sache der Bürgerrechte schaden würden, und viele Menschen im Norden wie im Süden fürchteten, die beiden Fragen könnten vermischt werden.

Einigen meiner Freunde erwiderte ich: »Jene, die meinem Mann jetzt nicht beipflichten, verstehen nicht den Sinn seines ganzen Lebens. Man kann nicht an den Frieden in der Heimat glauben, ohne auch den internationalen Frieden zu wollen. Er könnte der Lehre der Gewaltlosigkeit nicht wahrhaftig anhangen und zugleich den Krieg gutheißen. Ihr betrachtet ihn als einen Politiker, aber er versteht sich als Geistlicher, der eine prophetische Rolle hat und die Mißstände der Gesellschaft anprangern muß. Er sieht den Krieg als ein Übel und muß ihn daher verurteilen.«

Auch wies ich darauf hin, daß Papst Paul kürzlich dies Land besucht und gegen den Krieg gesprochen hatte und daß mein Mann genau dieselben Dinge sagte. »Als der Papst sprach, applaudierten alle, aber wenn ein Schwarzer namens Martin Luther King spricht, wird er kritisiert. Schließlich ist auch Martin Luther King ein Geistlicher, und betrachtet man die Welt als Ganzes, mag sein Einfluß vielleicht sogar größer sein als der des Papstes.«

Trotz aller Kritik nahm Martin am Samstag, dem 15. April, an der Spring Mobilization for Peace (Frühjahrs-Mobilmachung für den Frieden) in New York teil. Ich freute mich darauf, ihn zu begleiten, denn wir würden das erste Mal eine Friedens-Demonstration gemeinsam erleben. Ich versuchte, meinen Kalender freizuhalten, aber einige Wochen davor sagte Martin: »Ich habe den Leuten, die in San Francisco die Friedensversammlung veranstalten, versprochen, daß du dort reden würdest. Sie brauchen dich dort.« Ich war sehr enttäuscht, daß ich Martin nicht begleiten konnte.

Selbstverständlich ging ich nach San Francisco, dessen Stadion sechzigtausend Personen füllten, so daß es sich unbedingt lohnte. Dennoch wäre ich gern bei Martin gewesen und hätte die Viertelmillion Menschen gesehen, die an jenem Tag feierlich durch die Straßen New Yorks marschierte.

Nachdem Martin die Friedens-Demonstration in New York angeführt hatte, wurde er noch schärfer kritisiert. Mein Mann antwortete darauf am besten in einem Gespräch mit einem jungen Bürgerrechts-Arbeiter, der ihn öffentlich beschuldigt hatte. Martin rief diesen Mann an, und ich lauschte ihrer Unterhaltung.

Martin sagte: »Für mich handelt es sich um eine moralische Überzeugung, und es bedrückte mich sehr, daß ich nicht schon eher dazu Stellung nehmen konnte. Als der Tag kam, da ich mich vor aller Welt gegen den Krieg erklären konnte, war dies einer der glücklichsten Augenblicke meines Lebens.

Schon seit langem ermutige ich meine Frau, sich aktiv in der Friedensbewegung zu betätigen. Schließlich konnte ich nicht länger schweigend danebenstehen. Ich habe meine Überzeugung ausgesprochen, daß dies der schlimmste und ungerechteste Krieg in der Geschichte unseres Landes ist.«
Martin redete von der Geschichte des Vietnam-Krieges. Als er endete, sagte der junge Mann: »Ich sehe, Sie wissen wirklich, worüber Sie sprechen. Ich gebe zu, daß ich es einfach nicht verstanden hatte.«
Nach diesem Gespräch wandte sich Martin an mich: »Ich weiß, daß ich recht habe. Ich weiß, dies ist ein ungerechter und schlechter Krieg. Ich habe mich entschlossen, ihn zu bekämpfen, und was die Leute auch sagen mögen, ich werde zu meinen Überzeugungen stehen.

Martins Friedens-Initiative bezeichnete zweifellos eine Wende im Denken der Nation. Die Stimmung begann umzuschlagen, und der Wunsch nach Frieden wuchs, als die Mehrheit des Landes im Krieg nicht nur eine falsche, undurchführbare Politik, sondern auch eine kranke Moral erkannte. Die Geschichte wird wohl die Unerschrockenheit, mit der Martin – trotz heftigster Opposition – so frühzeitig und so beredt Stellung nahm, als einen seiner Hauptbeiträge würdigen. Indem er auf die nationale Entwürdigung hinwies und konstruktive Lösungen vorschlug, unterstützte er das Beste der amerikanischen Tradition.
Im Sommer 1967 kam es wieder zu schrecklichen Krawallen. Martin sagte oft: »Winter der Versäumnisse führen zu unseren Sommer-Krawallen.« Er war verzweifelter, als ich ihn je gesehen hatte, und sagte: »Man erwartet Antworten von mir, und ich habe keine.«
Viele Schwarze meinten, die gewaltlose Bewegung sei gescheitert, aber ich bestärkte damals Martin: »Millionen glauben an dich und halten dich für unsere beste Hoffnung.« Dann fügte ich hinzu: »Ich glaube an dich, wenn dir das etwas bedeutet.« Und er erwiderte: »Ja, es bedeutet mir sehr viel.«
Als der Sommer ins Land ging, grübelte er noch immer über einen gangbaren Ausweg. Er rang mit diesen Problemen, während er im ganzen Land herumreiste und Reden hielt. Überall fragten ihn Journalisten nach den Krawallen, und wieder und wieder antwortete er: »Ich verurteile die Gewalttätigkeit der Krawalle; aber ich verstehe die Ursachen, die sie hervorbringen. Ich denke, wir müssen uns ebensosehr darum bemühen, diese Ursachen zu beheben, wie wir die Schuldigen zu bestrafen suchen.« Er war um so verzweifelter, als er wußte, daß das Land nicht bereit war, etwas gegen die eigentlichen Ursachen der Krawalle zu unternehmen, die wesentlich moralischer Natur waren. Er sagte: »Ich bezweifle ernstlich den Willen und die moralische Stärke dieser Nation, sich zu retten.«

Als der Herbst herankam, sagte er zu mir: »Wir brauchen ein Programm, das für Arbeit und Aufstiegschancen sorgt. Auf diesem Gebiet müssen wir uns einfallsreiche, gewaltlose Maßnahmen überlegen.« Noch immer suchte er nach einem Weg.

Marian Wright Edelman, die unter den Armen von Mississippi gearbeitet hatte, half ihm, diesen Weg finden. Sie war lange in Washington gewesen und kannte viele Unterstützungsprogramme; aber sie hatte entdeckt, daß die Armen selbst oft nichts davon wußten. Es bedurfte der Mittel und Wege, diese Programme einzuführen, vor allem in Staaten wie Mississippi und Alabama. Marian hatte mit einer Reihe von Kongreßmitgliedern und Regierungsbeamten gesprochen, und sie berichtete Martin, daß diesen die Zeit für einen massiven Vorstoß der gewaltlosen Bewegung reif schien, mit dem Ziel, die wirtschaftlichen Verhältnisse zu verbessern. Einen solchen Schritt, der die Bundesregierung zum Handeln anspornen könnte, würde vielleicht selbst der Präsident begrüßen. Wie üblich wandte sich Martin an seine treuen Kollegen. Er stellte Fragen; er prüfte Antworten, und ein neuer Plan nahm allmählich Gestalt an.

Zu wissen, daß man in Washington ähnlich dachte, ermutigte ihn. Als er an diesem Abend heimkam, strahlte er seine alte Begeisterung aus und sagte: »Ja, das ist es.« Er begann von der Möglichkeit einer Kampagne zu reden, in der die Armen in eigener Sache nach Washington gehen würden, um ihr Anliegen den zuständigen Ministerien – Arbeit, Inneres, Landwirtschaft und Handel – vorzutragen. Beim Reden fiel ihm immer mehr dazu ein, und ich sah, wie ihn der Plan mitriß. Er sagte: »Wir müßten Leute aus allen unterentwickelten Gebieten des Südens und des Nordens zusammenholen, Leute, die keine Jobs und kein Geld haben, und einen Marsch auf Washington organisieren. So würde das Problem wirklich allen dramatisch vor Augen geführt. Nicht nur Schwarze müßten es sein, sondern alle Armen. Indianer, Puerto Ricaner, Mexikaner, und selbst die armen Weißen müßten wir beteiligen . . .«

Ihm war klar, daß dieser Plan die Ziele der Bewegung änderte, denn bis jetzt hatte sie sich allein auf die Rechte der Neger konzentriert. Aber eine solche mächtige Koalition konnte die etablierte Ordnung wirklich erschüttern, die notwendigen Veränderungen in der Struktur des Landes herbeiführen und vielleicht die Verhältnisse der Armen verbessern. Das Schwierigste schien Martin, die armen Weißen davon zu überzeugen, daß ihre Interessen mit den unsrigen übereinstimmten. Er war darin zuversichtlich.

Das war die Nacht, in der die Poor People's Campaign (Feldzug der Armen) geboren wurde. Der Plan fand die Billigung des SCLC-Vorstandes, und der Stab nahm die Arbeit auf. Es wurde beschlossen, sich auf zehn

Städte und fünf ländliche Gebiete zu konzentrieren und in jedem Ort zweihundert Leute zu mobilisieren. Dies würde das erste Kontingent von dreitausend Personen stellen. Später wurden es allerdings wesentlich mehr. Martin sah in der Poor People's Campaign ein Mittel gegen die Krawalle – eine Möglichkeit, den Leuten Hoffnung statt Verzweiflung zu geben und ihnen die schon vorhandenen Hilfsprogramme der Regierung bewußt zu machen, andererseits die Notwendigkeit weiterer Programme zu erweisen. Unsere Ziele waren in Martins Worten: »Wirtschaftliche Sicherheit, anständige, hygienische Wohnungen und gute Schulen für jeden Amerikaner.«

Als die Pläne für den Feldzug Gestalt annahmen, waren ungeheure Vorbereitungen zu bewältigen. Allein die Beschaffung von Zelten und Verpflegung, von Wasser, Toiletten und medizinischer Betreuung war angesichts der vielen Menschen eine gewaltige Aufgabe. Außerdem galt es, die Forderungen der Gruppen zu koordinieren, was nicht weniger mühevoll war und zudem viel Geduld und Takt verlangte.

Martin wollte einen garantierten Jahreslohn für alle. Er fand, die Privatindustrie müsse das ihre dazu beitragen, um ungelernte Arbeiter für bessere Stellen auszubilden, während die Regierung durch Subventionen eingreifen müsse; schließlich habe Amerika seinen Einwanderern geholfen, sich anzupassen. Wir hätten ihnen Land gegeben. Wir hätten sie ausgebildet. Wir hätten den Unternehmen – bei der Luftfahrt etwa – mit Subventionen geholfen. So forderten wir auch mit den Hilfsprogrammen für die Schwarzen nichts Außergewöhnliches: sie hätten ja als unbezahlte Sklaven geholfen, dies Land groß zu machen. Wir verlangten nur unseren gerechten Anteil am Leben, an der Freiheit und am Streben nach Glück.

Martin ging auf die sogenannten »people-to-people-tours«, um die Armen zu dem großen Marsch aufzurufen. Der Andrang war ungeheuer. Die Leute kamen in Scharen und waren Feuer und Flamme für die Idee. Manchmal nahm Martin die Kinder mit, die jedesmal ganz aufgeregt nach Hause kamen.

Die Begeisterung der Menschen inspirierte Martin wie stets. Er hatte den Einfall, ein Maultiergespann aus dem Staat Mississippi bis nach Washington zu schicken, damit mehr Aufsehen durch die Demonstration erregt wurde. Da er in der Stadt aufgewachsen war, hatte er natürlich nie ein Maultiergespann gefahren, aber das Symbol gefiel ihm ausgezeichnet. »Dies ist eine Mammutaufgabe«, sagte er zu mir. »Zuvor haben wir jeweils eine Stadt mobilisiert, jetzt mobilisieren wir eine ganze Nation.«

Anfang März 1968 kam Martin auf den Gedanken, die Führer der Minoritätengruppen in Atlanta zusammenzubringen – die Puerto Ricaner, die

Mexikaner, die Indianer von den Reservaten und die armen Weißen aus den Appalachen.
Ich war noch geschwächt von einer Operation, die ich Ende Januar gehabt hatte, aber ich ging zu der Versammlung, da ich ihr historische Bedeutung beimaß. Ich wollte mit eigenen Augen sehen, wie sich die verschiedenen Gruppen in einem Raum zusammensetzten und ihre Schwierigkeiten in einer Gemeinsamkeit erörterten, die nie zuvor in diesem Lande bestanden hatte. Die Vertreter diskutierten darüber, in welcher Weise sie an der Kampagne teilnehmen könnten und ob es ihnen gelingen würde, ihre verschiedenen Forderungen in einem gemeinsamen Programm zusammenzufassen. Es war eine durchaus berechtigte Sorge, denn jede Gruppe meinte: »Unsere Probleme sind anders als die euren.«
Die Zusammenkunft verlief freundlich, und wir lernten eine Menge voneinander, da jede Gruppe ihre speziellen Nöte schilderte. Zuletzt wurde unser Programm angenommen, und die Teilnehmer kehrten heim, um andere dafür zu gewinnen. Die Armut hatte uns geeint.
Natürlich hatte die SCLC während dieser Monate noch andere Pflichten zu erfüllen. So wurde im Herbst 1967 ein Vorstoß gemacht, in Cleveland, Ohio, schwarze Wähler zu registrieren. Obwohl es keine rechtlichen Behinderungen gab, waren unverhältnismäßig wenig Neger registriert. Ein schwarzer Kandidat, Carl Stokes, bewarb sich als Bürgermeister, und Martin war überzeugt, daß seine Wahl den Schwarzen des ganzen Landes großen Auftrieb geben würde. Durch unsere Bemühungen erreichten wir, daß fünfzigtausend Neger registriert und Carl Stokes gewählt wurde, der damit der erste schwarze Bürgermeister einer großen amerikanischen Stadt wurde.

Obwohl es 1967 zu keiner größeren Konfrontation kam, hatte Martin doch außerordentlich viel zu tun, um all die Anforderungen zu erfüllen, die an den Führer der Bewegung gestellt wurden. Hinzu kam seine Arbeit für die Gemeinde. Er und Daddy King hatten beschlossen, noch einen Hilfspastor, den Reverend A. Walter Williams einzustellen, doch predigte Martin noch immer wenigstens an zwei Sonntagen im Monat in der Ebenezer Church. Ich betätigte mich stets aktiv in der Gemeindearbeit, besuchte Kranke und Hinterbliebene, ging auf Hochzeiten und Beerdigungen, gehörte mehreren Gemeindeausschüssen an und tat mein möglichstes, um Martin in seinem Amt als Zweit-Pastor beizustehen.
Martin wünschte immer – und ganz besonders an der Ebenezer Church –, er könne dem Pastorat mehr Zeit widmen. Da sie die Kirche seiner Kindheit war, hatte er ein ganz besonders inniges Verhältnis zu ihr. Seine

wundervolle Gemeinde hatte ihm Kraft gegeben und ihn und seine Organisation während all der schwierigen Jahre uneingeschränkt unterstützt. Martin hatte drei große Lieben außerhalb seiner Familie: Ebenezer Church, SCLC und Morehouse College. Oft sagte er: »Sollte ich je etwas zu vermachen haben, dann werde ich die Ebenezer Church gewiß in mein Testament einschließen.«

Aber Daddy King war noch immer eine beherrschende Gestalt der Ebenezer Church. Er war der Vater der Gemeinde-Familie, und er beriet sie ebenso im Praktischen wie im Geistigen. Von der Kanzel ermahnte er sie, sich registrieren zu lassen, und sagte ihnen, wen sie wählen sollten. Er erinnerte sie auch, wenn die Steuern fällig waren: »Für alle, die im De Kalb County wohnen, sind die Steuern fällig. Denkt daran.« Er beriet mit ihnen ihre Familienprobleme und half ihnen, ein Haus zu kaufen oder eine Stelle zu bekommen. Wann immer es sich darum handelte, etwas durchzusetzen, sagte Daddy King: »Geh gleich zum Chef. Fang ja nicht bei den kleinen Untergebenen an, weil sie unter Umständen nicht wissen, wovon du redest, oder Anweisungen erhalten haben, die zu deinen Wünschen im Widerspruch stehen.« Dann erkundigte er sich, wer der Chef des Büros oder des Geschäftsunternehmens war, und ging selbst direkt zu ihm hin.

Er war bereit, für jedes Mitglied seiner Kirchen-Familie auf die Barrikaden zu gehen, doch ebenso für jeden anderen, der seiner Hilfe bedurfte. Während Martin Luther King jr. sich mit den größeren Fragen befaßte, ermutigte und unterstützte Martin Luther King sr. einzelne Menschen, das in die Tat umzusetzen, was sein Sohn für sie erreicht hatte. Kein Wunder, daß ihn die Leute lieben.

Keiner konnte Daddy King je kleinkriegen. Ich erinnere mich, als der Erzsegregationist Lester Maddox zum Gouverneur von Georgia gewählt wurde. Er war im ganzen Lande berühmt dafür, daß er sich mit Axtstielen bewaffnete, um Schwarze aus seiner Hähnchenbraterei fernzuhalten. Wie Martin es ausdrückte: »Maddox stahl sich in das Amt des Gouverneurs, als die guten Leute von Georgia nicht auf der Hut waren.«

Unmittelbar nachdem Maddox sein Amt angetreten hatte, ersuchten Daddy King und eine Gruppe Geistlicher um einen Termin; sie wollten über die völlige Segregation der staatlichen Arbeitsplätze diskutieren, um im Rahmen des Unternehmens Brotkorb für Neger mehr Stellen beim Staat zu bekommen. Da Daddy King für seine deutliche Sprache bekannt war, wünschten die anderen Geistlichen, er möge ziemlich still sein, während sie den Gouverneur taktvoll behandeln würden.

Der Gouverneur empfing die Abordnung im Regierungsgebäude. Daddy

King schwieg eine Weile, während die anderen redeten. Dann brach er los: »Also, Gouverneur Maddox, ich möchte Sie darauf aufmerksam machen, daß wir nicht als Bettler gekommen sind. Wir wollen den uns zustehenden Anteil an Stellen in diesem Staat, und sollten Sie uns daran hindern, werden wir sie doch bekommen.«
»Außerdem«, sagte Daddy King, »habe ich in der Zeitung gelesen, daß Sie zur Rassentrennung stehen wollen. Sie nennen sich einen Christen. Wie können Sie Rassentrennung vertreten und ein Christ sein? Sie sind ein Dekan Ihrer Kirche. Was für Predigern haben Sie nur gelauscht? Ich möchte Sie einladen, in die Ebenezer Church zu kommen und mich predigen zu hören. Ich denke, ich kann Ihnen helfen.«
Zu jedermannes Erstaunen erwiderte Gouverneur Maddox: »Ja, das können Sie wohl, Reverend King.«
Als sich die Geistlichen zum Gehen anschickten, trat Gouverneur Maddox auf Daddy King zu und sagte: »Können Sie mich gelegentlich besuchen kommen? Ich würde mich gern wieder mit Ihnen unterhalten.«
Zum ersten Empfang, den der Gouverneur für die Bevölkerung von Georgia in seinem Amtssitz gab, gingen auch Daddy King und einige der Dekane, um sich in die Schlange der Gratulanten einzureihen. Daddy King hielt seine Anwesenheit und die einiger anderer schwarzer Führer wichtig. Ausgerechnet Maddox, der sich geweigert hatte, sein Restaurant zu integrieren, integrierte nun den Gouverneurssitz.
Bei all dem, was es zu tun gab, blieb Martin und mir damals keine Zeit für Ferien. Unsere letzten gemeinsamen Ferien hatten wir 1965 gemacht, als er in Jamaica an der University of the West Indies auf einem Kongreß der Universität sprach. Er hatte Ralph und Juanita Abernathy aufgefordert, uns zu begleiten, und dank der Großzügigkeit der Regierung von Jamaica verlebten wir gemeinsam eine Ferienwoche. Da Martin Ruhe brauchte und Jamaica so sehr liebte, kehrte er im Januar 1967 dorthin zurück, um sein viertes Buch »Where Do We Go From Here? Chaos or Community?« (Wohin führt unser Weg? Chaos – oder Gemeinschaft?) zu schreiben. Ich konnte etwa eine Woche bei ihm sein. Es waren wirkliche Ferien für mich; obwohl er zwölf bis fünfzehn Stunden täglich arbeitete – er schrieb das ganze Buch in etwa sechs Wochen –, verbrachten wir eine wundervolle Zeit zusammen. Martin sagte stets, er liebe Jamaica mehr als jedes andere Land, das er je besucht habe. Er sprach von dem Gefühl der Verbundenheit mit der Bevölkerung und zitierte oft ihren Wahlspruch: »Aus vielen einzelnen ein Volk.«
Er liebte die Schönheit der Insel – die üppigen grünen Berge, die steil und hoch aus dem glitzernden Meer aufragen. Wir hatten einen bezaubernden

Bungalow mit einem Swimmingpool, der von einer Klippe über die schimmernden Wasser der Karibischen See blickte. Um sich vom Schreiben zu erholen, schwamm Martin täglich.

Obwohl Martin so konzentriert schrieb, konnte er sich entspannen, wenn er eine Pause machte. Und ich war sehr glücklich darüber. Ich wünschte, ich könnte sagen, man hätte ihn völlig ungestört schreiben lassen. Doch die Leute fanden ihn selbst dort droben in den Bergen. Sie wurden von Martins freundlicher und tüchtiger Sekretärin Dora McDonald taktvoll abgewiesen. Freilich wurde er auch dort die Last der Probleme seiner Organisation nicht los.

Im Gegensatz dazu hatten wir 1967 das ganze Jahr hindurch und während wir die Poor People's Campaign zu Beginn 1968 planten, das alles überschattende Gefühl, daß das Schicksal seinen Lauf nahm. Wir ließen uns von diesem Gefühl nicht niederdrücken – dazu hatten wir schon zu lange damit gelebt. Jahre zuvor hatte Martin zu mir gesagt: »Ich werde vermutlich nicht alt werden, aber wenn ich sterbe, sollst du nicht um mich trauern. Du sollst ein normales Leben weiterleben.« Doch war er von der Idee des Todes nicht besessen; er sprach davon, wie von jedem anderen Eindruck auch. Als der Kampf um die Bürgerrechte weiterging, erkannte er die Gefahr deutlich. Er wußte aus der Geschichte, daß die meisten Männer, die einen starken moralischen Standpunkt vertraten, den Preis für ihre Überzeugungen zahlen mußten. Er gebrauchte sogar das Wort »gekreuzigt« im metaphorischen Sinne, als er in einigen seiner Reden sagte: »Mag sein, daß ich für meine Überzeugungen gekreuzigt werde; sollte dies geschehen, dann könnt ihr sagen: ›Er starb, um die Menschen zu befreien.‹«

Obwohl Martin viel an den Tod dachte, schien ihn dieser Gedanke nicht zu bedrücken. Wenn ihn andere ermahnten, vorsichtig zu sein, dann sagte er: »Ich kann mich nicht um meine Sicherheit sorgen; ich kann nicht in der Furcht leben. Ich muß meine Aufgabe erfüllen. Die Angst vor dem Tode ist meine geringste Sorge.« Er sprach darüber in seinen Predigten und zitierte oft den Satz: »Wenn ein Mensch nicht etwas gefunden hat, für das er bereit wäre, sein Leben hinzugeben, dann taugt er nicht zum Leben.«

Mein Mann bereitete sich wohl auf sein Schicksal vor, ohne sich bewußt zu sagen: »Dies Jahr wird es geschehen.« Doch schien er von starken Kräften getrieben, sein Werk zu vollenden. Die letzten Monate vor seinem Tod lebte er in hektischem Tempo. Die Dringlichkeit, mit der er die Poor People's Campaign betrieb, und die Vorbereitung, die er in seinem Stab traf, damit man auch ohne ihn weitermachen könnte, deuten auf eine Ah-

nung hin. Er arbeitete, als sollte dies Unternehmen die Krönung seines Lebens sein. Auf Versammlungen des SCLC-Stabes wie auch der Vorstandsmitglieder mahnte er immer häufiger: »Wenn mir irgend etwas zustößt, müßt ihr vorbereitet sein weiterzumachen.«
Doch war mein Mann von keinen morbiden oder düsteren Ängsten besessen. Er meinte: »Ich bin nur realistisch.« Martin rechnete mit der Gefahr, aber auf seine Stimmung wirkte sich dies kaum aus. Er sorgte sich um die Führung der Bewegung und um die zunehmenden Gewalttätigkeiten, aber er blieb im persönlichen Umgang lebhaft und fröhlich.

17

Die strategische Planung für die Poor People's Campaign 1968 wäre für jeden eine Ganztagsbeschäftigung gewesen. Doch Martin hatte ihm Rahmen des stark erweiterten SCLC-Programms zusätzlich viele Redeverpflichtungen.
Am 23. Februar hielt Martin in New York eine bedeutende Rede anläßlich der Hundertjahrfeier für Dr. W. E. B. Du Bois, den er sehr bewunderte. Dr. Du Bois war, indem er das von George Washington Carver und Booker T. Washington verkündete Ethos einer passiven »Geduld« durchbrach, einer der ersten militanten schwarzen Führer gewesen und der besondere Held der schwarzen Nationalisten. Auch Martin predigte, daß wir weder warten noch Ungerechtigkeit geduldig hinnehmen könnten. Seine Rede im Februar sollte den Nationalisten, mit denen sich Martin auszusöhnen hoffte, beweisen, daß Du Bois ebensosehr unser Held wie der ihre war.
Martin pries Du Bois, er habe seine brillanten Gaben dazu gebraucht, um den Mythos von der Minderwertigkeit des Negers zu zerstören, und er führte dafür Beispiele aus Du Bois' Werken an, einschließlich der »Black Reconstruction in Amerika«. Du Bois habe »mehr als jeder andere die Lügen über die wichtigste und schöpferischste Geschichtsperiode der Neger zerstört«, und Martin schloß die Würdigung: »Dr. Du Bois ist von uns gegangen, aber er ist nicht tot. Der Geist der Freiheit wurde nicht mit diesem mutigen Streiter begraben. Er wird uns begleiten, wenn wir nach Washington gehen, um unser Recht auf Leben, Freiheit und das Streben nach Glück zu fordern.«
Zu den Vorbereitungen auf die Poor People's Campaign gehörten weiterhin die »people-to-people tours«. Martin und andere Mitarbeiter des Stabs reisten durch den Süden, hielten Reden, beriefen Versammlungen ein,

rekrutierten die einflußreichen Persönlichkeiten des jeweiligen Ortes und erklärten den Leuten, was sie zu tun hätten, wie sie nach Washington kämen und so weiter.

Am 23. März 1968 ging Martin wieder auf eine solche Rundreise durch das ländliche Georgia. Er war so viel unterwegs gewesen, daß ich fand, es wäre schön, wenn Marty und Dexter ihn begleiten könnten. Wenn irgend möglich, sollten sie sehen, was ihr Vater tat, und die Begeisterung erleben, die von unserer Sache und von Martins Anhängern ausging. Mir schien, wenn ihn die Jungen dann und wann auf einer Reise begleiteten, so würde es ihnen leichter fallen, sich mit seinen häufigen Abwesenheiten abzufinden und sein Engagement zu teilen.

Freitagabend besprachen Martin und ich, ob die Jungen ihn auf dieser Reise begleiten sollten. Martin wollte am Samstagvormittag früh aufbrechen, und da wir uns mit dem Aufstehen verspäteten, wurde in großer Eile gepackt und gefrühstückt, damit sie ihr Flugzeug nicht versäumten. In der Eile vergaß ich, den Trainer der Jungen anzurufen und zu erklären, warum sie nicht zu ihrem samstäglichen Fußballspiel kommen könnten. Marty und Dexter wurden in der nächsten Woche von ihrer Mannschaft wegen »Schwänzen« bestraft, aber im Lichte dessen, was unserer Familie so bald schon nach dieser Reise widerfuhr, werde ich dem Himmel immer dankbar sein, daß sie noch einmal mit Martin zusammen sein durften.

Während ihrer Abwesenheit sorgte ich mich nicht wenig. Martin wollte früh am selben Abend heimkommen, aber der Abend schleppte sich mit nerventötender Langsamkeit hin, ohne daß ich eine Nachricht erhielt. Ich sorgte mich besonders, da ich wußte, daß sie mit einem sehr kleinen Charterflugzeug unterwegs waren. Es schlug elf, es schlug Mitternacht, und noch immer nichts; ich muß gestehen, daß ich mich sehr aufregte, was »meinen Jungen« passiert sein mochte. Bill Rutherford, unser neuer Geschäftsführer, rief mich in einer anderen Sache an und versicherte mir, Martin und den Jungen ginge es gut, aber sie seien vier Stunden mit ihrem Programm zurück.

Als sie schließlich in den frühen Morgenstunden heimkamen, waren Marty und Dexter völlig erschöpft. Sie beschrieben, wie die Massen den Reden ihres Daddys zugejubelt hatten, wie viele Leute sie gesehen hatten und wie weit sie herumgekommen waren.

Dexter, der vor Müdigkeit fast umfiel, rieb sich die Augen und sagte: »Weißt du, Mami, ich verstehe nicht, wie Daddy so viel tun und zu so vielen Leuten reden kann, ohne müde zu werden!«

Es war wirklich erstaunlich, denn obgleich Martin gewiß müde war, ging er, nachdem er die Jungen heimgebracht hatte, in sein Büro, um etwas zu schreiben, was für den nächsten Tag fertig sein mußte. Er schonte sich nicht.

Ich denke heute, daß es die göttliche Vorsehung wollte, daß die Jungen diese letzte Reise mit ihrem Vater erleben durften, damit sie für ihr restliches Leben ein lebendiges Bild davon bewahren würden, wie Martin sich den Menschen gab.

Während die Vorbereitungen für die Poor People's Campaign in vollem Gange waren, tauchte eine kleine, aber bedrohliche Wolke am Horizont auf. In Memphis, Tennessee, war die Gewerkschaft der Müllmänner, die vorwiegend aus Schwarzen bestand, gegen die ungerechte Behandlung durch den neu gewählten Bürgermeister Henry Loeb in Streik getreten. Und am 23. Februar, als Martin seine Rede über Dr. Du Bois in New York hielt, hatte die Polizei mit Schlagstöcken, Tränengas und Patrouillenfahrzeugen, als eine Art Kavallerie, einen kleinen friedlichen Demonstrationszug der Gewerkschaft brutal gesprengt.

Diese Aktion empörte nicht nur die Schwarzen in Memphis, sondern auch viele Weiße. Was sich als kleiner Streik einer obskuren lokalen Gewerkschaft anließ, erfaßte nun die ganze Stadt als gewaltige Protestbewegung, in der die örtliche Zweigstelle der SCLC unter Jim Lawson eine führende Rolle spielte. Vorwiegend weiße AFL-CIO-Gewerkschaften schlossen sich an. Jim telefonierte Martin um Hilfe. Mein Mann flog darauf nach Memphis, um auf einer gewaltigen Massenversammlung zu reden, und dort bat ihn Lawson, einen Protestmarsch am 28. März in Memphis anzuführen. Gegen den Rat einiger Mitglieder des SCLC-Stabes, die fürchteten, eine solche Zersplitterung der Kräfte könne sich nachteilig auf die Planung der Poor People's Campaign auswirken, sagte er zu. Obwohl auch Martin die Bedenken seiner Mitarbeiter teilte, konnte er die Bitte, nach Memphis zu kommen, nicht gut abschlagen. Er wußte, daß er der Gewerkschaft durch seine Teilnahme helfen würde und daß es wichtig war, das berechtigte Anliegen der schwarzen Arbeiter öffentlich zu unterstützen.

Die Verantwortung, die auf Martin lastete, wuchs ständig. Auf Anraten seines Arztes beschloß er, einige Tage in Erholung zu gehen. Am 12. März, kurz vor seiner Abreise, rief er mich aus seinem Büro an und fragte: »Hast du deine Blumen bekommen?«

Ich verneinte, und Martin erklärte, er habe sich in der Stadt ein paar dringend benötigte Kleidungsstücke gekauft und dabei in einem nahen Blumengeschäft ein paar Blumen für mich ausgesucht. Der Besitzer habe

versprochen, sie sofort zu schicken. Ich war gerührt über dies Zeichen der Liebe. Als Martin heimkam, um seine Reisetasche für den Flugplatz abzuholen, waren sie eingetroffen.
Es waren schöne rote Nelken, aber als ich sie anfaßte, merkte ich, daß sie künstlich waren. In all unseren gemeinsamen Jahren hatte Martin mir nie künstliche Blumen geschenkt. Es schien so gar nicht seine Art. Ich küßte ihn und bedankte mich. »Sie sind schön, und sie sind künstlich.«
»Ja«, sagte Martin. »Ich wollte dir etwas schenken, was du immer behalten kannst.«
Es waren die letzten Blumen, die ich von Martin erhielt. Irgendwie schien er geahnt zu haben, daß sie nicht verwelken dürften.

Am 28. März war ich in Washington, um an einer Pressekonferenz mit Dorothy Hutchinson, der damaligen Präsidentin der Women's International League for Peace and Freedom (Internationale Frauenliga für Frieden und Freiheit) teilzunehmen, auf der sie »einen ehrenhaften Frieden in Vietnam« forderte. In meiner eigenen Ansprache setzte ich mich damit auseinander, in welcher Beziehung unsere Innenpolitik und die städtische Krise zu unserem Engagement in Vietnam standen.
Kurz bevor mein Flugzeug von Washington nach Atlanta abging, rief ich in unserem Washingtoner Büro an, um mein Bedauern auszudrücken, daß ich nicht vorbeischauen konnte, da mich Martin gebeten habe, die Unterstützung der Frauenorganisationen für die Poor People's Campaign zu mobilisieren. Ich sprach mit dem Leiter unseres Washingtoner Büros für die Poor People's Campaign, und er teilte mir mit, daß in Memphis Unruhen ausgebrochen seien, während mein Mann die Demonstration anführte. Er fügte hinzu, Walter Fauntroy könne mir die Einzelheiten des Zwischenfalles berichten. Die Nachricht beunruhigte mich sehr – wußte ich doch nicht, ob mein Mann verletzt war. Sofort rief ich Walter an, der soeben mit Martin und Ralph gesprochen hatte; beiden war nichts passiert, andere hingegen hatten Verletzungen davongetragen. »Martin ist außerordentlich niedergeschlagen«, sagte er. Mir fiel ein Stein vom Herzen, daß er unverletzt war, doch auf dem ganzen Heimweg dachte ich daran, wie sehr er leiden mußte.
Martin war an diesem Tag aus New York zurückgekehrt, um den Marsch in Memphis anzuführen. Die Flugzeuge hatten Verspätung und der Marsch schon angefangen, als er eintraf; so wurde er mit einem Auto an die Spitze des Zuges gebracht. Bald erkannte er, daß der Marsch nicht straff organisiert war – nicht einmal eine ordentliche Reihe wurde gebildet. Einige Marschierer trugen »Black-Power«-Plakate, und noch andere

Dinge dieser Demonstration hatte Martin nicht gewußt – etwa, daß ein paar der jüngeren schwarzen Nationalisten gedroht hatten, den Marsch zu sprengen, wenn sie nicht anerkannt würden. Dies war während des ganzen Streiks in Memphis ein Problem gewesen, doch niemand hatte meinem Mann etwas davon gesagt.

Die Menschenmenge war so groß, daß Martin, obwohl er nun die »Black-Power«-Schilder sah, fühlte, daß ihm keine andere Wahl blieb, als sich an die Spitze des Zuges zu setzen und loszumarschieren. Schon nach wenigen Häuserblocks hörte er splitterndes Glas und das Geräusch von Steinen und Flaschen, die hinten im Demonstrationszug geworfen wurden. Man ist sich allgemein einig, daß nicht die Marschierer mit den Unruhen anfingen, sondern Banden Halbwüchsiger, welche Steine durch Fenster schleuderten und den Zug als Deckung benutzten, indem sie zwischen den Marschierenden hin und her huschten, um nicht gefaßt zu werden. Einige davon waren Teenager, die der Schule ferngeblieben waren, um sich dem Marsch anzuschließen.

Die Situation wurde schrecklich. Bürgermeister Loeb war insofern für die Spannung verantwortlich, als er sich geweigert hatte, die Beschwerden überhaupt zu diskutieren. Nun stand seine Polizei bereit, und sie ging brutal gegen die Marschierer vor. Loeb forderte auch die Nationalgarde an. Viele wurden geschlagen und ein junger Mann durch einen Schuß in den Rücken getötet. Martin sagte mir, nachdem die Gewalttätigkeiten ausgebrochen seien, hätte die Polizei alle Hemmungen verloren.

Bei Beginn der Krawalle baten Ralph Abernathy, Bernard Lee und Jim Lawson meinen Mann, er möge ins Motel zurückgehen. Sie fürchteten so sehr, er könne zur Zielscheibe der Gewalttätigkeit werden, daß Martin zuletzt einwilligte. Er war verzweifelt. Zum erstenmal war Gewalt in einem Marsch ausgebrochen, den er anführte. Er zweifelte nicht, daß man ihn verantwortlich machen würde.

Als er nach Atlanta zurückkam, rief mich Martin an. Er war sehr beunruhigt und sagte: »Auf der Massenversammlung, auf der ich vor zehn Tagen sprach, herrschte eine so großartige Einheit, daß ich fest überzeugt war, alles werde glattgehen. Im Norden hätte ich gewußt, was mich erwartet, aber daß es in Memphis ein nationalistisches Element gibt, ahnte ich nicht. Man wird *mich* dafür verantwortlich machen.«

»Du bist nicht verantwortlich dafür«, sagte ich. »All die anderen Demonstrationen, die du organisiert und geführt hast, sind nicht so verlaufen.«

»Ich habe die Demonstration angeführt«, antwortete er, »so wird man mich beschuldigen. Es ist einfach ein Mißgeschick.«

Bernard Lee und Ralph Abernathy erzählten mir später, daß Martin am selben Abend eine Pressekonferenz abhielt und so erregt war, daß sie nicht gut verlief. Doch am nächsten Morgen wurde eine neue Pressekonferenz einberufen, auf der Martin seine Pläne umreißen sollte. Auf dieser Versammlung war er voller Feuer. Er sagte zu den Reportern: »Meine Herren, dies wird keine reguläre Pressekonferenz, sondern nur eine kurze Mitteilung.«

Und er begann völlig sicher zu sprechen; die Worte strömten aus ihm heraus wie stets, wenn er inspiriert war. Bernard Lee erzählte mir, die Erklärung sei wie eine Predigt gewesen, eine Botschaft über Martins Prinzipien der Gewaltlosigkeit. Er versuchte der Presse begreiflich zu machen, was in Memphis schiefgegangen war. Er sprach von den Enttäuschungen, welche die Schwarzen dort erlebt hatten, und daß man ihnen nichts vorwerfen könne. Erneut bekannte er sich bedingungslos zur Gewaltlosigkeit. Offenbar war er so bewegend, daß Bernard sagte: »Ich habe Martin viele Male reden hören, und ich war auf vielen Pressekonferenzen, aber nie zuvor war er so beredt, so tief und so ergreifend. Martin ist berufen. Er hätte sich nicht in einer Nacht so wandeln können, wenn nicht Gott seine Hände auf ihn gelegt hätte.«

Dasselbe sagte mir Ralph Abernathy. »Ich bemerkte eine Eigenschaft bei Martin, die mir neu an ihm war – etwas Löwenhaftes.«

Einer der Reporter fragte Martin: »Dr. King, was ist seit gestern nacht mit Ihnen geschehen? Haben Sie mit jemandem gesprochen?«

Und Martin erwiderte: »Nein, ich habe mit niemandem gesprochen. Nur mit Gott.«

Der nächste Tag war ein Freitag, und ich erwartete Martin aus Memphis zurück. Wir hielten unsere Erweckungsfeier ab. Ein auswärtiger Geistlicher nahm daran teil, und Daddy und Mama King und ich waren bei unserem Hilfspastor, Reverend A. Walter Williams, und dessen Frau zum Abendessen eingeladen. Mrs. Williams hatte morgens angerufen, und ich hatte zugesagt, falls nichts Unvorhergesehenes dazwischenkäme.

Dann rief Dora McDonald an, Martins Flugzeug werde um 6 Uhr 20 ankommen. Ich dachte: »Wenn ich zu dem Dinner gehe, bin ich nicht da, wenn Martin kommt.« Ich mußte ihn nicht abholen – er würde mit Ralph fahren, der sein Auto am Flugplatz gelassen hatte –, aber wenn er von Reisen zurückkam, erwartete er, mich daheim zu finden. Er würde das Haus betreten und nach mir rufen. Ich wollte immer da sein, um ihm zu antworten. Natürlich wußte ich, daß Mrs. Williams sich sehr freuen würde, wenn auch Martin mitkäme, aber er würde todmüde sein und sich danach sehnen, den Abend ruhig daheim zu verbringen.

Gegen 5 Uhr 30 rief ich schließlich bei den Williams' an. Daddy King, der schon eingetroffen war, meldete sich am Telefon, und ich bat ihn, den Williams' mein Dilemma zu erklären.

Bald danach kam Martin heim. Wie stets, wenn er durch die Tür trat, rief er als erstes: »Wo ist Coretta?«

Ich rannte ihm aus dem Schlafzimmer entgegen, und wir küßten uns. Dann aßen wir gemeinsam zu Abend, und Martin erzählte von den Ereignissen in Memphis. Noch immer war er bekümmert und verstört. Wenn ich später an diesen Abend zurückdachte, war ich froh, daß wir ihn ruhig zusammen verbracht hatten – ich hoffe, daß ich ihn ein wenig trösten konnte.

Am nächsten Tag rief Martin den ganzen Verwaltungsstab der SCLC, Jim Lawson aus Memphis und Vorstandsmitglieder von anderen Städten zusammen, um zu entscheiden, ob wir uns weiterhin in Memphis engagieren sollten oder nicht. Obwohl diese Aktion nicht zur Poor People's Campaign gehörte, so kam sie doch aus derselben Überzeugung, denn hier forderten Arbeiter, die von allen Gruppen am schlechtesten bezahlt waren und die niedrigste soziale Stellung hatten, bessere Löhne und bessere Arbeitsbedingungen. Mein Mann wünschte sich mit ihnen zu solidarisieren. »Dies ist kein Rassenkrieg, sondern ein Klassenkrieg«, sagte er.

Es war eine sehr wichtige Zusammenkunft für ihn. Sie fand nicht im Hauptquartier, sondern in seinem Arbeitszimmer in der Ebenezer Church statt. Martin sorgte sich nicht nur sehr wegen Memphis, sondern auch wegen des Poor-People's-Marsches auf Washington. In der Presse wurde sehr viel kritisiert, daß so viele Menschen auf die Stadt zumarschieren würden. Man war überzeugt, die Demonstration werde Gewalt in die Hauptstadt der Vereinigten Staaten tragen. Während jener Tage wiederholte Martin oft, daß dies die letzte Chance für die Gewaltlosigkeit in Amerika sei. Er glaubte an ihren Erfolg, und er war bereit, das Vorgefecht in Memphis mit allen Mitteln der SCLC zu unterstützen. Er wußte, daß die Vorfälle bei der Demonstration vom 28. März die Befürchtungen vieler erhöht und die Erfolgsaussichten des Washington-Feldzuges geschmälert hatten. Martin prägte allen ein, wie wichtig es sei, in Memphis friedlich zu demonstrieren, ein Ziel, das wir nur erreichen könnten, wenn wir unsere Kräfte in Memphis konzentrierten, um die Bevölkerung auf einen gewaltlosen Marsch vorzubereiten. Zwar werde dadurch die Poor People's Campaign verzögert, doch wenn in Memphis die Gewaltlosigkeit erfolgreich wäre – und er glaubte daran –, dann würde dies dem größeren Plan zum Vorteil gereichen.

Martin war offener und leidenschaftlicher denn je. Er wog die Schwächen der praktischen Organisation ab, die geistige Einstellung und die Gefahr, sich von den wesentlichen Zielen der Stunde ablenken zu lassen. Ein Teilnehmer bemerkte: »Martins durchdringende Kritik zusammen mit seiner Beredsamkeit war ein vernichtendes Feuer.«

All die Anwesenden waren selbst beredt und reich an Erfahrungen. Eine lebhafte Diskussion folgte, und wenige sparten an Selbstkritik. Im Lichte dessen, was später geschah, haben jene, die an dieser echten Gewissenserforschung teilnahmen, gesagt, die Versammlung sei ein wenig wie das Letzte Abendmahl gewesen.

Zwischendurch verließ Martin unvermittelt den Raum, denn ihm schien, wenn er sich vorübergehend entferne, so würde dies zu noch größerer Offenheit und Einsicht führen.

Während dieses Zeitpunkts rief ich an, um zu hören, wann mein Mann zum Abendessen käme. Ralph Abernathy sagte mir: »Martin ist vor einer Weile gegangen. Er schien niedergeschlagen und über die Mitarbeiter erregt. Aber er wird bald zurückkehren, und während er weg war, kam der Heilige Geist vorbei. Wir sind uns nun alle einig. Wir gehen über Memphis nach Washington.«

Als Martin schließlich heimkam, berichtete er, sie hätten beschlossen, den Marsch in Memphis weiterzuführen. Wir würden unsere Spitzenleute hinschicken, um die schwarze Bevölkerung zu organisieren und vorzubereiten. Ab dem 3. April würden in Memphis Zusammenkünfte des Stabs stattfinden; der Marsch selbst sei für Montag, den 8. April, geplant.

Martin flog Samstagnacht, den 30. März, nach Washington, da ihn Dekan Francis Sayre eingeladen hatte, in der National Cathedral am Sonntag zu predigen. Über tausend Menschen waren in der episkopalen Kathedrale versammelt, mehr als je zuvor. Martin sagte ihnen, erst dann seien die Ziele der Bewegung erfüllt, wenn »die letzte Spur der Rassenungerechtigkeit ausgemerzt« sei. Die Emanzipations-Proklamation sei wie ein Gerichtsentscheid gewesen, der einen Mann freispricht, nachdem er den größten Teil seines Lebens im Gefängnis verbracht hat. »Ihr habt ihn in die Freiheit entlassen«, sagte Martin, »aber ihr gabt ihm kein Geld für den Bus in die Stadt.«

Er sagte der Gemeinde, die Poor People's Campaign sei nicht allein eine dramatische Geste, sondern die Forderung nach einer längst fälligen Entschädigung. Wieder und wieder versicherte er: »Es wird eine ordentliche, gewaltlose Demonstration sein.«

Sonntagabend kam Martin heim. Wir hörten Präsident Johnsons berühmte Rede, in der er es ablehnte, für eine weitere Amtsperiode als Präsident zu kandidieren, und Verhandlungen mit Nord-Vietnam forderte. Wie alle waren wir sehr überrascht, doch hofften wir, sein Schritt werde uns dem Frieden der Völker näherbringen. Am nächsten Tag, Montag, den 1. April, war Martin eifrig mit der Planung für Memphis und Washington beschäftigt. Dienstag traf er sich mit dem Stab der SCLC und verbrachte dann einige Zeit mit den Kindern. Mittwochmorgen um sieben Uhr wollte er das Flugzeug nach Memphis nehmen.

Ralph Abernathy kam bei uns vorbei, um Martin abzuholen. Ich stand sehr früh auf, wie stets bei solchen Reisen. Weder Ralph noch Martin wollten etwas frühstücken. Sogar Kaffee und Saft lehnten sie ab. Ich begleitete Martin zur Tür, küßte ihn zum Abschied und wünschte ihm alles Gute. Die Kinder schliefen noch. Es war ein gewöhnlicher Abschied wie tausend andere zuvor. Martin versprach, mich abends anzurufen.

Martin war in Memphis kritisiert worden, daß er in der Holiday Inn wohnte, die als zu »exklusiv« galt. Seine Mitarbeiter glaubten ihn dort am sichersten, da sie in einer Gegend abseits der Demonstration lag. Doch Martin war empfänglich für Kritik, und so reservierte er Zimmer in einem Motel, dessen Besitzer und Personal Neger waren – dem Lorraine Motel an der Mulberry Street, nicht weit vom Clayborn Temple an der Mason Street, wo die Märsche gewöhnlich begannen.

Martin rief mich abends wie versprochen an und berichtete, alles ginge ausgezeichnet. Bayard Rustin sorge dafür, daß viele Leute aus anderen Städten nach Memphis kämen, aber Bürgermeister Loeb habe eine Verfügung des Bundes erreicht, die es »Nicht-Ansässigen« untersage, in Memphis zu marschieren oder zu demonstrieren. Dennoch werde er den Marsch am Montag anführen.

Dann fragte er, ob ich Nachrichten gehört habe, da er sich wegen der Friedensgespräche sorge, die der Präsident gefordert habe, und er wollte wissen, ob sich irgend etwas Neues ergeben habe. Ich sage ihm, daß ich um sechs Uhr keine Gelegenheit dazu hatte, worauf er antwortete: »Schon gut. Ich sehe mir die Nachrichten um elf an. Ich muß auf einer Massenversammlung sprechen, aber ich werde rechtzeitig zurück sein. Mach dir keine Gedanken.« Dann sagte Martin: »Ich rufe morgen abend an ...«

Millionen und aber Millionen hörten Martin zu der Versammlung jenes Abends sprechen, als die Bandaufnahme tagelang wieder und wieder abgespielt wurde. Und dabei wäre er fast nicht hingegangen, da ein heftiger Gewitterregen einsetzte und Ralph Abernathy meinte, es würden nur wenige kommen. Martin brauchte Ruhe, und Ralph bot ihm an, an seiner Statt zu sprechen.

Doch als Ralph im Clayborn Temple ankam, fand er trotz des Wetters etwa zweitausend Leute. Sie applaudierten ihm höflich, aber er wußte, daß sie enttäuscht waren. Ralph verließ das Podium und rief Martin an, er möge bitte zu der wartenden Menge sprechen. Martin zog seinen Regenmantel über und machte sich sofort auf den Weg. »Ich wußte, dies war nicht mein Publikum«, sagte Ralph. »Sie wollten Martin hören.«
Ralph führte meinen Mann viel länger ein als sonst und berührte alle Höhepunkte seines Lebens. Es war eine gute Einführung, und als Martin das Podium betrat, empfingen ihn die Zuhörer mit rauschendem Beifall. Wie immer Martin sich zuvor gefühlt haben mochte, auch diesmal inspirierte ihn die Begeisterung der Menschen. An jenem Abend hielt er völlig spontan eine seiner größten Reden. Zuerst sagte er den Bürgern von Memphis, daß er mit Leib und Seele auf ihrer Seite stünde, daß ihre Sache gerecht sei und daß seine Organisation für sie kämpfen werde. Selbst wenn die Verfügung des Bundes nicht aufgehoben würde, werde er den Marsch am Montag anführen. Das Publikum tobte vor Begeisterung.
Dann schien die Gabe der Prophetie über ihn zu kommen. Er sagte den Leuten, daß sein Flugzeug von Atlanta heute morgen Verspätung gehabt habe, da man seinetwegen nach einer Bombe suchte, und in Memphis hätten ihn Drohungen und Gerüchte empfangen, ein Anschlag sei auf ihn geplant.
Er fügte hinzu: »Ich weiß nicht, was geschehen wird. Schwierige Tage liegen vor uns. Aber es bedeutet mir wirklich nichts mehr. Weil ich auf dem Berggipfel war, macht es mir nichts mehr aus. Wie alle Menschen würde ich gern lange leben. Es ist etwas Schönes, alt zu werden. Aber darum sorge ich mich jetzt nicht. Ich möchte allein Gottes Willen tun. Und er hat mir erlaubt, den Berg zu erklimmen. Und ich habe hinübergeschaut und das Gelobte Land gesehen.
Vielleicht werde ich es nicht mit euch erreichen, aber ich möchte euch heute abend sagen, daß wir als Volk in das Gelobte Land einziehen werden.
Darum bin ich heute abend glücklich. Ich sorge mich um nichts. Ich fürchte keinen Menschen. Meine Augen haben die Herrlichkeit des kommenden Reiches Gottes geschaut ...« So bewegt reagierten die Zuhörer auf Martins Worte, so erregt war er durch ihre Ergriffenheit, daß es ihn überwältigte: er brach an dieser Stelle ab. Ich glaube, daß er das Zitat beenden wollte: »Seine Wahrheit kann nichts aufhalten.«
Am folgenden Tag, Donnerstag, dem 4. April 1968, schien Martin trotz seiner Sorgen wegen des Marsches fast glücklich. A. D. erzählte mir, es wäre wie in ihrer Jugend gewesen. An jenem Nachmittag neckten sie einander und balgten sich wie übermütige Buben. Plötzlich schlug Martin

vor, Mama King anzurufen, was er sonst fast nie tat, wenn er sich auf Reisen befand. Sie unterhielten sich lange und angeregt mit Mama King, und A. D. und Martin neckten sie, indem sie ihre Stimme verstellten und sich für den anderen ausgaben. Sie war sehr glücklich, weil sie selten mit ihren beiden Söhnen zugleich sprach.

Martin redete auch mit A. D. über die Predigt, die er am Sonntag in der Ebenezer Church halten wollte: »Warum Amerika verderben könnte.« Martin sprach ziemlich ausführlich darüber und erwähnte alle Punkte, die er hervorheben wollte. (Am nächsten Sonntag hielt dann A. D. die Predigt, so wie er glaubte, daß sein Bruder sie gehalten hätte.)

Die Nachmittagsstunden verstrichen im Lorraine Motel, und bald war es Zeit, daß sie sich zum Essen fertigmachten. Nachdem sich Martin angezogen hatte, trat er auf den kleinen Balkon zur Straße hin, von dem man auf eine heruntergekommene Pension etwa siebzig Meter entfernt blickte. Ben Branch, der abends auf der Versammlung spielen sollte, stand unter dem Balkon, und Martin rief hinunter: »Vergiß nicht ›Precious Lord Take My Hand‹ heute abend für mich zu singen. Sing es schön.« Lachend versprach es Branch.

Solomon Jones, der Martin an diesem Abend fahren sollte, rief hinauf: »Es wird kühl, Dr. King. Nehmen Sie lieber einen Mantel mit.«

»Einverstanden.«

Es war fast Zeit zu gehen. Ralph eilte in sein Zimmer, um etwas Rasierwasser zu benutzen.

In diesem Augenblick ertönte der Schuß. Er soll wie ein Feuerwerkskörper geklungen haben . . .

An jenem Nachmittag, Donnerstag, dem 4. April, ging ich mit Yolanda einkaufen. Wenige Wochen zuvor hatte ich beschlossen, den Kindern keine Kleider zu Ostern zu kaufen, denn ich fand schon immer, Ostern solle als ein geweihter Feiertag begangen werden und nicht als Frühlingsfest, bei dem man mit neuen Kleidern prunkt. Aber auf den Kindern lastete schon soviel – ihr Vater war durch seine Verpflichtungen so häufig abwesend, und auch sonst mußten sie mit so vielem fertig werden –, daß ich sie nicht zwingen wollte, als einzige in der Sonntagsschule ohne neue Kleider zu erscheinen. Martin hatte mir zugestimmt, und am vergangenen Freitag hatte ich den Jungen neue Anzüge gekauft. Am Donnerstag fuhr ich mit Yoki in die Stadt und kaufte ihr ein paar neue Kleider. Ich war noch nicht lange zurück, als das Telefon läutete. Es war Jesse Jackson. »Coretta, Doc wurde eben von einer Kugel getroffen. Du mußt jetzt einen kühlen Kopf behalten.«

Es traf mich hart – nicht Überraschung, sondern der Schock –, daß der Anruf gekommen war, auf den ich unterbewußt ein Leben lang gewartet hatte. Ich fragte nach Einzelheiten, und Jesse, der mich schonen wollte, sagte: »Er wurde in die Schulter getroffen.«

Ich spürte, daß es ernst war, und wollte fragen, wie schwer er verletzt sei, doch wagte ich es nicht und sagte statt dessen: »Ich komme mit dem nächsten Flugzeug.«

»Man hat ihn ins St. Joseph's Hospital gebracht«, sagte Jesse. »Komm doch ins Hotel, und wir bringen dich dann dorthin.«

Ich ahnte, daß es vielleicht tödlich war, und telefonierte Dora McDonald, sie möge bitte herüberkommen. Dann rief Andy Young aus Memphis an, Martins Zustand sei sehr ernst: »Er ist nicht tot.«

Es war gegen 7 Uhr 20, und ich sagte ihm, ich käme mit dem Flugzeug um 8 Uhr 25. »In Ordnung. Wir holen dich ab«, sagte Andy. »Er wurde in den Hals getroffen. Bring jemanden mit.«

»Dora ist auf dem Weg hierher.«

»Sie soll mitkommen.«

»Vielleicht kann mich auch Juanita Abernathy begleiten – ich rufe sie an«, fügte ich hinzu.

Ich schaltete das Fernsehen ein. Sie sprachen von Martin und berichteten, was ich schon wußte. Inzwischen waren die Kinder ins Zimmer gekommen, und obwohl ich versuchte, den TV abzustellen, hatten sie doch erfaßt, daß ihrem Vater etwas zugestoßen war.

»Was ist los?« fragten sie.

»Ich will es nicht wissen! Ich will es nicht wissen!« rief Yoki und rannte schluchzend aus dem Zimmer.

Aber bald kam sie zurück, und ich sagte ihr: »Ich fliege nach Memphis, weil euer Daddy von einer Kugel getroffen wurde.« Alle Kinder waren im Zimmer, und Yolanda half mir packen. Es war das erste Mal, daß sie mir je von sich aus dabei half.

Dann läutete wieder das Telefon. Die Stimme sagte: »Mrs. King, hier spricht Bürgermeister Allen. Ich wollte fragen, ob ich Ihnen mit irgend etwas helfen kann.«

Ich antwortete, daß ich um 8 Uhr 25 nach Memphis fliegen würde.

Bürgermeister Allen sagte: »Ich komme selbst, und werde versuchen, dazusein, ehe Sie abfliegen. Ich schicke Ihnen einen Beamten zu Ihrer Begleitung.«

Während ich mich fertig machte, trafen Freunde aus der ganzen Stadt ein. Mutter King rief an, Christine sei auf dem Weg zu mir. Dann erschien Bürgermeister Allen mit seiner Frau. Dora McDonald war schon dagewesen und dann heimgefahren, um ihre Sachen zu holen und mich am Flugplatz zu treffen.

Es war nun acht Uhr. Als ich aufbrach, fragte Dexter: »Mami, wann kommst du wieder?«

»Ich rufe euch aus Memphis an und sage euch, wann ich zurückkomme.«

»Mami, wann kommt Daddy wieder?«

»Dexter, ich rufe euch aus Memphis an und sage Bescheid.«

Dann küßte ich alle Kinder zum Abschied.

Christine und ihr Mann Isaac, Bürgermeister Allen und seine Frau, Reverend Fred Bennette und seine Frau sowie Bernita begleiteten mich zum Flugplatz. Als wir den langen Gang voll eiliger Leute entlanggingen, schien alles so unwirklich wie in einem Alptraum. Bürgermeister Allen sagte zu mir: »Es ist etwas so Sinnloses. Wann werden es die Menschen je begreifen?«

Ich hörte meinen Namen über die Lautsprecher ausrufen.

»Man verlangt mich.«

Und ich hatte ein merkwürdiges, kaltes Gefühl. Denn ich wußte, es war die Nachricht aus Memphis und daß die Nachricht schlecht war. Inzwischen hatten wir die Sperre vor dem Flugzeug erreicht. Ich bat den Bürgermeister, jemand möge die Nachricht für mich entgegennehmen.

Wenige Minuten später sah ich Dora McDonald sehr schnell auf mich zukommen, und ich bemerkte den Ausdruck auf ihrem Gesicht. Als sie angerannt kam, sagte sie: »Komm! Wir brauchen einen Raum, wo wir uns setzen können.«

Da wußte ich, daß Martin tot war.

Wir gingen in den Vorraum der Damentoiletten.

Bürgermeister Allen ging, die endgültige Bestätigung holen, aber Dora sagte nichts. Wir klammerten uns nur aneinander.

Als Bürgermeister Allen zurückkam, sah er sehr ernst und weiß aus. Sehr förmlich sagte er: »Mrs. King, man hat mich gebeten, Ihnen mitzuteilen, daß Dr. King tot ist.«

Natürlich wußte ich es schon. Aber es war noch nicht *gesagt* worden. Ich hatte versucht, mich auf dies endgültige Wort vorzubereiten, es zu denken und zu akzeptieren – ich versuchte es zu fassen, daß Martin tot war. Betäubt und weinend standen wir da. Bürgermeister Allen nahm meine Hand und fragte: »Mrs. King, was wollen Sie tun? Wollen Sie nach Memphis fliegen oder nach Hause fahren?«

»Ich sollte heimgehen und nach den Kindern schauen und dann überlegen, was zu tun ist.«

Juanita Abernathy, die ihre Kinder zum Flugplatz mitgebracht hatte, fuhr in ihrem Wagen zu uns nach Hause, während mich Bürgermeister Allen, Christine und Isaac heimbegleiteten. Wir schwiegen. Es war tröstlich, Isaac und Christine wie auch den Bürgermeister unserer Stadt, der vor allem ein guter Freund war, um mich zu haben. Als ich nach einem Sinn in diesem Ereignis suchte, fiel mir ein, daß es Fastenzeit war, die Woche vor der Passionswoche. Wie seltsam und wie tröstlich zugleich, daß sein Tod dem Todestag seines Herrn so nahe kommen sollte. Ich dachte daran, wie oft Martin das menschliche Leben zum Karfreitag und zu Ostern in Beziehung gesetzt hatte. Karfreitag, der Tag des Leids, der scheinbare Sieg des Bösen über das Gute. Dann Ostersonntag und die Auferstehung, die Ankunft der Freude, der Sieg des Lebens über den Tod!

Martin hatte oft von der Bedeutung Osterns im menschlichen Leben gesprochen. Die Augenblicke der Hoffnungslosigkeit und des Zweifels seien die Karfreitage des Lebens. Aber stets fügte Martin hinzu, selbst in den dunkelsten Augenblicken geschähe etwas, daß wir die Osterglocken hörten. Die Wolken der Verzweiflung würden sich lichten, und wir würden erkennen, daß es Hoffnung, Leben, Licht und Wahrheit – daß es das Gute in der Welt gäbe. Darin sah Martin den Sinn von Ostern.

Mein Mann war immer bereit, sein Leben für die Sache hinzugeben, an die er glaubte. Völlige Hingabe schien ihm durch ihre Wirkung auf andere eine erlösende Kraft. Dies würde bedeuten, daß er im Leben anderer, die sich einer großen Sache weihten, wiederauferstehen würde. Martin hatte eine mystische Identität mit Christi Passion empfunden. Und selbst in diesen ersten fürchterlichen Augenblicken ging es mir durch den Sinn, daß es irgendwie passend war, daß Martin Luther Kings höchstes Opfer in die Osterzeit fiel.

Dann überlegte ich, was ich den Kindern sagen sollte. Ich fürchtete, daß sie es inzwischen gehört haben mußten – ohne daß ich bei ihnen war. Aber als ich heimkam, lagen Dexter und Bunny schon im Bett, und Bunny schlief. Yolanda saß in der Diele und telefonierte ruhig. Auch Marty war noch auf, aber nur Yolanda folgte mir in mein Schlafzimmer. »Mami, ich werde nicht weinen! Ich werde einfach nicht weinen, weil mein Daddy nicht wirklich tot ist. Sein Leib mag tot sein, aber seine Seele wird nie sterben, und im Himmel werde ich ihn wiedersehen.«

Während sie versicherte, sie würde nicht weinen, rollten ihr die Tränen unentwegt über die Backen. »Mami, du bist so stark und so tapfer. Ich weiß nicht, was ich täte, wenn ich in deiner Haut stecken würde.«

Dann fragte sie: »Mami, soll ich den Mann hassen, der meinen Daddy getötet hat?«

»Nein, Liebes, dein Daddy hätte das nicht gewollt.«

Sie hörte auf zu weinen, und ich nahm sie in die Arme und sagte: »Aber du warst selbst so großartig und so tapfer. Ich bin stolz auf dich; und dein Daddy wäre auch sehr stolz auf dich gewesen.«
Marty und Dexter erwarteten mich in ihrem Zimmer. Marty schien ein wenig verwirrt, er wollte etwas sagen, fand jedoch nicht die rechten Worte. Dexter, der erst sieben war, fragte: »Mami, wann kommt Daddy heim?«
Mir brach das Herz, aber ich blieb ruhig: »Dexter, weißt du, daß dein Daddy von einer Kugel getroffen wurde?«
»Ja.«
»Er wurde schwer verletzt. Schlaf jetzt erst einmal, und ich erzähle dir morgen davon.«
Er sagte »All right« und schien ruhig einzuschlafen.

Aber dies war erst der Beginn einer alptraumartigen Nacht.
Obwohl sich alle großartig benahmen, konnte mir während dieser Stunden nichts wirklich helfen. Präsident Johnson rief an: »Ich möchte Ihnen sagen, wie tief meine Frau und ich mit Ihnen und Ihrer Familie fühlen.« Und er fügte hinzu: »Ich bereite soeben eine Erklärung fürs Fernsehen vor.« In der Fernsehansprache kündigte der Präsident an, daß er eine Sondersitzung einberufen werde, um dem Kongreß »in dieser Stunde nationaler Not« ein Programm – »konstruktiver, nicht destruktiver Aktion« – vorzutragen.
Senator Robert Kennedy rief an, um seine Trauer und sein Beileid auszusprechen und sagte: »Ich werde alles für Sie tun, was in meiner Macht steht.«
Da er wußte, daß in diesen Tagen zahllose Anrufe ins Haus kommen würden, ließ Senator Kennedy noch in derselben Nacht drei weitere Apparate bei uns installieren.
Als nächster rief Harry Belafonte an. »Coretta, ich möchte morgen zu euch kommen, um bei dir und den Kindern zu sein. Ich will nur an deiner Seite sein und dir abnehmen, was immer ich kann. Ich möchte dieses Leid mit dir teilen, und du sollst wissen, daß du in allem, was du brauchst, auf mich zählen kannst.«
Harry kam am Freitag und erwartete mich, als ich aus Memphis zurückkam. Durch seine Klugheit, sein Verständnis und sein Einfühlungsvermögen war er in dieser Zeit eine große Hilfe.
Daddy King war zutiefst erschüttert. »Ich glaubte immer, daß ich als erster abberufen würde«, wiederholte er ein ums andere Mal, und mir brach das Herz um seinet- wie um meinetwillen. Aber wenn nötig, konnte

Daddy King stark sein. Zwei Gemeindemitglieder von Ebenezer, mit denen er und seine Familie eng befreundet gewesen waren, Mrs. Ruth Davis und Mrs. Nannien Crawford, starben in jener Woche, und Daddy King fand, er müsse die Trauergottesdienste leiten. Mutter King war zu unserer Erleichterung ein Fels der Stärke. Meine eigene Mutter und mein Bruder Obie kamen von Marion, während mein Vater später zur Beerdigung eintraf. Meine Schwester Edythe ließ alles im Stich, um mir zur Seite zu stehen.

Während dieser Tage des Leids kam viel Prominenz nach Atlanta, um ihr Beileid zu bezeugen oder an der Beerdigung teilzunehmen. So statteten mir Robert, Ethel und Jacqueline Kennedy und Richard Nixon einen persönlichen Besuch ab. Andere machten die Reise nach Atlanta nur, um zu sagen: »Ich möchte Mrs. King nicht stören. Sie soll nur wissen, daß ich an sie denke.« Wie rücksichtsvoll sie waren! Ich wünschte, ich hätte jedem einzelnen von ihnen persönlich danken können.

Am rührendsten waren vielleicht Bill Cosby und Robert Culp – das berühmte schwarz-weiße Agenten-Paar aus der Fernsehreihe »I Spy«. Sie verlangten mich nicht einmal zu sprechen, sondern spielten fast den ganzen Nachmittag bei uns mit den Kindern, da ihnen dies das Beste schien, was sie augenblicklich für uns tun konnten. Und dann kamen Tausende, die ich nicht kannte und die meinem Mann nie persönlich begegnet waren, doch die ihn tief verehrten. Er hatte sein Leben hingegeben in dem Versuch, ihnen eine bessere Welt zu bereiten.

Die drei größten Fernsehgesellschaften sendeten über die aktuelle Berichterstattung hinaus sechs Stunden lang den Trauergottesdienst. Viele Schulen, lokale Regierungsämter und Geschäftsunternehmen schlossen zu Martins Gedenken. Präsident Johnson erklärte Sonntag, den 7. April, zu einem nationalen Trauertag. Wichtige Sportveranstaltungen, Aufführungen und andere Programme fielen aus oder wurden verschoben, desgleichen viele Sendungen des Fernsehens und des Rundfunks. Durch die ganze Nation ging eine Welle der Anteilnahme. Alle waren hilfreich, und überall herrschte in dieser Zeit Liebe und Brüderlichkeit. Wir erhielten Tausende von Telegrammen, Zehntausende von Karten und Briefen, zahllose Blumengebinde aus der ganzen Welt, Geschenke und viele wertvolle Spenden.

Die größte private Spende kam von Peter Fuller, einem bedeutenden Bostoner, der zur Weiterführung von Martins Werk zweiundsechzigtausend Dollar stiftete – den Preis, den sein Pferd Dancer's Image am Samstag, dem 6. April 1968, beim Governor's Cup in Bowie, Maryland, gewonnen hatte.

Gouverneur Nelson Rockefeller stellte uns sein Flugzeug zur Verfügung und bot uns seine Unterstützung an, wann immer wir ihrer bedürftig wären.
Angeführt von Bürgermeister Ivan Allen und Polizeichef Herbert Jenkins erwies die Stadt Atlanta – ihre Polizeimacht, ihre Geschäftsleute, politischen und religiösen Führer sowie all ihre Bürger – meinem Mann die letzte Ehre und gab damit der ganzen Nation ein eindrucksvolles Beispiel. Unsere Mitbürger taten alles, was in ihren Kräften stand, um unser Leid und unsere Erschütterung zu lindern. Sie brachten uns Lebensmittel ins Haus, darunter viele schon gekochte Speisen. Diese Zusammenarbeit zwischen Schwarz und Weiß war ein schöner Tribut an Martins Lehren. Ich erinnerte mich an Zeiten, da er niedergeschlagen war und einer Aufmunterung bedurfte, und wünschte, Martin hätte sehen können, wie viele ihn verehrten. Er hatte es nicht gewußt.
Der Tod meines Mannes hatte allerdings auch ein bedauerliches Nachspiel. In dreiundsechzig Städten des Landes brachen Krawalle aus, der schlimmste in Washington, D. C. Er dauerte drei Tage und zerstörte viele Häuserblocks der Hauptstadt. Obwohl ich die Verzweiflung verstand, mit der die Aufrührer auf Martins Tod reagierten, so war es doch nicht der rechte Tribut für einen Prediger der Gewaltlosigkeit.
Allerdings schien es klar, daß die Gewalt von keiner Gruppe der Bewegung ermutigt wurde, sondern Ausdruck der Verzweiflung und Hoffnungslosigkeit war. Am Freitagmorgen flog ich mit Christine und Isaac, Dora McDonald, Fred Bennette und Bill Rutherford von der SCLC in dem Flugzeug, das uns Senator Kennedy geschickt hatte, nach Memphis. Ich wartete in der Maschine, bis Martins Sarg in das Flugzeug gebracht wurde, und flog dann mit ihm nach Hause zurück. Ralph Abernathy, Bernard Lee und Andy Young kehrten im gleichen Flugzeug aus Memphis heim.
Die Kinder holten uns auf dem Flugplatz in Atlanta ab. Sie stiegen durch den vorderen Eingang des Flugzeuges, während Martins Leichnam durch die hintere Tür hinausgebracht wurde. Die fünfjährige Bunny wurde von Andy Young getragen. Sie sah sich um und fragte: »Mami, wo ist Daddy?« Ich schwieg, und sie fragte erneut: »Mami, wo *ist* Daddy?« Mir brach das Herz.
Schließlich nahm ich sie in die Arme und setzte mich mit ihr hin. »Bunny, Daddy liegt in seinem Sarg hinten im Flugzeug und schläft. Wenn du hinsiehst, wird er nicht mit dir sprechen können.« Ich konnte ihr nicht alles erklären, aber wir würden anschließend zu Hanley's Bestattungsunternehmen fahren und dort den Sarg öffnen lassen, und vielleicht würde ihr das helfen, meine Worte zu verstehen.

Auf dem Flugplatz und vor dem Bestattungsunternehmen drängten sich die Menschen, um einen Blick auf den Sarg zu werfen. Ich bat den Bestattungsunternehmer, den Sarg zu öffnen, damit die Kinder und ich Martin sehen könnten. Bunny stand reglos da und betrachtete ihren Vater. Sein Gesicht sah so jung und glatt und sorglos auf dem weißen Satinfutter des Sarges aus; von der Verletzung war fast nichts zu sehen. Ich sagte zu Bunny: »Daddy ist zum lieben Gott gegangen, er wird nicht wiederkommen.«

Sie verstand es nicht ganz, aber als die Tage vergingen, begriff sie allmählich, was der Tod bedeutete. Doch manchmal fragte sie nach ihrem Daddy und sagte, er fehle ihr.

Gleich nach der Ankunft begannen wir die Beerdigung vorzubereiten. Es war schwierig, all die Leute, mit denen wir rechneten, unterzubringen und die Beerdigung zugleich so einfach zu halten, wie Martin sie gewünscht hätte. Tatsächlich hatte Martin in seiner Predigt vom 4. Februar 1968, genau zwei Monate vor seinem Tod, in der Ebenezer Church über seine eigene Beisetzung gesprochen. Damals hatte er gesagt: »Sollte von euch jemand zugegen sein, wenn meine Stunde kommt, so wißt, daß ich keine lange Beerdigung möchte.«

Keine Fanfaren oder andere extravagante Huldigungen also! Vor allem hatte ihm daran gelegen, seine Beerdigung möge seinem Leben und seinen Grundsätzen entsprechen. Ich glaube aber nicht, daß er gegen die große Zahl der Trauergemeinde gewesen wäre.

All jene, die er geliebt und in deren Dienst er sein Leben gestellt hatte, sollten an der Feier teilnehmen, und diejenigen, die weither angereist kämen, sollten in der Lage sein, ihn ein letztes Mal zu sehen und zu ehren. Dies bedeutete, daß er lange aufgebahrt liegen müßte. Auch wollten wir den Leuten Gelegenheit geben, am Trauergottesdienst teilzunehmen, wie sie so offensichtlich wünschten.

Wir beschlossen, Martin in der Sister's Chapel des Spelman College von Samstagnachmittag bis Montagnachmittag aufzubahren und ihn anschließend zur Ebenezer Baptist Church zu bringen, wo der Sarg bis Dienstagmorgen um neun, dem Tag der Bestattung, bleiben sollte.

Viele Tausende aller Schichten und Farben warteten stundenlang vor der Sister's Chapel, um ihm ein letztes Mal zu huldigen. Als ich Montagabend mit den Kindern zur Ebenezer Church ging, um Abschied zu nehmen, wanden sich Schlangen von Menschen um den Häuserblock von der Auburn Avenue bis zum Boulevard und von dort zur Edgewood Avenue und wieder zurück. Mit eigenen Augen sah ich, wie die Leute darauf warteten, einen letzten Blick auf diesen Mann zu werfen, der als Vorkämpfer von

Gerechtigkeit, Frieden, Rechtschaffenheit und Brüderlichkeit sein Leben für sie und die Sache hingegeben hatte.

Ich fühle mich in der Schuld der Mitarbeiter von der SCLC und all der anderen Freunde, welche zu einem reibungslosen Verlauf der Beerdigung beitrugen, deren Organisation Wyatt T. Walker, unser Freund und ehemaliger Geschäftsführer der SCLC, auf meine Bitte übernahm.

Meine gute Freundin Bernita Bennette zeichnete für das gedruckte Programm des Trauergottesdienstes verantwortlich, außerdem schrieb sie mit Hilfe von Edythe, Christine und Tom Offenburger von der Public-relations-Abteilung der SCLC die Todesanzeige mit einem kurzen Nachruf.

Am Samstag meinte Harry Belafonte, ich sollte eine öffentliche Erklärung abgeben, und wir luden die Presse in die Ebenezer Church. Dort sagte ich den Reportern, daß Martin gewünscht hätte, die SCLC möge unter Ralph Abernathy, Andrew Young und den anderen weitergeführt werden. Ich dankte all unseren Freunden von der SCLC, der Ebenezer Church und aus der ganzen Welt, die sich zusammengetan hatten, um in dieser schmerzlichen Zeit zu helfen.

Dann erzählte ich von Martin: »Mein Mann sagte den Kindern oft, daß einer, der nichts habe, für das es sich zu sterben lohne, nicht zum Leben tauge. Es komme nicht darauf an, wie lange man lebe, sondern wie groß man lebe. Er war sich der Gefahr, in der er lebte, jederzeit bewußt. Die Möglichkeit eines frühen Todes stand uns klar vor Augen. Dennoch empfand Martin weder Bitterkeit noch Haß. Er wußte, daß er in einer kranken, von Rassismus und Gewalt verseuchten Gesellschaft lebte, die seine Integrität anzweifelten, seine Motive verfälschte und seine Ansichten verzerrte, einer Gesellschaft, die schließlich sein Ende verantworten mußte. Aber er kämpfte mit jedem Funken seiner Energie, um diese Gesellschaft vor sich selbst zu retten.

Er haßte nie. Er verzweifelte nie daran, Gutes zu tun. Und er ermutigte uns, seinem Beispiel zu folgen, und bereitete uns damit beständig auf die Tragödie vor. Ich bin überrascht und erfreut über den Erfolg seiner Lehre, denn unsere Kinder sagen: ›Daddy ist nicht tot; er mag körperlich tot sein, aber seine Seele wird nie sterben.‹

Nicht zuletzt hat es uns unsere Frömmigkeit leichter gemacht, den Schicksalsschlag zu ertragen. Unsere Sorge gilt nun seinem Werk, daß es nicht zugrunde gehen möge. Er gab sein Leben für die Ärmsten der Welt – die Müllarbeiter von Memphis und die Bauern von Vietnam. Nichts schmerzte ihn so sehr, als daß der Mensch keine anderen Wege als die der Gewalt kannte. Er widmete sich der Suche nach einem besseren Weg, einem wirksameren Weg, einem konstruktiven, statt einem destruktiven Weg.

Wir wollen weiter nach diesem Weg suchen, und ich hoffe, daß alle, die ihn liebten und bewunderten, zu der Erfüllung seines Traumes beitragen werden.
An dem Tag, da die Neger und alle anderen geknechteten Völker wahrhaft frei sind, an dem Tag, da es keine Not mehr gibt, an dem Tag, da die Kriege erlöschen, an jenem Tag weiß ich, daß auch mein Mann verdienten Frieden finden wird.«
Der Marsch in Memphis war noch immer für Montag angesetzt, so wie Martin ihn geplant hatte. Am Samstagmorgen sagte Harry Belafonte: »Ich möchte mit dir über etwas reden. Du mußt nicht zustimmen, aber überleg es dir. Ich denke, du solltest nach Memphis gehen und am Montag marschieren, wenn es nicht zuviel für dich ist. Es würde den Menschen in der ganzen Nation viel bedeuten, wenn du dabei wärst.«
»Du hast recht«, erwiderte ich sofort. »Martin hätte es sicher gewollt. Ich hatte nicht daran gedacht, aber jetzt, da du fragst, möchte ich wirklich gehen. Ich könnte sogar die Kinder mitnehmen.«
So flog ich am Montag mit Harry Belafonte, Justine Smadback und meinen drei ältesten Kindern in einem Flugzeug, das Harry besorgt hatte, nach Memphis. In Memphis gab es keine Schwierigkeiten. In dem Schock und der Trauer über Martins Tod war die Verfügung des Bundes gegen den Marsch entweder vergessen oder aufgehoben worden; in ganz Amerika gab es kaum jemanden, der es gewagt oder nur gewünscht hätte, sie durchzusetzen. Wir wurden vom Flugplatz zur Spitze des Zuges gebracht und marschierten etwa eine Meile bis zum Rathaus, Ralph Abernathy und die Kinder an meiner Seite. Fünfundzwanzigtausend, vielleicht auch fünfzigtausend Leute nahmen an der Demonstration teil, darunter einige, die aus allen Teilen des Landes eigens hergekommen waren. Die Straßen waren dicht gesäumt von Menschen, die weder jubelten noch winkten, sondern Martins Gedächtnis schweigend huldigten. Auch meine Kinder empfanden die Sympathie und das Mitgefühl, das uns entgegenschlug.
Auf der Tribüne vor dem Rathaus saßen die Kinder selbstverständlich neben mir. Es wurden mehrere Reden gehalten. Ihr Thema war Martin Luther King jr. und all das, was er vollbracht hatte, seine Größe und seine Einfachheit. Ich weiß, daß es Yolanda und Marty und selbst den kleinen Dexter tröstete, soviel Gutes über ihren Daddy zu hören.
Als ich an die Reihe kam, führte mich Harry Belafonte ein. Ich sprach von Martins Vorzügen als Politiker, als Ehemann und Vater. Ich sprach von seinem Werk, seiner großen Hoffnung auf soziale und wirtschaftliche Gerechtigkeit für alle. Ich erläuterte Martins Auffassung von der erlösenden Kraft des Leidens und daß er bereit war, sein Leben für die Sache, an die

er glaubte, hinzugeben. Aber ich fragte: »Wie viele Menschen müssen noch sterben, ehe wir eine wirklich freie, wahre und friedliche Gesellschaft haben werden? Wie lange wird es noch dauern? Wenn es uns gelingt, den wahren Sinn dieses Todes zu erfassen, dann glaube ich, daß aus dieser Nation eine Gesellschaft der Liebe, der Gerechtigkeit und des Friedens werden kann, in der alle Menschen wirklich Brüder sein werden.«[1]

Als ich endete, erhielt ich ein Kompliment von meiner Tochter Yolanda: »Mami, du warst wirklich gut.«

Memphis und die Kraft, die es mir gab, halfen mir nicht nur über die ersten Tage hinweg, sondern auch in der Zeit danach. Die Gesinnung der Leute hatte mich gestärkt, und ich hoffe, daß ich ihnen durch meine Anwesenheit etwas davon zurückgeben konnte.

So wie ich Martin zu seinen Lebzeiten nach Kräften unterstützt hatte, so war ich auch nun, da er nicht länger unter uns weilte, entschlossen, das von ihm begonnene Werk weiterzuführen. Auch glaubte ich, daß Martins Traum verwirklicht werden und sein Tod die erlösende Wirkung haben würde, von der er so oft gesprochen hatte, wenn sich genug Menschen für diese Aufgabe gewinnen ließen. Nicht daß ich das vollbringen könnte, was Martin tat; aber mit bescheideneren Kräften kann ich das meine beitragen, im kleinen der Zukunft der Unterdrückten aller Rassen und Länder zu dienen.

Martins Beerdigung fand am Dienstag, dem 9. April 1968, in der Ebenezer Baptist Church statt. Von den hundertfünfzigtausend Menschen, die gekommen waren, paßten nur siebenhundertundfünfzig in die Kirche. Wir bedauerten, daß wir nicht für alle Platz hatten, aber dies war die Kirche seines Vaters und Großvaters. Hier war er getauft worden und in dem tiefen religiösen Glauben aufgewachsen, der sein Leben geleitet und seinen Geist geprägt hatte; hier hatten er und seine Familie drei Generationen lang gepredigt. An Ebenezer hatte sein Herz gehangen, und so war es nur angemessen, daß wir hier um ihn trauerten.

Ralph Abernathy, Martins engster Freund und Gefährte, hielt den Trauergottesdienst. Diplomaten, hohe Regierungsbeamte, Kongreßmitglieder, Gouverneure, Parlamentarier, Bürgermeister, Stadträte, Richter, Repräsentanten der religiösen Welt, des Erziehungswesens und der Wirtschaft, Bürgerrechts-Führer und das Volk boten ein Spiegelbild der ganzen Gesellschaft. Sie waren schwarz, weiß, braun, rot und gelb. Sie waren reich und arm, alt und jung, gläubig und ungläubig, konservativ, gemäßigt,

[1] Der vollständige Text dieser Rede findet sich auf Seite 293 f. im Epilog.

liberal und militant. Sie boten ein herrliches Beispiel für die Brüderlichkeit, die Martin im Leben erstrebte.
Der Gottesdienst war kurz. Worte aus dem Alten und Neuen Testament wurden gelesen, ein Gebet gesprochen, dazwischen eine Trauerrede, Auszüge aus Martins eigenen Predigten und Musik. Wir hatten einige von Martins Lieblingsliedern ausgewählt – »When I Survey the Wondrous Cross«, »In Christ There Is No East Nor West.« Danach folgte ein Lied, das Martin ganz besonders mochte »Softly and Tenderly«, und dann auf sein ganzes Leben passend »Where He Leads Me I will Follow«. Der Chor von Ebenezer sang schöner und ergreifender denn je. Mrs. Mary Gurley, Martins bevorzugte *meditation singer*, sang »I Trust In God« und Mrs. Jimmie Thomas »If I Can Help Somebody.«
Die Gedenkrede wurde von Dr. L. Harold DeWolf gehalten, Martins wichtigstem Professor von der Bostoner University, dem er viele Anregungen verdankte. Dr. DeWolf sagte, auch ihm habe sein Schüler außerordentlich viel gegeben.
Zum Abschluß spielten wir Ausschnitte einer Bandaufzeichnung von Martins Predigt, die er am 4. Februar 1968 in der Ebenezer Church gehalten hatte und in der er über seine eigene Beerdigung sprach. Wir hörten Martins geliebte Stimme: »Ich möchte, daß jemand an jenem Tage sagt, daß ...›Martin Luther King jr. versuchte, sein Leben für andere zu geben.‹ Ich möchte, daß jemand an jenem Tag sagt, daß ... ›Martin Luther King jr. versuchte, seine Nächsten zu lieben ...‹.«[1]
Die Stunde in der Ebenezer Church war unendlich schmerzlich und zugleich befriedigend. Ich wußte, daß Martin glücklich und stolz gewesen wäre.
Als wir aus der Kirche in die Sonne traten, standen Zehntausende, die dem Gottesdienst über Lautsprecher gefolgt waren, auf allen Straßen. Martins Sarg wurde auf ein flaches Bauernfuhrwerk gelegt, das ein Gespann Maultiere zog. Wir wählten das Maultiergespann, um Martins Leichnam durch die Straßen von Atlanta zu fahren, da es die Poor People's Campaign und die Verhältnisse der Armen dieser Nation, denen er gehören wollte, symbolisierte und weil es den Kampf kennzeichnete, den er sein Leben lang für sie geführt hatte. Ich freute mich, daß so viele, deren Rechte er vertreten hatte, sehen konnten, daß seine Solidarität mit ihnen selbst in den Tod hinein dauerte.
Dann begannen wir unseren Marsch von der Ebenezer Church durch die halbe Stadt zum Morehouse College; und alle marschierten mit uns. Wir

[1] Ausschnitte vom Text dieser Predigt finden sich auf Seite 295 im Epilog.

marschierten bei seiner Beerdigung, weil Martin zu Lebzeiten soviel für Gerechtigkeit, Freiheit und Menschenwürde marschiert war. Dies war sein letzter großer Marsch. Wir hatten erwartet, daß fünfundzwanzig- bis fünfzigtausend Leute kommen würden, um ihm die letzte Ehre zu erweisen. Ergriffen und dankbar sahen wir, daß hundertfünfzigtausend erschienen waren, so daß Martin selbst noch im Tode einen der größten Märsche anführte, die je stattgefunden hatten.

Es war passend, daß man Martins im Morehouse College gedachte, wo er vom Jüngling zum Manne herangereift war und wo ihm der Weg zum geistlichen Amt gewiesen worden war. Und es war richtig, daß Dr. Benjamin Mays, sein Mentor und Freund, die Gedenkrede hielt. Dr. Mays hatte mich noch in der Nacht besucht, in der Martin in Memphis erschossen worden war. Und ich hatte ihm gesagt: »Wissen Sie, Dr. Mays, Martin sagte immer, er wolle, daß Sie die Gedenkrede auf ihn hielten.« Worauf er erwiderte: »Und ich wollte immer, daß er die meine halten würde.«

Der Marsch bis Morehouse war lang und beschwerlich. So viele Menschen, das langsame Klipp-klapp der Maultierhufe, die gewaltigen Scharen, die schweigend und ehrerbietig am Rand standen oder zum Gebet niederknieten, ehe sie sich uns anschlossen. Endlich erreichten wir das grüne Universitätsgelände und hielten vor der Harkness Hall, deren klassizistischer Portikus als Tribüne diente. Der Sarg wurde von dem Fuhrwerk heruntergehoben. Wieder amtierte Ralph Abernathy.

Die Feier im Morehouse College trug eine ökumenische Note. Schließlich hatte der Mann, dessen Gedächtnis wir ehrten, nicht nur Rassen und Klassenschranken, sondern ebenso religiöse Barrieren durchbrochen.[1]

Ehe die Feier begann, sang der Morehouse College Glee Club, dem Martin angehört hatte, »O God Our Help in Ages Past«; und Martins College-Freund Bob Williams sang mit seinem schönen Tenor »Witness«, einen von Martins Lieblings-Spirituals. Nach den Gebeten und Bibellesungen sang Mahalia Jackson »Precious Lord Take My Hand«, das Lied, um das Martin wenige Augenblicke vor seinem Tode Ben Branch gebeten hatte. Mahalia sang schöner als je zuvor.

Keiner hätte die Gedenkrede so halten können wie Dr. Mays. Er sprach mit solcher Bewunderung und Liebe von dem Jüngling und Mann, dessen Schritte er gelenkt hatte:

»Wir haben uns heute hier aus jedem Teil dieser großen Nation und aus anderen Ländern der Welt versammelt, um Gott zu danken, daß er Ame-

[1] Das Programm der Gedenkfeier im Morehouse College findet sich auf Seite 297 ff. im Epilog.

rika in diesem Augenblick der Geschichte Martin Luther King jr. gab. Wahrlich, Gott achtet nicht auf den Rang der Menschen. Wie seltsam! Gott rief den Enkel eines Sklaven an die Seite seines Vaters und sagte zu ihm: *Martin Luther, sprich Amerika von Krieg und Frieden; von sozialer Gerechtigkeit und Rassendiskriminierung; von seiner Verpflichtung gegenüber den Armen und von der Gewaltlosigkeit als einem Weg, die soziale Veränderung in einer Welt der Brutalität und des Krieges zu vollenden.*«[1]

Der Augenblick der Beisetzung war gekommen. Obwohl wir noch nicht entschieden hatten, wo Martins endgültige Ruhestätte sein sollte, fanden wir, er solle zumindest eine Zeitlang bei seiner Familie auf dem South View Cemetery liegen.

Als wir zum Grab gingen, flüsterte A. D., der den ganzen langen Tag hindurch an meiner Seite gewesen war, mit heiserer Stimme: »Coretta, ich glaube, ich kann dich nicht den ganzen Weg begleiten. Sei mir nicht böse.«

»Aber nein. Ich werde meinen Vater und Harry Belafonte bitten, mir das Geleit zu geben und am Grab neben mir zu sitzen.«

Ich brauchte meinen Vater um seiner Stärke und seiner Geduld willen, und ich wollte Harry in meiner Nähe haben um der Bedeutung willen, die er all diese Jahre hindurch für Martin und mich hatte. Ralph Abernathy sprach die kurze Liturgie und ein paar bewegte letzte Worte zu Martins Gedächtnis. Dann wurde der Sarg in die Gruft gesenkt.

In dem tiefen Schmerz und Leid dieses Augenblicks tröstete mich der Gedanke, daß alles so schön, so richtig und so sehr im Geist dessen, um den wir trauerten, gewesen war.

Meine Kraft wurde an diesem Tag noch ein weiteres Mal auf die Probe gestellt. Als die Jungen abends im Bett lagen, wollte mich Marty sprechen. Ich setzte mich auf sein Bett, und er stellte mir Fragen über seinen Daddy, bis es aus ihm hervorbrach: »Mami, es macht mich einfach wahnsinnig, daß ich keinen Vater mehr habe.«

»Marty, ich verstehe, wie dir zumute ist, aber glaube mir, dein Vater wird nie sterben; und wir müssen daran denken, wie sehr er, selbst noch durch seinen Tod, anderen Menschen geholfen und sie begeistert hat. Wie viele Leute haben nicht schon gesagt, daß sie dazu beitragen werden, den Traum deines Vaters zu erfüllen.«

Dann erzählte ich Marty, daß Marlon Brando am TV gesagt hatte, er

[1] Der vollständige Text von Dr. May's Gedenkrede findet sich auf Seite 300–305 im Epilog.

werde ein Zehntel seiner Einkünfte der Sache geben, und daß er auch die anderen aufgefordert hatte, es ihm nachzutun.

»Ja, das stimmt. Unsere Direktorin, Mrs. Douglas, scheint es jetzt auch besser zu verstehen.«

»Viele, viele Leute verstehen jetzt besser, was dein Daddy in seinem Leben erstrebt hat.«

Marty wiederholte: »Mrs. Douglas scheint es jetzt wirklich besser zu verstehen. Natürlich versteht sie nicht alles, aber sie versteht es besser.«

Martys Schmerz war ein wenig gelindert, als er redete. Er schien nicht mehr so sehr an seinen eigenen Verlust zu denken als an alles, was sein Daddy für die Menschheit tat und im ewigen Leben weiter tun wird.

Nachdem wir geredet hatten, konnte Marty einschlafen.

Auch Martys Vater schlief in seiner Gruft auf dem South View Cemetery.

In den Grabstein waren die Worte des Triumphes gemeißelt, die er an dem großen Tag in Washington sprach:

ENDLICH FREI, ENDLICH FREI
GOTT DEM ALLMÄCHTIGEN SEI DANK
ICH BIN ENDLICH FREI

Tausendfach wurde mein Mann seit seinem Tod am 4. April 1968 gewürdigt, aber der Nachruf, welcher den Sinn seines Lebens und Sterbens am besten erfaßt, wurde von zwei seiner ergebensten und treuesten Freunde geschrieben, von Harry Belafonte und Stanley Levison:

»Einer Nation, die im bittersten Rassismus erstarrte, weckte ein Schwarzer das schlummernde Gewissen; einer Nation, krank von Gewalt, predigte ein Schwarzer Gewaltlosigkeit; einer Nation, die Entfremdung zersetzte, predigte ein Schwarzer Liebe; einer Welt, die während zwanzig Jahren in drei Kriege verstrickt war, predigte ein Schwarzer Frieden.

Als die Kugel eines Mörders Martin Luther Kings Leben beendete, verfehlte sie ihr Ziel. In vier Tagen hörten mehr Leute seine Botschaft als in den zwölf Jahren seines Wirkens. Seine Stimme wurde zum Verstummen gebracht, aber seine Botschaft erschallte in der ganzen Welt.

Er wurde zu Lebzeiten mit Steinen und Messern angegriffen, geschmäht und bespien, aber im Tode offenbarte sich überwältigend, daß ein Mann von grenzenloser Güte unter uns gelebt hatte.

Martin Luther King starb, wie er lebte, indem er bis zum letzten Atemzug für die Gerechtigkeit kämpfte. In nur zwölf Jahren seines öffentlichen Wirkens trug er den Schwarzen mehr Achtung ein, als es dem gesamten vorangegangenen Jahrhundert gelungen war.

Wir, die wir ihn gut kannten, erinnern uns nicht an ein einziges Mal, da er ein Wort des Hasses gegen jemanden geäußert hätte. Doch seine Anklage gegen Segregation, Diskriminierung und Armut war ein Feuersturm, der eine neue Ära des Freiheitskampfes eröffnete.

Martin Luther King war kein Träumer, obgleich er einen Traum hatte. Seine Vision einer gerechten Gesellschaft entzündete sich an einer erwachenden Wirklichkeit. Unter seiner Führung schüttelten Millionen schwarzer Amerikaner geistige Fesseln, Furcht und Apathie ab und gingen auf die Straßen, um ihre Freiheit zu verkünden. Der Donner von Millionen marschierender Füße eilte dem Traum voran. Ohne diese Taten, zu denen sein ungeheurer persönlicher Mut inspirierte, wären die Worte nur Phantasiegespinst gewesen. Martin Luther King, der friedliche Krieger, lehrte sein Volk seine latente Macht kennen; disziplinierter Massenprotest befähigte es, seinen Unterdrückern in einer unblutigen Schlacht entgegenzutreten. Mit einem Schlag organisierte er seine Armeen und desorganisierte er seine Gegner. Im hellen Tageslicht der offenen Straßen erteilte er der Nation eine Lektion darüber, wer der Unterdrücker und wer die Unterdrückten waren.

Unbestreitbar zählt er zu den bedeutendsten schwarzen Führern der Geschichte. Doch war er ebenso ein Vorbild für Millionen Weißer, die durch ihn vor allem dies lernten: daß sie sich selbst erniedrigten, indem sie Schwarze herabwürdigten, und daß sie gewannen, wenn sie die Befreiung der Schwarzen unterstützten.

Wenige wissen, wie demütig dieser Gigant war. Er setzte unbegrenztes Vertrauen ins Volk, und zahllose Menschen sahen dies mit den Augen des Herzens und des Verstandes, und ihre Achtung für ihn steigerte sich fast zum Kult. Noch wenigere wissen, wie beunruhigt, ja gequält er war, weil er daran zweifelte, in den schicksalhaften Entscheidungen, die ihm zufielen, stets die richtige zu treffen.

Er bedrängte seine engsten Freunde um Rat; er suchte in sich selbst nach Antworten; er betete inbrünstig um Erleuchtung. Er verdächtigte sich ständig der Korruption, um sich davor zu bewahren. Keiner seiner Verleumder, und es gab deren viele, konnte seine Motive oder sein Urteil so unerbittlich in Frage stellen wie er selbst.

Heute, da sein Bild in Millionen einfacher Hütten, in gewöhnlichen Häusern und feierlichen Sälen hängt, kann man sich kaum noch vorstellen, daß er seiner eigenen Organisation verbot, sein Bild zu verbreiten. Er wollte nicht vergöttert, er wollte gehört werden.

Er schrieb seinen eigenen Nachruf, um sich in den einfachen Worten seines Herzens darzustellen. ›Sagt ihnen, daß ich versuchte, die Hungrigen zu nähren. Sagt ihnen, daß ich versuchte, die Nackten zu kleiden. Sagt ihnen, daß ich versuchte, anderen zu helfen.‹
Und eben dies hat er unablässig getan. Darum ist er in der sittlichen Welt ohnegleichen, und wenn ihn auch der Tod verstummen ließ, so lebt er darum.«

EPILOG

Es gibt keinen anderen Weg, meinen Dank für die Freundlichkeiten, für Tausende von Würdigungen und Denkschriften aus der ganzen Welt angemessen auszudrücken, als mein Leben ganz der Erfüllung von Martins Traum zu widmen.

Zur Zeit seines Todes erhielten wir viele nützliche Geschenke für das Haus, die Kinder und mich sowie viele wertvolle Andenken. Spenden wurden uns geschickt, damit wir das Werk meines Mannes weiterführen könnten. Andere sandten Schecks, insbesondere für die Kinder und mich. Wieder andere stellten mir frei, über die Verwendung des Geldes selbst zu bestimmen. Ich habe diese Geschenke dazu benutzt, einen Mitarbeiterstab und ein Büro zu gründen und zu unterhalten, um die Flut von Post und die zahllosen Bitten zu bewältigen.

In jener Zeit brauchte ich am dringendsten meine Familie und die nahen Freunde. Meine Schwester Edythe ist die meiste Zeit seit der Tragödie an meiner Seite gewesen und hat mir vieles abgenommen, was nun auf mir lastet. Davor hatte sie Englisch und Theaterwissenschaften am Cheyney State Teachers College unterrichtet, wo ihr verständnisvoller Mann, Arthur Bagley, Professor für Werkkunde ist.

Die Presse- und Reisevorbereitungen nahm mir Bernita Bennette ab.

Frances Lucas aus New York ist nächst meiner engsten Familie meine beste Freundin. Über zwanzig Jahre teilte ich mit ihr Leid und Erfolge unseres Kampfes. Sie und ihr Mann James waren Martin tief zugetan. Fran kam ein paar Tage nach Martins Tod zu mir und half später mehrere Monate bei der Verwaltung des Büros.

Stanley Levison und Harry Wachtel zählten zu den treuesten Freunden meines Mannes. Beide sind Rechtsanwälte, und Martin suchte ihren Rat und erprobte seine Ideen im Gespräch mit ihnen. Nach der Tragödie boten sie beide ihre Hilfe an. Stanley hat seit den Tagen von Montgomery eng mit uns zusammengearbeitet. Er kennt die Geschichte der Bewegung und unserer persönlichen Kämpfe wie kaum einer. Stets arbeitete er im Hintergrund, doch sein Beitrag war unentbehrlich.

Harry Wachtel wurde in den frühen sechziger Jahren aktiv in der Bewegung. Wie Stanley stellte er sein Wissen in den Dienst der Sache und wurde eine unserer wichtigsten Stützen. Beide stehen mir bis zum heutigen Tag in den verschiedensten Fragen bei.

Jessie Treichler, meine Studienberaterin und Freundin vom Antioch College, kam ebenfalls zu mir nach Atlanta, ebenso Olive J. Williams, meine

erste Musiklehrerin an der Lincoln High School. Edith Savage, eine gute Freundin aus Trenton, New Jersey, half mir mit den Kindern und im Haushalt.
Robert Williams, ein lieber Freund, der früher in Montgomery lebte und nun am Grambling College in Louisiana unterrichtet, leistete mir und den Kindern ebenfalls Gesellschaft.
Außer seinen anderen Freundlichkeiten schickte uns Robert Kennedy auch noch mehrere Leute seines Mitarbeiterstabs, unter ihnen Earl Graves. Er und Burke Marshall waren uns eine unschätzbare Hilfe bei der Planung und Vorbereitung der Beerdigung. Earl half später, mein Büro einzurichten, um die Berge von Post zu beantworten, die nach dem Tod meines Mannes eintrafen.
Wirklich unentbehrlich war mir Dora McDonald, die Sekretärin meines Mannes. Sie kannte die Einzelheiten von Martins Organisation und Finanzen, so daß ich mich weitgehend auf sie verließ, und noch heute hilft sie mir, wenn immer sie kann, nachdem sie inzwischen Reverend Ralph Abernathys Sekretärin geworden ist.
Andy Young, der stellvertretende Geschäftsführer der SCLC, und seine Frau Jean waren mir zur Zeit der Tragödie eine große Hilfe und sind es bis heute geblieben. Trotz ihres eigenen Kummers und der plötzlichen Verantwortung, die der Tod meines Mannes für sie brachte, waren Ralph und Juanita Abernathy immer zur Stelle und bereit zu helfen. Wirklich benahmen sich alle Mitarbeiter der SCLC großartig und taten, was in ihren Kräften stand.
Meine Freundin Xernona Clayton – eine vielseitig begabte Frau – besorgte mir einige Kleider für die Trauerzeit, von denen ich auch das Kleid wählte, das ich bei der Beerdigung trug.
Mrs. Bertha Wormley von Natick, Massachusetts bei Boston, kam für mehrere Wochen, um mir im Büro und bei anderen Aufgaben zu helfen.
Ebenso unterstützte mich Esther Turner, die nun in Pennsylvania lebt, während der schweren Tage nach der Beerdigung meines Mannes im Büro und Haushalt.
Ich wünschte, ich könnte all die Freiwilligen nennen, die damals, ehe ein richtiges Büro eingerichtet war, die verschiedensten Aufgaben erfüllten. Doch waren sie so zahlreich, daß dies unmöglich wäre. Einige hatte ich nie zuvor gesehen, andere waren gute alte Freunde, die ich seit Jahren kannte.
Aber ich möchte nicht versäumen, Dr. Albert Manley, dem Präsidenten des Spelman College, und den anderen College-Angehörigen dafür zu danken, daß wir unser provisorisches Büro in ihren Räumen einrichten durften. Zu denen, die vorübergehend halfen, die hundertfünfzigtausend

Briefe, Karten und anderen Zeichen der Liebe und Trauer zu beantworten, gehörten auch einige junge Leute aus dem Mitarbeiterstab des verstorbenen Senators Kennedy.
Die Ebenezer Church erwies sich tatsächlich als die große Familie, von der Daddy King so oft spricht. Ihre geistige Unterstützung und die physische Gegenwart so vieler Mitglieder waren sehr tröstlich. Die Martin Luther King jr. Courtesy Guild veranstaltete an zwei Tagen ein Essen in unserem Haus für alle Verwandten, Freunde und Besucher unserer Familie.
So viele Freunde aus Atlanta halfen mir während dieser Tage, daß ich keine Namen nennen werde, aus Furcht, einige zu übergehen. Ich kann nicht sagen, wie dankbar ich all denen bin, die während jener Tage soviel dazu beitrugen, meine Bürde leichter zu machen.

Erklärung Martin Luther Kings vor dem Richter Eugene Loe am 5. September 1958 in Montgomery, Alabama

Euer Ehren, Sie haben zweifellos ein Urteil gefällt, das Sie für gerecht und angemessen halten. Doch muß ich wiederholen, daß ich unschuldig bin. Ich versuchte lediglich, an der Verhandlung gegen einen guten Freund teilzunehmen, und lungerte zu keinem Zeitpunkt herum. Ich wurde grundlos ein Opfer polizeilicher Willkür. Ich wurde auf der Treppe des Gerichts gepackt, mit verdrehten Armen auf die Straße geschoben, gewürgt und getreten. Dennoch bewahre ich in meinem Herzen weder Groll noch Bitterkeit gegen die betreffenden Polizisten. Ich empfinde Mitleid mit ihnen als Brüder und Mitmenschen, die nach dem Bild Gottes erschaffen sind. Sie waren nicht voll verantwortlich für ihre Taten. Diese Männer, wie nur allzu viele unserer weißen Brüder, sind Opfer ihrer Umwelt – einer Umwelt, die durch die Unmenschlichkeit der Sklaverei und Segregation von mehr als drei Jahrhunderten blind geworden ist.

Euer Ehren, Sie haben mich für schuldig befunden. Gestern nacht gingen meine Frau und ich unter Gebeten mit uns zu Rate, wie ich mich verhalten sollte, wenn dieser Fall eintreten würde.

Wir kamen zu dem Schluß, daß ich nicht guten Gewissens eine Strafe zahlen könnte für eine Tat, die ich nicht begangen habe, und vor allem nicht für die brutale Behandlung, die ich nicht verdiene. Bei aller schuldigen Hochachtung für Sie und Ihr Gericht muß ich doch diesen Standpunkt beziehen.

Seien Sie versichert, Euer Ehren, daß mein Verhalten weder eine theatralische Geste noch ein Reklametrick ist, denn moralische Überzeugungen stammen nie aus dem selbstsüchtigen Drang nach Publizität. Noch treibt mich der Wunsch, ein Märtyrer zu sein, denn ohne Liebe wird selbst das Märtyrertum zum geistigen Hochmut. Mein Verhalten wird bestimmt durch die zwingende Stimme des Gewissens und den Wunsch, der Wahrheit und dem Willen Gottes zu folgen, wo sie auch hinführen mögen. Da ich die Strafe nicht zahlen will, werde ich die von Ihnen gebotene Alternative bereitwillig und ohne Groll annehmen.

Diese Entscheidung treffe ich auch aus der Sorge über Ungerechtigkeit und Erniedrigung, die mein Volk noch immer erduldet. Die Brutalität, der die Neger in vielen Gebieten des Südens ausgesetzt sind, ist heutzutage zur Schande Amerikas geworden. Vergangenen Monat wurde in Mississippi ein Sheriff, den vier Augenzeugen als den Mann bezeichneten, der einen Neger mit einem Totschläger zu Tode prügelte, in dreiundzwanzig Minuten freigesprochen. In diesem Augenblick und in diesem

Staat sitzt unterdessen James Wilson in der Todeszelle, weil er für den Diebstahl von weniger als zwei Dollar zum Tode verurteilt wurde. Hält es irgendwer in diesem Gericht für möglich, daß ein Weißer für den Diebstahl dieser geringen Summe in Alabama zum Tode verurteilt werden könnte? Die Neger können nicht länger schweigend die Brutalität der Polizei und die Gewalttätigkeiten des Mobs erdulden. Wir können es nicht, weil Gott, der uns alle erschaffen hat, uns befiehlt, dem Bösen zu trotzen. Und noch eines, Euer Ehren, drängt es mich zu sagen: Ich glaube zuversichtlich, daß die Neger an der gleichen christlichen Liebe und Gewaltlosigkeit, die sie bei unserem langen Bus-Protest bewiesen, festhalten werden, um so die Verhältnisse zu überwinden. Ich bin sicher, daß es Tausende von rechtdenkenden Weißen im Süden gibt, die in ihrem Herzen die Gewalttätigkeiten des Mobs und die unmenschliche Behandlung der Neger verurteilen. Diese Menschen rufe ich auf, sich mit ihrem ganzen Mut laut zu Gesetz und Ordnung zu bekennen.

Schließlich treffe ich diese Entscheidung aus Liebe zu Amerika und zu den erhabenen Prinzipien der Freiheit und Gleichheit, auf denen es gründet. Ich habe erkannt, daß Amerika in Gefahr ist, seine Seele zu verlieren und dadurch in verhängnisvolle Anarchie und lähmenden Faschismus abzugleiten. Etwas muß geschehen, um das schlummernde Gewissen Amerikas zu wecken, ehe es zu spät ist. Die Zeit ist gekommen, da vielleicht nur bereitwillig ertragenes Leiden und gewaltloser Protest Unschuldiger diese Nation aufrütteln können, Brutalität und Gewalt – diese Geißel des Negers, der nur vor Gott und den Menschen in Würde leben will – zu bannen.

Die folgende Rede hielt Mrs. Martin Luther King am 8. April 1968 vor dem Rathaus von Memphis

Meine lieben Freunde in Memphis und in der ganzen Nation:
Ich bin heute hergekommen, weil es mich dazu trieb. Während mein Mann lebte, war ich stets an seiner Seite, wenn ich fühlte, daß er mich brauchte, und vor allen mich. Während der zwölf Jahre unseres Kampfes für Menschenrechte und Freiheit teilte ich seine Überzeugung voll und ganz.
Ich bin gekommen, denn wenn es meinem Mann unmöglich war, an einen Ort zu gehen, wo er sein wollte, und er wußte, daß er gebraucht würde, dann schickte er mich gelegentlich an seiner Statt hin. Und so weiß ich heute, daß er gewollt hätte, daß ich hierher komme.
Unnötig zu sagen, daß er nie an sein persönliches Wohl dachte, sondern stets an die Sache, der er sein Leben widmete und die wir mit ihm teilten. Ich entlastete ihn, so gut ich konnte, und fand, dies sei das Wenigste, was ich tun könnte.
Drei unserer vier Kinder sind heute hier, und sie kamen, weil sie kommen wollten. Obwohl er viel unterwegs war, wußten seine Kinder, daß Daddy sie liebte, und die Zeit, die er mit ihnen verbrachte, war sinnvoll verbracht. Ich sagte immer, daß es nicht auf die Quantität, sondern auf die Qualität der Zeit ankomme.
Es hat mich tief befriedigt und innerlich gestärkt, daß Tausende gleich euch soviel Schönes getan und soviel Freundliches gesagt haben, um mir und meiner Familie Kraft zu geben. Eure Anwesenheit heute bezeugt eure Verbundenheit, ich möchte sagen, eure Hingabe an die Dinge, an die er glaubte und für die er sein Leben opferte.
Wir alle wissen es, mein Mann war voller Liebe und der Gewaltlosigkeit verpflichtet. Und ich glaube, es gelang ihm, viel davon auf seine Familie zu übertragen. So gut wir es vermögen, wollen wir in seinem Sinne weiterkämpfen.
Und diese Stunde bedeutet mir mehr als nur eine Gelegenheit, von meinem Mann, der wahrlich ein großer Mensch und seiner Familie ein großer Vater war, zu reden und ihn zu preisen. Wir liebten ihn innig. Und wir wissen, daß sein Geist dauern wird.
Und jene unter euch, die an das glauben, was Martin Luther King jr. vertrat, beschwöre ich heute, Sorge zu tragen, daß sein Geist weiterlebt und daß auf diese Erfahrung, die für mich die Kreuzigung bedeutet, die Auferstehung und die Erlösung des Geistes folgen.
Wie viele Male habe ich ihn sagen hören, auf jeden Karfreitag folge Ostern. Wenn der Karfreitag naht, seien dies die Augenblicke im Leben,

da wir alles verloren glaubten und keine Hoffnung mehr erblickten. Dann aber komme Ostern als eine Zeit der Auferstehung, der Wiedergeburt, der Hoffnung und der Erfüllung.
Wir müssen weiterkämpfen, wie er es wünschte. Wir werden nicht im Schlamm versinken. Ich hoffe in diesem Augenblick, daß wir sein Werk weiterführen werden, um alle Menschen wirklich frei zu machen und jedem das Gefühl zu geben, ein menschliches Wesen zu sein. Seine Kampagne für die Armen darf nicht enden.
Vor zwölf Jahren begannen wir in Montgomery, Alabama, mit dem Bus-Protest: wir kämpfen um einen Sitzplatz, um das Recht, uns auf jeden freien Platz im Bus setzen zu dürfen. Es folgte die Periode, in der wir öffentliche Einrichtungen integrierten, dann die Wahlrechts-Kampagne, mit der wir politische Macht erstrebten; und nun sind wir an dem Punkt angelangt, da wir wirtschaftliche Macht erlangen müssen.
Er sorgte sich um die Ärmsten der Armen, um die Müllmänner hier in Memphis. Er sorgte sich, daß sie ein ordentliches Einkommen und den ihnen zustehenden Schutz erhielten. Weil er ihnen helfen wollte, kam er nach Memphis zurück.
Wir sorgen uns nicht nur um die armen Neger, sondern um die Armen ganz Amerikas und der gesamten Welt. Jeder hat ein Recht auf Arbeit und Einkommen, damit er nach Freiheit, Leben und Glück streben kann. Oft sagte er, unsere große Nation besitze zwar die Mittel, doch frage er sich, ob wir auch den Willen hätten. Ich hoffe, daß dies Wiederauferstehungserlebnis den Willen in Geist und Herz jener senken möge, welche die Macht besitzen, diese Veränderungen zu bewirken.
Oft sagte er, unverdientes Leiden sei erlösend, und wenn man sein Leben einer Sache widme, an die man glaube und die richtig und gerecht sei, dann hätte es, wenn es dadurch ende, nicht erlösender gelebt werden können. Und ich denke, dies gilt für meinen Mann.
Aber ich frage: Wie viele Menschen müssen noch sterben, ehe wir eine wirklich freie, wahre und friedliche Gesellschaft haben werden? Wie lange wird es noch dauern? Wenn es uns gelingt, den wahren Sinn dieses Todes zu erfassen, dann glaube ich, daß aus dieser Nation eine Gesellschaft der Liebe, der Gerechtigkeit und des Friedens werden kann, in der alle Menschen wirklich Brüder sein werden.

Auszug aus der Predigt, die Martin Luther King am 4. Februar 1968 in der Ebenezer Baptist Church hielt und die bei seiner Beerdigung zum Teil von Tonband gespielt wurde

Ich glaube, hin und wieder denken wir alle realistisch an jenen Tag, an dem wir auf den letzten gemeinsamen Nenner des Lebens gebracht werden – den wir Tod nennen. Wir alle denken daran. Und hin und wieder denke ich an meinen eigenen Tod und mein eigenes Begräbnis. Und ich denke nicht verzagt daran. Hin und wieder frage ich mich: »Was wollte ich, das gesagt würde?« Und ich hinterlasse es euch heute morgen.

Sollte jemand von euch zugegen sein, wenn mein Tag kommt, dann möchte ich keine lange Beerdigung. Und sollte jemand die Gedenkrede halten, dann sagt ihm, er möge nicht zu lange reden. Hin und wieder überlege ich, was ich wollte, das gesagt würde. Sagt ihnen, sie sollen nicht erwähnen, daß ich den Nobel-Friedenspreis erhielt, das ist nicht wichtig. Sagt ihnen, sie sollen nicht erwähnen, daß ich drei- oder vierhundert Auszeichnungen habe, das ist nicht wichtig. Sagt ihnen, sie sollen nicht erwähnen, wo ich und an welchen Schulen ich lernte.

Ich wollte, daß an diesem Tag jemand sagt ... »Martin Luther King jr. versuchte, sein Leben für andere zu geben.« Ich wollte, daß an jenem Tag jemand sagt ... »Martin Luther King jr. versuchte, seinen Nächsten zu lieben.« Ich möchte, daß ihr an jenem Tag sagt, daß ... »er versuchte, in der Kriegsfrage das Richtige zu tun.« Ich möchte, daß ihr an jenem Tag sagen könnt, daß ... »er versuchte, die Nackten zu kleiden.« Ich möchte, daß ihr an jenem Tag sagt, daß ... »er versuchte, zu jenen zu gehen, die im Gefängnis saßen.« Ich möchte, daß ihr sagt, daß ... »er versuchte, die Menschheit zu lieben und ihr zu dienen«.

Ja, wenn ihr sagen wollt, ich sei ein Vorkämpfer gewesen, dann sagt, ich sei ein Vorkämpfer der Gerechtigkeit gewesen, ein Vorkämpfer des Friedens und der Rechtschaffenheit. Und all die anderen schalen Dinge werden unwichtig sein. Ich werde kein Geld hinterlassen. Ich werde nicht die schönen und kostbaren Dinge des Lebens hinterlassen. Aber ein engagiertes Leben möchte ich hinterlassen.

Und das ist alles, was ich heute sagen möchte ... Wenn ich jemandem auf meinem Weg helfen kann, wenn ich jemanden mit einem Wort oder einem Lied aufmuntern kann, wenn ich jemandem zeigen kann, daß er auf dem falschen Weg ist, dann wird mein Leben nicht vergebens sein. Wenn ich meine Pflicht als Christ tun kann, wenn ich der gottgeschaffenen Welt Heil bringen kann, wenn ich die Botschaft des Herrn verkünden kann, dann wird mein Leben nicht vergebens gewesen sein.

Trauerfeier

MARTIN LUTHER KING JR.

Auf dem Campus des Morehouse College
14 Uhr

Es amtiert der Reverend Ralph David Abernathy

EINLEITUNG	Improvisationen über Negro Spirituals Improvisationen über »We Shall Overcome«
PROZESSIONSHYMNE – »Cortege«	Dupre
KIRCHENLIED – »O God, Our Help in Ages Past«	Isaac Watts
GEBET	Dr. Gardner C. Taylor[1] Präsident der Fortschrittlichen Nationalen Baptisten-Vereinigung
WORTE AUS DEM ALTEN TESTAMENT . . .	Rabbi Abraham Heschel Professor des Jüdischen Theologischen Seminars von Amerika
SPIRITUAL – »Balm in Gilead« . . . . . Morehouse College Glee Club	Volkslied
WORTE AUS DEM NEUEN TESTAMENT . . .	Reverend Franklin C. Fry Präsident des Nationalrats der Kirchen

[1] Dr. Thomas Kilgore vertrat Dr. Taylor.

SPIRITUAL – »Ain't Got Time to Die« . . überliefert
Ebenezer Baptist
Church Choir

ANSPRACHEN:

THE HONORABLE IVAN ALLEN JR.

Bürgermeister von Atlanta

MR. ROBERT C. COLLIER

Vorsitzender der Dekane der
Ebenezer Church

SEINE EHRWÜRDEN, REVEREND JOHN J. WRIGHT

Bischof von Pittsburgh,
Pennsylvania

MRS. ROSA PARKS

»Mutter« der Montgomery-
Bewegung

REVEREND J. E. LOWERY

Vorsitzender der Direktoren der
Southern Christian Leadership
Conference

REVEREND ANDREW J. YOUNG

Geschäftsführender Vizepräsident
der Southern Christian Leadership
Conference

SOLO – »Precious Lord, Take My Hand« .
Mahalia Jackson Thomas A. Dorsey

GEDENKREDE	Dr. Benjamin E. Mays Emeritierter Präsident des Morehouse College
KIRCHENLIED – »The Morehouse College Hymn«	J. O. B. Mozeley

»WE SHALL OVERCOME«

SEGEN	Bischof W. R. Wilkes Vorsitzender Bischof des Dritten Episkopaldistrikts der African Methodist Episcopal Church
SCHLUSSCHORAL – »Largo« aus der »Neuen Welt«	Dvořák

Gedenkrede für Dr. Martin Luther King
Atlanta, Georgia
9. April 1968

von Benjamin E. Mays
emeritierter Präsident
des Morehouse College

Die ehrende Aufforderung, die Gedenkrede bei der Beerdigung von Doktor Martin Luther King jr. zu halten, ist, als bäte man einen Vater, seines toten Sohnes zu gedenken – so lieb und wert war er mir. Unsere Freundschaft reicht zurück in seine Studententage auf dem Morehouse College. Die mir zugedachte Aufgabe ist nicht leicht, und ich nehme sie schweren Herzens an, wohl wissend, daß ich diesem Mann kaum gerecht werden kann. Es war mein Verlangen, daß Doktor King die letzten Worte auf mich sprechen sollte, wenn ich vor ihm abberufen würde. Es war sein Wunsch, daß ich die Homilie bei seiner Beerdigung halten sollte, wenn er mir voranginge. Das Schicksal hat beschlossen, daß ich seiner gedenken soll. Ich wünschte, es wäre anders gewesen, denn schließlich bin ich siebzig, und Martin Luther starb im Alter von neununddreißig Jahren.
Obwohl es einige gibt, die über seinen Tod frohlocken, sind Millionen in der ganzen Welt von Kummer überwältigt, daß dieser Freund der Menschheit – der ganzen Menschheit – in der Blüte seiner Jahre dahingerafft wurde. So beten zahllose Menschen hier und im Ausland, Königinnen und Könige, Regierungsoberhäupter, die Geistlichkeit und das einfache Volk, Gott möge in dieser tragischen Stunde mit der Familie, mit der amerikanischen Nation und mit dem Präsidenten der Vereinigten Staaten sein. Möge diese weltweite Anteilnahme der Familie Trost geben – denn Leid gleicht einer schweren Last; wenn es geteilt wird, trägt es sich leichter, und wir kommen heute, euch diese Last tragen zu helfen.
Wir haben uns heute hier aus jedem Teil dieser großen Nation und aus anderen Ländern der Welt versammelt, um Gott zu danken, daß er Amerika in diesem Augenblick der Geschichte Martin Luther King gab. Wahrlich, Gott achtet nicht auf den Rang der Menschen. Wie seltsam! Gott rief den Enkel eines Sklaven an die Seite seines Vaters und sagte zu ihm: *»Martin Luther King, sprich Amerika von Krieg und Frieden; von sozialer Gerechtigkeit und Rassendiskriminierung; von seiner Verpflichtung gegenüber den Armen; und von der Gewaltlosigkeit als einem Weg, die soziale Veränderung in einer Welt der Brutalität und des Krieges zu vollenden.*

Hier war ein Mann, der zutiefst überzeugt war, daß Gewaltanwendung in jedem Fall unsittlich ist; daß Gott und das moralische Gewicht des Universums dagegen sind; daß Gewalt sich selbst zerstört; und daß nur Liebe und Vergebung den cirulus vitiosus der Rache durchbrechen können. Er hielt Gewaltlosigkeit für ein wirksames Mittel, um die Ungerechtigkeit in Politik, Wirtschaft, Erziehung und Rassenbeziehungen zu beseitigen. Auch war er überzeugt, daß die Menschen durch reine Überzeugung und Beschwörung nicht bewegt werden könnten, freiwillig der Unmenschlichkeit gegenüber ihresgleichen zu entsagen, doch daß sich dies Ziel erreichen ließe, wenn das Übel durch massiven gewaltlosen Widerstand dramatisch herausgestellt würde. Er hielt die gewaltlose direkte Aktion für notwendig, um die gewaltlosen, in den Bundesgerichten errungenen Siege zu ergänzen. Er glaubte, die gewaltlose Methode zur Bewältigung sozialer Probleme würde sich letztlich als erlösend erweisen.

Dieser Überzeugung hat die Geschichte die Märsche in Montgomery, Birmingham, Selma, Chicago und anderen Städten zu verdanken. Er wies den Menschen einen ethischen Weg, sich ohne Gewalt und Blutvergießen für die soziale Veränderung zu engagieren; und wenn Gewalttätigkeiten ausbrachen, dann war es das, was in jedem Protest, der tief verwurzeltes Unrecht auszumerzen sucht, latent vorhanden ist. Kein vernünftiger Mensch würde leugnen, daß Persönlichkeit und Tun Martin Luther Kings weitgehend zu dem Erfolg der studentischen *sit-ins* beitrug, zur Aufhebung der Segregation in den Innenstädten und daß sein Wirken wesentlich die Verabschiedung der Bürgerrechtsgesetze von 1964 und 1965 förderte. Martin Luther King glaubte an ein geeintes Amerika; daß die trennenden Mauern der gesetzlichen oder faktischen Segregation und der Diskriminierung der farbigen Rassen eingerissen werden könnten. In diesem Sinne sagte er in seiner Rede vor dem Denkmal Washingtons: »Ich habe einen Traum!«

Er hatte Vertrauen in dies Land. Er starb in dem Bestreben, Amerika zu integrieren, damit diese große Nation, die aus blutiger Revolution hervorging, die in Freiheit konzipiert wurde und dem Prinzip verpflichtet ist, daß alle Menschen frei und gleich erschaffen sind, wirklich ein Fanal der Freiheit werde, damit keiner seiner schwarzen Haut wegen zurückgewiesen und keiner seiner blauen Augen wegen begünstigt werde, damit dieses Land militärisch stark, aber friedliebend werde, damit es wirtschaftlich sicher, aber gerecht, gelehrt, aber weise zugehe; damit auch die Ärmsten der Armen – die Müllmänner – genug Brot haben; damit keiner im Elend hausen müsse, jeder nach seinen Fähigkeiten erzogen werde und damit der Reichste verstehe, was Einfühlung heißt. *Dies* war sein Traum und das

Ziel, nach dem er strebte. Wie er und seine Anhänger so oft sagen: »Wir werden eines Tages überwinden; schwarz und weiß zusammen.«
Seien wir uns darüber im klaren, daß unser toter Bruder die Gewaltlosigkeit nicht aus Furcht oder Feigheit wählte. Moralischer Mut gehörte zu seinen edelsten Tugenden. Wie Mahatma Gandhi das britische Empire ohne Schwert herausforderte und besiegte, so wandte sich Martin Luther King ohne Gewehr gegen das Unrecht zwischen den Rassen. Und er glaubte zuversichtlich, daß er die Schlacht für soziale Gerechtigkeit gewinnen werde. Ich wage zu behaupten, daß es für King mehr Mut erforderte, Gewaltlosigkeit zu üben, als für seinen Mörder, den tödlichen Schuß abzugeben. Der Mörder ist ein Feigling: er beging seine schmutzige Tat und floh. Wenn Martin Luther einem ungerechten Gesetz nicht gehorchte, dann nahm er die Folgen seines Handelns auf sich. Nie ergriff er die Flucht, und nie bat er um Gnade. Er kehrte in das Gefängnis von Birmingham zurück, um seine Strafe abzusitzen.
Vielleicht war er mutiger als Soldaten, die auf dem Schlachtfeld kämpfen und fallen. Sie stehen unter einem äußeren Zwang. Aber wenn Martin Luther dem Tod wieder und wieder ins Auge sah und ihn zuletzt fand, wirkte kein äußerer Druck auf ihn. Er handelte aus einem inneren Zwang heraus. Mutiger als jene, welche Gewalt als Ausweg predigen und tödliche Waffen zur Verteidigung tragen, nahm Martin Luther es mit Hunden, Polizei, Gefängnis, harter Kritik und schließlich mit dem Tod auf; und nie trug er ein Gewehr, nicht einmal ein Messer, um sich zu verteidigen. Er hatte nur seinen Glauben an einen gerechten Gott, seine Zuversicht, daß der »dreifach gewappnet ist, der seinen Streit gerecht führt«. Er war der Gläubige, von dem Browning schreibt: »Einer, der nie den Rücken kehrte, sondern vorwärts schritt mit freier Brust, nie zweifelte, daß die Wolken zerstieben, nie zitterte, daß über mit Füßen getretenes Recht das Unrecht triumphiere – denn siehe, wir fallen, um aufzustehen, werden gereizt, um uns im Kampfe zu bewähren und schlafen, um zu erwachen.«
Martin Luther Kings moralischer Mut war eins mit seiner Fähigkeit, andere zu lieben. Obwohl er sich dem Freiheitsprogramm der Neger tief verpflichtet fühlte, brachte er allen Menschen Liebe und Anteilnahme entgegen. Er unterschied nicht zwischen Hohen und Niederen, zwischen Reichen und Armen. Er glaubte vor allem, daß er berufen sei, die Sache des Bedürftigsten zu vertreten. Wahrscheinlich würde er sagen: *Wenn der Tod beschlossen war, konnte man gewiß für nichts Größeres sterben als für einen gerechten Lohn der Müllmänner.* Er stand über Nationen, Konfessionen, sozialen Klassen und Kulturen. Er gehörte der Welt und der Menschheit. Nun gehört er der Nachwelt!

Aber all dies hatte eine zwiespältige Wirkung. Wie dieser Mann von den einen geliebt wurde, so wurde er von den anderen gehaßt. Wenn einer wußte, was Leiden heißt, dann wußte es King. Sein Haus wurde mit Bomben beworfen, dreizehn Jahre lang lebte er Tag für Tag unter Todesdrohungen, er wurde böswillig beschuldigt, ein Kommunist zu sein, und verleumdet, das Licht der Öffentlichkeit zu seinem eigenen Ruhme zu suchen, eine Angehörige seiner eigenen Rasse stach auf ihn ein, in einer Hotelhalle wurde er niedergeschlagen, über zwanzigmal wurde er eingesperrt, verschiedentlich tief verletzt, weil ihn Freunde verrieten – und doch hegte dieser Mann keine Bitterkeit in seinem Herzen, keinen Groll in seiner Seele, keine Rachsucht im Sinn; und in der ganzen Welt predigte er Gewaltlosigkeit und die erlösende Kraft der Liebe. Er glaubte von ganzem Herzen, ganzem Geist und ganzer Seele, daß wir Frieden und Brüderlichkeit nur durch Gewaltlosigkeit, Liebe und Dulden erreichen können. Er wurde heftig kritisiert, weil er den Vietnam-Krieg verurteilte. Doch konnte man kaum erwarten, daß ein Mann von Dr. Kings Engagement daheim Gewaltlosigkeit und in Vietnam Gewalt vertreten würde. Er hatte sich der Gewaltlosigkeit mit Leib und Seele verschrieben, nicht nur, um die Rassenprobleme der Vereinigten Staaten, sondern um die Welt zu versöhnen.

Gewiß war dieser Mann von Gott berufen. Wenn Amos und Micha im achten Jahrhundert vor Christus Propheten waren, so war Martin Luther King ein Prophet im zwanzigsten Jahrhundert. Wenn Jesaja zu seiner Zeit von Gott zum Propheten berufen war, so war Martin Luther in unseren Tagen zum Propheten berufen. Wenn Hosea vor Jahrhunderten auserwählt war, Liebe und Vergebung zu predigen, dann war Martin Luther auserwählt, im dritten Viertel des zwanzigsten Jahrhunderts wieder die Lehre der Gewaltlosigkeit und Vergebung zu verkünden. Wenn Jesus berufen war, den Armen das Evangelium zu predigen, dann war Martin Luther berufen, dem einfachen Mann Würde zu geben. Wenn ein Prophet ein Mensch ist, der in klarer und verständlicher Sprache den Willen Gottes verkündet, dann trifft diese Bezeichnung auf Martin Luther King zu. Wenn ein Prophet ein Mensch ist, der sich nicht bloß populärer Anliegen annimmt, sondern der Ziele, die ihm richtig scheinen, dann erfüllte er diesen Anspruch.

Nein! Er war seiner Zeit nicht voraus. Keiner ist seiner Zeit voraus. Jeder lebt in seinen Sternen, jeder in seiner Zeit. Jeder muß Gottes Ruf in seiner eigenen Zeit folgen, nicht in der eines anderen. Jesus mußte Gottes Ruf im ersten Jahrhundert folgen und nicht im zwanzigsten Jahrhundert. Er hatte nur ein Leben zu leben. Er konnte nicht warten. Wie lange glaubt ihr, hätte Jesus warten müssen, daß ihn die Herrschenden akzeptiert hätten? Fünfundzwanzig Jahre? Hundert Jahre? Tausend? Er starb mit dreiunddreißig. Er konnte nicht warten. Paulus, Galileo, Kopernikus, Martin Luther, der protestantische Reformer, Gandhi und Nehru konnten auf keine andere Zeit warten. Sie mußten in ihrer Epoche handeln. Keiner ist seiner Zeit voraus. Abraham, als er Gottes Ruf folgte und sein Land verließ; Moses, als er ein rebellisches Volk ins Gelobte Land führte; Jesus, als er am Kreuz starb; Galileo, als er auf den Knien widerrief; Lincoln, als er durch die Kugel seines Mörders starb; Woodrow Wilson, als er für die Liga der Nationen warb; Martin Luther King, als er im Kampf für die Rechte der Müllarbeiter starb – keiner von ihnen war seiner Zeit voraus. Mit ihnen war die Zeit stets reif, das zu tun, was richtig und notwendig war.

So tragisch es ist, daß Martin Luther King so jung starb, so meine ich doch, daß es nicht darauf ankommt, wie lange man lebt, sondern wie groß man lebt, und was man für die Menschheit leistet. Jesus starb mit dreiunddreißig, Jeanne d'Arc mit neunzehn, Byron und Burns mit sechsunddreißig, Keats und Marlowe mit neunundzwanzig, Shelley mit dreißig, Dunbar noch nicht fünfunddreißigjährig, William Rainey Harper mit neunundvierzig und Martin Luther King jr. mit neununddreißig.

Wir alle beten, daß der Mörder gefaßt und der Gerechtigkeit übergeben werde. Aber daß sich keiner täusche, das amerikanische Volk ist mitverantwortlich für Martin Luther Kings Tod. Die Beamten von Memphis müssen einen Teil der Schuld an Martin Luthers Ermordung tragen. Der Streik hätte schon vor mehreren Wochen beigelegt werden sollen. Es sollte nicht notwendig sein, daß jene, die in unserer Gesellschaft am niedrigsten bezahlt werden, für gerechteren Lohn streiken müssen. Ein Jahrhundert nach der Emanzipation und nachdem der dreizehnte, vierzehnte und fünfzehnte Verfassungszusatz rechtskräftig wurden, hätte es nicht nötig sein dürfen, daß Martin Luther King in Montgomery, Birmingham und Selma Märsche organisieren und über zwanzigmal ins Gefängnis gehen mußte, um seinem Volk jene Rechte zu erkämpfen, welche die Weißen aufgrund ihrer helleren Hautfarbe erhalten. Auch wir sind mitschuldig an dem Mord. Es ist Zeit, daß Amerika bereut und die Demokratie unterschiedslos für alle Amerikaner gelten läßt.

Wenn wir Martin Luther King lieben und achten, wie diese große Trauergemeinde bezeugt, dann laßt uns Sorge tragen, daß er nicht vergebens starb; laßt uns Sorge tragen, daß wir seinen Namen nicht entehren, indem wir unsere Probleme durch Straßenkrawalle zu lösen suchen. Gewalt war seinem Wesen fremd. Er warnte uns, daß fortgesetzte Unruhen zu einem faschistischen Staat führen könnten. Aber laßt uns auch Sorge tragen, daß die Ursachen der Krawalle unverzüglich beseitigt werden, wie es der Präsident der Vereinigten Staaten von uns fordert. Schwarze und Weiße mögen gleichermaßen ihre Herzen erforschen; und sollten wir irgendwelche Vorurteile gegen rassische oder ethnische Gruppen hegen, dann laßt sie uns ausmerzen und laßt uns beten, wie Martin Luther King beten würde: »Vater, vergib ihnen, denn sie wissen nicht, was sie tun.« Wenn wir dies tun, dann wird Martin Luther King einen Erlösertod zum Wohle der ganzen Welt gestorben sein. Morehouse College wird nie wieder dasselbe sein, nachdem Martin Luther hier weilte, und die Nation und die Welt wird Jahrhunderte in seiner Schuld stehen. Wir wollen in Morehouse seiner gedenken, damit er allen Studenten, die hier studieren, als Vorbild dienen möge.

Ich schließe mit Martin Luther Kings Überzeugung, daß er, *wenn physischer Tod der Preis war, den er zahlen mußte, um Amerika von Vorurteilen und Ungerechtigkeit zu befreien, sein Erlösungswerk getan hat.* Und indem ich die Worte des unsterblichen John Fitzgerald Kennedy paraphrasiere, möchte ich sagen, daß Martin Luther Kings unvollendetes Werk auf Erden wahrhaft das unsere sein muß.

DANKSAGUNG

Es wäre unmöglich, die Namen all jener aufzuzählen, die auf irgendeine Weise zu diesem Buch beigetragen haben. Denn in gewissem Sinne gaben mir die vielen Hunderttausend, die nach dem Tod meines Mannes und bis zum heutigen Tag ihre Anteilnahme und Unterstützung für sein Werk bekundeten, die Kraft, dies Buch zu vollenden.

Nach dem Tod meines Mannes am 4. April 1968 erhielt unsere Familie mehr als hundertfünfzigtausend Telegramme, Briefe, Karten, Blumen, Spenden und andere Zeichen der Teilnahme und des Mitgefühls aus der ganzen Welt und jeder Klasse der Bevölkerung. Jedes dieser Zeichen hatte seine eigene Bedeutung. Die Liebe und die Verbundenheit, die darin enthalten waren, stärkten meine Entschlossenheit, vertieften mein Engagement und erneuerten meine Zuversicht.

Aber dann gab es die Freunde, die mein Mann zum »Stamm« rechnete und ohne deren selbstlose Hilfe ich nicht hätte weitermachen können. Zu diesen großartigen Mitarbeitern in Haushalt und Büro gehörten: Mrs. Lockhart, Mrs. Rachel Ward, Mrs. Doris Newman, Mrs. Laura Brown, Mr. Tommy Garrett, Mrs. Isobel Cerney, Mrs. Barbara Hicks, Mrs. Martha Hall, Mrs. Doris Ford und Miss Bessie Rogers.

Die Familie King – Daddy und Mama King, A. D. und Naomi mit ihren fünf Kindern sowie Christine und Isaac Farris – hat mir vieles abgenommen, vor allem, wenn es um die Kinder ging. Sie war ein Quell der Ermutigung und des Verständnisses und hat noch zusätzliches Material über Martins Kindheitserlebnisse beigesteuert.

Meine eigenen Eltern, Mr. und Mrs. Obie Scott, und mein Bruder Obie, trösteten mich durch ihre Liebe und Unterstützung.

Meine Schwester Edythe war mir als Vertraute und Hilfe im Büro wie auch mit den Kindern seit vergangenem April fast ständig zur Seite. Bei mehreren Gelegenheiten hat sie mich als Redner vertreten und wertvolle Vorschläge, vor allem für das zweite Kapitel, gemacht.

Meine Freundin und frühere Trompetenlehrerin Frances Thomas half mir acht Monate lang in selbstloser Weise im Büro. Zu dem Manuskript, das sie teilweise auch tippte, gab sie mir ausgezeichnete Anregungen.

Bernita Bennette half mir, die vielen benötigten Fakten zusammenzutragen, und schrieb einen beträchtlichen Teil der letzten Fassung auf der Maschine. Auch nahm sie mehr als jeder andere am Werden dieses Buches durch beständige Ermutigung teil.

Andy Young nahm sich trotz seines überlasteten Terminkalenders die

Zeit, das ganze Manuskript zu lesen und wertvolle Hinweise, vor allem in bezug auf unsere verschiedenen Kampagnen zu geben.
Das gleiche gilt für Stanley Levison, dem ich wie auch Harry Belafonte, besonders für den Nachruf auf Martin danke, der sich in diesem Buch findet.
Harry Wachtel hat mich juristisch hinsichtlich dieses Buches wie auch in persönlichen Dingen beraten.
Charlotte Mayerson, Seniorin unter den Herausgebern von Holt, danke ich für wertvolle redaktionelle Arbeit.
All diesen Personen bin ich zutiefst dankbar.
Aber am dankbarsten von allen bin ich meinen vier Kindern, Yolanda, Martin III., Dexter und Bernice, denen – neben ihrem Vater – dies Buch gewidmet ist. Ich bin ihnen ewig dankbar für ihr Verständnis und ihre Bereitschaft, mit der sie mein Bestreben teilen, das Erbe ihres Vaters zu bewahren.

Juni 1969 *Coretta Scott King*

QUELLENNACHWEISE

Folgende Zitate wurden mit freundlicher Erlaubnis der Verleger in das Buch aufgenommen:

Seite 228 f.: »Mutter an ihren Sohn« von Langston Hughes. Copyright 1926 by Alfred A. Knopf, Inc., erneuert 1954 by Langston Hughes. Abdruck aus Langston Hughes, »Selected Poems«.

Seite 284 ff.: Auszüge aus einem Nachruf auf Martin Luther King von Harry Belafonte und Stanley Levison. Abdruck aus dem »Encyclopedia Year Book«, Verlag Grolier Incorporated, New York.

Seite 300–305: Gedenkrede für Martin Luther King, Atlanta, Georgia, 9. April 1968, von Benjamin E. Mays, »Disturbed About Man«, Verlag John Knox Press.

GTB Siebenstern

79

Martin Luther King
Testament der Hoffnung

Letzte Reden, Aufsätze und Predigten. 5,80 DM.

Martin Luther King, geboren 1929, amerikanischer Negerführer, seit 1954 bis zu seinem Tode 1968 Pfarrer in Montgomery, Alabama. Sein Name ist nicht nur in kirchlichen Kreisen lebendig geblieben. Die Befreiungsbewegung jedoch, zu deren Führern King gehörte, ist fast völlig aus dem Bewußtsein der Öffentlichkeit geschwunden. Weder Sympathisanten noch Gegner wollen sich das fertige Bild von ihm durch die Analyse seiner politischen Wirkung stören lassen.
Das Lebenswerk Martin Luther Kings ist eine Herausforderung. Seine in diesem Band gesammelten letzten Zeugnisse rücken die von ihm ausgegangene Wirkung erneut ins Licht der Öffentlichkeit. Sie sind eindrucksvolle Dokumente jener Rhetorik, die die amerikanische Negerkirche, besonders aber den »Apostel der Gewaltlosigkeit« auszeichnet.
Kings letzte Reden, Aufsätze und Predigten sind für alle ein »Testament der Hoffnung«.
»Hier sind Dokumente zusammengestellt aus den Jahren 1967 und 1968. Hinzu kommt im Anhang die berühmte Ansprache aus dem Jahre 1963: ›Ich habe einen Traum ...‹ Martin Luther King ist für Kirche und Welt mehr als nur ein Idol gewesen. Er war – ohne es freilich zu wollen – Reformator der Kirche Jesu insofern, als er uns lehrte, Verkündigung so persönlich, so aktuell, so politisch, so kämpferisch, so gewaltlos wie möglich zu artikulieren. Die deutsche Übersetzung vermag die eindrucksvolle Sprache des Predigers King, der mehr war als nur Agitator, gut wiederzugeben. Dieses Buch sollte dazu beitragen, daß Martin Luther King's Arbeit, sein Wille, zu kämpfen ohne zu verletzen, nicht einfach vergessen wird.«

Reformierte Kirchenzeitung

Gütersloher
Verlagshaus
Gerd Mohn